普通高等职业教育公共课系列规划教材

大学生军事理论教程

杨春晖　陈　强　主　编
孟德娜　姜冬乐　李艳秋　副主编

電子工業出版社
Publishing House of Electronics Industry
北京 • BEIJING

内 容 简 介

本书从课程的性质和内容出发，以国防教育为主线，结合大学生现有知识结构，比较全面地概括了普通高等学校军事理论课课程体系。本书共分 8 章，分别介绍了中国国防、军事思想、国际战略环境、军事高技术、信息化战争、非战争军事行动、军队共同条令教育与训练、军事技能训练等内容。

本书可作为高等院校各专业的军事理论课教学用书，也可作为军事爱好者的参考读物。

图书在版编目（CIP）数据

大学生军事理论教程 / 杨春晖，陈强主编．—北京：电子工业出版社，2016.4
普通高等职业教育公共课系列规划教材

ISBN 978-7-121-28456-4

Ⅰ. ①大… Ⅱ. ①杨… ②陈… Ⅲ. ①军事理论—高等职业教育—教材 Ⅳ. ①E0

中国版本图书馆 CIP 数据核字（2016）第 059771 号

策划编辑：徐建军（xujj@phei.com.cn）
责任编辑：郝黎明
印　　刷：北京七彩京通数码快印有限公司
装　　订：北京七彩京通数码快印有限公司
出版发行：电子工业出版社
　　　　　北京市海淀区万寿路 173 信箱　邮编 100036
开　　本：787×1 092　1/16　印张：15.25　字数：390.4 千字
版　　次：2016 年 4 月第 1 版
印　　次：2020 年 10 月第 4 次印刷
定　　价：34.50 元

凡所购买电子工业出版社图书有缺损问题，请向购买书店调换。若书店售缺，请与本社发行部联系，联系及邮购电话：（010）88254888，88258888。

质量投诉请发邮件至 zlts@phei.com.cn，盗版侵权举报请发邮件至 dbqq@phei.com.cn。

本书咨询联系方式：（010）88254570。

前言
Preface

21 世纪是充满挑战和希望的时代，和平与发展仍是这一时代的主题，全球化浪潮持续推进。这使我国既获得了快速发展的机遇，同时也面临着经济、政治、文化、社会、生态等严峻的的挑战。在人类不断地追求和谐世界的过程中，世界也存在着种种危险，霸权主义、强权政治、宗教矛盾、种族冲突、恐怖主义等导致局部战争冲突一直在持续，面对这样复杂多变的国际安全形势，青年大学生要时刻保持清醒的头脑，努力把自己培养成祖国合格的建设者和保卫者，承担起富国强军的时代重任。

国无防不立，国家的主权和安全要始终放在第一位，党的十八大报告指出："建设与我国国际地位相称、与国家安全和发展利益相适应的巩固国防和强大军队，是我国现代化建设的战略任务。"国家的主权和安全要靠国防的建设发展，国防教育是建设和巩固国防的基础，高等学校国防教育则是全民国防教育的重要组成部分。根据 2007 年教育部、总参谋部、总政治部修订的《普通高等学校军事课教学大纲》《教育部关于全面提高高等教育质量的若干意见（教高〔2002〕4 号）》规定和"把军事训练作为必修课，列入教学计划，认真组织实施"等文件，进行了本书的编写。

在编写的过程中，注重结合高校国防教育实际，不断吸收近年军事科学研究的新成果，力求将思想性、知识性、科学性和可读性等方面融为一体，使大学生能够掌握基本的军事知识和军事技能，增强其国防观念和国防意识。本书科学地对内容进行安排设计，共分为中国国防、军事思想、国际战略环境、军事高技术、信息化战争、非战争军事行动、军队共同条令教育与训练、军事技能训练共 8 章。让高校学生首先了解国防，进而关注国防，激励大学生努力学习，为我国军事高技术发展做出贡献，最后要建设国防。

本书经过编写组成员多次反复研讨后，确定基本内容。本书由杨春晖担任主编，姜冬乐、李艳秋负责统稿，杨春晖编写第 1 章、第 6 章；陈强编写第 3 章、第 4 章；孟德娜编写第 8 章；姜冬乐编写第 2 章 2.1 节～第 2.3 节和第 5 章；李艳秋编写第 2 章 2.4 节～第

2.7 节、第 7 章及附录，参加本书编写的还有刘大军。

本书在编写过程中得到了相关领导和专家的大力支持和帮助，在本书编写过程中引用和参阅了有关专家、学者的研究成果和资料，在此一并表示感谢！由于国际局势、军事形势多变，军事技术不断发展，加之编者水平有限，书中不足之处在所难免，敬请广大读者提出宝贵意见。

编　者

目录
Contents

第一章　中国国防

强大的国防是国泰民安的重要保证。一个国家如果没有强大的国防，就无法抵御外来的侵略和颠覆，就会在政治、经济、外交上受制于人。国防并非仅仅是国家和军队的事，它关系着每个普通人的生存和发展。当代青年大学生作为中华民族的一员，应该关注国防，参与国防建设，尽国防之义务。

第一节　国防概述

一、国防的含义和类型

（一）国防的含义

国防是一个历史概念，是阶级斗争的产物，伴随着阶级和国家的形成而产生。《中国军事百科全书》认为国防是“为捍卫国家主权、领土完整和安全而采取的防卫措施的统称”。我国于 1997 年 3 月 14 日颁布实施的《中华人民共和国国防法》（以下简称《国防法》）中对“国防”一词给出了明确的定义：国防指国家为防备和抵抗侵略，制止武装颠覆，保卫国家的主权、统一、领土完整和安全所进行的军事活动，以及与军事有关的政治、经济、外交、科技、教育等方面的活动。由此可见，国防是国家生存与发展的安全保障。

（二）国防的基本要素

1．国防的主体

国防的主体即国防活动的实行者，通常指国家。国家是一种以民族为主体形式，体现统治阶级和维护统治阶级权利的社会权力组织，兼有对内和对外两方面的基本职能：对内维护社会稳定，巩固社会权力；对外遏制、抵御外部势力侵略。可见，国家是国防的基础，国防是国家的保障。两者互为一体，密不可分。国防必然随着国家的产生而产生，随着国家的发展而发展，也将随着国家的消亡而消亡。

2．国防的目的

国防的目的主要是捍卫国家的主权、统一、领土完整和安全。

（1）捍卫国家主权。国家主权应不受外来控制，它是完整无缺的，不可分割而独立行使，是最高的权力和尊严。如果一个国家的主权被剥夺，其他一切，包括国家的独立、领土完整、传统的生活方式、基本的政治制度、社会准则和国家荣誉等都无从谈起了。因此，捍卫国家主权，是国防的首要目的和任务。

（2）保卫国家统一。国家统一是指国家由一个中央政府对领土内一切居民和事务行使完整的管辖权，不允许另立政府或分割国家的管辖权。从国际法的角度来说，保卫国家统一、反对分裂，历来是一个国家的内部事务，绝不允许外国干涉，这是一个原则性的问题，不能有丝毫含糊。因此，保卫国家统一历来是国防的重要任务。当外国敌对势力插手我国民族事务，破坏我国的民族团结，危及国家统一和领土完整时，国防力量必须予以坚决打击，以发挥其维护国家统一和稳定的积极作用。

（3）保卫国家的领土完整。领土是位于国家主权支配下的地球表面的特定部分，包括领土疆界以内的陆地、水域及其上空和底土。领土是一个国家和民族存在和发展的自然物质前提，是构成国家的基本要素之一。国家主权与国家领土有着密切的联系，领土既是国家行使主权的空间，也是国家主权行使的对象。没有领土，主权就失去了存在的空间和行使的对象。所以，凡属本国的领土，绝不能丢失，绝不允许被分裂、肢解和侵占。任何国家不得破坏别国的领土完整；任何集团或个人不得搞旨在分裂本国或别国领土完整的活动。国家的领土被侵占，主权必然要遭到侵犯。要捍卫国家主权的独立，必然要保卫国家领土的完整。

（4）维护国家安全。国家要正常地生存与发展，必须有一个和平、安全的外部环境和稳定的内部环境。如果一个国家没有和平、稳定的环境，不仅难以建设和发展，甚至连生存也会受到威胁。因此，要维护国家安全与稳定，国家就必须履行自己的国防职能，抵御和挫败外来侵略和颠覆，确保和平与稳定；当国内敌对分子勾结外国敌对势力进行武装暴乱，危及国家安全与稳定时，国防力量就要采取一切措施，坚决制止与平息，保卫国家的安全和稳定。

3．国防的手段

国防的手段是指为达到国防目的而采取的方法与措施。根据《国防法》的规定，我国国防的手段包括军事活动以及与军事有关的政治、经济、外交、科技、教育等方面的活动。由此可见，与军事有关的诸方面的活动，只要有利于捍卫国家主权、统一、领土完整和安全，都是国防的重要手段。

4．国防的对象

国防的对象指国防所要防备、抵御和制止的行为。根据《国防法》的界定，国防的对象，一是外敌侵略，二是武装颠覆。

（三）现代国防的类型

国防作为国家的防务，其根本职能就是维护国家安全利益，捍卫国家主权、领土完整，防止外来侵略、颠覆。国家的安全利益是国防行为至高无上的准则。也正因为如此，按照不同的标准，国防可以分为若干类型。按社会形态，可以分为奴隶制、封建制、资本主义制和社会主义制国防。按军事战略和国防建设的目标，可以分扩张型、联盟型、中立型和自卫型四种类型的国防。目前，世界的国防类型大致有 4 种：扩张型、联盟型、中立型和自卫型。（我国属于自卫型国防。）

1．扩张型国防

扩张型国防指奉行霸权主义侵略扩张政策的国家，为了维护本国在世界许多地区的利益，打着防卫的幌子，对别国进行侵略、颠覆和渗透活动，将其他国家和地区纳入到自己的势力范围中来，把国防作为侵犯别国主权和领土、干涉他国内政的代名词。例如，美国在世界各地建立了 300 多个军事基地，以实现其军事力量的“前沿存在”，足见其侵略扩张和全球霸权主义的野心。

2. 联盟型国防

联盟型国防也就是以结盟形式，联合一部分国家来弥补自身力量的不足。从联盟国之间的关系来看，还可分为一元体联盟和多元体联盟。所谓一元体联盟，就是有一个大国处于盟主地位，其他国家则从属于它，目前日本、韩国的国防就属于此种类型，都是以美国为盟主建立的国防。所谓多元体联盟，则是各国基本处于伙伴关系，共同协商防卫大计，如北约组织和独联体组织。

3. 中立型国防

中立型国防即采取和平中立的国防和外交政策，制定总体防御战略，建立相应国防体系，以保障本国的安全。中立型国防的最大特征，是在国际冲突或战争面前，严格恪守和平、中立的政策。奉行中立型国防的国家，有的采取全民防卫式的武装中立，如瑞士、瑞典就属于典型的中立型国防。有的则采取完全不设防的方式，如圣马力诺是个无军队之国，只有少数警察来维护社会秩序，即便是失火了，也是请邻国意大利的消防队去救火。

4. 自卫型国防

自卫型国防指在维护国家的安全与发展方面，将着眼点放到依靠自己的力量上。我国是社会主义国家，奉行独立自主的外交政策，向世界公开承诺，永远不称霸，不做超级大国，不首先使用核武器或以核武器相威胁，不对无核国家和地区使用核武器，不侵略别国。在国防力量的运用上，坚持自卫立场，实行积极防御的战略方针和国防战略，属于全民自卫型国防。我国的国防目标是保卫国家主权和领土完整，维护世界和平与发展。我国的战略边疆与地理边疆相一致，这是真正意义上的国防，与美国在世界各地建立的所谓“国防”有着根本上的不同。因此，中国的发展和强大不会对其他任何国家构成威胁，而只会促进世界的和平、稳定与发展。

（四）现代国防的基本特征

现代国防是对传统国防的继承和发展，是一种全新的国防观念和国防实践活动。它具有以下基本特征。

1. 现代国防是国家综合国力的体现

现代国防已成为综合国力的对抗。综合国力主要由人力、自然力、政治实力、经济实力、科技实力、民族凝聚力和国防实力组成。其中经济实力、国防实力和民族凝聚力是综合国力的基本要素：经济实力是基础，国防实力是支柱，民族凝聚力是灵魂。现代国防与国家的综合国力有着密切的联系，国家的发展水平制约着武器装备发展水平和国防力量的总规模。没有强大的综合国力，国防建设只能是空中楼阁。

2. 战争潜力能否转化为战争实力是现代国防强弱的一个重要标志

现代国防虽然以军事力量为主体，但它还要靠国家潜力转化为作战的实力。国家潜力包含国土面积、地理位置、自然资源、人口的数量和质量、地形气候、生产能力、科技和文化水平、交通运输、通信状况、社会制度、国家政策、管理能力、国际关系和国际地位等诸多方面。

3．现代国防既是一种国家行为，又是一种国际行为

现代国际政治经济的发展，把世界各国和地区的安全与发展利益同国际社会的整体利益日趋紧密地联系在一起，世界的和平与稳定已成为整个人类的共同奋斗目标。国家的安全与发展不仅与其本国利益相关，而且与国际的安全、发展和稳定息息相关。国家的发展离不开安全有利的国际环境，国际政治、经济的有序发展也有赖于各国国防的巩固。现代国防已不再仅仅是国家行为，而是日益成为一种国际行为。

4．现代国防具有多层次的目标体系

政治、经济对现代国防影响程度的不断加深，使现代国防呈现出多层次的目标体系。从范围上，可分为自卫目标、区域目标和全球目标。从内涵上，也可分为不同的层次目标：在国家面临严重威胁时，国防目标要首先解决存亡问题；在和平与发展的情况下，要致力于保障国家的安全利益和发展利益，同时还应努力营造有利于本国发展的国际环境。

二、国防与军事、政治、经济、教育的关系

国防不只是单纯的军事斗争，而是国家综合力量的全面较量。衡量一个国家国防力量的强弱，除考虑军事力量外，还涉及这个国家的政治、经济、文化、科技、外交等。尤其是在 21 世纪的今天，人类社会的一切都是建立在社会化大生产、大经济的基础上的，社会诸方面已经成为一个紧密相关的有机整体，国防只有成为这个有机整体的不可分割的一部分，才可能具有无穷的威力。由此可见，国防不单是军队或某个部门或某些人的事，而是一个全国、全军、全民的大事。现将国防与军事、政治、经济、教育的主要关系分述如下。

（一）国防与军事的关系

对于一国国防与军事建设之间的区别与联系，可以从理论与实践两个方面进行阐述。首先，从词义上看，国防与军事是两个迥然不同的概念。军事是“一切直接有关武装斗争的事”或“直接有关武装斗争的事项的总称”。国防是“为捍卫国家主权、领土完整和安全，防备外来侵略和颠覆而进行的军事及与军事有关的政治、经济、文化等方面的建设和斗争”。两者对比，明显不同，军事是一切直接有关武装斗争的事情，侧重于建设和运用军队进行武装斗争。国防不仅包括军事，而且包括非军事与国家安全有关的政治、经济、文化和外交等各个方面，直接或间接地与武装斗争有着一定的关系，同时还要顾及国家的安全和发展，进行全面的（包括非军事的）国防建设。因此，独立的主权国家，国防是维护国家安全利益和发展利益的根本所在，是政治、经济、文化、外交和军事等各种斗争的综合表现形式。

其次，从国防与军事两者的发展历程来看，两者属于不同的范围。在一个国家形成之前，人们只能以军事手段求得生存，加之这时人们宏观视野的局限性，不可能综合运用政治、经济、外交等多种手段达到安全目标。战时武装力量建设，只能是一切为了前线，一切为了战争胜利。平时则强调全民皆兵，因为没有建立起国家，也就无国防可言。国家一经形成，必然出现国家安全的概念，为了国家安全和发展，不仅需要军队从事军事斗争，而且需要综合运用包括军事在内的各种手段，进行和平时期的发展建设，不仅要“养兵千日”，还要“用兵千日”，从而产生国防观念和国防意识，在原军事建设和斗争的基础上，增加综合协调军事、经济、政治、文化、外交等，以维护国家安全和发展的新内容。由此

可见，国防思想是基于国家的立国思想而产生的。“内修文德，外治武备”“不战而屈人之兵”的国防思想不仅突出了，而且在范围上比起“一切为了打仗，一切为了战争胜利”的军事思想要宽泛多了。

再次，从功能上看，国防与军事战略两者既有联系，又有区别。两者的联系主要表现为两者都包含武装力量的建设和使用，都是为了国家的安全生存和发展，都是完整的战略概念。两者的区别主要在于追求的具体目标以及为实现各自的目标所使用的力量和方法。国防的战略目标是保证领土、主权完整和国家的安全与发展；军事战略的目标则是做好战争准备，保持威慑力量和打赢战争。国防战略目标的达成，要使用武力及非武力方法等全部的国防力量；而军事战略目标的达成，则采取武装斗争的方法，要使用以军队为主的军事力量。总之，国防理论包括军事理论，军事理论是国防理论的一个分支。两者不可通用，更不可误用。正确的国防理论指导下的国家，内政修明，国力富强；外交友好，得道多助；经济发达，国家富裕；科技先进，奋发有为，从而得到世界各国的尊敬，并使敌人望而生畏。这就是“不战而屈人之兵”的上乘国防思想。在这种国防理论指导下的军事理论，既不是“刀枪入库，马放南山”，也不是“战屈人之兵”，而是要以强大的军力保障国防思想的实现，也就是要正确运用国家强大的军力，去抑制别国的入侵，但不主动去入侵别国，从而达到维护国家利益和世界和平的目的。

只有懂得国防与军事之间的区别，摆正国防与军事两者之间不同的战略地位，才能树立起大国防观的思想，从而推动国防科学理论创新，加快国防现代化的步伐。

（二）国防与政治的关系

政治和国防同属上层建筑，两者之间既有一致又有区别。政治和国防，都由经济基础所决定，并为经济基础服务。政治是以国家政权、国家最高利益为中心议题，表现社会各阶级处理它们之间政治关系的理论和思想体系，它包括各阶级为自己的利益而进行的各种活动，政治在上层建筑中居主导地位。国防是政治行为中的重要方面，是政治用来捍卫国家最高利益的一种强有力的手段。

从政治和国防的内涵和外延不难看出，政治统率国防，指导、影响国防，国防为政治服务，促进政治目标的实现和政治任务的完成，同时也促进政治的发展。政治以反映国家、民族最高利益的形式，规定着国防目标的制定和实现，国防目标是政治目标的一个重要组成部分。同时，政治以其统率地位的功能，从各方面促成国防诸要素内在机制的协调发展，为国防建设指明方向，国防又以其独特的功能，动员和组织全民凝聚国家向心力，焕发民族向上精神，维护民族尊严，捍卫国家利益，保卫国家主权和政权，维护内外安定团结，创造安宁环境，以保证政治目标的实现和国防政策的实施。

我国当前最大的政治目标是实现四个现代化，维护世界和平，因此，我国在进行国防建设时必须竭尽全力服从、服务于这一政治目标，最大限度地发挥整个国防系统的内在功能，从精神、物质等方面促进现代化建设，为现代化建设提供一个安宁的环境。总之，政治离不开国防，国防不能摆脱政治。离开国防的政治，必然是脆弱的、无依托的政治；没有政治统率的国防，必然是软弱的、盲目的国防。维护、发展民族最高利益，是政治和国防一致的目的。我们社会主义国家在国防建设时必须发挥自身强大的政治优势，调动一切积极因素，全面建设强大的国防。同时，我国的国防建设，必须坚持正确的政治方向，坚定不移地服从现代化建设大局，为中华民族的繁荣昌盛服务，为促进世界和平与发展服务。

（三）国防与经济的关系

经济是国防的物质基础，国防为经济的平稳快速发展提供良好的环境。国防不是单纯的意志行为，而是以一定经济条件为基础的，经济是国防强弱、战争胜败的决定因素之一。搞好经济建设，寓国防建设于经济建设之中，走富国强兵之路，是当今世界各国的普遍选择，也是我国国防建设的基本方针。中国古代名著《孙子兵法》指出："军无辎重则亡，无粮食则亡，无委积则亡。"毛泽东指出："战争不但是军事的、政治的竞赛，还是经济的竞赛。(《毛泽东选集》第 2 卷，490 页）""如果不进行经济建设，革命战争的物质条件就不能有保障。(《毛泽东选集》第 1 卷，119 页）"实践表明，国防建设的好坏和速度的快慢，都依赖于经济条件和生产水平，没有强大的经济后盾，缺乏现代科技和现代工业，就没有现代化的武器装备，也就谈不上强大的现代国防了。

（四）国防与教育的关系

要建设现代化国防，必须把教育训练、科学文化提到战略地位上来。现代战争是"高技术战争"。其规模之大，战场之广，用兵之多，新兵器之精，组织指挥之复杂，都是过去战争所无法比拟的，这些无疑对国防、对教育都提出了更新更高的要求。每一个关心国防建设的人（包括大、中、小学生)，每个准备献身祖国安全事业的人，不具备一定的科学文化水平，不具备现代条件下应有的技术、战术和组织指挥能力，不具备一定的"战略意识"和"战而胜之"的理论知识，一味高喊"国防现代化"，只是一句空话。英国和美国的"低强度，高技术战争"思想，突出了国防科技与改善武器装备的重要性。

为适应国防现代化需要，发达国家不仅重视军人的军政素质，而且重视文化教育。目前，美军的军官 97.4%大学毕业，德军军官 100%大学毕业，不仅如此，他们还十分重视后备力量建设。瑞典国防教育非常深入，全民平时已定编、定位，战争爆发 48 小时内 70%的人可上前线，4 天动员人数可达 95%。瑞士实行"全民防御国防"，平时定期受训，战时保证 24 小时内动员 62.5 万人投入作战。

国防教育以国防为目的，以教育为手段，要反映国防与教育的联系，是全面的、综合的教育，要显示出巨大的社会功能。许多国家把"国防教育"列入国家教育计划，进行定期训练，并有完善的法律保证。不少国家认为，衡量一个国家国防建设的好坏，军队战斗力的高低，要看这个国家的国防立法是否健全。发挥法规的机制作用，是促进国防潜力向实力转化的重要保证。

总之，国家要通过开展国防教育，使公民增强国防观念、掌握国防知识、发扬爱国主义精神、自觉履行国防义务。普及和加强国防教育，是各级政府、各党政、社会团体、企事业、各类学校的大事，又是全社会的共同责任。作为 21 世纪的大学生，肩负着未来国家经济建设的重任。为此，我们必须以高昂的热情投入到科学知识的学习中去。但同时也不能放松国防观念，不能以学习科学知识为借口而淡化了对国防的关心。国防是每一个国人的责任，而不仅仅是国家和军队的事，每一个人都应该时刻在脑海中树立国防观念，从我做起，始终把国家安全利益摆到第一的位置。

三、中国的国防历史

在历史的长河中，中国先后经历了奴隶社会、封建社会、半殖民地半封建社会和社会主义社会，中华民族经历了无数次战争的锤炼，国防也经历了无数个强盛与衰落的交替，从而给我们留下了宝贵的国防遗产和深刻的历史教训。我国的国防历史大致可分为古代国防、近代国防和新中国成立后的国防三部分。

（一）古代国防

我国古代国防，从公元前 21 世纪的夏王朝建立开始，到 1840 年第一次鸦片战争爆发为止，共经历了 20 多个朝代、近 4000 年的漫长历史。

1．古代兵制建设

兵制主要指军事制度，包括武装力量体制、军事领导体制和兵役制度。

夏王朝时期，奴隶主阶级为巩固其统治——镇压奴隶的反抗，抵御外族侵扰或继续征服周边的氏族，出现了由少数不参加生产劳动的贵族上层成员组成的卫队，也就是夏朝最初形式的国家军队，这是后世国家常备军的雏形。那时的军队由夏王亲自率领。

到了商朝，从殷墟出土的甲骨卜辞中可看到，已经有“王作三师：左、中、右”的记载，这说明当时国家军队已经有固定的编制——王师。

商朝后期，随着社会的发展，战争的不断扩大，军队的建制也趋于成熟。在西周灭商的“牧野之战”中，已有“戎车三百乘、虎贲三千人、甲士四万五千人，以东伐纣”（《史记·周本纪》）的记载。同时西周已有“宗周（今西安西南）六师”“成周（今洛阳东北）八师”之说。六师、八师的出现，说明西周已经出现常备军。

到了春秋战国时期，随着战车数量的增加，各国又出现了军的编制，多数编为左、中、右三军或上、中、下三军，每军有战车二百乘左右。军事领导体制上也出现了将、相分职，在国王下边，文职称相，武职为将，相议政、将领军，并且出现以将为领帅组成的军事机构。同时，随着冶铁业的发展，战国时期铁兵器已大量应用于战场，使军队由单一兵种向多兵种发展。

公元前 221 年，秦始皇统一中国后，随着中央集权制的建立，全国有了统一的军队，并形成了由京师兵、郡县兵、边兵组成的武装力量体制。

秦朝以后，汉承秦制，之后随着社会的发展，虽然热兵器代替了冷兵器，兵役制度进行了更改，根据作战空间又有了陆、海、空军的分化，但武装力量体制基本上沿用了中央部队、地方部队、边防部队这 3 种基本类型。

2．古代国防工程建设、军事技术

我国古代为抵御外敌的侵犯，巩固边海防，修筑了数量众多、规模庞大的国防工程。如城池、长城、京杭运河以及海防要塞等。这里重点介绍边防、海防建设。我国古代的边防和海防，到了明朝就形成了比较完整的体系。

（1）边防建设。

著名的万里长城，是中华民族在漫长的岁月中修建起来的巨大的国防工程。

早在 2000 多年前的战国时期，燕国、赵国、秦国就开始修建长城。秦始皇统一六国后，派大将蒙恬负责，征集大量人员，大力修建和扩展，把北部长城连接起来。以后，经各个朝代的多次修建，到明代形成了东起辽东山海关、西至甘肃嘉峪关的全长5000多公里（1.27万余华里）的长城。

历代还沿着长城一线设置重镇，驻守重兵，边防线上一有战事，即可机动作战。历史上著名的有“九镇”“三关”。“九镇”指的就是辽东镇、蓟州镇、宣府镇、大同镇、太原镇、延绥镇、宁夏镇、固原镇及甘肃镇。

“九镇”作为一个整体，前有外三卫，后有内、外三关。外三卫指的是大宁卫、开平卫、东胜卫。外三卫为九镇中坚部的外围要地、防维边塞。内三关为居庸关、紫荆关、倒马关，内三关起着直接屏障京师的作用；外三关为雁门关、宁武关、偏关，固山西而联全陕，互为犄角，形成防卫整体，以卫京师。

（2）海防建设。

我国古代海防建设是从明代开始的，明代以前，如春秋战国时期，一些依江傍海的诸侯国，虽建有水师，并进行水战和海上攻防作战，但还没有明确的海防设施。

我国元朝末年时，当时日本正处于南北朝的分裂时期，失意的武士、浪人、商人等形成了庞大的海盗队伍，他们在中国东南沿海进行武装掠夺和骚扰，历史上称之为“倭寇”。到了明朝初期，倭寇的侵扰活动日益严重，给沿海地区带来了深重的灾难。为了抵御倭寇，朱元璋开始加强海防建设，在沿海设卫、所，建立水军，有效地防御了倭寇对我国东南沿海的入侵和骚扰。

清朝前期，在明代卫、所的基础上，逐步将沿海建成炮台要塞式的防御体系，分为海岛要塞、海口要塞、海岸要塞和江防要塞。

海岛要塞有：长山、舟山、澎湖等。

海口要塞有：虎门、温州、镇海、吴淞、大沽等。

海岸要塞有：厦门、福州、乍浦、威海、烟台、山海关、旅顺、大连等。

江防要塞有：江阴、江宁（南京）、营口等。

除了建有这些炮台要塞式的防御体系外，还编有江河水师和外海水师。在天津还建有满蒙八旗水师营（相当于海军基地）。

但是，随着清朝政府的腐败，清朝中期的海防也日渐衰败。

3. 古代国防思想

我国古代国防思想达到了很高的成就。这些国防思想反映着我国古代对国防实践活动的理性认识，蕴含着深刻的关于战争与和平问题的思辨。

（1）兵者，国之大事。

我国是一个兵学大国，兵书浩如烟海，最具代表性的是《武经七书》，即《孙子兵法》《吴子》《司马法》《六韬》《尉缭子》《三略》《李卫公文对》，统称《武经七书》。《武经七书》是古代将领必读之书，其中“兵者，国之大事”的战争观，作为共同的一个观点被推崇。

孙子认为：战争是国家的头等大事，它关系着国家的生死存亡，必须高度重视。这之中就包含着既要“重战”又要“慎战”的国防思想。他强调：“在战争问题上，不可以草率从事，鲁莽兴兵。即“主不可以怒而兴师，将不可以愠而致战”，因为“怒可以复喜，愠可以复悦”，而“亡国不可以复有，死者不可以复生”。

（2）寓兵于农。

“寓兵于农”既是我国古代一项重要的政治、军事制度，也是一种极有代表性的国防思想，在《汉书》《六韬》《兵制》等古代文献中多有著述。其基本思想是“有虞则起为战卒，无事则散为农夫”，意思是有战事时征集起来，成为战士，没有战事时则返回乡内，从事农耕作业，“由募还农，大费既省，守可以固，战可以克”。

“寓兵于农”作为一种国防思想，它强调把战争之伟力扎根于民众之中，依靠人民来进行战争，这是颇具战略眼光的。今天，我们大力加强国防后备力量建设、加强国防动员建设，实行“平战结合，寓兵于民”这一国防政策，在一定意义上说，也是这一思想在新形势下的继承和发展。

（3）足食、足兵、民信。

“足食、足兵、民信”是我国古代国防思想史上一个重要的立论。它出自我国古代大思想家、儒家学派的创始人孔子的学说。这句话涵盖了政治、经济、国防等重要方面的内容，用于国防就是要“富国强兵”，发展经济，加强军队建设。同样比孔子早一个时期的齐相管仲在国防上提出相同的思想——“国富者兵强，兵强者战胜”。这里折射出了“富国与强兵相统一”的思想。这一思想的提出对于我国改革开放后如何处理好经济建设与国防建设之间的关系有着重要的指导作用。

（4）以战止战。

“以仁为本，以战止战”，是我国古代较有代表性的国防观念，它出自我国古代军事家司马穰苴的《司马法》一书。他认为：战争是“除暴安人”的手段，要“安人”“爱民”，推行“仁政”，就必须通过战争来消灭战争。在《仁本篇》中有：“杀人安人，杀之可也；攻其国，爱其民，攻之可也；以战止战，虽战可也。”

（5）屯垦戍边。

“屯垦戍边”则是中国古代历朝加强边防建设的重要举措。屯垦即屯田垦殖，戍边即保卫边疆。

我国20世纪50年代组建内蒙、新疆等建设兵团，与“屯垦戍边”有着异曲同工之妙，对维护边疆稳定起到了重要的作用。

中国古代的国防思想，可谓博大精深，但作为一定历史时期的产物，也存在着许多的局限性，突出的表现是：以天朝大国而自居，重防非攻、重陆轻海。

① 重防非攻。我国国防思想主要来源于中原王朝的国防活动，马克思说过：“经济基础决定上层建筑。”中原王朝的经济是农耕经济，农耕经济财富的主要来源就是土地，战争只能破坏经济的发展。在中国古代，认为少数民族居住的地方土地贫瘠、民众与中原风化不同，所以得其地不足用，得其民不足使成为一个共识。所以，古代国防思想重防非攻。例如，“帥”字左边代表设防的城池，右边代表头包彩巾的首领，说明将帅的主要职能是指挥城池的防御作战。

② 重陆轻海。一方面，中华文明是根植于土地的农业文明，“耕而食，织而衣”，以农立国、以农富国的思想比较突出，而对开发海洋则缺少源动力（苦海无边回头是岸）。另一方面，当时对中原王朝的威胁主要来自北方的游牧民族，所进行的战争（包括分裂时期的内战）也主要是在陆上进行的。因此无论是对经济还是对国防，历代统治者都把注意力放在陆上。

历史地看，重陆轻海在当时有其一定的合理性，但随着航海技术的发展，海洋成为人类交往和贸易的主要通道，甚至成为主要战场的情况下，没能及时转变观念，提出面向海洋、适应时代发展的思想。相反，面对来自海洋的挑战，却实行了 300 多年“闭关锁国”的海禁政策。可以说，重陆轻海的农本思想，是中国未能与西方国家并驾齐驱，成为海上强国的重要原因。

到了清朝后期，落后的国防观念连同日益衰落的政治、经济、军事诸因素，最终使中国成为落伍者，随之而来的便是中华民族蒙受百年屈辱的历史。

（二）近代国防

我国近代国防是指自 1840 年鸦片战争开始到 1949 年新中国成立，也就是清朝后期、北洋军阀统治时期和国民党政府统治时期的国防。

1．清朝后期的国防

清朝后期的国防，指 1840～1911 年的国防。这一时期，国防衰败，强敌入侵，中华民族受尽欺凌。

1840 年鸦片战争以前，中国是一个主权独立的封建国家，对外实行“闭关锁国”的政策，虽然生产力的发展已经开始落后于当时欧美各主要资本主义国家，但从国防上看，还是巩固的。

18 世纪后期，中国封建社会开始走下坡路，国防力量由盛到衰，在鸦片战争前夕，国防能力衰弱到了极点，将无斗志，兵不能战，军队装备仍然是古典式的大刀、长矛、弓箭以及少量的鸟枪、火绳枪和用黑色炸药发射的铁炮；作战方法仍采取以往方阵形的密集整体冲杀；作战指导仍以骑射思想为主。

相反，当时世界资本主义正处于迅速发展时期，热兵器代替了冷兵器，作战方法上广泛运用“线式”散兵战术，作战能力大大提高。资产阶级在其强大国防力的支持下，向国外扩大市场，他们除了向中国输出一般商品外，还大量地向中国倾销鸦片，严重地损害了中国的经济和人民的健康，给中国社会带来严重的危机。

1840 年，第一次鸦片战争后，战败的清王朝被迫在英国的军舰上签订了我国历史上第一个丧权辱国的不平等条约——中英《南京条约》。领土和主权遭到破坏的中国，开始进入半殖民地半封建社会。

1856～1860 年，英国不满足它已获得的利益，联合法国，对中国发动了第二次鸦片战争。战败的清王朝被迫与英国签订了中英《天津条约》，与法国签订了中法《北京条约》，此时的沙俄趁火打劫，强迫清政府签订了中俄《瑷珲条约》等一系列条约，割占了中国大片的领土。中国的领土主权进一步遭到破坏，半殖民地程度加深。

1884～1885 年的中法战争，清军取得了对法战争的胜利，但清政府却和法国签订了《中法新约》，将广西和云南两省的部分权益出卖给了法国，使中国不败而败，法国不胜而胜。清政府的腐败无能暴露无遗。

1895 年，日本以清朝出兵朝鲜为由发动了甲午战争。北洋水师全军覆没，清政府被迫与日本签订了《马关条约》，中国被进一步肢解，半殖民地程度进一步加深，民族危机加剧。

1900 年，英、美、德、法、俄、日、意、奥八国，以保护在华侨民“利益”为借口，组成联军，发动侵华战争。战败的清政府被迫与八国签订了《辛丑条约》。这个条约从政治、经济、军事各方面都扩大和加深了帝国主义对中国的统治，并表明清政府已完全成为帝国主义统治中国的工具。中国完全沦为半殖民地半封建社会。

在外国列强弱肉强食政策下，从1840年鸦片战争到1911年辛亥革命的70多年间，中国5次战败，共赔款2700万元、白银7亿多两。在国防上，当时18000千多公里的海防线上，竟找不到一个享有主权的港口。在中华大地上，俄国在长城以北，英国在长江流域，日本在台湾、福建，德国在山东，法国在云南……绝大部分中国领土成了帝国主义的势力范围。列强的入侵，不仅使中国在政治上、经济上、文化上蒙受了巨大损失，而且使中国人的人格尊严丧失殆尽。

2．北洋军阀统治时期的国防

1911年的辛亥革命，终于推翻了几千年的封建统治，但由于革命的不彻底，仍没有使中国摆脱半殖民地半封建社会的状况，帝国主义依然在华夏大地上横行无忌，他们为维护其在华利益，纷纷扶植自己的代理人：先有袁世凯称帝，后是张勋复辟；各派军阀又各以帝国列强为靠山，割据称雄，混战不休。直、皖、奉三大派系军阀先后窃取中央政权，贿选国会议员和总统，出卖国家和民族利益。此时，中国已无国防可言。1914年，日本借口对德宣战，出兵我国山东，强占胶济铁路和青岛（原是德国侵占）；1915年，日本又提出灭亡中国的“二十一条”。此时，沙俄策划“外蒙自治”，英国也提出西藏从中国分割出去由英国统治的主张，在阴谋没有得逞的情况下，英国又在中印边境制造了一条非法的“麦克马洪线”。1918年，段祺瑞又将我国东北置于日本的控制之下，并由日本掌握中国军队的训练权和警察权等。内忧外患，给中国造成了严重破坏。“二十一条”的签订和“巴黎和会”中国外交的失败，充分暴露出北洋政府的腐败无能，使中国面临被帝国主义进一步瓜分的命运，激起了中华民族同仇敌忾、共御外侮的决心和勇气。

3．国民党统治时期的国防

自辛亥革命成果被袁世凯篡夺后，孙中山在艰苦的环境中夙兴夜寐，苦苦寻找救国良策，然而四处碰壁。最后，在共产国际和中国共产党的帮助下认识到了与共产党合作的重要性和必要性。1924年1月，在广州召开的中国国民党第一次全国代表大会上，提出了“联俄、联共、扶助农工”的三大政策，与共产党进行了第一次合作。之后，革命形势迅速发展，顺利统一了广东革命根据地，并进行了北伐，准备通过武力建立一个独立的、统一的、民主的、富强的国家。但就在革命形势处于高潮时期，蒋介石却叛变革命，于1927年4月12日发动了反人民的“四一二”政变，致使革命失败。

国民党蒋介石集团依靠帝国主义的支持建立起来的军事独裁政权，注定其不能代表人民的利益，在国防上也只能采取妥协退让。所以，在日本帝国主义不断吞并我国领土，奴役我国人民时，蒋介石奉行了“攘外必先安内”的政策。

日本对中国的东北图谋已久，不断在我东北挑衅滋事，并把大量军队开进东北，但蒋介石置国家主权、领土于不顾，继续其反共反人民的内战，在南昌说：“中国亡于帝国主义，我们还能当亡国奴，尚可苟延残喘；若亡于共产党，则纵肯为奴隶也不可。”1931年9月18日夜晚，日本以中国军队炸毁沈阳郊区的一段铁路为由，攻击我沈阳驻军，这就是“九一八”事变。但蒋介石在事前就发出了严禁抵抗的命令，致使守军坐看大好河山的丧失，日军于次日便轻易地占领了沈阳。

接着不到5天的时间，辽宁、吉林两省全部被日本侵占。中国近现代100多年的历史，是中华民族血与泪的历史，它再一次告诫我们，“国防是一个国家、一个民族的脊梁”，国防虚弱，人民就抬不起头，直不起腰，就会任人欺凌、任人宰割。

（三）新中国成立后的国防

新中国成立后，我国的国防建设大体分为4个阶段。

第一阶段，从1949年到1953年。这一时期，中国进行了抗美援朝战争，与朝鲜人民并肩作战，打败了以美国为首的侵朝军队，但是美国对中国的安全威胁依然存在。基于这一形势，我国确定了加强人民陆海空军，巩固国防，保卫领土主权完整，保卫社会主义建设顺利进行，时刻做好保家卫国的国防目标。从新中国成立之初，中共中央就提出了“一手抓经济，一手抓国防”的方针，并提出了现代化国防的概念。1956年3月，中央军委就制定了积极防御的战略方针。该方针的立足点，主要是应付帝国主义可能对中国发动的大规模侵略战争。这一时期的国防建设采取了以下重大举措。一是军队精简整编，完成由陆军单一军种向诸军兵种合成军队的转变。经过1955年和1958年两次大规模裁军，军队员额由原来的430万人减少到240万人。二是建立了国防领导体制，明确了各部门的职能分工。三是颁布了第一部《中华人民共和国兵役法》（以下简称《兵役法》），取消了志愿兵役制，改行义务兵役制。四是建立国防科技和国防工业体系，为国家常规武器的发展和尖端武器的研发奠定了基础。

第二阶段，从1953年到1965年。由于中国安全环境的日益恶化，加之对战争爆发危险性估计得过于严重，中国国防和军队现代化建设完全转到准备“早打、大打、打核战争”的基点上来。采取了积极防御、诱敌深入的军事战略方针，准备应付最困难的情况，立足于两面以至于多面作战。20世纪70年代，苏联从北、南、西三面包围中国，中国国防政策和军事战略的重点是防御苏联的大规模入侵，这时我国实际上长期处于临战状态，经济建设服从于国防建设。在这个阶段的前期，军队进一步调整了编制和结构，增加了技术军兵种的比例。1965年同1958年相比，海军增编了51.6%，空军增编了41.8%。后来，由于军队规模膨胀，一度达到600多万人，加之“文化大革命”的影响，军队的质量建设受到影响。在后备力量建设上，采取了大办民兵师的做法，民兵队伍建设进一步规范化，但也存在数量过多、质量不高的问题。国防工业建设，采取了“加速三线建设，逐步改变工业布局”的指导原则，将一大批重要的国防工业、企业从沿海城市迁往内陆纵深地区，形成日后的“山、散、洞”的局面。还独立自主地进行了国防科技研究，先后研制成功了原子弹、导弹、氢弹、人造卫星，并组建了第二炮兵。为维护国家主权和尊严，我国胜利地进行了东南沿海的军事斗争，进行了中印边境、珍宝岛、西沙群岛、中越边境等自卫反击作战，还进行了援越抗美、援老抗美等军事行动。

第三阶段，从1965年到1985年。在科学分析朝代特征的基础上，邓小平做出了“在较长时间内不发生大规模世界战争是可能的”这一具有深远意义的战略判断。正是依据这一判断，1985年，中央军委做出了国防和军队建设思想实行战略转变的重大决策，即由时刻准备早打、大打、打核战争的临战状态真正转到了和平时期建设的轨道上来了。战争准备的基点也由应付全面战争调整为重点应付局部战争和军事冲突，并首次将经营海洋，维护国家海洋权益确定为军事战略的重要任务。与国防战略方针相适应，中央军委制定了国防和军队建设要服从、服务于国家经济建设大局的方针。主要包括：确定了义务兵与志愿兵、民兵与预备役相结合的兵役制度；确立了中国人民解放军、中国人民武装警察部队和民兵三结合的武装力量体制；1982 年、1985 年先后进行了百万大裁军，军队员额降到了 300 万人左右；按照“精兵、合成、高效”的原则，全面调整了军队体制编制，组建了陆军集团军，加强了诸军兵种的合成；调整了防御部署，实施重点防御，提高了部队的机动作战能力。

第四阶段，从 1985 年至今。这一时期，在世界范围内爆发了信息技术革命，信息时代以其前所未有的迅猛之势席卷全球。以信息技术为核心的高新技术的发展及其在军事领域的广泛应用，深刻地改变了现代战争的面貌，也对新时期我国国防和军队建设提出了挑战。以江泽民为核心的党中央和中央军委，重新制定了新时期积极防御的军事战略方针。主要包括：确定把军事斗争准备的基点放在打赢现代技术特别是高技术条件下的局部战争上，军队建设由数量规模型向质量效能型转变，由人力密集型向科技密集型转变；按照“政治合格、军事过硬、作风优良、纪律严明、保障有力”的总要求全面加强军队建设；采取国防建设和经济建设两兼顾、协调发展的方针；1997 年再次裁军 50 万人，进一步优化结构，调整编制；革新战备训练思想，由全面动员、持久作战转变为提高快速反应和应急作战能力。这一时期，我国在东海、南海及台湾海峡先后进行了一系列实兵实弹演习，展示了人民解放军在高技术条件下的防卫作战能力；1997 年 7 月 1 日，中国人民解放军驻香港部队进驻香港；1999 年 12 月 20 日，中国人民解放军驻澳门部队进驻澳门。2003 年，我军再次裁军 20 万人，至此我军的军队员额基本保持在了 230 万人左右。我军开始了新的军事变革，以此为标志，我军的军事战略思想由准备打赢高技术条件下的局部战争向打赢信息化条件下的信息化战争转变。

在实现中华民族伟大复兴的征程上，以习近平总书记为领导的党中央审时度势，总结我党建军治军的成功经验，考量国际战略形势和国家安全环境发展变化，着眼于解决军队建设面临的突出矛盾和问题，鲜明提出了党在新形势下的强军目标——建设一支听党指挥、能打胜仗、作风优良的人民军队。这充分体现了新的形势和任务对军队建设的要求，是党的军事指导理论与时俱进的最新成果。

四、中国国防历史的启示

中国国防历史的种种，留下了太多重要而有意义的启示。

1. 国防强大的基础是经济实力的强大

建设强大的国防是一个国家、民族生存与发展的基本条件。而国家想要发展，不被外界威胁而自强，则必须强大自己的国防。国防基础的强大在于国家经济实力的强大。早在春秋时期齐国的政治家管仲就提出“富国强兵”的思想，孙子则更直接地指出：兵不强则不可以摧敌，国不富不可以养兵，富国是强兵之本，强兵之急。从秦到清，这一思想在各个朝代的前期都得以贯彻实施，统治者往往通过一系列的改革、变法，在一定程度上解放了生产力，促进了经济的发展，所以秦有统一六国的大业，唐有贞观之治，清有康乾盛世，这些都是统治者重视经济发展的结果。相反，各个朝代的衰败、更替，大多是其政治腐败、经济落后所导致的。

2. 政治昌明是国防巩固的根本

纵观我国数千年的国防史，不难发现，凡是兴盛的时期和朝代，都十分注意修明政治，实行较为开明的治国之策。原本是西陲小国的秦国，从商鞅变法开始，修政治，明法度，发展生产，繁荣经济，国防日渐强大，为吞并六国奠定了坚实的基础；大唐初建之时，满目疮痍，百废待兴，正是由于制定并实施了一系列开明的政治制度，使国家很快从隋末的战争废墟中恢复过来，很快成为国力昌盛、空前统一的大帝国。凡是衰落的时期和朝代，无不因为政治腐败而导致国防虚弱。唐朝中期以后，两宋乃至于晚清都是如此。

3．必须将积极防御战略与坚持和平发展并重，打赢反侵略战争

中国国防史实表明，搞武装扩张是不可能获得稳固的国防的，必须走与邻为伴、和平发展的道路。但仅仅如此还是不够的，还要坚持积极防御的军事战略。战争往往是国防活动的最高形态，在敌人发动侵略战争的时候，奋起反击是唯一正确的选择，否则就将亡国。我们既不侵犯别人，也不对侵略者示弱；人不犯我，我不犯人，实行后发制人。同样重要的是，必须打赢反侵略战争。要将战略上的防守和战役战斗中的进攻结合起来，积极争取主动，及时反攻，力夺反侵略战争的胜利，达到维护国家安宁、发展的目的。通过军事威慑遏制敌人的侵略也是积极防御战略的内容。今天，在对甲午战争、抗日战争、新中国历次自卫反击战等的反思中，都能深刻地感悟到这一道理。

4．国家的统一和民族的团结是国防强大的关键

在面临外敌入侵、国家危亡的关头，只有国家统一、民族团结、共同抵抗，才能筑起一道坚固的国防长城，取得反侵略战争的胜利。近代，西方列强对中国发动——系列侵略战争，使中国逐渐沦为半封建半殖民地国家，山河破碎、有国无防，一个重要的原因是，清朝统治者在侵略者面前，不仅不发动和依靠广大人民进行反侵略的正义战争，反而认为“患不在外而在内”，甚至在义和团奋起抗击八国联军的时候，清朝统治者竟企图借外国侵略者之手消灭义和团。由于统治者害怕人民，采取与人民对立的立场，广大人民虽奋起反抗侵略者，但都处于自发、分散的状态，缺乏统一指挥，没有形成一致对外的合力，因此无法改变战争的局面。

抗日战争时期，中国共产党主张全国军民团结起来，建立广泛的抗日民族统一战线，共同抵抗日寇侵略。即坚持人民战争的战略指导方针，放手发动群众，团结一切可以团结的力量共同抗击敌人。中国共产党领导的八路军、新四军挺进敌后，开辟了广大的敌后抗日根据地，运用人民战争的战略战术，同全国军民一道有效地打击了日本侵略者，最后取得抗日战争的全面胜利。

历史证明，国家的统一，民族的团结，全国军民一致共同抵抗侵略的精神和意志，才是国防真正的钢铁长城。这是可以淹没一切侵略者的汪洋大海，这是让一切侵略者都望而生畏的真正的铜墙铁壁，这是民族自强的根本、国防力量的源泉。

第二节　国防法规

国防法规是国家法律体系的重要组成部分，是国防政策的法律体现，是指导国防活动的行为准则。

一、国防法规的含义和特征

（一）国防法规的含义

国防法规是指国家为了加强防务，尤其是为加强武装力量建设，用法律形式确定并以国家强制手段保证其实施的行为规范的总称。

国防法规作为国防活动的基本法律规范，其主要任务是调整和规范国家在国防上的各种社会关系，把国防建设纳入法制化轨道，确保革命化、现代化、正规化建设总目标的实现。国防建设法制化是国防现代化的必然要求，是国防现代化的重要标志。

（二）国防法规的特征

国防法规是国家法律的组成部分，由国家制定或认可，并由国家强制力保证实施的行为规范。它具有法律的一般特征，即鲜明的阶级性、高度的权威性、严格的强制性、普遍的适用性和相对的稳定性。同时，国防法规还有着区别于其他法规的特殊性。

1．调整对象的军事性

法律是调整社会关系的行为规范，而不同的法律规范用来调整不同领域的社会关系。国防法规就是专门用来调整国防和武装力量建设领域的各种社会关系。这些带有军事性的社会关系是国防法规特有的调整对象，是其他任何法律规范所不能代替的。这是国防法规特性的一个基本表现。

2．公开程度的有限性

公开性是法律固有的特性，因为法律只有公开才能使人们普遍了解和遵守。一般的法律不存在保密问题，但国防法规有些不同，公开程度是有限的。大部分国防法规，特别是一些基本的、主要的国防法规是公开的，如《国防法》《兵役法》《中华人民共和国军事设施保护法》等。但有一少部分国防法规，特别是关于军队的作战、训练、编制、装备和战备工作等方面的法规只限一定范围的人员了解，如各种《战斗条令》《军事训练条例》《战备工作条例》等，都规定了保密等级。所以说，国防法规的公开性是有限的。为了加强法制，对能公开的国防法规，要尽量公开，以便大家了解和遵守。为了国家安全，该保密的国防法规也要严格保密，以免国家利益受到损害。

3．司法适用的优先性

国防法规优先适用，是指在解决与国防利益、军事利益有关的法律问题时，如果国防法规和其他法规都有相关的规定，这时要以国防法规的规定为司法依据，以国防法规为评判是非的标准和采取行动的准则，其他法规要服从国防法规。同时要注意，优先适用指的不是先后顺序，而是一种排他性的单项选择。在解决与国防利益、军事利益有关的法律问题时，只有国防法规起作用，其他法规不起作用。国际上有一条公认的法律适用原则，即“特别法优先于普通法”。特别法是在特定领域、特定时间，对特定对象、特定事项起作用的法律。国防法规属于特别法，因而在司法活动中实行“军法优先”。

4．处罚措施的严厉性

国防法规对危害国防利益的犯罪，规定了比较严厉的处罚措施。例如，《中华人民共和国刑法》（以下简称《刑法》）规定，一般抢劫罪通常处三年以上十年以下有期徒刑；而冒充军警人员抢劫的，抢劫军用物资的，处十年以上有期徒刑、无期徒刑或者死刑。破坏公用电信设施罪，处三年以上七年以下有期徒刑；破坏军事通信罪，处三年以上十年以下有期徒刑；情节特别严重的，处十年以上有期徒刑、无期徒刑或者死刑。

（三）国防法规在国家法制建设中的地位和作用

各国根据本国的实际，对各部门法的划分也有所不同，在我国的法律体系中，对各部门法大体上可作以下划分：宪法、行政法、民法、经济法、劳动法、环境法、刑法、诉讼程序法、军事法（国防法律法规）。在这里，军事法的概念外延要大一点，其主要内容或者根本内容是国防法规。健全的国防法规是建设现代化国防的重要保证，是依法治军、提高军队战斗力的强大法制武器，也是衡量一个国家国防建设是否制度化的重要标志。

二、我国现行国防法规体系及主要国防法规

（一）我国现行国防法规体系

1955 年 7 月，第一届全国人大第二次会议通过了新中国第一部《兵役法》。1984 年 5 月，新中国第二部《兵役法》通过并颁布实施。1997 年 3 月，颁布并实施《国防法》。1998 年 12 月，九届人大常委会第六次会议审议通过了《中华人民共和国兵役法修正案》。改革开放以来，特别是近 10 年来，随着我国社会主义法制建设的不断加强和完善，具有中国特色的社会主义国防法律体系已经初步建立起来。《中华人民共和国宪法》（以下简称《宪法》）对国防和武装力量建设的一系列重大问题做出了明确规定。中国的国防法规按其调整的领域来划分，可分为 16 个门类。

1. 国防基本法类

国防基本法类是调整国防建设和武装力量建设基本社会关系的基本法，对国防建设具有全面的指导意义。国防基本法类主要由《宪法》（以下简称《宪法》）中有关国防和军事制度的规定和《国防法》组成。

2. 国防组织法类

国防组织法类是规定国防和武装力量的组织形式、体制编制、人员装备编配的法律规范的总称，是国家武装力量组织编制的法律依据。国防组织法类主要有《宪法》和《国防法》的有关规定，以及有关管理规定，如《组织编制管理条例》。

3. 兵役法类

兵役法类是规定国家的兵役制度和公民的兵役义务的法律规范的总称，是公民依法服兵役、确立国家兵役制度、确保武装力量中常备军和后备力量建设的法律依据。兵役法类主要包括《宪法》和《国防法》中的相关部分，《兵役法》《中华人民共和国现役军官法》《中国解放军军官军衔条例》《中华人民共和国预备役军官法》《中华人民共和国征兵工作条例》（以下简称《征兵工作条例》）《民兵工作条例》《应征公民体检标准》《政治审查规定》，以及各省的征兵工作实施办法等。

4. 军事管理法类

军事管理法类主要规定军队和武装警察部队内部日常和工作管理的法律规范，是军队和武警部队实施各种管理的法律依据。军事管理法类主要有共同条令、警备条令、武警的管理规定，以及军事、政治、后勤、装备管理规定中的有关规定。

5．军事刑法类

军事刑法类是规定危害国防利益犯罪和刑事处罚的法律规范的总称，是国家对危害国防利益犯罪及实施刑事处罚的法律依据。军事刑法类主要有《刑法》分则中的“危害国防利益罪”和“违反军人职责罪”等。新修订的《刑法》是1997年3月14日由八届全国人大五次会议审议通过的，新增“危害国防利益罪”（14条21个罪名）和“军人违反职责罪”（28条31个罪名）两章，还有军事监狱、看守所条例等。

6．军事诉讼法类

军事诉讼法类是规定军队和军人参加刑事、民事、行政、经济诉讼活动的法律规范的总称，是军队和军人进行各种诉讼活动的法律依据。军事诉讼法类主要有《中华人民共和国刑事诉讼法》（以下简称《刑事诉讼法》）《中华人民共和国民事诉讼法》《中华人民共和国行政诉讼法》，军队贯彻《刑事诉讼法》的规定以及纪律条令的有关内容等。

7．国防经济法类

国防经济法类是调整国防科技管理和国防经济活动中所发生的各种社会关系的法律规范的总称，是进行国防和军队经济工作的法律依据。国防经济法类主要有《国防法》中有关国防经费拨款制度的规定，国防资产管理规定、《中国人民解放军审计条例》等。

8．国防科技工业法类

国防科技工业法类是调整国防科学技术研究和国防工业生产过程中所发生的社会关系的法律规范的总称，是进行国防科研和国防生产的法律依据。国防科技工业法类主要有《国防法》的相关内容，以及国防专利、国防计量、国防科技情报、军工产品质量、军工产品定型、军用标准化等。

9．国防动员法类

国防动员法类是国家为实施由平时状态转入战时状态，统一调动人力、物力、财力为战争服务的法律规范的总称，是进行国防动员准备和实施的法律依据。国防动员法类主要有《国防法》《兵役法》《中华人民共和国人民防空法》《国防交通条例》中有关动员的规定。

10．国防教育法类

国防教育法类是对全民进行国防教育、提高全民族国防素质和国防观念的法律规范的总称，是进行国防教育的依据。国防教育法类主要有《国防法》《兵役法》等7部法律中有关国防教育的内容，《中华人民共和国国防教育法》（以下简称《国防教育法》）《全国人民代表大会常务委员会关于设立全民国防教育日的决定》和一些省的《国防教育条例》。

11．军人优抚法类（军人权益保护法）

军人优抚法类是国家对现役军人、军人家属、离退休军人、残疾军人实行优待、安置、抚恤和保险的法律规范的总称，是维护军人权益的法律依据。军人优抚法类主要有《全国人民代表大会常务委员会关于授予军队离休干部中国人民解放军功勋荣誉章的决定》《全国人民代表大会常务委员会关于确认1955年期间授予的中国人民解放军军官军衔的决定》《志愿兵退出现役安置办法》《退伍义务兵安置条例》《革命烈士褒扬条例》《军人抚恤优待条例》《军人保险制度实施方案》《军队住房制度改革方案》《军人退役医疗保险规定》等。

12．军事设施保护法类

军事设施保护法类是调整公民在保护军事设施活动中产生的社会关系的法律规范的总

称，是国家保护军事设施的法律依据。军事设施保护法类主要有《国防法》第七章的有关内容和《中华人民共和国军事设施保护法》和《中华人民共和国军事设施保护法实施办法》。

13．特别行政区驻军法类

特别行政区驻军法类是赋予人民解放军负责国家特别行政区防务使命的法律规范的总称。特别行政区驻军法类主要有《中华人民共和国香港特别行政区驻军法》和《中华人民共和国澳门特别行政区驻军法》，以及特别行政区制定的有关保证驻军履行防务职责的法律等。

14．战时特别法类（紧急状态法类）

战时特别法类是国家进入战争状态和其他紧急状态时的认定和实施的一系列特别措施的法律规范的总称，是国家认定此状态并在此状态下实施特别管制的法律规范。主要有《宪法》和《国防法》中战争与和平的决定、紧急状态的宣布等规定，以及《中华人民共和国戒严法》的有关规定、《防暴条令》等。

15．战争法类

战争法类是在战争或者武装冲突中，调整交战国之间、交战国与中立国或者非交战国之间以及作战行为、作战方法和手段等的法律规范的总称，是战时调整国家关系和规范战争行为的法律依据。我国已加入大多数战争法公约，如《改善战地武装部队伤病境遇的日内瓦公约》《关于战俘待遇的日内瓦公约》，以及《不扩散核武器条约》《生物武器公约》《化学武器公约》等。

16．对外军事关系法类

对外军事关系法类是规范我军与外军关系和交往的法律规范的总称，是国家开展对外军事交往的法律依据。对外军事关系法类包括军备控制、裁军和军援、军贸制度，《中华人民共和国军品出口管理条例》《驻外武官工作条例》等。

目前，中国的国防法规体系，按立法权限来区分又可以分为 4 个层次。第一个层次是法律，法律是由全国人民代表大会及其常务委员会制定的。现行的国防方面的法律共有 15 件，其中国防法律 11 件，关于法律问题的决定 4 件，如修改兵役法的决定，设立全民国防教育日的决定等，与法律具有同等效力。第二个层次是法规，法规是由国务院和中央军委制定的。由中央军委制定的为军事法规，现有 126 件；由国务院制定或国务院与中央军委联合制定的为军事行政法规，现有 39 件。第三个层次是规章，由军委各总部、各军兵种、各军区制定的为军事规章，由国务院有关部委与军委有关总部联合制定的为军事行政规章，规章现有 2500 多件。第四个层次是地方性法规，是由省、自治区、直辖市人民代表大会及其常务委员会制定的贯彻执行国家国防法规的实施办法、实施细则、补充规定等。

（二）主要国防法规

1．我国国防法规的基本法——《国防法》

1997 年 3 月 14 日，中国颁布了第一部《国防法》。《国防法》总共 12 章 70 条，对涉及国防领域各方面的关系进行了规范。其主要内容如下：一是规范了国家防务建设的基本方针和基本原则，如抵御外敌入侵，防止颠覆，维护国家安全，捍卫国家主权，保证国家领土、领海、领空不受侵犯，坚持全民自卫，坚持国防建设与经济建设协调发展及独立自主处理国防事务等原则；二是规范了国防建设的基本制度，如兵役、军事人事、军事经济、国防科技、国防动员、国防协调会议、国防教育等若干基本制度；三是规范了党对武装力量和国防活动的领导及国家机构的国防职权等；四是规范了公民、国家机关、社会组织的国防权利和义务的制度，如依法征兵，保证兵员质量，公民依法服兵役，自觉接受国防教育，相关企事业单位要保质保量地完成国防科研生产、接受国家军事订货等。

《国防法》的制定和颁布，是中国国防史上和法制史上的一件大事，体现了党和国家领导国防的一致性，体现了中国国防的正义性，体现了中国国防的人民性，体现了国防建设和经济建设发展的协调性，体现了基本军事法律的综合性，它对于加强国防建设和完善中国军事法制具有十分重要的现实意义和深远的历史意义。

2. 《兵役法》

《兵役法》经 1984 年 5 月 31 日第六届全国人民代表大会第 2 次会议通过，1984 年 5 月 31 日中华人民共和国主席令第 14 号公布。1998 年 12 月 29 日全国人大九届六次会议进行了修改，对中国的兵役法律制度的基本内容作了详细的规定。根据 2011 年 10 月 29 日第十一届全国人大常委会第 23 次会议《关于修改〈中华人民共和国兵役法〉的决定》第 3 次修正，现行的《兵役法》共 12 章 68 条，分总则、平时征集、士兵的现役和预备役、军官的现役和预备役、军队院校从青年学生中招收的学员、民兵、预备役人员的军事训练、普通高等学校和普通高中学生的军事训练、战时兵员动员、现役军人的待遇和退出现役的安置、法律责任。根据《兵役法》，公民履行兵役义务的形式是多样的，参军服现役、服预备役参加民兵组织、高等院校和高中学生参加军事训练，都是履行兵役义务。

3. 《国防教育法》

《国防教育法》是为了普及和加强国防教育，发扬爱国主义精神，促进国防建设和社会主义精神文明建设，根据《国防法》和《中华人民共和国教育法》（以下简称《教育法》）而制定的。该法由中华人民共和国第九届全国人民代表大会常务委员会第二十一次会议于 2001 年 4 月 28 日通过，中华人民共和国主席令（第五十二号）予以公布，自公布之日起施行。该法共 6 章 38 条，分为总则、学校国防教育、社会国防教育、国防教育的保障、法律责任、附则。2001 年 8 月 31 日由第九届全国人民代表大会常务委员会第二十三次会议通过的《全国人民代表大会常务委员会关于设立全民国防教育日的决定》是对《国防教育法》的补充，确定每年 9 月第三个星期六为全民国防教育日。

《国防教育法》的公布施行，标志着中国国防教育走上了法制化轨道，对于贯彻落实《国防法》《教育法》的有关规定，普及和加强全民国防教育，使全民增强国防观念，激发爱国热情，提高综合素质，以及促进国防建设和社会主义精神文明建设，具有重要意义。

4. 《反分裂国家法》

《反分裂国家法》是在 2005 年 3 月 14 日举行的中华人民共和国第十届全国人民代表大会第三次会议上通过的一部关于台湾海峡两岸关系的法律，当天就经时任中华人民共和国主席的胡锦涛同志签署并立即予以实施。该法共 10 条，旨在反对和遏制“台独”分裂势力分裂国家，促进国家和平统一，维护台湾海峡地区和平稳定，维护国家主权和领土完整，维护中华民族的根本利益，具有重大而深远的意义。制定《反分裂国家法》，体现了党和国家以最大的诚意，尽最大的努力争取实现和平统一的一贯立场，表明了全中国人民捍卫国家主权和领土完整，绝不允许“台独”分裂势力以任何名义、任何方式把台湾从中国分裂出去的共同意志和坚定决心。它有利于团结包括台湾同胞在内的全中国人民共同推动祖国的和平统一大业，有利于遏制“台独”分裂势力的分裂活动，有利于维护台湾海峡地区乃至亚太地区的和平稳定。

5．其他法规

除以上法律法规外，中华人民共和国立法机关、军事机关、行政机关，还先后制定了一系列国防和军事法规，如全国人大常委会颁布了《中国人民解放军军衔条例》《中国人民解放军军官服役条例》《民兵工作条例》等20多个法律法规；国务院和中央军委联合颁布了《征兵工作条例》等40多个单行法规；中央军委制定颁布了《纪律条令》《内务条令》《队列条令》等；各总部、各军兵种也相应制定和颁发了有关条令条例。总之，经过几十年的发展，我国的国防法制化建设已取得了巨大的成绩，初步形成了有中国特色的国防法律体系。

三、公民的国防权利和义务

公民的国防权利和义务，是我国公民的基本权利和义务的重要内容。我国宪法和各种国防法规都对公民的有关国防权利和义务做出了明确规定。自觉地履行国防义务，正确地行使有关国防权利是每一个公民应当具备的品德和责任。

（一）公民的国防权利

公民的国防权利，是指宪法和法律赋予公民在国防活动中享有的权利或利益，国家从法律和物质上保障公民享有这种权利的可能性。根据国防法规的规定，公民享有提出建议、制止和检举、取得补偿3个方面的国防权利。

1．提出建议权

人民是国家的主人，公民有权利关心国防建设，有权对国防建设提出建议。国防建议权的行使可采取多种形式，如通过人民代表向全国人民代表大会提出议案，撰写学术文章、咨询报告，给政府或军队有关部门写信、打电话，通过报纸、电视、广播、网络等媒体发表自己对国防建设的意见和建议等。

2．制止和检举权

制止危害国防利益的行为，是指公民依法采取一定的方式方法使危害国防的行为停止下来，从而维护国防利益。制止权根据行使的方式的不同，可分为暴力制止和非暴力制止。为了使国防利益免受侵害而采取暴力手段加以制止，对不法侵害人造成损害的，属正当防卫，不负刑事责任。

检举危害国防利益的行为，是指危害国防行为发生后，公民对违法行为进行揭发。行使检举权，可采取司法告发或行政告发的形式。受理检举的机关应当对公民反映的情况认真调查，妥善处理。

国防法规规定公民享有制止和检举权，对及时发现和有效地制止、打击侵害国防利益的违法犯罪行为，维护国防利益，加强国防建设有着重要作用。公民对危害国防利益的行为进行制止或检举，国家将给予保护和奖励。

3．取得补偿权

国家进行国防建设，通过武装力量开展军事行动，在某些情况下可能对公民的合法权益产生一定的影响。例如，修建国防设施需要征地和迁移居民，武装力量在军事演习或作战行动中需要依法征用公民的交通工具和其他物资，由此造成的经济损失，公民可以按国家有关规定取得补偿。

在战时和其他紧急情况下，有些补偿措施是在事后落实的，不应把预先得到补偿作为征用条件。同时要明确，补偿不同于赔偿。赔偿是由违法侵权行为引起的，对实际造成的直接经济损失和间接经济损失要全部偿付，具有制裁性。补偿是由国家机关及其工作人员的合法行为引起的，是国家对公民因国防活动受到损失所采取的补救措施，仅限于直接经济损失和精神损失，不具有制裁性。

（二）公民的国防义务

国防义务是公民和组织依照宪法和法律规定在维护国防利益方面应当履行的责任，由国家强制力保证其落实。按照权利与义务一致的原则，公民在履行国防义务的同时，也享有相应的国防权利。国防权利和义务在总体上是一致的，但在和平时期，一般公民更多的是履行国防义务，而行使国防权利的情况比较少。

根据《国防法》的规定，我国公民承担的国防义务主要有：接受国防教育，保护国防设施，保守国防秘密，支持国防建设，协助军事活动，依法服兵役。

1．依法服兵役的义务

《宪法》第五十五条规定：“保卫祖国、抵抗侵略是中华人民共和国每一个公民的神圣职责。依照法律服兵役和参加民兵组织是中华人民共和国公民的光荣义务。”《兵役法》第三条规定：“中华人民共和国公民，不分民族、种族、职业、家庭出身、宗教信仰和教育程度，都有义务依照本法的规定服兵役”。这一规定表明，公民的兵役义务是平等的、普遍的。公民履行兵役义务主要有 3 种形式：服现役、服预备役、参加学生军训。这 3 种形式不能互相代替。参加过学生军训，仍有依法服现役的义务，服过现役也有依法服预备役的义务。

2．自觉接受国防教育

《国防教育法》规定：中华人民共和国公民都有接受国防教育的权利和义务。而且大学生是全民国防教育的重点对象，也是预备役军官的来源之一，因此，把大学生的国防教育工作搞细、搞实是每个学校、每个同学的共同责任。我们大家的国防意识得到强化后，还可带动全社会的国防教育工作，强化全民的国防意识，以此才能保证人人关心国防，时刻准备为国防建设贡献一份力量。我国明末清初的思想家顾炎武在《日知录》中写了一段很精辟的话：“保天下者，匹夫之贱，与有责焉耳矣！”这就是“天下兴亡，匹夫有责”的来历。他的名言直到今天我们还经常引用，提醒人们自觉地为国家安全承担一份责任。

目前，在高等学校开展的学生军训工作，就是学生接受国防教育的重要形式，一方面说明国家对大学生国防教育的高度重视，另一方面，有助于强化大学生军事素质，促进人民的综合素质能力的提高，符合现代教育理念的要求。

3．自觉开展法律监督

法律监督是指对法律的遵守和执行情况实行监督，从而确保法规的有效实施。国防法律的监督包括国家各级权力机关的监督、专门机关的监督、党的监督、各社会团体的监督、人民群众的监督和军队的监督。

人民群众监督国防法规的实施，其基本方式是批评、建议、检举、控告和申诉等。对于大学生来说，可以通过采取直接对话、来信来访、检举、控告、申诉等途径履行自己的监督义务，以此杜绝违法乱纪、失职渎职、滥用职权、侵犯群众正当权益、危及国防安全等现象的发生，优化国防建设环境，进而保证国家的长治久安和持续发展。

四、大学生服兵役

随着科学技术与新军事变革的迅猛发展，国家对高素质兵员的需求日益增强，为鼓励高校在校生和毕业生服义务兵役，国家出台了诸多优惠政策措施。也就是说，作为中华人民共和国公民的大学生，除了共享上述国防权利和义务外，其在应征服兵役方面，还享有诸多其他群体所不具有的“特权”，使大学生服兵役在权利和义务上有机地统一起来，大学生服兵役既是一种义务，又是一种光荣的权利。当代大学生是国家的栋梁，应努力学习科学文化知识，多积累、厚储备，一旦参军入伍，投身国防活动，这些素质将有助于自身快速成为部队建设和训练的骨干，使自身的素质能在部队这个广阔的舞台上发挥应有的作用。从 2013 年开始，征兵工作由冬季改为夏秋季征兵，并在 4 月中旬开始。

（一）征集对象和基本条件

1. 征集对象

男兵征集对象：大专、本科在校生，年龄为 17～22 周岁；大专毕业生，年龄为 17～23 周岁；本科毕业生、研究生毕业生及在校生，年龄为 17～24 周岁。女兵征集对象：普通高中应届毕业生（含当年度新入高校就读的学生），年龄为 17～19 岁；普通全日制高校在校生及应届毕业生，年龄为 17～22 岁。

2. 基本条件

身高：男性 160 厘米以上，女性 158 厘米以上。特勤人员：坦克乘员 162～178 厘米，潜水员 168～185 厘米，潜艇及水面舰艇人员 162～182 厘米，空降兵 168cm 以上，空军航空兵第 34 师专机服务队女服务员 165～172 厘米，特种部队条件兵（含海军陆战队队员）、驻香港澳门部队条件兵 170 厘米以上，北京卫戍区仪仗队队员 180cm 以上。中央警卫团、公安警卫部队条件兵 170 厘米以上，个别体格条件优秀的应征青年，身高可放宽到 165 厘米。

（二）征兵的流程

1. 女兵应征流程

（1）网上报名。

符合当年征集基本条件的女大学生（含在校生、应届毕业生），在 8 月 5 日前，可登录“全国征兵网”，填写报名信息。报名截止后，网上报名系统将自动依据报名人员当年高考相对分数进行排序，择优选择初选预征对象并张榜公示。被确定为初选预征对象的女青年，8 月 6 日起，登录“全国征兵网”，下载打印《应征女青年网上报名审核表》。符合国家学费资助条件的，同时还应下载打印《高校学生应征入伍学费补偿国家助学贷款代偿申请表》（以下分别简称《审核表》《申请表》），并交学校学生资助管理部门审核。

（2）初审初检。

女青年持《审核表》、本人身份证（户口簿）、毕业证书（高校在校生持学生证）等相关证件，按兵役机关通知要求参加地市级征兵办公室组织的初审初检，合格者确定为送检对象并张榜公示。

（3）体检考评。

征兵开始后，送检对象根据兵役机关通知，携带本人身份证（户口簿）、毕业证书（高校在校生持学生证）等相关证件，到指定的体检站参加体格检查和综合素质考评。

（4）政治审查。

体格检查和综合素质考评后，由县级兵役机关会同当地公安、教育等部门，对其进行政治联审和走访调查。

（5）预定新兵。

省级或地市级征兵办公室对学历、年龄、体检和政治考核全部合格的应征女青年，按照综合素质考评分数由高到低的顺序，依次确定为预定新兵。预定新兵名单（包括姓名、户籍地、学历、高考原始总分数、综合素质考评分数）同时在省、地市、县三级征兵办公室营院外张榜公示，接受群众监督，公示时间不少于5天。

（6）批准入伍。

经公示未被举报和反映有问题的，确定为批准入伍对象，由县级征兵办公室办理批准入伍手续，发放《入伍通知书》。学生凭《入伍通知书》办理户口注销、享受义务兵优待，等待交接起运，统一输送至部队服役。申请学费资助的，还要将加盖有县级征兵办公室公章的《申请表》原件和《入伍通知书》复印件，寄送至原就读高校学生资助管理部门。

2．男兵应征流程

（1）网上登记。

每年8月5日前，有应征意向的男性大学生（含在校生、应届毕业生）可登录“全国征兵网”，填写个人基本信息，报名成功后，自行下载打印《大学生预征对象登记表》，符合国家学费资助条件的，同时还应下载打印《高校学生应征入伍学费补偿国家助学贷款代偿申请表》（以下分别简称《登记表》《申请表》），分别交所在高校征兵和学生资助管理部门进行审核。

（2）初审初检。

大学生在毕业离校或放假前，根据学校通知，携带本人身份证（户口簿）、毕业证书（高校在校生持学生证），按规定的时间到指定的地点参加学校所在地县级兵役机关组织的初审初检，被确定为预征对象的学生，领取兵役机关和学校有关部门审核盖章后的《登记表》《申请表》。

（3）体检政审。

大学生可在学校所在地或者入学前户籍所在地、经常居住地选择一个作为自己参军入伍的应征地。征兵开始后，应征地兵役机关会将具体上站体检时间、地点通知大学生本人，大学生可根据通知要求，携带本人身份证（户口簿）、毕业证书（高校在校生持学生证）以及审核盖章后的《登记表》《申请表》直接参加应征地县级征兵办公室组织的体格检查，由当地公安、教育等部门同步展开政治联审工作。

（4）走访调查。

政治联审和体检初步合格者，将由县级征兵办公室通知大学生所在乡（镇、街道）基层人民武装部，安排走访调查。

（5）预定新兵。

县级征兵办公室对体检和政审双合格者进行全面衡量，确定预定批准入伍对象，同等条件下，优先确定学历高的应届毕业生为预定新兵。

（6）张榜公示。

对预定新兵名单将在县（市、区）、乡（镇、街道）张榜公示，接受群众监督，公示时间不少于 5 天。

（7）批准入伍。

体检、政审合格并经公示的，由县级征兵办公室正式批准入伍，发放《入伍通知书》。学生凭《入伍通知书》办理户口注销、享受义务兵优待，等待交接起运，统一输送至部队服役。申请学费资助的，还要将加盖有县级征兵办公室公章的《申请表》原件和《入伍通知书》复印件，寄送至原就读高校学生资助管理部门。

（三）大学生入伍的优惠政策

1．优先优待

（1）大学生参军入伍除享受义务兵正常优待外，还享受优先报名应征、优先体检政审、优先审批定兵、优先安排使用政策以及体检绿色通道。

（2）入伍大学生按规定享受优待政策，优待金由批准入伍地发放，其家庭享受军属待遇，由户籍所在地负责落实相关优待。

（3）国家资助学费。

国家对应征入伍服义务兵役的高校学生，在入伍时对其在校期间缴纳的学费实行一次性补偿或获得的国家助学贷款实行代偿；应征入伍服义务兵役前正在高等学校就读的学生（含高校新生），服役期间按国家有关规定保留学籍或入学资格、退役后自愿复学或入学的，国家实行学费减免；学费补偿、国家助学贷款代偿和学费减免标准，本、专科学生每人每年最高不超过 8000 元，研究生每人每年最高不超过 12000 元；由中央财政提前下拨预算，保证国家资助金及时发放到位。

2．选用培养

（1）选取士官。

具有全日制大专以上学历的大学毕业生士兵，首次选取为士官的，参照直接从非军事部门招收士官的有关规定授予士官军衔和确定工资起点标准，在地方高校学习时间视同服役时间。

（2）士兵提干。

本科以上学历，入伍 1 年半以上，可以列为提干对象；根据规定符合一定条件的，优先列为提干对象。

（3）报考军校。

普通高等学校在校生应征入伍士兵参加全军统一组织的军队院校招生考试，年龄放宽 1 岁；大专毕业生士兵参加全军统一组织的本科层次招生考试，录取的到有关军队院校学习，学制 2 年，毕业合格的列入年度生长干部学员毕业分配计划。

（4）保送入学。

参加优秀士兵保送入学对象选拔，年龄放宽 1 岁，同等条件下优先列为推荐对象，按照有关规定保送入军队院校培训，本科以上学历的，安排 6 个月任职培训，专科学历的，安排 2 年本科层次学历培训。

3．复学升学

（1）复学（入学）。

应征入伍服义务兵役前正在高等学校就读的学生（含高校新生），服役期间按国家有关规定保留学籍或入学资格，退役后 2 年内允许复学或入学。

（2）考试升学加分。

普通高校应届毕业生应征入伍服义务兵役退役后 3 年内参加全国硕士研究生招生考试，初试总分加 10 分，同等条件下优先录取；在部队荣立二等功及以上的，符合研究生报名条件的可免试（指初试）攻读硕士研究生。

（3）高职（专科）升学。

高职（专科）在校生（含高校新生）入伍经历可作为毕业实习经历；具有高职（专科）学历的毕业生，退役后免试入读成人本科；荣立三等功以上奖励的高职（专科）在校生（含高校新生），在完成高职（专科）学业后，免试入读普通本科。

（4）政法干警招录。

各地拿出政法干警招录培养体制改革试点招录培养计划的20%左右，用于招录大学生退役士兵，不再实行加分政策。对在服役期间荣立个人三等功以上奖励的退役士兵，报名和录用时在同等条件下优先考虑。鼓励高学历退役士兵报考试点班，并适当增加招录大学生退役士兵的比例。

（5）免修军事技能。

高校在校生（含高校新生）参军入伍退役后复学或入学，免修军事技能训练，直接获得学分。

（6）设立“退役大学生士兵”专项硕士研究生招生计划。

根据实际需求，每年安排一定数量专项计划，专门面向退役大学生士兵招生。专项计划规模控制在 5000 人以内，在全国研究生招生总规模内单列下达，不得挪用。

（7）将高校在校生（含高校新生）服兵役情况纳入推免生遴选指标体系。

鼓励开展推荐优秀应届本科毕业生免试攻读研究生工作的高校在制定本校推免生遴选办法时，结合本校具体情况，将在校期间服兵役情况纳入推免生遴选指标体系。在部队荣立二等功及以上的退役人员，符合研究生报名条件的可免试（指初试）攻读硕士研究生。

（8）将考研加分范围扩大至高校在校生（含高校新生）。

退役人员在继续实行普通高校应届毕业生退役后按规定享受加分政策的基础上，允许普通高校在校生（含高校新生）应征入伍服义务兵役退役，在完成本科学业后 3 年内参加全国硕士研究生招生考试，初试总分加 10 分，同等条件下优先录取。

（9）退役大学生士兵专升本实行招生计划单列。

高职（专科）学生应征入伍服义务兵役退役，在完成高职学业后参加普通本科专升本考试，实行计划单列，录取比例在现行30%的基础上适度扩大，具体比例由各省份根据本地实际和报名情况确定。

（10）放宽退役大学生士兵复学转专业限制。

大学生士兵退役后复学，经学校同意并履行相关程序后，可转入本校其他专业学习。

4. 就业服务

（1）高校毕业生士兵退役后一年内，可视同当年的应届毕业生，凭用人单位录（聘）用手续，向原就读高校再次申请办理就业报到手续，户档随迁（直辖市按照有关规定执行）。

（2）退役高校毕业生士兵可参加户籍所在地省级毕业生就业指导机构、原毕业高校就业招聘会，享受就业信息、重点推荐、就业指导等就业服务。

（3）在招录公务员、参照公务员法管理机关（单位）工作人员，招聘事业单位工作人员时，同等条件下优先录用（聘用）符合政府安排工作条件的退役大学生士兵；退役士兵报考公务员、应聘事业单位职位的，在军队服现役经历视为基层工作经历，服现役年限计算为工龄。

（4）国有、国有控股和国有资本占主导地位企业在拿出一定比例的工作岗位定向招收符合政府安排工作条件的退役士兵时，同等条件下优先招收退役大学生士兵。

（5）乡镇补充干部、基层专职武装干部配备时，注重从退役大学生士兵中招录；对返乡务农的退役大学生士兵，鼓励通过法定程序积极参与村居“两委”班子的选举。

（6）按照国家规定发给退役金，由安置地的县级以上地方人民政府接收，根据当地实际情况，发给经济补助，安置地的县级以上地方人民政府组织其免费参加职业教育、技能培训，经考试考核合格的，发给相应的学历证书、职业资格证书并推荐就业。

第三节　国防建设

国防建设是指为了国家安全利益需要，提高国防能力而进行的各方面的建设，是国防建设的重要组成部分。国防建设的内容主要包括：武装力量建设，边防、海防、空防、人防及战场建设，国防科技与工业建设，国防法制建设，国防动员建设，国防教育建设，以及与国防相关的铁路、公路、水运、民航、邮电、能源、水利、造林、气象、卫生、航天等方面的建设。重点是武装力量建设。中华人民共和国成立后，经过 60 多年的艰苦努力，我国国防建设取得了举世瞩目的成就。

一、国防建设的目标

国防建设目标是指在一个固定的时期内，根据国际形势、周边环境以及国内条件的发展趋势，在已有国防建设的基础上，运用国家的各种条件和力量，在国防建设上所要达到的预期目的和结果。根据 2010 年中国国防白皮书，新时期中国国防的目标和任务，主要有以下内容。

1. 维护国家主权、安全、发展利益

防备和抵抗侵略，保卫领陆、内水、领海、领空的安全，维护国家海洋权益，维护国家在太空、电磁、网络空间的安全利益。反对和遏制“台独”，打击“东突”“藏独”等分裂势力，捍卫国家主权和领土完整。服从和服务于国家发展战略和安全战略，维护国家发展的重要战略机遇期。贯彻新时期积极防御的军事战略方针，坚持独立自主和全民自卫原则，加强武装力量建设和边防、海防、空防建设，加强国家战略能力建设。

2. 维护社会和谐稳定

中国武装力量忠实践行全心全意为人民服务的宗旨，积极参加和支援国家经济社会建设，依法维护国家安全和社会稳定。发挥人才、装备、技术基础设施等方面的有利条件，为地方基础设施和重点工程建设、扶贫帮困和改善民生、生态环境建设贡献力量。科学组织非战争军事行动准备，针对面临的非传统安全威胁搞好战略预置，加强应急专业力量建设，提高逐行反恐维稳、应急救援、安全警戒任务的能力。坚决完成抢险救灾等急难险重任务，保护人民群众的生命财产安全。把维护社会大局稳定作为重要任务，坚决打击敌对势力颠覆破坏活动，打击各种暴力恐怖活动。发扬拥政爱民的光荣传统，严格遵守国家政策法规，巩固军政军民团结。

3. 推进国防和军队现代化

着眼2020年基本实现机械化并使信息化建设取得重大进展的目标，坚持以机械化为基础，以信息化为主导，广泛运用信息技术成果，推进机械化、信息化复合发展和有机融合。拓展和深化军事斗争准备，牵引和带动现代化建设整体发展。深化信息化条件下联合作战理论研究，推进高新技术武器装备建设，发展新型作战力量，着力构建信息化条件下联合作战体系。深入推进机械化条件下军事训练向信息化条件下军事训练转变，加紧实施人才战略工程，加大全面建设现代后勤力度，提高以打赢信息化条件下局部战争能力为核心的完成多样化军事任务能力，全面履行新世纪新阶段军队的历史使命。统筹经济建设和国防建设，实行军民融合式发展，建立完善军民结合、寓军于民的武器装备科研生产体系、军队人才培养体系和军队保障体系。积极稳妥地深化国防和军队改革，加强战略筹划和管理，努力推进国防和军队建设科学发展。

4. 维护世界和平稳定

坚持互信、互利、平等、协作的新安全观，主张用和平方式解决地区热点问题和国际争端，反对任意使用武力或以武力相威胁，反对侵略扩张，反对霸权主义和强权政治。按照和平共处五项原则开展对外军事交往，发展不结盟、不对抗、不针对第三方的军事合作关系，推动建立公平有效的集体安全机制和军事互信机制。坚持开放、务实、合作的理念，深化国际安全合作，加强与主要国家和周边国家的战略协作和磋商，加强与发展中国家的军事交流与合作，参加联合国维和行动、海上护航、国际反恐合作和救灾行动。支持按照公正、合理、全面、均衡的原则，实现有效裁军和军备控制，维护全球战略稳定。

二、中国的国防政策

国防政策是国家进行国防建设和国防斗争的基本行动准则。国家的一切国防活动，以及与国防有关的其他活动，都必须以国防政策为依据。早在解放战争时期，毛泽东同志就有“政策和策略是党的生命”的论述。

中国的国防政策是由中国的国家利益、社会制度、对外政策和历史文化传统等因素决定的。我们维护国家利益，要紧紧把握两条：一是要始终把维护国家的主权、统一、领土完整和安全放在第一位，把保卫祖国、抵抗侵略、维护统一、反对分裂，作为国防政策的出发点和立足点；二是要为国家的改革开放和发展提供一个和平稳定的内外环境。我国始终不渝地奉行独立自主的和平外交政策，不同任何国家或国家集团结盟，主张通过协商和平解决国家间的纠纷和争端，主张在和平共处五项原则的基础上同所有国家发展友好合作关系。另外，在中国几千年历史中，爱和平，重防御，求统一，促进民族团结，共御外侮，始终是中国国防观念的主题。我国的国防政策源于这种优良的历史文化传统。

中国国防政策对国防的领导力量、国防的基本目标、国家军事战略方针、国防和军队建设的途径、防卫活动的指导原则、对外军事交往及合作的宗旨都作了明确规定。

（一）坚持中国共产党对国防的领导

《宪法》明确肯定了党在国家生活中的领导作用，当然也包括党对国防的领导。根据《宪法》制定并于 1997 年通过的《国防法》进一步明确规定：中华人民共和国的武装力量受中国共产党领导。这一原则对国防政策具有特殊重要的意义。它符合国家和人民的根本利益，体现了鲜明的中国特色。中国国防政策必须始终坚持这一原则，并将其融入国防政策的全部内容之中。

（二）维护国家安全统一和领土完整，保障国家发展利益

巩固国防，抵抗侵略，制止武装颠覆，保卫国家的主权、统一、领土完整和安全，是中国国防政策的基本目标，也是中国《宪法》赋予中国武装力量的主要职责。中国努力避免和制止战争，努力用和平方式解决国际争端和历史遗留问题。但是在霸权主义和强权政治依然存在的情况下，国家必须具有用军事手段捍卫主权、统一、领土完整和安全的能力。中国的国防现代化建设完全是为了自卫，是保障国家现代化建设和安全的需要。武装力量的组成规模是与保卫国家安全与利益的需要相适应的。

发展是硬道理。国防的强大，国家的统一，国际地位的提高，无一不依赖经济社会的全面发展和综合国力的提高。而经济社会的发展最重要的前提是要有一个和平稳定的环境。中国国防政策的防御性与保卫国家发展利益的坚决性是相统一的。

（三）国防建设与国家经济建设协调发展

国家经济建设与国防建设的关系，是中国现代化建设中的一个带全局性的基本关系。正确处理这个关系，对于整个国家和民族的发展无疑具有深远意义。经济建设是国防建设的基础，国防建设的发展最终取决于经济建设的发展。中国的生产力水平还不高，经济实力还不强，应集中精力进行经济建设。除非发生大规模外敌入侵，无论在什么情况下都不能动摇这个中心。同时，加强国防建设也是国家安全和经济发展的基本保证，国防现代化建设是国家现代化建设的重要组成部分。在国家的总体发展战略中，要始终坚持以经济建设为中心、经济建设与国防现代化建设两头兼顾、协调发展的方针。

（四）贯彻积极防御的军事战略方针

中国在战略上实行防御、自卫和后发制人的原则，坚持“人不犯我，我不犯人，人若犯我，我必犯人”。中国拥有少量核武器完全是出于自卫的需要。但这种防御不是消极的，防御中也有进攻。积极防御的军事战略方针是和平时期努力遏制战争与准备打赢自卫战争的有机统一，是战争时期战略上的防御与战役战斗上的积极攻势行动的有机统一。

（五）独立自主地建设和巩固国防

我国的社会制度、对外政策、历史传统和自然地理等国情，决定了中国必须独立自主地建设和巩固国防。独立自主，就是立足于依靠自己的力量来保障国家的安全。事实证明，依赖别国，就有可能受制于人，招致国家利益受损。中国独立自主的国防政策要求：坚持

不与任何国家或国家集团结盟，不参加任何军事集团；坚持从国情出发，独立自主地进行决策和制定战略；坚持主要依靠自己的力量建设国防工业和国防科技体系，发展武器装备；坚持国家利益高于一切的原则，独立地处理一切对外军事事务。

（六）军民结合，全民自卫

在国防建设和国防斗争中，要继承和发扬人民战争的优良传统，坚决地依靠广大人民群众的力量，坚持军民结合、全民自卫的原则。在武装力量建设方面，重视民兵和预备役的建设，使精干的常备军与强大的后备力量相结合。在国防斗争中，发挥民兵和广大群众的威力，在边防、海防前线建立起军、警、民结合的联防体系，并重视发挥民兵在平时打击犯罪分子、维护社会治安和社会稳定的作用。加强全民的国防教育，提高人民群众的国防意识，健全国防动员机制，以保证一旦发生战争，能够充分动员广大人民群众实行全民自卫。国防工业和科技的发展，实行军民结合、平战结合的原则。在经济发展规划、工业生产布局、大型工程施工、科技教育发展、交通邮电建设等方面都要做到军民结合、平战结合，实现寓国防人才于民，寓国防科技于民，寓国防物资于民，把国防事业置于人民群众之中。

（七）实现国防现代化

中国国防和军队建设的主要矛盾，是现代化战争的客观需要同国防现代化、军队现代化水平还比较低的矛盾。只有坚持以现代化建设为中心，不断提高国防现代化、军队现代化的水平，才能适应现代战争特别是信息化条件下局部战争的客观需要，有效地维护国家的安全。中国的国防现代化建设，必须从中国的实际情况出发，走有中国特色的国防现代化发展道路。国防的现代化除了要实现国防科技、武器装备的现代化现代化之外，同时还要做好国防人才、国防体制、国防动员、国防理论、国防法制等现代化建设，全面提高国家的综合国防力量。

（八）维护世界和平，反对扩张行为

中国坚持和平共处五项原则，独立自主地处理对外军事关系，开展军事交流与合作，不搞霸权主义，不搞军事集团，不进行军事扩张，不在国外驻军或建立军事基地。中国反对军备竞赛，主张根据公正、合理、全面、均衡的原则，实行有效的军备控制和裁军。中国支持国际社会采取的有利于维护世界和地区和平、安全、稳定的活动，支持国际社会为公正合理地解决国际争端、军备控制和裁军所做的努力。

中国对外政策的核心是争取世界和平。这也是中国国防政策的一个根本目标。对于国与国之间的纠纷和争端，中国历来主张通过协商和平解决。中国不把自己的社会制度和意识形态强加于人，也决不允许别国把它们的社会制度和意识形态强加于中国，历史证明，单纯依靠增加军备和加强军事同盟是不能获得持久和平的。只有在相互信任和共同利益关系的基础上，通过对话与合作，才能营造真正的和平。

三、中国的国防领导体制

（一）国防领导体制

国防领导体制是指国防领导的组织形式、权限划分、管理方式和机构设置的整个体系。

它与国家的国体、政体、国家的职能有着密切的联系。国家作为阶级统治的机器，是一个整体。国家的性质，又称国体，是国家的内容。国家又是统治阶级有组织有系统的暴力机器，包括军队、监狱、警察、法庭等暴力机构，这些机构的设置与国防领导体制有关。国家的职能有对内、对外两种，对内包括统治职能和社会职能，而对外职能之一就是国防。国家职能实施要靠国家机构。国家机构包括立法机关、行政机关、司法机关和军队、警察、监狱等专门机构，这是实现国家职能的实体。

我国最高国防领导的组织形式，体现了国体、政体和传统的一致性。它的一个基本特征，就是党在国防领导中的决定性地位和作用。革命战争年代，军事最高领导是党中央的军事委员会，党中央主席兼任军委主席，实行一元化领导。新中国成立以来，中国共产党成为执政党，是国家和社会主义建设事业的领导核心。我国最高国防领导体制的组织形式，既体现了党对武装力量和国防建设事业的领导，又有利于国家机构领导全国武装力量，领导和管理国防建设事业的职能，这对于国家加强武装力量的革命化、现代化、正规化建设，增强国防力量，实现国防现代化的宏伟目标，是强有力的组织保证。

（二）我国国防领导体制的历史发展

中华人民共和国成立以来，为使国防领导体制适应国家政治、经济、科技，特别是军事发展和保障国家安全的需要，国防领导体制进行了多次调整改革，在实践中不断发展和完善。

1949 年 10 月，中华人民共和国成立后，根据《中国人民政治协商会议共同纲领》和《中华人民共和国中央人民政府组织法》的规定，设立中央人民政府人民革命军事委员会，作为国家最高军事领导机关，统一管辖并指挥中国人民解放军及其他武装力量。毛泽东作为中国共产党中央委员会主席、中华人民共和国中央人民政府主席、人民革命军事委员会主席，是武装力量的最高统帅。另外，还设有中国人民解放军总司令一职，由朱德担任。人民革命军事委员会领导成员，除中国共产党的著名军事将领外，还包括少数党外著名军事将领。人民革命军事委员会下设总参谋部、总政治部、总后勤部。

1954 年 9 月 20 日，第一届全国人民代表大会通过并颁布的《宪法》规定，中华人民共和国主席统率全国武装力量，担任国防委员会主席，不再设立中央人民政府革命军事委员会。一届人大一次会议决定，设立国防委员会和国防部，撤销中国人民解放军总司令的设置。国防委员会领导成员包括中国共产党和党外著名军事将领，它是一个带有统一战线性质的名义上的国防领导机构。9 月 28 日，中共中央政治局在《关于成立党的军事委员会的决议》中指出，必须同过去一样，在中央政治局和书记处之下成立党的军事委员会，担负整个军事工作的领导。中央政治局、书记处和军事委员会有关军事工作的决定，可用军事委员会（以下简称军委）的名义由内部系统下达，其须公开发布的命令和指示，则用国务院或国防部的名义下达。毛泽东担任中共中央主席、国家主席、中共中央军委主席、国防委员会主席，是武装力量的最高统帅。彭德怀主持中共中央军委日常工作，并任国务院副总理兼国防部长和国防委员会副主席。同年 10 月 11 日，经中央书记处批准，原冠以“中央人民政府人民革命军事委员会”者，一律改称“中国人民解放军”字样，如“中央人民政府人民革命军事委员会总参谋部”改称“中国人民解放军总参谋部”等。至 1958 年 7 月以前，中共中央军事委员会领导下的人民解放军总部曾实行总参谋部、训练总监部、武装力量监察部、总政治部、总干部部、总后勤部、总财务部、总军械部八大总部的体制。1958年7月，中共中央军委扩大会议通过的《关于改变组织体制的决议》规定，中央军委是中共中央的军事工作部门，是统一领导全军的机关，军委主席是全军的统帅。国防部是军委对外的名称。军委决定的事项，凡需经国务院批准，或需用行政名义下达的，由国防部长签署。中央军委领导下的总部体制仍恢复总参谋部、总政治部、总后勤部三总部体制。

在1959年4月和1965年1月召开的第二、第三届全国人民代表大会上，刘少奇当选为国家主席和国防委员会主席，毛泽东不再担任上述两个职务，但仍担任中共中央主席和中共中央军委主席，统率着全国的武装力量。

1975年和1978年通过的《宪法》规定，中华人民共和国武装力量由中国共产党中央委员会主席统率，国家不再设国防委员会。

1982年9月，第五届全国人民代表大会第五次会议通过的第四部宪法规定，设立中华人民共和国中央军事委员会，领导全国的武装力量。中央军事委员会实行主席负责制，主席由全国人民代表大会选举或罢免，对全国人民代表大会和全国人民代表大会常务委员会负责。与此同时，中共中央军事委员会继续存在，其职能和国家中央军委完全相同。这表明中央军委同时有两个名称：一个是中共中央军委，另一个是国家的中央军委。从而确立了党和国家高度集中统一的行使领导职权的国防领导体制。

（三）我国国防领导职权

根据《宪法》和《国防法》，中华人民共和国的国防领导职权由中共中央、全国人民代表大会及其常务委员会、国家主席、国务院、中央军委行使。

1. 中共中央的国防领导职权

《中国人民解放军政治工作条令》规定：“中国人民解放军必须置于中国共产党的绝对领导之下，其最高领导权和指挥权属于中国共产党中央委员会和中央军事委员会。”党的中央军事委员会和国家的中央军事委员会的组成人员和对军队的领导职能完全一致。有关国防、战争和军队建设的重大问题，都是由中共中央、中央军委、中央政治局及其常务委员会作出决策并通过必要的法定程序，作为党和国家的统一决策贯彻执行的。

2. 全国人民代表大会及常务委员会的国防职权

全国人民代表大会是最高国家权力机关，它在国防方面的职权主要有：决定战争与和平的问题；制定有关国防方面的基本法律；选举中央军事委员会主席，根据中央军事委员会主席的提名，决定中央军事委员会其他组成人员，并有权罢免以上人员；审查和批准包括国防建设计划在内的国民经济、社会发展计划和计划执行情况的报告；审查和批准包括国防经费预算在内的国家预算和预算执行情况的报告；改变或者撤销全国人民代表大会常务委员会在国防方面的不适当的决定，应当由全国人民代表大会行使的国防方面的其他职权。

全国人民代表大会常务委员会在国防方面的职权主要有：在全国人民代表大会闭幕期间，如果遇到国家遭受武装侵犯或者必须履行国际间共同防止侵略条约的情况，决定战争状态的宣布；决定全国总动员或者局部动员；制定国防方面的法律；在全国人民代表大会闭会期间，审查和批准包括国防建设计划在内的国民经济和社会发展计划，包括国防经费预算在内的国家预算在执行过程中所必须做的部分调整方案；监督中央军委的工作：在全国人民代表大会闭会期间，根据中央军委主席的提名，决定中央军委其他组成人员的人选；根据最高人民法院院长和最高人民检察院检察长的提请，任免军事法院院长和军事检察院检察长；决定同外国缔结的有关国防方面的条约和重要协定的批准和废除；规定军人的衔级制度；规定和决定授予在国防方面国家的勋章和荣誉称号；全国人民代表大会授予的国防方面的其他职权。

3．国家主席在国防方面的职权

中华人民共和国主席在国防方面的职权主要有：宣布战争状态、发布动员令、公布有关国防方面的法律、授予在国防方面国家的勋章和荣誉称号、批准和废除同外国缔结的有关国防方面的条约和重要协定。

4．国务院在国防方面的职权

中华人民共和国国务院是最高国家权力机关的执行机关，是最高国家行政机关。它在国防方面的职权是领导和管理国防建设事业，包括：编制国防建设发展规划和计划；制定国防建设方面的方针、政策和行政法规；领导和管理国防科研生产；管理国防经费和国防资产；领导和管理国民经济动员工作和人民武装动员、人民防空、国防交通等方面的有关工作；领导和管理拥军优属工作和退出现役军人的安置工作；领导国防教育工作；与中央军委共同领导中国人民武装警察部队、民兵的建设和征兵、预备役工作以及边防、海防、空防的管理工作；法律规定的与国防建设事业有关的其他职权。

5．中央军委在国防方面的职权

中华人民共和国中央军委是最高国家军事机关，负责领导全国武装力量。其职权主要包括：统一指挥全国武装力量；决定军事战略和武装力量的作战方针；领导和管理中国人民解放军的建设，制定规划、计划并组织实施；向全国人民代表大会或者全国人民代表大会常务委员会提出议案；根据宪法和法律，制定军事法规，发布决定和命令；决定中国人民解放军的体制和编制，规定总部以及军区、军兵种和其他军级单位的任务和职责；依照法律、军事法规的规定，任免、培训、考核和奖惩武装力量成员；批准武装力量的武器装备体制和武器装备发展规划、计划，协同国务院领导和管理国防科研生产；会同国务院管理国防经费和国防资产；法律规定的其他职权。

中央军委实行主席负责制，中央军委主席即为全国武装力量的统帅。中央军委组成人员为：中央军委主席，副主席若干人，委员若干人。中央军委之下，设有人民解放军总部机关，即中国人民解放军总参谋部、总政治部、总后勤部、总装备部。总部既是中央军委的工作机关，又是全军军事、政治、后勤、装备工作的领导机关。总参谋部负责组织领导全国武装力量的军事建设，组织指挥全国武装力量的军事行动；总政治部负责管理全军党的工作、组织和政治工作；总后勤部负责组织领导全军后勤工作；总装备部负责组织领导全军的装备工作。

四、中国的武装力量

武装力量是国家或政治集团所拥有的各种武装组织的统称。从存在的理由看，它的首要任务是防守，其次是进攻。国家的武装力量对内用以维护统治阶级的利益，对外有震慑他国、保卫领土、对外扩张的作用，由国家统治阶级建立、维持和控制。武装力量的产生和发展，与国家的形成和演变、社会生产力和生产关系的变革、战争实践和军事理论的发展等紧密相关。

（一）我国武装力量的构成情况

一个国家武装力量的组织结构受多种因素的制约，这些因素包括国家的政治制度、经济条件、军事战略以及地理环境、人力资源、历史传统等，总体上由简单到复杂，由单一组织向多种组织结合的方向发展。

目前世界各国武装力量的构成，大体可以概括为3种类型，即多种（3种以上）武装力量相结合的形式、两种（军队或武装警察）武装组织相结合的形式、单一（军队或警察或民兵）武装组织。一般均采取以军队为主体，多种武装组织相结合的形式。

中国的武装力量，属于多种武装组织相结合的形式。《国防法》规定："中华人民共和国的武装力量由中国人民解放军、人民武装警察部队和民兵组成。"这种"三结合"的武装力量体制是由中国的国情、军情决定的，是历史发展的必然结果。

1．中国人民解放军

中国人民解放军，诞生于1927年8月1日的南昌起义。土地革命时期称为工农红军，抗日战争时期改编为八路军、新四军，解放战争时期定名为人民解放军，并沿用至今。新中国成立60多年来，人民解放军的现代化建设取得巨大成就，已由过去单一军种发展成为诸军兵种合成、具有一定现代化水平并开始向信息化迈进的强大军队。近年来，人民解放军按照革命化、现代化、正规化相统一的原则加强军队全面建设，不断把中国特色军事变革推向前进。

中国人民解放军由现役部队和预备役部队组成。

（1）中国人民解放军现役部队。

中国人民解放军现役部队是国家的常备军，是我国武装力量的骨干，由陆军、海军、空军和第二炮兵组成。主要担负防卫作战任务，必要时可以依法协助维护社会秩序。

（2）中国人民解放军预备役部队。

中国人民解放军预备役部队是以现役军人为骨干、预备役官兵为基础，按照军队统一的体制编制组成的武装力量，是中国人民解放军的重要组成部分，是具有一定战斗力的准正规部队，是战时首批动员的后备力量，是我军后备力量建设的重中之重。

预备役部队组建于1983年，分为陆军、海军、空军和兵种预备役部队。其师（旅）、团已列入军队建制序列，授有番号、军旗，执行中国人民解放军的条令、条例。

预备役部队实行军队与地方党委、政府双重领导制度。平时隶属于省军区建制领导，海、空军预备役师受海、空军和省军区双重领导。战时动员后，归指定的现役部队指挥或单独执行作战任务。

预备役部队各级军政主管、部门主要领导、部分机关人员和专业技术骨干，由现役军人担任。预备役军官主要从符合条件的退役军人、地方干部、人民武装干部、民兵干部、地方与军事专业对口的技术人员中选配。预备役士兵主要从符合条件的退役士兵、经过训练的基干民兵和地方与军事专业对口的人员中选编。

2．中国人民武装警察部队

中国人民武装警察部队是中华人民共和国武装力量的组成部分，担负国内安全保卫任务。其职能是捍卫中国共产党的领导，捍卫社会主义制度。基本使命是维护国家主权和尊严，维护社会稳定，保卫重要目标和人民生命财产安全。1982 年 6 月，党中央决定组建中国人民武装警察部队。1983 年 4 月，中国人民武装警察部队总部在北京成立，属于国务院编制序列，由国务院、中央军委双重领导，实行统一领导管理与分级指挥相结合的体制。武警部队执行《兵役法》和中国人民解放军的条令、条例和有关规章制度，享受中国人民解放军的同等待遇。军衔等级同中国人民解放军军衔等级，军衔前冠以“武警”名称。

人民武装警察部队根据人民解放军的建军思想、宗旨、原则，按照人民解放军的条令、条例和有关规章制度，结合人民武装警察部队的特点进行建设。人民武装警察部队的根本职能有 3 项。第一，维护国家安全。人民武装警察部队主要是通过执行边境武装警卫勤务、边防检查勤务、安全检查勤务、海上巡逻勤务，来履行这一职能的。第二，维护社会稳定。作为公安机关的一部分，人民武装警察部队担负着用公开武装的形式预防和镇压敌对势力的破坏，打击恐怖活动，应付各种紧急意外情况，维护社会治安的任务。第三，保障人民群众安居乐业。主要通过执行警卫勤务、守卫勤务、消防工作、反恐怖活动来实现。

中国人民武装警察部队设有总部，各省、自治区、直辖市设有武装警察部队总队（副军或师级）；各地、市、州、盟设有支队（团级）或大队（营级）；县（市、旗）设有中队（连级）。人民武装警察部队设总部、总队（师）、支队（团）三级领导机关。各级机关设司令部、政治部、后勤部。人民武装警察总部是人民武装警察部队的领导指挥机关。领导管理武警内卫部队的军事、政治和后勤工作，对列入人民武装警察部队序列的其他部队的军事、政治、后勤工作进行指导。人民武装警察总部直辖若干师和大专院校。各省、自治区、直辖市设武警总队。各总队分设初级指挥学校；总队以下根据行政区划分和任务需要，设若干个支队；支队下辖大队、中队。

人民武装警察部队主要由内卫部队和警种部队组成，包括列入武装警察部队序列的公安边防部队、公安消防部队、公安警卫部队；担负生产建设任务的水电部队、交通部队、黄金部队；担负护林防火、灭火任务的森林警察部队。内卫部队的基本任务是：警卫党政机关和外国使（领）馆，守卫重要机场、电台、电视台、通信枢纽、工厂、仓库、科研机构等重要目标；守护重要桥梁、隧道；担负看守所、监狱、劳改场所的外围武装看押任务和押解罪犯；对大城市和特定地区实施治安巡查警戒；参与处置各种突发事件。边防部队的主要任务是：担负边境地区的治安管理；在对外开放的港口、机场、国境车站和孔道以及特许的口岸，对出入境人员和交通工具实施边防检查；对国际国内航班乘客及携带的物品实施安全检查；在领海线内实施巡逻。消防部队的主要任务是：向人民群众宣传安全防火常识，协助有关单位建立防火措施，搞好消防监督和检查，扑救火灾，保卫国家经济建设和人民生命财产的安全。

3. 中国民兵

民兵是中国共产党领导下的不脱离生产的群众武装，是中华人民共和国武装力量的组成部分，是中国人民解放军的助手和后备力量。我国实行在国务院、中央军委领导下的民兵组织领导体制。全国的民兵工作由总参谋部主管；各大军区按照上级赋予的任务，负责本区域的民兵工作；省军区、军分区和县（市）人民武装是本地区的民兵领导指挥机关；乡、镇、部分街道和企事业单位设有人民武装部，负责民兵和兵役工作；地方各级人民政府对民兵工作实施原则领导，包括组织和监督。

民兵的任务包括：积极参加社会主义现代化建设，带头完成生产和各项任务；担负战备勤务，保卫边疆，维护社会治安；随时准备参军参战、抵抗侵略，保卫祖国。《民兵工作条例》规定，民兵工作的任务包括建立和巩固民兵组织，提高民兵军政素质，配备和管理民兵武器装备，储备战时所需的后备兵员；发动民兵参加社会主义现代化建设，组织民兵担负战备执勤，维护社会治安；组织民兵参战，支援前线，抵抗侵略，保卫祖国。民兵工作应当贯彻人民战争的思想，坚持劳武结合，坚持民兵制度与预备役制度、民兵工作与战时兵员动员准备工作相结合。

《兵役法》规定，乡、民族乡、镇和企业事业单位建立民兵组织，凡 18～35 岁符合服兵役条件的男性公民，除应征服现役以外，均应编入民兵组织服预备役。民兵分基干民兵和普通民兵。28 岁以下的退役士兵和经过军事训练的人员，以及选定参加军事训练的人员编为基干民兵；其余 18～35 岁符合服兵役条件的男性公民编为普通民兵。根据需要吸收女性公民参加基干民兵。陆海边疆、少数民族地区和城市有特殊情况的单位，基干民兵的年龄可适当放宽。随着国防现代化建设的发展，民兵组织已由单一的步兵发展成为包括高炮、地炮、通信、工兵、防化、侦察以及海军、空军等专业技术分队在内的基干民兵队伍。民兵的武器装备实现了国产制式化。

（二）中国人民解放军概述

中国人民解放军是中国武装力量的主体力量，它诞生于 1927 年 8 月 1 日，历经了红军、八路军、新四军和解放军等发展阶段。它从小到大，由弱到强，在解放中国人民的长期武装斗争中，先后打败了国内外一切反动军队、反动势力和日本侵略者，为新中国的诞生立下了不朽功勋。新中国成立后，中国人民解放军又在抗美援朝和历次边境反击战争中捍卫了国家主权和尊严，成为保卫祖国和社会主义建设事业的坚强柱石。

1. 中国人民解放军的性质和宗旨

中国人民解放军是中国共产党缔造和领导，用马克思列宁主义、毛泽东思想和中国特色社会主义理论体系武装的人民军队，是中华人民共和国的武装力量，是人民民主专政的坚强柱石。《中国人民解放军政治工作条例》规定：中国人民解放军必须始终不渝地保持人民军队的性质，忠于党，忠于社会主义，忠于祖国，忠于人民。首先，中国人民解放军是中国共产党绝对领导之下的军队，坚持“党指挥枪”是中国人民解放军的根本原则。中国人民解放军作为党缔造和领导的无产阶级军队，是执行党所赋予的政治任务的武装集团。其次，中国人民解放军是人民的军队，除了中国人民的根本利益，这支军队没有也不允许有超越于人民之上的特殊利益。离开人民群众的支持，就没有这支军队的成长、壮大和胜利。再次，中国人民解放军是社会主义国家的军队。随着新中国社会主义国家政权的建立，中国人民解放军成为社会主义国家的坚强柱石。中国人民解放军作为国家机器的一部分，发挥着巩固人民民主专政、服务国家的职能。紧紧地和人民站在一起，全心全意地为人民服务，是中国人民解放军的唯一宗旨。它要求参加中国人民解放军的全体人员，都以广大人民利益、全民族的利益为出发点和归宿，始终为人民的解放而奋斗。全心全意为人民服务的宗旨，是由中国人民解放军的阶级性质和历史使命决定的。中国人民解放军的成员来自工农，同人民群众的血肉关系，决定了这支军队能够彻底实现全心全意为人民服务的宗旨。在中国特色社会主义建设的新时期，全体官兵服从服务于国家经济建设大局，认真履行党和国家赋予军队的历史使命，不仅是保卫社会主义祖国的钢铁长城，而且是建设社会主义物质文明和精神文明的重要力量。

2．中国人民解放军的任务和在新世纪新阶段的历史使命

中国人民解放军的任务是：巩固国防，抵抗侵略，保卫祖国，保卫人民的和平劳动，参加国家建设事业。

中国人民解放军在新世纪新阶段的历史使命是：为党巩固执政地位提供重要力量保证，为维护国家发展的重要战略机遇期提供坚强安全保障，为维护国家利益提供有力战略支撑，为维护世界和平与促进共同发展发挥重要作用。中国人民解放军必须高举中国特色社会主义伟大旗帜，坚持党的基本理论、基本路线、基本纲领和基本经验，贯彻毛泽东军事思想、邓小平新时期军队建设思想、江泽民国防和军队建设思想、胡锦涛关于新形势下国防和军队建设重要论述，把科学发展观作为国防和军队建设的重要指导方针。着眼全面履行新世纪新阶段军队历史使命，贯彻新时期军事战略方针。落实政治合格、军事过硬、作风优良、纪律严明、保障有力的总要求。紧紧围绕打得赢、不变质两个历史性课题，发扬听党指挥、服务人民、英勇善战的优良传统，加快中国特色军事变革，加强军事斗争准备，提高以打赢信息化条件下局部战争为核心的完成多样化军事任务的能力。为建设一支强大的现代化、正规化革命军队，为推进现代化建设、完成祖国统一、维护世界和平与促进共同发展而奋斗。

根据战略需要，目前，中国共划分为 7 个军区，即沈阳、北京、兰州、济南、南京、广州、成都。军区设有领导机关，统一领导划定区域内的军事工作，包括民兵和兵役工作。由于中国人民解放军主要担负对付外敌入侵的任务，需要统一调动，统一使用，因此，对其必须实施高度集中的垂直领导，由中央军委统一指挥。

3．中国人民解放军的编成

中国人民解放军由陆军、海军、空军 3 个军种和第二炮兵一个独立兵种四大军兵种组成。每个军兵种都是一个多系统、多层次的有机整体，不仅有战斗兵种、战斗保障兵种及专业部队，还设有各级领导机构、后勤保障系统和院校培训体系。

（1）中国人民解放军陆军。

陆军是中国人民解放军的主要军种，是中国陆地作战的主力，是中国人民解放军各军兵种中历史最久，在新中国成立前后的历次作战中发挥最出色的，也是社会主义现代化建设和各种抢险救灾中的中坚力量。

陆军主要担负陆地作战任务，目前没有设置独立的领导机关，领导机关职能由四总部代行，沈阳、北京、兰州、济南、南京、广州、成都 7 个军区直接领导所属陆军部队。

中国人民解放军陆军由步兵、装甲兵、炮兵、防空兵、陆军航空兵、工程兵、防化兵、通信兵等兵种及电子对抗兵、侦察兵、测绘兵等专业兵组成。步兵徒步或乘装甲输送车、步兵战车实施机动和作战，由山地步兵、摩托化步兵、机械化步兵（装甲步兵）组成。装甲兵（坦克兵）以坦克及其他装甲车、保障车辆为基本装备，执行地面突击任务。炮兵以各种压制火炮、反坦克火炮、反坦克导弹和战役战术导弹为基本装备，执行地面火力突击任务。防空兵以高射炮、地空导弹武器系统为基本装备，执行对空作战任务。陆军航空兵装备攻击直升机、运输直升机和其他专用直升机及轻型固定翼飞机，执行空中机动和支援地面作战任务。工程兵担负工程保障任务，由工兵、舟桥、建筑、伪装、野战给水工程、

工程维护等专业部（分）队组成。防化兵担负防化保障任务，由防化、喷火、发烟等部（分）队组成。通信兵担负军事通信任务，由通信、通信工程、通信技术保障、航空兵导航和军邮勤务等专业部（分）队组成。

陆军按其担负的任务还划分为野战机动部队、海防部队、边防部队、警卫警备部队等。野战机动部队的编制序列一般是：集团军、师（旅）、团、营、连、排、班。海防部队、边防部队和警卫警备部队，根据担负的作战任务和地理条件，确定编组方式。

（2）中国人民解放军海军。

中国人民解放军海军成立于 1949 年 4 月 23 日，是中华人民共和国的海上武装力量，是中国人民解放军的战略军种，是海上作战行动的主体力量，担负着保卫中国海上方向安全、领海主权和维护海洋权益等任务。中国人民解放军海军为仅次于美国海军的全世界第二大规模海军，拥有 25 万现役军人和 56000 人的海军陆战队，还有一支 56000 人的海军航空兵，拥有数百架陆基飞机和舰载直升机。作为其整体的海军现代化计划的一部分，解放军海军正在发展为一支蓝水海军。另外，还有 35000 人的海岸警卫队，但编制列入中国人民武装警察部队边防部队序列。

中国人民解放军海军平时实行作战指挥与建设管理合一的领导体制，由海军机关、舰队、试验基地、院校、装备研究院等构成。共分为五大兵种：海军水面舰艇部队、海军潜艇部队、海军航空兵、海军岸防部队和海军陆战队。水面舰艇部队编有战斗舰艇部队和勤务舰船部队。中国人民解放军海军下辖 3 个舰队，分别是北海舰队、东海舰队和南海舰队，均为副大军区级，主官为中将或少将级别。每支舰队下辖若干个水警区、舰艇支队、舰艇大队和海军航空兵等。

北海舰队受海军总部和济南军区的双重领导，北海舰队司令员兼任济南军区副司令员。北海舰队负责防卫中国黄海和渤海海域，并从海上保卫首都北京。北海舰队的司令部设于山东青岛，原下辖青岛（辖威海、胶南水警区）、旅顺基地（辖大连、营口水警区）、葫芦岛基地（辖秦皇岛、天津水警区）。主要作战兵力有驱逐舰第一支队、驱逐舰第十支队、潜艇第十二支队。

东海舰队受海军总部和南京军区的双重领导，东海舰队司令员兼任南京军区副司令员。东海舰队负责防卫中国东海海域，并和南海舰队一起负责台湾海峡方面的作战。东海舰队的司令部设在浙江宁波，原下辖上海基地（辖连云港、吴淞水警区）、舟山基地（辖定海、温州水警区）、福建基地（辖宁德、厦门水警区）。主要作战兵力有驱逐舰第三支队、驱逐舰第六支队、潜艇第二十二支队、潜艇第四十二支队。

南海舰队受海军总部和广州军区双重领导，南海舰队司令员兼任广州军区副司令员。南海舰队负责防卫南海海域，特别是南海诸岛的安全，并和东海舰队一起负责台湾海峡方面的作战。南海舰队的司令部设在广东湛江，原下辖湛江基地（辖湛江、北海水警区）、广州基地（辖黄埔、汕头水警区）、榆林基地（辖海口、西沙水警区）。主要作战兵力有驱逐舰第二支队、驱逐舰第九支队、潜艇第三十二支队、潜艇第五十二支队和海军陆战队第一旅、海军陆战队第一六四旅。两个海军陆战队旅虽隶属南海舰队，但指挥权在海军司令部。

人民解放军海军部队现已成为一支兵种齐全、常规和尖端武器兼备，具有立体攻防能力，能有效地保卫国家领海的战斗力量。

（3）中国人民解放军空军。

中国人民解放军空军成立于1949年11月11日，经过半个世纪的建设，到20世纪末，空军已经发展成为以航空兵为主体，诸兵种组成的合成军种。我国空军的武器装备也由原来的缴获、外购、仿制，发展到以中国自行研制生产为主，同时官兵的军政素质不断提高，知识结构和专业化程度发生了深刻的变化，部队的现代化建设和战斗力水平进入了新阶段。跨入21世纪，我国空军进一步加强质量建设，由国土防空型向攻防兼备型转变，成为维护国家主权、保卫祖国领空、促进统一大业的重要军事力量，在高技术条件下军事斗争中发挥重要作用。

中国人民解放军空军领导机关设有司令部、政治部、后勤部、装备部，其下的基本组织层次为：军区空军、空军军（基地）、师（旅）、团（站）、大队（营）、中队（连）。军区空军根据任务辖一至数个空军军（基地）或航空兵师，一至数个防空混成师、地空导弹师（旅、团）、雷达旅（团）或高炮旅（团）。空军军（基地）下辖数个航空兵师及必要的战斗保障、勤务保障部（分）队。

中国人民解放军空军的主要任务是担负国土防空，支援陆、海军作战，对敌后方实施空袭，进行空运和航空侦察。空军实行空防合一的体制，由航空兵、地空导弹兵、高射炮兵、雷达兵、空降兵以及通信、雷达、电子对抗、防化、技术侦察等专业部（分）队组成。空军下辖沈阳、北京、兰州、济南、南京、广州、成都7个军区空军。航空兵由歼击、强击、轰炸、运输航空兵组成，通常按师、团、飞行大队（营）、飞行中队（连）编成。航空兵师一般下辖2个或3个航空兵团和驻地场站，航空兵团是基本战术单位。由于武器装备和担负任务不同，各类航空兵团编制飞机数量通常在40～60架之间不等；飞机和飞行员（组）的比例通常为1∶1.2。

我国空军还积极支持和参加国家建设事业，在抢险救灾、航空测量、人工增雨、飞播造林、开辟空中航线、空投试验核武器、新型飞机试飞、运送卫星火箭等工作中作出了重要贡献。

（4）中国人民解放军第二炮兵。

中国人民解放军第二炮兵组建于1966年7月1日，是中国人民解放军地地战略导弹部队的代称，是中央军委直接掌握使用的战略部队，是中国实施战略威慑的核心力量。第二炮兵部队的主要任务是遏制敌人对中国使用核武器，在敌人对中国发动核袭击时，遵照统帅部的命令，独立地或联合其他军种对敌人实施有限而有效的自卫反击，打击敌人的重要战略目标。

经过几十年的建设，第二炮兵现已形成核常兼备、固液并存、射程衔接、战斗部种类配套的武器装备体系，装备各种型号的核导弹和常规导弹，具备威慑和实战能力并存、武器与作战阵地配套、人才素质和部队作风过硬的战略力量。

中国人民解放军第二炮兵领导机关设有司令部、政治部、后勤部、装备部，其下的基本组织层次为基地、旅、营。下属正军级作战部队有第51基地（驻辽宁辽阳）、第52基地（驻安徽黄山）、第53基地（驻云南昆明）、第54基地（驻河南洛阳）、第55基地（驻湖南怀化）、第56基地（驻青海西宁）和第22基地（驻陕西宝鸡）9万～12万兵员。另外，第二炮兵还下辖有第二炮兵工程学院、第二炮兵指挥学院、第二炮兵装备研究院。

第二炮兵部队由近程、中程、远程和洲际导弹部队，工程部队，作战保障、装备技术保障和后勤保障部队组成，按导弹类型编为旅和团。它是中国陆、海、空“三位一体”战略核力量的基础，能够在中央军委的直接指挥下，独立地或协同其他军兵种对敌人实施自卫核反击和纵深常规打击，是一支具有一定规模和实战能力的主要核威慑和战略核反击力量。

中国人民解放军第二炮兵部队装备有多种型号的地地战略导弹和战役战术常规导弹，包括近程导弹（射程在1000公里以内）、中程导弹（射程1000～3000公里）、远程导弹（射程3000～8000公里）、洲际弹道导弹（射程在8000公里以上）。具有在昼夜间各种复杂气象条件下的发射能力。这些导弹的特点是：射程远，杀伤破坏威力大，命中精度较高，突防能力和生存能力强；建有与之配套的作战指挥、防护工程和其他各种设施；可以固定发射，也可以机动发射，因而具有较强的生存能力。近年来，一批现代化新型导弹正在逐步装备部队，形成作战能力。我国的现代化的洲际弹道导弹具有与发达国家同等类型导弹相等的射程和相等的命中精度。

五、国防现代化建设的主要成就

国防建设是国家为提高国防能力而进行的各方面的建设，主要包括：武装力量建设，边防、海防、空防、人防及战场建设，国防科技与国防工业建设，国防法规与动员体制建设，国防教育，以及与国防相关的交通运输、邮电、能源、水利、气象、航天等方面的建设。我党一直将国防和军队建设视为国家建设的重要方面。新中国成立以来，在党中央、中央军委的领导下，我国的国防和军队建设取得了很大成就。

（一）中国人民解放军已经由单一的陆军发展成为诸军兵种合成的强大军队

新中国成立时，中国人民解放军只是单一的陆军，没有空军，没有海军。陆军也基本上是步兵，炮兵和装甲兵部队极为有限，军队武器装备基本上是在抗日战争和全国解放战争中缴获的日军和国民党军队的武器装备，性能落后，型号繁杂，威力弱小。新中国成立初期，中国人民解放军在这样的基础上迅速发展起来，建立了海军、空军等军种和陆军的炮兵、装甲兵、工程兵、铁道兵等技术兵种部队，并都形成了作战能力，空军和陆军各技术兵种都有部队参加抗美援朝战争。1966年组建了战略导弹部队——第二炮兵。此后，随着军事技术的发展，又相继组建了电子对抗部队和陆军航空兵部队。60多年来，中国人民解放军全面履行了保卫祖国、保卫人民和平劳动的根本职能，胜利完成了保卫国防作战任务，严密守卫边疆、海疆，依法履行香港、澳门防务职责，震慑、打击危害国家安全和统一的各种分裂、破坏活动，为国家繁荣发展提供了可靠的安全保障；参加抢险救灾，保护人民生命财产，支援国家建设，有力支持了国家经济社会发展；参加国际维和、反恐、公海护航活动，为维护地区和世界和平发挥了重要作用。经过多次精简整编和60多年的现代化建设，中国人民解放军已经规模适度，结构明显优化，现代化水平和作战能力大幅提高，成为陆军、海军、空军、第二炮兵等诸军兵种合成的强大人民军队。此外，还建立了中国人民武装警察部队，建立了民兵与预备役相结合的后备力量体制。

（二）建立了完整的国防科技和国防工业体系

新中国成立时，国防工业的基础极为薄弱，主要包括两大部分。一是由中国共产党领导的、在革命战争年代创建并发展起来的根据地兵工厂，共有94座，职工9万余人。这些工厂条件简陋，规模较小，技术水平较低，一般只能生产枪弹、手榴弹、地雷、中小口径迫击炮弹等，也生产少量枪械和小口径火炮。二是接管的原国民党政府的军事工厂68座，职工10万人。这些企业的设备条件和人员的文化技术水平都比我党自己创办的兵工厂好得多，但中国的整体工业水平和技术水平低，这些企业也只能从事旧杂式武器装备的修配和小批量生产，不能生产坦克、大炮、飞机、舰艇等武器装备。从20世纪50年代起经过几十年的发展，我国逐步建成了包括兵器工业、航空工业、船舶工业、电子工业等一大批军工骨干企业在内的完整的国防科技和国防工业体系。

在军事电子方面，逐步发展为具有相当规模、门类齐全的新兴工业部门，特别在指挥自动化、情报侦察、预警探测、电子对抗和通信等方面，为我军提供了各种新式装备和产品，进一步增强了部队的作战能力；在船舶工作方面，先后自行研制和建造了核动力潜艇、常规动力潜艇、导弹驱逐舰、导弹护卫舰、导弹快艇及各种辅助船舶和新型鱼雷、水雷、反水雷等新装备；在兵器工业方面，研制生产了一大批具有先进性能的坦克、装甲车辆、火炮、弹药、轻武器、军用光电器材和综合火控、指挥系统等新型武器装备；在航空工业方面，已能够生产歼击机、轰炸机、直升机、运输机、教练机等，基本满足了海空军作战和飞行训练的需要；在航天科技工业方面，已拥有地地、地空、海空和空空导弹武器系统，运载火箭、各种应用卫星的研制和实验能力以及发射能力，在世界高技术领域占有自己的一席之地；在核工业方面，我国不仅可以生产制造原子弹、氢弹，还掌握了核潜艇技术，形成了我国的核威慑力量，在和平利用核能方面，我国也取得了突破性进展。

（三）全面展开了军事人才队伍建设

新中国成立时，中国人民解放军队伍中除有少量知识分子和懂技术的干部外，总体文化素质很低。从新中国成立初期起，全军即逐渐建立了正规的各级各类军事指挥院校和专业军事技术学校，培养军事指挥和专业军事技术干部。改革开放后，中共第十二次全国代表大会通过的《中国共产党章程》明确规定“努力实现干部队伍的革命化、年轻化、知识化、专业化”。此后军队各级领导班子的历次调整，严格按“四化”要求选配干部。进入20世纪90年代，建立了依托普通高等院校教育培养军队干部的制度。21世纪以来，中央军委和总部出台一系列政策法规，采取措施大力加强军事人才队伍建设，以建设指挥官队伍、参谋队伍、科学家队伍、技术专家队伍和士官队伍“五支队伍”为重点，造就大批适应信息化建设、胜任信息化条件下作战任务的高素质新型军事人才。胡锦涛同志在庆祝中国人民解放军建军80周年大会上的讲话中指出：“人民解放军走出了一条符合我国实际的军队建设道路，创造了适应我国国情的人民战争战略战术，优化了军队体制编制，提高了后勤和装备综合保障能力，形成了反映现代军事发展规律、体现人民军队性质和优良传统的军事法规体系，培养造就了一大批高素质新型军事人才。所有这些，为人民解放军更好地履行职能使命提供了力量支持，为基本实现国防和军队现代化奠定了坚实基础。”

（四）建立了比较完善的国防法规体系

几十年来，新中国的国防法规建设在党和政府的高度重视下，取得了显著成效，其范围十分广泛，内容十分丰富。从已经颁发的国防法规来看，主要分为以下几个等级：一是由全国人民代表大会及其常务委员会颁发的国防和军队建设的法律以及有关法律问题的决定，如《国防法》《兵役法》《国防教育法》等；二是由国务院、中央军委制定的军事行政法规，如《国防交通条例》《征兵工作条例》等；三是由中央军委制定的军事法规，如《中国人民解放军司令部条例》《中国人民解放军政治工作条例》等；四是由各总部、各军兵种、各军区制定的军事规章，如海军颁发的《舰艇条例》、空军颁发的《飞行条例》等；五是由各省、自治区、直辖市制定的地方性法规，如《关于加强人武部建设意见》《国防教育条例》等。

（五）国防后备力量建设取得了长足的进展

我国国防后备力量建设，经过几代人的努力，形成了一整套制度和优良作风，打下了坚实的基础。1985 年，党中央、国务院、中央军委明确提出：“精干的常备军和强大的后备力量相结合，是建设现代化国防的必由之路”。这一方针给国防后备力量建设指引了方向，确立了民兵和预备役相结合的制度，初步形成了具有中国特色的国防后备力量体系。为保证国家在发生战争的情况下，能很快由平时状态转入战时状态，我国于 1995 年成立了战争动员委员会，下设兵员动员、经济动员等 4 个办公室，负责指导、协调全国的后备力量建设和动员工作。军队从总部机关到各军区、集团军、师、团均设有动员机构或动员军官。省军区、军分区、人武部既是同级党委的军事部门，又是政府的兵役机关，是集后备力量建设与动员工作于一身的机构。此外，加强了全民国防教育，特别是恢复并加强了对大学、中学在校学生的军训工作，使国防教育逐步纳入到整个国民教育体系中，走上了法制化、规范化的轨道。

第四节　国防动员

一、国防动员的内涵、地位和作用

（一）国防动员的基本内涵

“动员”一词就其字面含义而言，可作如下解释：“动”即发动、控制、支配与运用；“员”即人力、物力以及一切能量代表之单元，所以“动员”的含义，就是为达成某种目的，将一切能量单元，有计划地组织运用，使其发挥最大能力。由此引申，我们可以对国防动员进行如下界定：国防动员，是国家采取紧急措施，由正常状态转入非常状态，统一调度各种资源满足战争或应付其他危机需要的一系列活动。理解这一概念，应把握以下几点。

其一，国防动员的行为主体是国家。国防是国家大局所系，根本利益所在，也是国家的重要职能。国防行为，是国家行为中的一个重要组成部分，是国家维护自身的安全利益而行使主权所进行的一切活动的统称，既包括国防力量的建设，也包括国防决策和国防手段的运用。为维护国家安全利益而采取的行为方式称为国防手段，主要包括经济、军事、政治、外交、文化等手段。其中，战争是国防行为的最高形式和手段，服务于战争和其他危机需要的国防动员，是维护国家安全利益的重要措施，是国家防卫行为的重要组成部分，是国家行为与意志的集中体现。因此，国防动员是国家行为，履行国家职能的各级政府是国防动员活动的行为主体。另外，由于国防动员涉及社会和经济的各个领域，需要解决的矛盾很多，如国家与地方之间、国家与集体之间、国家与个人之间、行业或部门之间、地区之间等存在的各种利益关系往往需要调整。要做到一切为了国家安全利益，没有国家的强力干预，没有统一的国家意志，就不能使全体公民步调一致地行动。

其二，国防动员的对象是国防潜力资源。国防动员的对象是动员实践活动的客体，即是国家运用法律和行政手段，通过一定的组织形式和人们的主观努力把动员意图和过程施加其上的客观事物。国防动员的目的在于统一调动人力、物力、财力适应战争或应付其他危机的要求，是国防潜力转化为战争或应付其他危机实力的过程，是国家对国防资源在非常状态时的利用。在国防资源诸要素中，人力资源、物力资源和财力资源均以物质的形态存在于综合国力之中，甚至是综合国力的主要因素。在人力、物力、财力 3 种国防动员基本对象中，人力资源的动员具有一定的特殊性。从动员这种社会实践活动来看，人既是主体，又是客体。在动员主体意义上，国家的意志即人民的意志，而且各级政府动员机构的职责都要由具有主观能动性的人去实现；在动员的客体意义上，人作为社会存在的一部分，具有客观性，是一种典型的物质因素。马克思主义认为，在人和物两种战争因素中，人的因素对战争的胜负具有决定性的作用。因此，国防动员对象的重点是人而不是物。只有把国防意志变为广大人民群众的意志和行动，才能真正使国家的政治精神与物质财富很好地结合起来为战争服务。

其三，国防动员的实质是国防潜力的调度和转化。一个国家的国防能力一部分来自军力，即现实武装力量所具有的国防能力；另一部分来自民力，即民力资源中蕴藏着的国防潜力，但与前者不同的是，民力资源具有的国防潜力，只有经过转化开发才能发挥应有作用。作为经过转化才可对战争发挥作用的国防潜力，相对于非常时期，平时通常是“静态”和“散在”的物质形态，存在于社会各个领域或各行各业之中。动员就是把这些“静态”和“散在”的力量有效地组织起来，变成服务于战争或应付其他危机的动态和集中的力量。这种力量的形成，不是简单的组合，也不是一次性活动，而是一个不断调控的动态过程。只有通过动员的调控功能，才能使各种潜力资源改变存在结构，由“潜力”形态转化为“实力”形态，并与战争或应付其他危机活动融为有机整体。从这个意义上讲，“实力”来源于“潜力”，“实力”是“潜力”动员后的体现，动员是“潜力”向“实力”转化的基本措施。国防动员的实质，就是调度和转化国防潜力为应付战争或其他危机实力的活动。

（二）国防动员的地位与作用

国防动员是国防活动的重要内容之一，是准备和实施战争的重要措施，是关系国家安危的大事，古代战争和现代战争、全面战争和局部战争、常规战争和非常规战争都离不开国防动员。毛泽东曾明确指出：革命战争是群众的战争，只有动员群众才能进行战争，只有依靠群众才能进行战争；动员了全国的老百姓，就造成了陷敌于灭顶之灾的汪洋大海，造成了弥补武器等缺陷的补救条件，创造了克服一切战争困难的前提。国防动员的这种重要地位，决定了国防动员在赢得战争胜利等这种关系到国家安危的重大活动中，具有非常重要的作用。

1. 可以将战争潜力转换为战争实力，为赢得战争胜利奠定基础

为赢得胜利提供足够的战争实力，是国防动员活动的基本功能。这一功能的实现，是国家通过平战体制的转换和资源的重新配置予以完成的。战争是实力的较量，一个国家纵然拥有雄厚的财富，但是如果这些财富仅仅作为战争潜力，不能把它迅速地转换为战争实

力，仍然难以用于战争并发挥作用。国家持续不断地保持战争实力的供给，才能把战争进行到最后的胜利阶段。国防动员是国家把战争潜力转化为战争实力的转换器，也是持续保障战争实力不可或缺的重要活动。

2. 可以为遏制危机提供强大的威慑力量，遏制战争的爆发

20 世纪后半叶，在美苏（苏联）两大集团严重对峙的冷战条件下，国防动员的应战功能由过去的“为赢得胜利提供足够的战争实力”拓展到“为遏制危机提供强大的威慑力量”。进入 21 世纪后，随着和平与发展的时代主题越来越深入人心和世界和平力量的持续增长，许多国家和地区已把遏制危机和战争作为军事战略的重要或首要任务。实践中，也有许多国家通过显示实力和使用武力的决心，有效地消弭了威胁，遏制了战争。战争动员的这种“止战”的功能越来越突出。

3. 可以为应对突发事件提供有效措施，有利于维护社会稳定和人民群众生命财产安全

国防动员活动对于国家处置重大突发事件，诸如危害社会稳定和人民生命财产安全的严重自然灾害、社会动乱和严重工业事故等重大突发事件，能够发挥重要作用。当国家遇到自然灾害、社会不稳定的紧急状况时，国防动员系统可以凭借自身特有的功能和力量为抗御自然灾害、维护社会稳定提供有效措施和有力支援。

4. 可以通过减轻国家负担，为经济和社会发展提供一定的支援

国防动员活动可以达到“平时少养兵，战时多出兵”的目的。和平时期，任何国家都没有必要也不可能维持庞大的战争准备规模。如果这样做，就会对国家形成沉重的负担，会直接影响国家经济建设和社会发展。因此，各国都在加强预备役部队建设，加强寓军于民的各项动员准备。做好了这些工作，就可以把省下来的经费转用于经济建设发展，从而达到增强综合国力、富国强兵的目的。从这个意义上可以说，做好战争动员准备，也是促进国家的经济和社会发展的需要。

二、国防动员的内容

国防动员是一个涉及多个领域、多种对象的多元有机体。从大的领域看，涉及政治、经济、科技、文化、思想、外交和军事等方方面面；从具体行业看，包括交通运输、通信邮电、财政金融、内外贸易、医疗卫生、文化教育、军工生产乃至整个社会生产各行各业。

在实施具体的国防动员活动中，由于动员的政治背景、经济背景、动员的时间和发展势态要求的不同，其规模、范围、目标、样式和性质就会各有不同，使国防动员形成各种各样的特征。根据国防动员本身所具有的基本功能，可以把国防动员分为应急动员和应战动员两大类。应急动员也称非战争行动动员，是平时国家应对对国家造成重要危险和对国计民生造成重大危害的重大突发事件和重大紧急情况时，由国家紧急动用战略资源和国防力量所进行的活动。例如，应对重大自然灾害、重大疫情、重大政治动乱和暴乱、重大社会骚乱等。应战动员也称战争行动动员，是在国家遭受侵略战争威胁或合法进行自卫反击作战和收复领土、领海战争时，为了应对战争而采取的政治、经济、军事等多方面的综合措施。

由于国防动员建设的核心目标是适应未来自卫型战争的需要。因此，对国防动员的分类问题，主要是从应战动员的角度来进行的。从动员实施的规模和范围来讲，可分为局部

动员和总动员；从动员实施的方式和策略来讲，可分为秘密动员和公开动员，对内动员和对外动员；从应战动员实施的时序来讲，可分为紧急动员和持续动员；从动员的目的来讲，可分为实战动员和威慑动员；从战争的指导性质来讲，可分为防御性动员与进攻性动员。

国防动员按内容区分，主要包括政治动员、武装力量动员、国民经济动员、科学技术动员、人民防空动员、国防交通动员和信息资源动员等。

1．政治动员

政治动员是国防动员的重要组成部分，是其他各项动员的前提和基础，是赢得战争的根本保证。政治动员分为国内政治（思想）动员和国外政治（外交）动员。其主要目的和任务是：国家政治体制向适应战争需要的方向转变；进行广泛的政治宣传和精神灌注，激发全体军民的爱国热情，以形成良好的精神条件；通过细致扎实的工作，调动各种社会力量支援战争；开展外交活动和对外宣传，巩固和扩大国际统一战线，争取世界人民和友好国家的理解和支持。政治动员准备的主要工作是：开展深入、广泛、持久的全民国防教育；在军队和民兵预备役人员中加强战斗意志和作风培养；加强对外友好往来和军事学术交流，建立广泛的国际统一战线。战时政治动员实施的主要工作是：运用舆论工具和宣传手段，广泛开展有关的政治宣传和精神灌注；调整对外政策，积极开展各种外交活动和对外宣传。

2．武装力量动员

武装力量动员，即国家将军队及其他武装组织由平时体制转为战时体制的措施和活动。武装力量动员是夺取战略主动权，赢得战争胜利的重要手段，也是遏制战争爆发、维护和平与国家安全的重要因素，在国防动员中居于核心地位。武装力量动员通常包括兵员动员、武器装备动员和后勤物资动员。

兵员动员在战时的主要工作是：根据国家动员命令，在停止现役军人退役、休假的同时，征召后备兵员，以数量充足、素质优良的兵员将平时编制的现役部队补充满员和组建新部队，并随着战争的发展和形势的需要，进行持续动员，保障战争的最后胜利。

武器装备动员在战时的主要工作是：根据国家动员命令，在军事系统的统一布置下，本着就近的原则，分别进行现役部队、预备役部队、民兵和战略、战役仓库储备装备的紧急启用，把完好的装备迅速、准确地配发给作战部队和其他武装组织，保证战争需要。

后勤物资动员在战时的主要工作是：根据部队扩编和作战需要，开设物资供应站、物资储备基地，对军队实施各种物资保障。

3．国民经济动员

国民经济动员，指国家将经济部门及其相应的机构有组织、有计划地从平时体制转入战时体制的措施和活动。其目的是充分调动国家的经济能力，提高生产水平，扩大军需品生产，保障战争和其他国防斗争的需要。在现代条件下，搞好经济动员，不仅是保障战争物资需求的基本手段，也是战时稳定社会经济秩序的必要措施，更是解决国防经济与国民经济、战时经济与平时经济矛盾的重要途径。国民经济动员通常包括工业、农业、物资、商业贸易、邮电通信、财政金融等方面的动员。

4．科学技术动员

科学技术动员，就是调动一切科学技术力量，加速研制新式武器装备和军需用品，增强武装力量的战斗力。现代条件下，战时军队对科学技术的依赖性越来越大，充分动员和发挥科学技术力量支援战争日趋重要。科学技术动员有助于研制先进的武器装备，为国防斗争培养、输送专业技术人才，使军队保持科学技术和武器装备方面的优势。在现代条件下，科学技术动员的地位和作用越来越突出。科学技术动员通常包括：科技研究机构的动员，科技人员的动员，科技经费、设备和物资动员，科技成果和科技情报的动员。科技动员准备的主要措施有：制定符合国情的科技发展和动员政策、计划，造就现代化经的科技人才，加强科研基地建设，不断研制先进的武器装备，加强科学技术储备等。

5. 人民防空动员

人民防空动员的主要任务是：依据国家有关法律、法令，动员社会力量，进行防空设施建设，组织防空专业队伍，普及防空知识，组织隐蔽疏散，配合防空作战，消除空袭后果等。人民防空动员的目的是保护居民、经济设施及其他重要目标的安全，减少国家及人民群众生命财产的损失，保存战争潜力。人民防空动员不仅是抗敌空袭、保护战争潜力的重要手段和战时稳定社会的重要保证，也是进行人民战争的一种有效的形式。人民防空动员的内容，一般包括群众防护动员、人防专业队伍动员、人防工程技术保障动员和人防预警保障动员。

6. 国防交通动员

国防交通动员是指在全国或部分地区调集交通力量，全力保障战争需要的紧急行动。国防交通动员，通常在国家动员领导机构的统一领导下，由国防交通主管机构组织，协同政府、军队有关部门共同实施。

国防交通动员的主要任务包括：根据战争规模和作战需要，有计划地将平时国防交通领导机构迅速按方案转入战时体制；根据作战保障需要，动员、征用社会运输力量，必要时对交通运输系统实行不同范围、不同形式的军事化管理；动员、组织各交通保障队伍和交通保障器材迅速到位，实行运输、抢修、防护任务；根据统帅部的规定，做好对弃守地区的交通遮断准备，保障及时遮断。

7. 信息资源动员

所谓信息资源动员，是指为满足夺取和保持战争制信息权的需要，国家重新配置信息资源和统一组织信息力量，进行信息技术开发、研制信息化武器装备、提供可靠信息服务、开展全民信息战所采取的措施和行动。目的是开发、研究信息含量高的武器装备，培养储备高技术信息人才，构建安全快捷的军地互为支撑的信息网络，为武装力量及其他部门提供信息资源保障，利用信息资源争取战争的优势。信息资源动员的内容相当广泛，大致可分为以下几个方面：一是信息研究机构的动员；二是信息技术人才动员；三是信息网络资源动员；四是信息科研经费、设备和物资的动员。

三、国防动员的组织体系和基本原则

（一）国防动员的组织体系

国防动员组织体系是国防动员活动的行为主体，具有发起、控制和管理动员活动的作用，是国防动员体系中最活跃和最具能动性的部分。它通常是由动员决策机构、协调机构、执行机构三部分组成的。

1. 决策机构

国防动员的决策机构就是在整个国防动员体制中负责决策的机构。由于国防动员涉及国家状态的转换，因而世界各国通常把动员的最高领导决策权赋予国家最高权力机关和经法律任课的国家最高指挥当局。我国国防动员决策机关是人民代表大会，最高领导机构是国务院、中央军委。而各级地方政府对本级动员负有完全的责任，也有本级动员的决策权。

2．协调机构

国防动员协调机构，是在各级政府中负责动员的计划、综合平衡等方面工作的职能机构。我国的国防动员协调机构是在中央和地方各级政府，以及各大军区、军兵种建立的国防动员委员会。

3．执行机构

国防动员执行机构是各个部门、系统、行业和地方各级人民政府、重要企事业单位，执行和落实最高决策机构赋予的各个动员准备和事实任务的组织载体和制度保障。它既是上一级动员机构下属的执行机关，又是本部门、本行业动员工作的领导部门。

（二）国防动员的基本原则

国防动员原则，是国防动员所应遵循的基本准则，反映的是国防动员的一般规律和要求，对于指导和规范国防动员工作具有重要意义。《中华人民共和国国防动员法》（以下简称《国防动员法》）规定，我国国防动员的原则是：统一领导、全民参与、长期准备、重点建设、统筹兼顾、有序高效。

1．统一领导

统一领导，就是国家对国防动员实行统一领导，这是进行动员准备和动员实施的根本原则。只有国家实行统一领导，才能形成全国人民的统一意志，充分调动各方面的积极性，保障国防动员顺利进行。根据《宪法》、《国防法》和《国防动员法》的规定，全国人大常委会决定全国总动员或局部动员，国家主席发布动员令；国务院、中央军委共同领导全国的国防动员工作，统一组织国防动员的准备和实施；各级地方人民政府、军事机关和各级国防动员委员会在国务院、中央军委的统一领导、统一部署、统一指挥下，按照各自职责分工，抓好国防动员各项工作的落实。

2．全民参与

全民参与，就是组织和发动全体公民关心、支持、参与国防动员活动。保卫祖国，抵抗侵略，是《宪法》赋予我国每一个公民的神圣职责。《国防法》也对公民和组织的国防义务做出了明确规定，依法参与国防动员工作不仅是《宪法》和法律的要求，也是人民战争思想在国防动员上的体现。平时依法完成动员准备工作，战时完成规定的动员任务，是每一个公民义不容辞的责任。国防动员工作的顺利与否，关系到国防的巩固与否，也关系到每一个公民的切身利益。公民可以享受强大国防保障下的一切权利，也就应当为巩固国防履行应尽的义务。国防动员工作必须以全体公民为主体，形成全社会关心动员、参与动员的良好局面，才能全面做好国防动员工作。

3．长期准备

长期准备就是强调国防动员准备的持久性、连续性和复杂性。国防动员准备的长期性是由国家面临的安全威胁的长期性决定的，只要世界上存在着不安定因素，只要战争威胁依然存在，国防动员准备工作就一刻也不能停止，就必须做到警钟长鸣、居安思危、有备无患。同时，国防潜力的积蓄和动员能力的形成是一个长期而渐进的过程，不可能一蹴而就，需要从长计议，通过艰苦细致的努力，坚持不懈地做好国防动员的各项准备工作。

4．重点建设

重点建设，就是应当根据国防安全的需要，在国防动员建设上突出重点领域、重点地区、重点工作。我国是一个发展中国家，进行国防动员建设，不能面面俱到、齐头并进，而要区分轻重缓急，有计划、有重点、分层次地开展国防动员的各项准备工作。在区域范围，要突出主要战略方向和战备重点地区的国防动员建设；在动员领域，要突出抓好人民武装动员、国民经济动员、人民防空、交通战备、国防教育、武器装备动员、科技信息动员和医疗卫生动员等；在工作环节，要突出抓好动员体制机制的完善、计划预案的制订、动员潜力的调查、预备役人员的储备等，做到抓住重点，带动全盘，引领国防动员建设科学发展。

5．统筹兼顾

统筹兼顾，就是国防动员工作要与国家经济社会发展统筹兼顾，协调发展。坚持这一原则，首先就是要统筹好国防动员建设与经济社会发展的关系，把国防动员建设纳入国家经济社会发展规划之中，一方面要服从服务于国家经济社会发展的大局，发挥国防动员的优势，为经济社会发展做贡献；另一方面要根据国家可能提供的财力、物力，加强自身建设，提高动员能力，为国家经济社会发展创造安全稳定的社会环境。其次就是要统筹好国防动员体系内各子系统之间的建设与发展，处理好全局与局部、长远与当前、需要与可能、重点与一般的关系，统一规划，统一部署，使国防动员各项建设相互促进，全面发展。

6．有序高效

有序高效，就是强调国防动员活动的制度化、规范化和高效率、高效益。国防动员工作涉及的领域广、内容多，是一个复杂的大系统，只有有序推进、高效运行，才能适应现代战争特别是信息化战争条件下的国防动员需要。遵循有序高效的原则，就是要健全动员法规，完善动员机制，规范动员程序，确保国防动员工作在规范化、法制化轨道上高效运行，实现国防动员效率、效益最大化。

四、国防动员的组织实施

国防动员的实施是国家主权、领土完整受到侵略，国家安全遭到威胁或遇到其他紧急状况时，由国家依法运用国家的权力将国防动员潜力转化为动员实力的行动，是国防动员由准备付诸实行，由动员计划变成动员行动的进程。它是国防动员的实质性和决定性阶段。国防动员准备是动员实施的前提和基础，动员实施则是动员准备的目的和归宿。

（一）国防动员实施的特点

国防动员实施是直接为战争服务的社会实践活动，与其他社会实践活动相比，具有明显的社会性、计划性、强制性和紧迫性等特点。

1．国防动员实施的社会性

国防动员实施是关系国家安危和战争胜负的重大战略问题，是一个牵涉面广、内容复杂的社会系统工程，它既是军队工作，也是地方工作；既是军事问题，也是经济问题；既涉及国家的利益，也涉及全部社会集团和个人的利益，它要求全社会的广泛参与，是全部社会组织和全体公民共同承担的义务，是全社会性的行为。国防动员实施时，国家由平时体制转为战时体制，直接影响到全部的社会生产、生活。国防动员不仅是国家集聚战争力量、谋求打赢战争的需要，也是社会组织和全体公民适应战争环境、减少战争伤害的需要。而且进行战争仅靠军队的力量是不够的，它必须得到全社会的广泛参与和支援，才能取得最后的胜利。例如，兵员的补充、物资的供应、交通运输、医疗卫生、军工生产通信保障等大量的工作都要地方来完成。因此，实施国防动员必须要认识到其社会性的特点。

2. 国防动员实施的计划性

国防动员实施的计划性，是指国家在国防动员实施的过程中，对人力、物力、财力的调配和使用，依照预先拟订的计划和方案有步骤、按比例地进行。国防动员实施依照预先拟订的计划和方案有步骤、按比例地进行，目的是保证动员的科学性和条理性，避免动员实施的盲目性。

国防动员实施要最大限度地满足战争的需要，科学合理地进行人力、物力、财力的调配使用是保证战争顺利进行的关键。战争是对人力、物力、财力的巨大消耗过程。对人力、物力、财力的投入和使用是一项复杂的系统工程，没有科学、周密、全面的动员实施计划是不能适应战争需要的。对战争的投入，必须依照战争的特点和进程，有针对性地合理地渐进实施，才能持续保障战争的有效供应，最大限度地发挥人力、财力、物力的功效。因此，国家平时科学地制订动员实施计划，战时依照动员计划协调指导动员实施工作，科学合理地调配使用人力、物力、财力，是提高动员效率的重要措施，是打赢战争的关键环节。

3. 国防动员实施的强制性

国防动员的实施是国防安全、主权和领土完整遭到侵略或威胁时而采取的重大行动，集中体现了国家意志。国家意志高于一切，全体公民和社会组织都必须服从国家意志。国防动员的意志性往往会通过法律的形式体现出来，法律作为人的行为规范具有很强的强制力和权威性。公民和社会组织服从国家意志，主要体现在遵守国家关于国防动员的法律、法规上。国防动员本身是为战争服务的，具有特殊的性质，它要求通过法定绝对的权威性来保障实施，动员实施涉及的方面，不容许产生任何阻力，任何组织和个人都不得以任何理由违反国防动员法规和动员实施的各种禁令，否则将受到法律的制裁，由于国防动员的实施事关国家的安危，通常都是在战时紧急情况下进行的，只有严格运用法律手段，才能使政令、军令畅通，才能确保国防动员的实施准确、高效、快速地进行，使人力、物力、财力得到有效合理使用，满足战争的需要。

4. 国防动员实施的紧迫性

国防动员实施的紧迫性是由战争的本质特性所决定的。所谓“兵贵神速”“时间就是胜利”，就体现了国防动员实施的紧迫性。

在现代条件下，战争爆发的突然性增大，对国防动员的快速性提出了更高的要求，动员实施的情形更为紧张，时间更为紧迫。无论动员决策、动员命令的传递，还是部队的扩编、物资调运、军工生产等，只有快速启动，才有可能使战争向着有利的方向发展，以争取战略上的主动。战争是一个巨大消耗的过程，不管是临战紧急动员，还是持续动员都是一个高度紧张的过程。同时，防敌空袭和特种作战的破坏，都将成为一种重要而紧迫的任务。因此，在国防动员实施中，要有高度的紧迫感，立足于“时间第一，速度第一”的要求，力求用最短的时间完成动员任务。

（二）国防动员实施的基本程序

国防动员实施的基本程序：动员决策、发布动员令、加强和充实动员机构、修订动员计划、组织调动国防动员资源、检查与评估。

1．动员决策

动员决策是在正确分析国家安全形势的基础上，按照法定程序对动员作出决定的过程。

动员决策要把握好以下几个问题：一是要充分听取各方面的意见，特别是要听取军事战略和军事指挥专家的意见，进行综合分析，以便作出正确的决策；二是要充分利用各种科技作为决策的辅助手段，如计算机决策模拟系统等，以提高决策的科学性；三是决策要果断迅速，否则会贻误良机，失去战略主动权。例如，1982 年马岛战争爆发的当晚，英国首相撒切尔召开了内阁紧急会议商讨战争对策，次日就成立了战时内阁，并作出对阿作战的决定，这是一次非常果断、成功的动员。

2．发布动员令

发布动员令是指在动员决策的基础上，宣布由平时状态转入战时状态。发布动员令，一般由国家元首或政府首脑实施。

发布动员令是一件十分严肃和慎重的事情，一旦发布将使整个国家的军事、经济、政治、文化、教育、科研、外交等所有的领域改变正常运行的轨道，对国民正常生活产生重大影响，同时也在国际上引起巨大影响。能否适时发布动员令，不仅对战争的进程和结局有着重要的影响，而且关系到国家能否保持政治上的主动权。

3．加强和充实动员机构

国防动员是国家通过各级权力机关和军队组织具体组织实施的，各级动员领导指挥机关和动员职能部门，在动员中肩负着重大的使命。由于动员机构平时和战时的工作要求有着本质的不同，因此，加强和充实动员机构，是提高动员实施效率的必要手段。加强和充实动员机构，要做好以下工作：首先，要强化各级政府和军事领导机关在动员中的领导指挥职能；其次，要赋予动员领导机构较高的指挥权；最后，要完善动员执行机构和基层动员机构。

4．修订动员计划

修订动员计划，就是根据战争发生的具体情况对平时制订的动员计划进行修订，使之能更好地发挥动员的指导作用。

战争的爆发是不以人们的意志为转移的，战争爆发的规模、样式、时间、战略方向，与我们平时制订计划时预测和判断的情形有着很大的差异性，那么动员计划的内容就不能完全指导现实的动员活动，要及时进行修订完善，使之符合现时战争的情形。

修订动员计划要把握好 3 个问题。一是要通盘谋划、突出重点、找出关键环节，既要突出武装力量动员，又要协调好其他领域的动员；既要优先考虑战争初期的动员，又要兼顾战争中、后期的动员，既要优先保障一线地区和主要作战方向的需要，又要兼顾其他地区和次要方向作为战略后方、战略纵深的作用。二是要目标明确，具有弹性，注意留有余地，战时再根据具体情况适时增删，灵活取舍，保证战时不致因情况的变化而影响整个动员工作的进行。三是要按级审批，严格保密。

5．组织调动国防动员资源

组织调动国防动员资源，就是把一切可用于战争的人力、物力、财力进行定向聚集，将平时的国防动员资源准备用于服务战争的过程。

组织调动国防动员资源要注意以下问题。首先，要保证战争优先。组织调动国防动员资源的首要目的就是为战争服务，这是动员的最基本原则。其次，要统筹兼顾，协调进行，避免浪费。既要重点支持前线，又要兼顾后方的生产、生活需要；既要有足够的人、财、物投入战争保障战争的顺利进行，又要照顾经济生产和后续保障能力的不断积蓄与开发；既要考虑战争初期动员的需要，又要考虑持续动员的需要。

6. 检查与评估

检查与评估，是以实战要求为尺度，采取科学手段和方法，对国防动员实施的质量和效果进行全面考评的活动。

检查是上级动员机关对布置给下级机关的任务落实情况进行全面的了解，以便于收集情报、发现问题，更好地指导下级的工作，以使本级的动员意图得到落实。

评估主要就是对动员效果进行测估和考评，检验动员工作是否能完全达到预期的目的。

评估分为阶段性评估和动员结束后的评估。阶段性评估指动员过程的评估，以便利用评估结果及时加强下一阶段的工作。动员结束评估是对整个动员工作的全面总结和评估，从中提取经验教训，以指导今后的国防动员工作。

第五节　国防教育

一、国防教育的含义和作用

（一）国防教育的含义

国防教育是国家为防备和抵抗侵略，制止武装颠覆，保卫国家的主权、统一和领土完整，对全体公民进行的具有特定目的和内容的普及性教育活动。加强国防教育是国家生存发展的客观需要，是国防建设的一个重要组成部分，是激发公民爱国热情、依靠全国人民建设和巩固国防的一项基础工程。

（二）国防教育的作用

1. 国防教育是提高党的执政能力、巩固党的执政地位的需要

维护国家的根本利益，维护国家的主权和领土完整，是执政的中国共产党的重要职能。加强全民国防教育，既是国家生存发展的客观需要，也是提高党的执政能力、巩固党的执政地位的需要。

2. 国防教育有助于强化忧患意识，做到居安思危、警钟长鸣

一个民族要生存发展，除了充分发挥自己的优势，抓住一切可以抓住的发展机遇，努力促进经济、政治、社会、文化的发展之外，还必须随时认清国家安全利益所面临的危机和存在的隐患，居安思危，自觉地在思想上、行动上做好应对危机、克服隐患的充分准备。

3. 国防教育有助于强化国防意识，增强民族向心力、凝聚力，维护祖国统一

加强国防教育，有助于树立和牢固国家利益至上的意识，有助于发扬爱国主义精神，增强民族向心力、凝聚力，有助于树立和牢固实现国家最高利益至上的意识，激发公民建

设国家的热情，增强全民的使命感和责任感，并转化为振兴民族、建设国家的巨大精神力量。在全体公民中不断强化国家利益至上、爱国至上、实现祖国最高利益至上的意识，从而达到增强向心力、凝聚力、维护祖国统一的目的。

4. 国防教育有助于培养国防建设人才，提高国民的综合素质，促进国防建设

实现国防现代化，人才是关键，教育是基础。加强国防教育，不仅能使受教育者增强国防观念，不断提高依法履行国防义务的自觉性和积极性，而且能使受教育者学习和掌握必要的现代军事理论、军事知识、军事技术，锻炼强健体魄，使他们成为德、智、体全面发展的国防人才，从而促进国防现代化乃至整个国家的现代化。

二、国防教育的主要内容

国防教育的核心内容包括国防义务与权利、国防理论、国防精神、国防知识、国防技能、国防道德情感等方面的教育。

1. 国防义务与权利教育

我国《宪法》和相关法律法规，详细规定了公民的国防义务和权利。开展国防教育，要把公民的国防义务与权利教育作为专项内容，使公民通过相关法律条文的学习，深刻认识自己的法律责任，牢记自己的国防权利，自觉履行法定的国防义务。

2. 国防理论教育

在重点学习和掌握马列主义军事理论、毛泽东军事思想、邓小平新时期军队建设思想、江泽民关于国防和军队建设的重要论述的基础上，认真学习和掌握国家利益理论、国防发展战略理论、积极防御的国防政策、未来反侵略战争的正义性质、人民战争思想、国际形势与国际关系理论等内容。通过教育，使公民正确理解国家利益的深刻内涵，认清国防的地位与功能、战争的性质与目的，确立马克思主义的国防观、战争观，牢固树立为保卫祖国、维护世界和平而战的思想。

3. 国防精神教育

国防教育的主要目的是要增强全体公民的国防观念，而国防观念中最基本的是国防建设和国防斗争所必需的各种精神，概括起来主要有：爱国主义精神、革命英雄主义精神、自我牺牲精神、无私奉献精神、艰苦奋斗精神、爱军习武精神、民族团结和自强精神等。用这些传统和精神对全体公民进行教育，是国防教育的基本任务。

4. 国防知识教育

国防知识涵盖的内容很多，主要应把握以下知识：国家领土、领海、领空和海洋权益知识；国防历史知识，包括中外战争史、中外军事思想史、我军发展史等；现代军事知识，包括我国武装力量体制知识、兵种知识、现代化武器装备知识、外军基础知识等；国防科学技术普及知识；国防法律知识，包括国防法律制度，国防法律的制定、实施和监督，国防法律服务，国防法律秩序等；心理战知识。

5. 国防技能教育

国防技能教育主要包括国防技能和国防体育两个方面。技能教育有“三防”技术、战场救护技术、单兵和分队战术技术等。国防体育包括军事体育、体能训练、健康知识等。通过国防技能、国防体育的教育训练，使公民掌握保卫祖国起码的本领，具有健壮的身体和敏捷的反应能力，以适应国防建设与军事斗争的需要。

6．国防道德情感教育

爱祖国、爱人民是国防教育的重要内容。弘扬爱国主义精神是国防教育的核心。在国防教育中培养公民的爱国主义道德情感，使公民自觉承担国防道德责任。国防道德情感教育包括公民自尊、自信教育，公民荣誉感教育，国耻教育，居安思危教育等。

此外，国防教育的内容还有战备形式教育、国防任务教育、敌情教育等。国防教育的诸多方面，相互联系、相互渗透、相互促进。

三、国防教育的方针和原则

（一）国防教育的方针

《国防教育法》规定："国防教育贯彻全民参与、长期坚持、讲求实效的方针。"这是开展国防教育的总的指针。正确把握国防教育方针的精神实质，是开展国防教育的思想基础。

1．全民参与

国防教育是全民的教育活动，具有广泛性特征。普及和加强国防教育是全社会的共同责任，参与和接受国防教育是全体公民的权利和义务，绝不允许任何单位、任何团体和任何个人以任何借口拒绝参与和接受国防教育。因此，国务院、中央军委和各省、自治区、直辖市人民政府以及有关军事机关，应采取措施，加强国防教育工作；一切国家机关和武装力量、各政党和各社会团体、各企业事业单位都应当组织本地区、本部门、本单位开展国防教育。通过政府组织、军队协助配合、舆论宣传、学校教育等一系列措施，形成合力，使全民国防教育走向社会化、制度化。

2．长期坚持

培养公民的国防意识和国防精神是一项长期性任务，绝非一朝一夕所能完成的，必须持久地开展，常抓不懈。江泽民同志明确指出："只要国家存在，就有国防，国防教育就要长期进行，作为公民的终身教育来抓。""不能搞'一阵风'；不能形势紧张就搞，形势缓和就不搞。"要做到长期坚持，必须使全体公民深刻理解国防教育的重要性，不断提高参与和接受国防教育的自觉性；坚决贯彻执行《国防法》《国防教育法》，把国防教育纳入法治的轨道，用法规形式保证国防教育持续发展；建立和健全国防教育领导机构和工作机构，从组织上保证国防教育的落实；广泛筹集和不断投入国防教育经费，从物质上保证国防教育长期坚持。

3．讲求实效

因为国防教育事关国家的安危，因而容不得半点虚假。在进行国防教育时，必须把着眼点始终放在使受教育者牢固树立国防观念和具有过硬的保卫祖国的本领上，坚决防止弄虚作假、形式主义等拿国家前途命运开玩笑的不良倾向。要讲求实效，就要从国情出发，着眼于国际国内形势的发展变化，有针对性地施教；要提高教育队伍的素质，运用先进教学手段方法，搞好各种教学保障。只有这样，才能保证教育的效果。

（二）国防教育的原则

《国防法》第四十一条和《国防教育法》第四条规定，我国现阶段国防教育的基本原则是："实行经常教育与集中教育相结合、普及教育与重点教育相结合、理论教育和行为教育相结合。"

1．经常教育与集中教育相结合

从教育形式看，经常教育和集中教育是国防教育的两种基本形式。经常教育就是通过广播、电影、电视、报刊等大众传媒的国防教育节目、栏目和学校中列入教学安排的国防教育课程，以及结合思想工作、业务工作等所进行的国防教育，使人们在日常生活和工作中受到熏陶，通过潜移默化、点滴积累，增强人们的国防观念。集中教育通常是结合重大的国家和国防纪念活动、部队和民兵训练、征兵、学生军训、举办国防教育学习以及战争动员等时机所进行的系统的国防理论和国防知识教育。经常教育和集中教育是相辅相成、有机统一的整体。前者是后者的基础，后者是前者的深化和提高。只有将两者有机地结合起来，才能使国防教育更好地为国防现代化建设和战争胜利服务。

2．普及教育与重点教育相结合

从教育对象看，国防教育可以分为普及教育和重点教育两种类型。普及教育是对全体公民进行的普遍教育，主要是进行国防建设和战争的基本理论、基础知识、基本技能教育，如爱国主义教育、国防法规教育、“三防”知识教育等。重点教育是对重点团体、重点单位和重点地区的教育对象，进行较系统的国防建设和战争的专门理论知识及技能教育，如各级国家机关工作人员、领导干部、民兵预备役人员、大中学生以及中国人民解放军、人民武装警察部队官兵、从事国防军工科研和生产的单位的干部职工等就是重点教育的对象。普及教育和重点教育是个有机整体。普及教育是基础教育、共性教育、长期教育，是全体公民必须接受的教育。没有普及教育，国防教育就没有坚实的基础，国防观念、国防意识就不可能深入到每个公民的心中。重点教育是在普及教育基础上的提高教育，不抓好重点教育，那些担负特殊任务的团体和人员，那些作为国家和社会后续发展的重要力量，就不可能得到应有的提高，就不能胜任自己所担负的建设国防、保卫国防的任务。只有把两者结合起来，国防教育才能深入地进行下去，适应国防建设的需要。

3．理论教育和行为教育相结合

就教育内容和方法看，国防教育包括理论教育和行为教育两个方面。理论教育包括国防建设理论、国防知识、国防法规、战争理论和军事理论等教育；行为教育包括参加和支持国防建设教育、参军参战和支前教育、爱护和保护国防设施教育，以及军事训练、实际操作、战备演习等。理论教育和行为教育的作用虽然各不相同，但两者相互依存、相互促进。只有将两者紧密结合起来，才能使受教育者提高国防的综合素质和能力，保持国防教育的正确方向，有效地增强教育效果。

四、国防教育的形式和方法

国防教育的形式和方法，是国防教育内容转化的中介环节，缺少了这一中介环节，国防教育的内容就不能落实，国防教育的目的就不能达到。国防教育的形式和方法受教育内容、教育对象、教学手段等因素的制约。国防教育内容的丰富性和对象的广泛性，要求在国防教育中，根据形势的发展，从效果出发，积极探索行之有效的教育形式和方法，进行严格的教育训练，使全国军民掌握必要的国防和军事知识，练就一身过硬的本领。

国防教育的形式很多，从内容上分，有军事训练、理论知识学习等；从对象上分，有学生军训、民兵训练、预备役部队军训、干部培训和群众性教育等；从教育组织上分，有学校教育、社会教育、家庭教育等。国防教育的方法也有很多，有抓点带面法、教育激励法、系统工程法等。在这里，仅重点叙述领导干部接受国防教育的问题。

各级领导干部既是国防教育的重点对象，又是国防教育的组织者和领导者，对国防建设负有重大责任。抓好领导干部的国防教育，强化领导干部的国防观念，提高领导干部的国防素质，是国防教育的重中之重。当前在领导岗位上，年轻干部所占比重很大，他们大多没有从军经历，也没有系统地接受过国防教育，他们对国防建设的重要性认识如何，关系到一个地区、一个方面、一个系统的国防教育能否深入展开。可以说领导干部是否重视、能否自觉接受国防教育，不仅仅是一个认识问题、观念问题，而是对国家、对人民的感情深不深的问题。为了保证各级领导干部能认真接受国防教育，提高自身国防素质，切实履行有关国防方面的职责，《国防教育法》第十八条规定：国家机关工作人员应当具备基本的国防知识。针对领导干部这一特殊群体，采取灵活多样的教育形式和方法。《国防教育法》第十七条第二款规定：国家根据需要选送地方和部门的负责人到有关军事院校接受培训，学习和掌握履行领导职责所必需的国防知识。负责培训国家工作人员的各类教育机构，应当将国防教育纳入培训计划，设计适当的国防教育课程。各级党校、团校、行政院校应当把现代国防理论和国防知识作为领导干部的必修课程，使领导干部系统地学习民族屈辱史、国防理论、国防知识，认清战争与和平的矛盾关系、国富与兵强的内在联系，牢固树立起“居安思危”“有备无患”的强烈国防观念；要有计划地安排领导干部到高中级军事院校、人武学校轮训；要建立领导干部“义军”制度、过“军事日”活动制度等，切实提高各级领导干部的国防素质。

国防教育具有全民性、长期性的特点，是一个庞大复杂的社会系统工程。仅仅依靠一两个部门是抓不好的，必须在各级政府和军事机关的领导下，形成国防教育职能部门与教育、民政、宣传、文化、工、青、妇等部门齐抓共管的格局，依靠全社会的力量，营造良好的社会氛围，依法施教、依法治教，与时俱进地不断丰富教育内容，优化教育手段，拓展教育渠道，才能使国防教育广泛、深入、持久地开展下去。

思考与练习

1. 如何理解国防的含义？
2. 中国国防的历史有哪些启示？
3. 新中国国防建设取得的成就有哪些？
4. 中国武装力量的基本构成是什么？
5. 国防动员的地位和作用是什么？
6. 国防动员主要包括哪些内容？
7. 国防动员组织实施的步骤有哪些？
8. 为什么要加强全民国防教育？

第二章　军事思想

第一节　军事思想概述

在人类漫长的历史发展中，自从有了私有财产，就产生了为保护和争夺私有财产而进行的斗争，为了这种斗争而建立的队伍就是军队，军队是武装的集团，它以武装斗争的方式履行保卫私有财产的职责。于是，随着国家的产生发展，社会的进步，执行政治任务的武装集团——军队，就开展了为一定政治目的而进行的武装斗争——战争，因而也就产生和发展起了关于武装斗争的军事。为了赢得武装斗争的胜利，人们不断研究战争及与之相关的军队、国防等活动，经过了长期的历史积淀，人们逐渐得到了关于战争的特点和规律的认识，形成了对于战争及有关的军事活动具有指导意义的理论体系——军事思想。通过了解人类军事思想的发展及其理论体系，特别是了解我国军事思想的发展，了解近代、现代、当代军事思想，对于我们认识现代战争，树立现代战争观和方法论，有极为重要的帮助。

一、军事思想的内涵

军事思想是人们关于战争和军队问题的理性认识，是研究和指导战争，加强和促进武装力量建设的指导思想。1997 年版《中国军事百科全书》解释道："军事思想是关于战争，军队和国防的基本问题的理性认识，是人们长期从事军事实践的经验总结和理论概括。不同阶级、国家或政治集团的军事思想，在不同历史时期或发展阶段也有区别。军事思想可按社会历史发展阶段、阶级、国家和不同历史时期主导性兵器的特征等分类。军事思想是一种社会意识形态，既受其他社会意识形态的制约和影响，也影响和作用于其他社会意识形态。"从这一解释我们可以发现军事思想来源于军事实践，是军事实践经验的理论升华，随战争和军事实践的发展而不断发展，对战争和军事实践给予理论上的指导，又在新的战争和军事实践活动中得到发展。

军事思想的基本研究对象是战争，而战争是一种特殊的社会现象，军事思想就是要揭示战争的本质和规律，研究战争的基本力量，即武装力量建设及使用的一般性原则，从总体上反映研究军事问题的理论成果，所以军事思想属于理论形态和社会意识形态。由于战争和军事实践有着阶级、国家的区别，是阶级、国家的战争和军事实践的理性认识成果，因而必定决定于特定阶级和国家的意识形态、价值观、社会制度和战略文化；由于战争和军事实践总是发生于具体的社会历史时期，具有发展阶段性，它必定受到社会历史条件的极大制约。我们在学习理解、研究军事思想时，必须从这些基本条件出发，而不能超越历史、阶级、国家，人类社会历史发展告诉我们，世界上不存在纯粹的军事思想。

二、军事思想的主要特征

军事思想具有政治性、时代性、实践性、发展性、继承性的特点。

（一）军事思想具有政治性

军事思想来源于战争等军事实践，战争是人类社会的一种特殊现象，是人们为达到一定的政治、经济目的，通过暴力手段来“解决阶级和阶级、民族和民族、国家和国家、政治集团和政治集团之间、在一定发展阶段上的矛盾的一种最高的斗争形式”，其主要特征就是暴力。为了实现不同阶级的利益，军事家和军事理论家站在不同的阶级立场上，反映不同阶级对战争和军队建设的不同看法和认识。毛泽东同志和西方近代著名军事家克劳塞维茨均认为“战争是政治的一种手段，是政治的继续”。因此军事思想具有鲜明的政治性。

（二）军事思想具有时代性

时代是根据一定的政治、经济、文化、科技等划分的历史时期，不同历史时期的战争有着不同的形态和战略战术，有着不同的军队组织原则和编制。军事思想都有它产生和发展的时代背景，也必然受到所处时代的影响和制约。正如马克思所指出的：“理论在一个国家的实现程度，决定于理论满足这个国家的需要的程度。”人们对战争、军队和国防等基本问题的理性认识必然受到当时生产力水平、政治、经济、文化、战争形式、作战方式、军队建设、武器装备等因素影响和制约。

（三）军事思想具有实践性

军事思想来源于战争等军事实践，战争等军事实践的不断发展推动着军事思想的不断发展。军事思想在指导战争等军事实践的过程中，正确的得到肯定和发展，错误的被否定和淘汰或修正，过时遭到摒弃。“马克思、恩格斯、列宁、斯大林之所以能够作出他们的理论，主要是他们亲自参加了当时的阶级斗争和科学实验的实践。”可以说，军事思想来源于战争等军事实践，对军事实践具有巨大的指导作用，并在军事实践中接受检验，得到发展和丰富。

（四）军事思想具有发展性

人类社会总是不断地从低级向高级发展，从野蛮走向文明。军事思想作为对客观存在的反映，必然随着客观存在发展而发展，发展也是军事思想强大生命力所在。

（五）军事思想具有继承性

军事思想的继承性指对传统的军事思想和军事理论遗产中具有普遍意义的原理、原则和宝贵经验的保留、借鉴。存在的客观性强制要求人们的主观认识同客观实际相一致，要求人们必须按事物的客观规律办事。历史上伟大的军事家和军事理论家，之所以能创造伟大的军事思想和军事理论，不仅在于他们有一定的战争等军事实践，善于总结军事实践，而且在于大量地借鉴前人和别人的军事思想，吸取其他军事思想的精华。

三、军事思想的形成与发展

人类对战争和军队问题的认识，有一个历史发展的过程，所以军事思想作为一种独立的意识形态，也必然会经历由低级到高级，由萌芽、产生到丰富、发展的过程。人们在研究军事思想的过程中所采取的标准不同，对军事思想的分类也会不同。按照人类社会的不同社会历史发展阶段，军事思想可划分为 3 个大的发展阶段，即古代军事思想、近代军事思想和现代军事思想。

（一）古代军事思想

古代军事思想的产生、发展主要集中在两个相对独立的区域，即中国和地中海一带沿海国家，内容包括奴隶社会和封建社会两个时期的军事思想。至于在此之前的军事思想萌芽，已无文字可以考证。

1. 中国古代军事思想

中国古代军事思想是指夏朝至清朝前期几千年间产生和发展起来的军事理论。它对中国奴隶社会和封建社会中的历代王朝战争，都起到了重要的指导作用。直到今天，它的许多原理和思想仍有重要的价值。中国古代军事思想从产生之日起，随着社会、战争的发展而不断变化发展，大体可分为以下几个时期。

（1）产生时期。

从公元前 21 世纪至公元前 8 世纪，我国先后建立了夏、商、西周 3 个王朝，这是我国古代军事思想的产生时期。中国建立了奴隶制的夏王朝以后，战争便成为阶级斗争的最高形式；随着战争的发展，这一时期出现了军队、战车、谋略思想和军事文献。夏朝时，生产工具与兵器便逐渐分开，出现的适合格斗的兵器已经开始用于装备军队。到西周时，军队已经有了军、师、旅、卒、伍的编制。周天子直接统率的军队和各诸侯国的军队加在一起，使周王朝的常备军达到 14 万人左右。在军事谋略方面，这一时期也出现了早期军事谋略。根据记载，夏少康以武力夺回王位时，在战前就曾使用军事间谍。商灭夏、周灭商的战争，战前都重视探测对方虚实，获取情报，战争中也都运用了一定的谋略去争取战争的胜利。通过战争实践，人们已初步认识到审势而动，量力而行，众可胜寡，强可胜弱的军事战争规律，这些都反映了朴素的唯物主义观点。

这一期间也出现了一些军事文献，简单概括了当时的军事思想。例如，在《易经》的卦辞和爻辞中，就有一些反映谋略思想的内容。最早的文献汇编《尚书》和诗歌总集《诗经》中，也零星记述了一些军事理论和谋略方面的思想，并在一定程度上反映了当时的一些战争状况。尤其是到西周时，产生了两部较系统的记述作战经验和军事原则的兵书——《军志》和《军政》。尽管这两本兵书的原文已丢失，但从《左传》《孙子兵法》等典籍对《军志》《军政》的原文涉及来看，可以确证这两本书曾经存在。这是我国古代军事思想产生的重要标志。当然，由于此时的人们对于战争的认识还处于低级阶段，因而对战争规律的认识有很大的局限，战争、军事思想受迷信的影响很大。夏、商、西周时期，人们常以占卜、观察星象等迷信活动来决定战争行动，因而在军事指导思想上，“天命观”是其基本内容。

（2）趋向成熟时期。

约从公元前 8 世纪初到公元前 3 世纪，即春秋战国时期，是我国古代军事思想趋向成熟的时期。春秋战国时期是中国历史上的大变革时代。在由奴隶制向封建制过渡的社会大动荡、大变革中，各诸侯国都大力发展军事力量，以图在诸雄中称霸。因此这一时期，战争频繁爆发，战争规模不断扩大，战争激烈程度也大大提高。这一时期，军队的组织制度初步完善，改变了以车兵为主的体制，相继出现了步兵、舟师和骑兵等兵种。军队数量也增加了几倍甚至十几倍，多者已达百万左右。在兵器方面，由于冶铁技术的发展，出现了更加坚韧、更加锋利的兵器；在战略战术上也有重大的改变。这一时期，学术思想异常活跃，出现了百家争鸣的局面。兵家作为百家中的一家，在与诸子的争鸣与交流中，获得了巨大的发展。而且，这一时期不但兵家谈兵，诸子也都谈兵，各个学派从各自的立场出发，研究军事问题，相互切磋，相互补充，促进了军事思想的空前发展。其标志主要表现为：首先，在《战国策》《左传》等历史典籍中，对军事问题有大量记载，对军事理论的原则和内涵有较为充分的阐述，初步形成了关于军事的理性认识。其次，诸子百家代表人物的著作中，对军事问题的思考和论述占有重要的篇幅，极大地丰富了关于军事问题的理性认识，使军事思想在当时的思想领域中处于显学的地位。最后，这一时期涌现出了一批杰出的军事思想家，产生了许多著名的兵书。中国历史上最为著名的兵书——《武经七书》中，有5部兵书，即《孙子》《吴子》《司马法》《尉缭子》《六韬》，都问世于这个时期。

这一时期，人们对战争有了深刻的认识，形成了系统的建军、治军理论，提出了一系列战争指导原则和充满朴素辩证法的军事哲学思想，标志着中国古代军事思想体系的基本形成。春秋战国时期的军事思想，是我国军事思想史上的第一个高峰，它确定了中国封建社会军事思想的基础，成为后世军事家们遵循、效法和研究的对象。

（3）丰富发展时期。

约从公元前3世纪末至公元19世纪，即我国历史上的秦、汉、晋、隋、唐、宋、元、明、清等朝代，这一漫长的历史时期是我国古代军事思想的丰富和发展时期。在这一时期，王朝统一战争、民族战争和农民起义战争，争夺中央统治权的战争频繁发生。随着政治、经济、战争的发展，军队组织和兵器装备有了较大变化，战略战术和指挥艺术得到高度发展。

秦汉时期军事思想的发展，主要体现在4个方面：大一统的战争观；集中统一的建军观；长治久安的国防观；度德、量力、较智、竞技的制胜观。这些思想是秦汉时期我国经济、政治、军事、文化不断发展，实现空前大统一的时代产物，是军事思想在新的历史条件下的总结、继承和发展，是中国古代军事思想的重要组成部分，对后世具有深远的影响。

三国两晋南北朝处在秦汉和隋唐两个大一统的历史时期之间，这一时期由于政治、经济、文化、民族关系等方面的变化和出现的新的特点，使军事实践具有如下特点：一是战争频繁，南北对峙；二是军事大权往往掌握在权臣手中；三是水军和骑兵进入大发展时期。这些军事实践上的特点反映在军事思想上，使军事思想具有民族、实用和综合的特色。

隋唐五代是中国历史上一个由统一到分裂的时期，在军事上是一个战争较多，变革深刻，理论多有创新的时期。这一时期的军事思想上承先秦、秦汉、南北朝冷兵器时代军事思想的传统，下开宋、元、明、清冷热兵器并用时代之先河，是我国军事发展史链条上的一个重要环节。这一时期的军事思想以唐代最为辉煌。唐代初期，兵学兴盛，出现了一批兵书，且唐代兵学思想与其他思想进一步融合，使兵学理论更具有总结性和实用性的特点。

宋、辽、金、元是中国又一次由分裂逐步走向统一的时代，是南北长期对峙。社会发展极不平衡并且又充满着战争的时代，同时还是民族问题相当突出而中华民族又获得空前发展的时代。由于频繁战争的需要，军事思想紧密联系当时的战争实践，并注重军事思想在实践中的广泛运用。北宋初期，开始了中国战争史上火器与冷兵器并用的时期。在宋仁宗时编撰的官修兵书——《武经总要》中，就记载了火药配方和如何制作“指南鱼”，这是我国文献史上的第一次。宋神宗时颁布《孙子》《吴子》《司马法》《六韬》《尉缭子》《三略》和《李卫公问对》7本兵书，合称为《武经七书》，官定为武学教材，其目的是兴武备、建武学、选武举。明朝和清朝前期（鸦片战争之前）是一个在革新与守旧中军事思想继续前进的时期。这一时期，一方面出现了十分保守的只求守城保寨单纯防守的作战思想，另一方面也出现了带有强烈革新内容的军事思想。尽管这一时期从哲理方面探讨战争和军事规律的兵书相对减少了，但是实用性明显加强，讲具体军事问题的兵书大量增加，非常便于实际操作。明朝最为杰出的兵书有戚继光所著的《纪效新书》和《练兵实纪》，以及茅元仪编撰的我国古代部头最大的兵学巨著——《武备志》。《武备志》全书240卷，约200万字，被称为“军事学的百科全书”。这些兵书，进一步充实了我国古代军事思想的体系，指导了当时的军队建设和军事斗争。

在军事技术方面，明代制造火器的技术和规模并不亚于欧洲。但是到了清朝，由于清朝统治者们未能认识到骑兵时代已经过去，火器时代已经到来这一重大的时代特点，反而强调“骑射乃满汉之根本”，从而忽视了军事技术的发展。此外，清朝统治者保守的军事思想和专制主义的高压政策，也极大地妨碍了我国古代军事思想的发展。加上统治者们海防意识薄弱，最后导致“船坚炮利”的西方列强强行敲开了中国的大门，从而开始了我国屈辱的近代史。

总之，在中国古代军事思想的丰富发展时期，人们大一统的国防观念进一步加强，战略思想也更加成熟，适应中央集权的建军统兵思想更趋完善，练兵、练将思想更加系统，海防思想和火器条件下的作战指导思想也开始出现。这一切为丰富我国古代军事思想做出了卓越的贡献。

另外，1840年鸦片战争以后，中国传统的军事思想受到西方军事思想的强烈冲击，也促进了中国近代军事思想的产生和发展，如提出了“师夷长技以制夷”的思想，建立新的军事教育体系，编练新军，海防塞防并重，发展近代海军等，为中国军事思想现代化，为毛泽东军事思想的形成发展奠定了良好的基础，为形成中国的无产阶级科学进步的军事思想准备了条件。

2. 外国古代军事思想

（1）外国古代军事思想的孕育与形成。

原始社会末期、奴隶社会初期，随着人类早期的战争的出现，军队、兵器、谋略及军事思想开始出现并得到初步发展。这一时期，外国关于军事思想的文献记载较少、较零散。目前尚没有发现专门的军事文献。但古埃及、古巴比伦、古希腊、古罗马、古印度等国家和地区出现了颇具才能的政治家、军事家，从这些政治家、军事家的成就和思想中可看到外国古老的军事思想。

图特摩斯三世是古埃及第十八王朝第五位法老，是一位杰出的国王和军事家，被后人称为“古埃及的拿破仑”。这一时期，萨尔贡一世和汉谟拉比是两河流域的代表人物。萨尔贡一世在世界军事史上最早建立了常备军，他非常重视培养常备军在近战中的勇敢精神。汉谟拉比通过35年的征战，建立了强大的巴比伦帝国。他善于充分利用各种矛盾，如军事压力与外交手段并用，迫使周边国家相继臣服，还建立了独具特色的“寓兵于农”的常备军，他发给士兵土地、房屋和牲畜，士兵必须随时应召随国王出征，不许顶替，否则处死。这样一来，不仅建立了强大的常备军，避免了不愿应征或找人顶替，而且节约了军费，加强了农业，发展了经济。

公元前 8 世纪到公元前 3 世纪，是外国奴隶社会的发展阶段。出现了亚述战争、希波战争、伯罗奔尼撒战争、亚历山大东征等战争，军事思想得到较大发展，出现了外国历史上第一部军事著作，即担任雅典将军的修昔底德所著的《伯罗奔尼撒战争史》。《伯罗奔尼撒战争史》全书共 8 卷，主要包括以下内容：一是经济对军事有制约作用；二是严明的军纪是军队战斗力的基础；三是始终保持高度的警惕；四是根据形势采取适合的作战方式。印度孔雀王朝大臣考底利耶所著的《政事论》是这一时期的杰出代表作，考底利耶在战争观上十分重视战争与外交活动的相互关系，强调加强军备，充实国力；在战略战术上，强调善于利用兵种和地形，强调灵活应变、因敌制胜，强调根据敌我情况决定进退。古希腊色诺芬所著的《长征记》也是这一时期的杰出代表作，《长征记》的主要军事思想有：统帅不仅要懂得战术，而且要熟悉“将兵术”的其他方面；编组战斗队形必须考虑参战兵力特点和地形条件；选择突击时机和迅速扩大战果是统帅艺术的最高要求，避免分散兵力是统帅艺术的基本原则；军队的力量在于指挥官和纪律，战争的胜利在于克敌制胜的决心；军队必须严格训练等。

公元前 3 世纪到公元 5 世纪，外国奴隶社会开始向封建社会缓慢发展，古罗马、波斯、马其顿、印度等多采用君主专制政体，战争规模扩大，频率加强，时间延长，军事思想得到较大发展。弗罗尤蒂努斯所著的《谋略》是杰出的代表，《谋略》强调战前和战中的谋略：战前要隐蔽己方作战计划，刺探敌方作战计划，选择作战方式，设置埋伏等；战中选择时机、地点，进行兵力部署、振奋士气、粮秣供应等。

（2）外国古代军事思想的发展和成熟。

5 世纪后，西方国家相继进入中世纪封建时代，封建割据和宗教神学的禁锢限制了军事学的发展。这一时期，拜占庭的《将略》《战术》是代表作。两部著作的作者均不详，《将略》主要探讨战术范畴的问题，论述了军队编制、军事训练、队形编成、作战方法、武器装备和保障方面的问题。《战术》主要论述了战略战术问题，强调击败敌人必须采取灵活机动的战法，针对敌人的不同战法，采用相应的战略战术。拜占庭军队继承了古罗马军团的建军方针、编制体制，强调军队团结、组织严密、装备精良、战术巧妙等。

封建社会后期，外国军事思想的代表作是马基雅弗利的《战争艺术》，其主要军事思想是：军队极端重要，是国家的主要基础之一；反对依靠雇佣军，要建立自己的军队；强调从严治军，加强纪律性，提高战斗力等。

荷兰人格劳秀斯是战争法的奠基人，著有《战争与和平法》，认为一个国家不能随意攻击另一个国家，但如果自身利益受到损害则可以使用武力来捍卫等，为战争法奠定了基础，影响极其深远。

（二）近代军事思想

从 1640 年英国资产阶级革命至俄国十月革命，为世界近代史。此时西方走向资本主义，并向帝国主义发展。由于以下几个原因，外国军事思想一改中世纪时期低迷不前的状况，取得了长足的发展进步。这一时期，封建与反封建的战争、资本主义与反资本主义之间的战争、帝国主义国家之间的战争、殖民与反殖民的战争，各种不同性质的战争交织在一起，频繁发生，为人们研究军事思想提供了实践依据。工业文明和科学技术的进步，使军队装备发生了较大变化，热兵器被广泛使用，从而产生了与之相适应的军事思想。

近代军事思想发展的总体特征：一是资产阶级军事思想体系得到确立；二是以马克思主义军事理论为代表的无产阶级军事思想宣告诞生。

1．资产阶级军事思想

资产阶级军事思想产生于 17 世纪的英国资产阶级革命和内战时期，以及尔后在北美、亚洲和非洲进行的一系列掠夺殖民地的战争。

15 世纪和 16 世纪之交的文艺复兴时期，欧洲军事思想领域出现了近代化的萌芽。

资产阶级军事思想形成于 18 世纪末至 19 世纪上半叶的欧美大陆，很大程度上是在研究和总结法国革命战争和拿破仑战争中形成的。

17 世纪到 18 世纪，欧美各国资本主义因素迅猛发展，欧美军事思想的近代化过程随之达到高潮。

资产阶级军事思想成熟于 19 世纪末至 20 世纪上半叶的两次世界大战。

19 世纪中叶，德国、奥地利等国爆发了资产阶级革命；1861 年俄国废除农奴制。在资产阶级革命过程中，一批资产阶级的军事思想家和军事思想变革的成果涌现出来，集中体现在拿破仑战争艺术，以及克劳塞维茨的《战争论》和若米尼的《战争艺术概论》等著作中。

2．无产阶级军事思想

无产阶级军事思想的主要代表是马克思、恩格斯和列宁。马克思、恩格斯所处的时代是自由资本主义高度发展并开始走向反动的时代，无产阶级登上历史舞台。其军事思想主要内容包括：战争和军事是一个历史范畴，随着私有制和阶级的产生而产生、消灭而消亡；战争是政治通过另一种手段的继续，要反对非正义战争，拥护正义战争；在帝国主义阶段，帝国主义是战争根源；无产阶级必须用暴力推翻资产阶级建立自己的统治；应组织城市工人武装起义为中心，先占领城市，夺取国家政权；无产阶级夺取政权、巩固政权都必须要有自己的新型的军队；无产阶级代表人民利益，有能力、有条件把人民武装起来实行人民战争，并强调军队与人民群众相结合；认识到科学技术的进步必然引起战略战术的变革；战争的奥妙在于集中兵力，主张积极防御、主动进攻，慎重决战，灵活机动。

近代中国自 1840 年鸦片战争后逐步沦为半封建半殖民地社会，当时清政府许多有识之士看到武器装备对于战争胜负的重要性，从西方引进先进技术，开办工厂，制造枪械，因此当时军事学术主要是介绍武器性能和操作使用。甲午战争后，清政府意识到仅有坚船利炮而作战思想落后亦不能赢得战争，于是又师承西方学习军事理论，翻译西方重要军事论著，如《大战学理》（即克劳塞维茨的《战争论》）等。自行撰写的代表作有《兵学新书》《军事常识》《兵镜类编》等。主要军事观点有：师夷长技，重整军备；依靠民众，积极备战；避敌之长，求吾之短；以弃为守，诱敌入险。总之，在近代，外国军事思想成就突出；而中国的军事变革是在外敌入侵的情况下被迫进行的，缺乏主动性，认识不够深刻，且鱼目混珠，有照搬照抄之嫌，远远落后于西方。

（三）现代军事思想

俄国十月革命及第一次世界大战以后，世界进入现代史。这个时期，科学技术突飞猛进，武器装备发生巨大变化，巨炮、雷达、坦克、飞机、航空母舰、远程导弹、精确制导武器层出不穷，热兵器能量的运用从火药转为炸药，进而是原子释放，武器破坏力大大增加，作战效能成倍增长，对战争的进程乃至结局影响越来越大。因此，不但社会、政治、经济等各种因素对军事理论的研究有倾向性的影响，军事理论往往侧重对先进主战武器的探讨。

1．“空中战争”理论（空军制胜论）

意大利的杜黑、美国的米切尔、英国的特伦查德被认为是这一理论的先驱，特别是杜黑的《制空权》，对这一理论叙述较为细致，主要观点有：由于飞机的广泛应用，将出现空中战争，空中战争的胜负决定战争结局，为此要建立与海军、陆军并列的独立空军；夺得制空权是赢得战争的必要条件，空军的首要任务是夺取制空权；空中战争是进攻性的，空军的核心是轰炸机部队，要对敌国纵深政治、经济、军事目标实施战略轰炸，迫其屈服。

2．“机械化战争”理论（坦克制胜论）

英国的富勒、奥地利的艾曼斯贝格尔、法国的戴高乐、德国的古德里安、英国的利德尔·哈特是这一理论的倡导者，主要内容是：装甲坦克是战争的决定性力量，是陆军的主体；大量集中使用坦克和航空兵，实施突然有力的突击，可以迅速突破对方主要集团的防线，深入敌纵深，摧毁一个战备不足的国家；主张军队改革，建立少而精的机械化部队；机械化包括补给和战斗机械化。

3．“总体战”理论

德国的鲁登道夫在其著作《总体战》中提出的观点是：现代战争是总体战，它既针对军队，也针对平民，战争具有全民性，强调民族的团结在战争中的重要性；主张实行国民经济军事化；要建设好一支平时就准备好的军队；重视统帅在总体战中的作用；战争的突然性意义重大，力求闪击对方。

4．“核武器制胜”理论

第二次世界大战后至1991年苏联解体的冷战时期，霸权主义成为局部战争的根源，高技术在作战中逐步运用，世界处在核阴影之中，美、苏两霸动辄进行核恫吓。此时军事理论研究往往围绕核武器及高技术展开，从美、苏两国军事思想可以清楚看到这一点。例如，美国就以核实力确定军事战略，在杜鲁门时期，美核力量处于绝对优势，提出遏制战略，对苏联及其他社会主义国家实施核讹诈；朝鲜战争后，为以最小的军事代价取得最大的威慑力量，采取大规模报复战略；在苏联打破核垄断及越南战争后，又分别推行灵活反应、现实威慑、新灵活反应等战略。在处于核优势时期，美国认为自己能打赢全面核战争，则主张削减常规力量，重点发展核武器和战略空军；而在苏联打破其核优势、局部战争不断发生时，美国在确保核威慑的前提下，不断发展常规力量。核战争会造成灾难性后果，核时代的战争必然是有限战争。与各自的国家战略相适应，西方各国军事思想呈现不同的特点。美军军事思想的特点是：以遏制、预防潜在“全球性竞争对手”为目的，加大常规、核、太空优势，建立导弹防御系统，确保自身绝对安全；重视质量建军，加强数字化、信息化建设；重视非对称作战，确保自身绝对安全；重视质量建军，加强数字化、信息化建设；重视非对称作战、非接触作战，实施远距离精确打击，力求零伤亡；进一步发展空地一体战理论，提出“空地一体运筹作战”的思想（又称“空地海天联合作战”）；“9•11”事件后，美国总统布什认为陆军的作用越来越小，又开始强调海空天作战的优势。

英、法、日、德等国家军事思想的共同点是：采取以维护自身利益为出发点的战略方针；增强军事实力，逐步摆脱对美军事依赖（英国除外），或以其他联盟的方式挑战美国的军事地位；重视发展高技术以带动军事技术的进步；依据各自国情、军队现况走质量建军的道路，确立与国家和军事战略相适应的军队规模。

俄罗斯认为，核战争的可能性大大降低，主要威胁是局部战争和武装冲突；在经济、军事力量弱于美国的情况下，提出了“纯防御”“积极防御”和“现实遏制”战略；走质量建军之路，明确建军原则、目标，发展太空技术，确保合理够用的核攻击力量等。

自俄国十月革命及五四运动后至今，中国共产党在长期的革命战争和国防建设实践中，吸收古今中外军事思想的有益精华，逐渐形成了毛泽东军事思想、邓小平军队建设思想、江泽民国防和军队建设思想、胡锦涛关于国防和军队建设的重要论述。

四、军事思想的地位与作用

恩格斯说：“一个民族想要站在科学的最高峰，就一刻也不能没有理论。”由这句话我们引申出“一个民族想要站在世界军事领域的最高峰，就一刻也不能没有军事思想的理论思维”。由此我们可以看出军事思想对于一个民族、一个国家的重要性。

（一）军事思想是军事实践活动的行动指南

人们从事军事实践活动都离不开军事思想的指导。军事实践的成败，与军事思想的科学与否关系甚大，以科学的军事思想作指导，军事实践就可以保持正确的方向，并能达到预期的目的，否则军事实践的方向就难免发生全局性偏差，达不到预期目的。正确反映战争本质及其规律的军事思想，一旦被从事战争的人们所掌握，并成功地用于作战，就能转化为巨大的物质力量，弥补装备上的不足，取得以弱胜强的战绩；相反，如果军事思想保守落后，不符合客观实际，即使拥有优势的兵力和先进的装备，也可能在战争中遭受挫折或失败。中国共产党领导下的广大军民之所以在历次战争中以劣势装备战胜国内外强大的敌人，根本原因就在于有毛泽东军事思想的正确指导。

（二）军事思想是研究各门具体军事学科的理论基础和根本方法

军事思想为认识、研究军事问题和进行军事预测提供基本观点和方法。人们总是基于一定的思想观念，去评判军事问题的是非与价值，进而确定对其采取何种态度和行动。运用正确的军事思想去看待战争，就能全面认识战争在人类社会生活中的作用、正确判断战争的性质和对战争进行科学的预测，如毛泽东关于中国人民抗日战争进程与结局的论断，就是科学地对战争进行宏观预测的范例。同时，军事思想作为军事科学中的基础理论，不仅为解决实际问题提供理论基础，也为研究军事问题提供基本的原则和方法。

（三）军事思想对其他社会实践活动有着重要的借鉴意义

战争和军事活动与人类社会及人类生活的方方面面都有着密切的联系，作为研究战争和军事问题的军事思想，无疑它的影响已经远远超出军事的范围，它所揭示的战争与军事领域的许多重要规律，提出的许多重要理论和原则，对国家政治、经济、外交、文化和科技等许多领域有重要的指导意义，对人类社会及人类生活的方方面面有着重要的借鉴作用。例如，中国古代的《孙子兵法》，不仅国家和军队领导人研究它，军人研究它，许多其他方面的理论工作者和非军人也在研究它，这些说明，《孙子兵法》在军事领域有着巨大的指导作用，对其他非军事领域如政治领域、商业领域等都有着重要的科学价值。

历史证明，一支军队只有适应时代发展，不断创新军事理论，才能立于不败之地。我军必须始终站在世界军事理论发展的前沿，用科学的军事思想指导我们的国防和军队建设。

第二节　中国古代军事思想家简介

一、孙子及其《孙子兵法》

孙子名武，字长卿，春秋末期齐国乐安（今山东惠民县）人，大约与孔子同时。其祖与父都位居高官。由于贵族家庭给孙武提供了优越的学习环境，孙武得以阅读古代军事典籍《军政》，了解黄帝的作战经验以及伊尹、姜太公、管仲的用兵史实，加上当时战乱频繁，兼并激烈，他的祖父、父亲都是善于带兵作战的将领，从小受到军事方面的培养。齐景公十三年夏，齐国新旧势力之间发生了“四姓之乱”。之后，孙武离开齐国故土，来到南方新兴的吴国，在都城姑苏（今江苏苏州）“僻隐深居”，并在这里与因受楚王迫害而投奔吴国的伍子胥结成知交，而伍子胥受到吴公子光的礼遇。周敬王四年（公元前 516 年），吴公子光指使伍子胥推荐的勇士专诸，刺杀吴王僚，夺得了王位，他就是吴王阖闾。经伍子胥推荐，吴王召见了孙武。公元前 512 年，孙武以兵法十三篇为见面礼，见到了吴王阖闾，并以其卓越的军事天才深得吴王赏识，被任命为将军，开始了他长达 30 年的军事生涯，主要活动在吴王阖闾时期和吴王夫差时期，身处大动荡，大变革的时代，为吴国屡建武功。

孙武被誉为“兵学鼻祖”，受到后世推崇，并不仅仅因为他的军事指挥才能，更因为他为后人留下的那部惊世骇俗的兵学圣典《孙子兵法》。《孙子兵法》主要讨论与战争有关的军事问题，也涉及政治与军事的关系。全书共计 13 篇，即《始计篇》《作战篇》《谋攻篇》《军形篇》《兵势篇》《虚实篇》《军争篇》《九变篇》《行军篇》《地形篇》《九地篇》《火攻篇》《用间篇》。各篇既可独立成章，也相互有机联系，其内容包含了战术韬略、军事法度、将领士气、军事心理、天文地理、行军扎营、水势火攻等。面对这样一个博大精深的军事思想体系，今天的人们也不能不发出由衷的惊叹。《孙子兵法》言简意赅，内容博大精深，可以说字字珠玑，是国内外公认的“世界古代第一兵书”。《孙子兵法》以朴素的唯物论和辩证法思想，从战争的实际出发，总结和揭示了战争的普遍规律和基本的战略战术原则；同时具有深刻的谋略内涵、道德内涵和哲学内涵，具有超越所处时代的思想性和创造精神。

孙子的军事思想主要有以下几项。①重战慎战思想。《孙子兵法》开宗明义，首言“兵者，国之大事，死生之地，存亡之道，不可不察也”，把战争与国家命运，人民的生死紧密联系起来，不仅指出战争在国家事务中的重要地位和作用，也明确指出战争的政治目的在于确保国家的生存和发展。这就把战争推到了国家大事的首要位置。其基本思想就是要重战、慎战、备战以确保“安国全军之道”。告诫人们：“非利不动，非得不用，非危不战。

主不可以怒而兴师，将不可以愠而致战；合于利而动，不合于利而止；怒可以复喜，愠可以复悦，亡国不可以复存，死者不可以复生。故明君慎之，良将警之，此安国全军之道也。”②“胜兵先胜”思想。孙子认为：“胜兵先胜而后求战，败兵先战而后求胜。”“先胜”是指在战争之前就使自己具备取得战争胜利的条件。一是要知彼知己，不仅要从战略高度上了解和把握“五事”“七计”，而且要了解和掌握作战全过程中敌对双方不断变化着的各种具体情况。二是进行“庙算”，认为“夫未战而庙算胜者，得算多也；未战而庙算不胜者，得算少也。”即战前的战略分析进行得好坏，直接影响到战争胜负。③以“五事七计”为中心内容的战略预测思想和运筹理论，是《孙子兵法》全书的核心思想之一。它全面地揭示了军事斗争的内在规律，是孙武用兵规律的高度概括。所谓“五事七计”，“五事”即“道、天、地、将、法”，分别指政治、天时、地利、将帅素质、军事体制等 5 个方面。而“七计”是由“五事”演绎而来的，是指从 7 个方面，即双方政治清明、将帅高明、天时地利、法纪严明、武器优良、士卒训练有素、赏罚公正来分析敌我双方的情况。④“不战而屈人之兵”的全胜思想。他认为：“百战百胜，非善之善者也；不战而屈人之兵，善之善者也。”就是用不流血的斗争方法，迫使敌方屈从于我方的意志，以不损己方兵力、财力，不破坏对方的兵力、物力和将被屈者的兵力、财力转化为己力的方式，达到“自保而全胜”的目的。做到这样，就会使“用兵之害”减少到最低的程度，而“用兵之利”则“可全”。指导战争如果能这样取胜，比起流血战斗取胜来，即使是那些百战百胜者，也要高出一筹。因而这是用兵取胜的最上策。“伐谋”“伐交”“伐兵”“攻城”是实现这一目标的四种手段和途径，即综合运用政治、外交、经济、武力威慑等手段，制止战争的爆发。这种谋攻之法，不仅和平时期对制止和推迟战争有重要作用，即使在战争进程中也可以广泛使用，以削弱敌人的实力，打击敌人的气焰，配合军事斗争的胜利。⑤“致人而不致于人”的制胜思想，即调动敌人而不被敌人调动，夺取克敌制胜主动权的战争指导思想。这一思想贯穿于全部 13 篇之中，体现在战前准备、战略指导和作战指挥等各个方面。为此，孙子提出：因利制权的任势论；奇正相生的制胜法则；“兵以诈立”的作战指导；因敌制胜的应变原则。孙子在治军，即今天所说的军事管理方面也颇有心得。其治军思想的核心可以用“令之以文，齐之以武”来概括，也就是赏罚兼施，恩威并用。恩的方面，他提出要“视卒如婴儿”“视卒如爱子”，因为只有爱兵如子，“故可与之赴深溪”“故可与之俱死”。威的方面，就是要“令素行以教其民”，军令如山，令行禁止，只有这样，才能“齐勇若一”。恩威并用的具体形式就是赏罚。此外，《孙子兵法》的重要价值，还在于它丰富的哲学思想内涵。它处处闪耀着朴素唯物主义和辩证法的思想光辉。尊重客观规律，着重对对方情势的分析，强调事物的条件和变化，表现了鲜明的唯物主义观点。《孙子兵法》具有丰富的系统论思想，它站在历史发展的高度，把握战争、战略问题的全局，从整体上分析战争的一切条件，从而构成一个完整系统的兵学理论体系。

《孙子兵法》是中华民族五千年璀璨文化中的瑰宝，是我国现存的最古老的哲理与实践兼备的军事巨著，也是世界上流传时间最长，传播范围最广，历史影响最大的兵学圣典，享有“世界古代第一兵书”“兵经”等美誉。

二、吴子及其军事思想

吴子名起，生年不详，卒于公元前 381 年，卫国左氏（今山东定陶县西）人。战国初期著名的军事家、军事理论家和改革家。

吴起青年时赴鲁，从曾子学儒，因母丧不归被逐出师门。离开曾子后，转而研究兵法，希望在军事上有所建树。不久，齐军伐鲁，吴起被任为将，率领鲁军以弱击强，大败齐军，在军事上初露头角。后因遭到鲁国权臣的嫉妒和陷害，被迫于公元前 410 年左右离鲁赴魏，得到魏文侯赏识，被任为将，负责魏国西河地区的防守。在魏期间，吴起率魏军与诸侯大战 76 次，全胜 64 次，其余的也都打成了平手，为魏国拓地千里，取得了辉煌的战绩。魏文侯死后，吴起被魏武侯疏远，并被免职。吴起遂离魏赴楚，被任命为宛守。一年后，楚悼王任吴起为令尹（相当于宰相），进行全面变法。吴起感悼王知遇之恩，竭尽全力进行改革，终于使楚国走上强盛之路。随后，吴起率楚军南征北战，取得了“南平百越，北平陈、蔡，却三晋，西伐秦”的赫赫战功，一时威震诸侯，扬名天下。公元前 381 年，楚悼王突然去世。反对改革的楚国贵族势力乘机发难，向吴起实施突然袭击。吴起为乱箭射杀，结束了自己悲壮的一生。

《吴子》又名《吴起兵法》，是吴起军事思想的主要载体，为中国古代著名兵书，“武经七书”之一。今本《吴子》共二卷六篇，依次为图国、料敌、治兵、论将、应变、励士。图国篇围绕着“内修文德，外治武备”的方针，论述了修德行仁，明耻教战，任贤使能，简募良才的重要意义，并对战争的起因和类型进行了探讨。料敌篇分析了各国政治，军事情况及其特点，介绍了侦察敌情的要领及对不同情况下的不同敌人的作战方法。治兵篇提出了训练、行军、宿营和驯养使役军马的基本原则和方法。论将篇阐明了将帅在经国治军中的重要性和应具备的条件，判断敌方将领优劣的方法等。应变篇从因情制变的原则出发，论述了遭遇强敌、敌众我寡、进攻据险坚守之敌等情况下的战法，论述了谷战、水战、车战、攻城战的作战要领。励士篇则对如何奖有功、罚有罪和激励部队士气进行了详细说明。《吴子》与《孙子》齐名，并称“孙吴兵法”，颇受历代军事家、政治家的重视，在世界军事思想史上占有一定地位。

吴子军事思想的主要观点：提出战有五因，兵有五类，即凡兵之所起者有五，一曰争名，二曰争利，三曰积恶，四曰内乱，五曰因饥；并将战争分为 5 类，即义兵、强兵、刚兵、暴兵、逆兵，主张义兵反对强兵、刚兵、暴兵、逆兵，主张积极进行战备；提出治国之道，文武并重，强调“内修文德，外治武备”，即对内要加强和巩固封建地主阶级的政治统治，对外强调积极备战，做到修文而不废武，以利进行兼并战争；提出以治为胜，赏罚严明，主张在军队实行“进有重赏，退有重刑”，做到“令行禁止，严不可犯”；提出“用兵之法，教戒为先”，主张通过严格的军事训练，使士卒掌握各种作战本领，提高整个军队的战斗力；强调“简募良才”，根据士卒体力、技能等条件的不同，合理分工和编组，实现军队的优化组合；要求统军将领“总文武”“兼刚柔”，具备理、备、果、戒、约的“五慎”条件，掌握气机、地机、事机、力机 4 个关键的因素；提出“审敌虚实而趋其危”，主张先弄清敌人的虚实，选择有利时机进攻，以夺取胜利；提出“因形用权”，主张应根据战争中情况的变化，采取相应的作战方法。

三、管子及其军事思想

管子又称管敬仲，名夷吾，字仲，生年不详，卒于公元前 645 年。春秋初期齐国主政之卿，政治家、军事谋略家。周王同族姬姓之后，生于颍上（颍水之滨）。青年时曾经商、从军，又三次为小官，均被辞。齐襄公时，与挚友鲍叔牙同为齐国公室侍臣。周庄王十二年（公元前685年），在齐国内乱中，助公子纠同公子小白（齐桓公）争夺君位失败。虽一度为齐桓公所忌恨，终以经世之才，经鲍叔牙力荐，被桓公重用为卿，主持国政。向桓公提出修好近邻，先内后外，待时而动的治国求霸之策，而桓公未听其言，于次年轻率攻鲁，在长勺之战中被鲁军击败。战后，辅佐桓公励精图治，推行旨在富国强兵的改革。政治上革新西周以来的“国”“鄙”制度，实行“参其国而伍其鄙”之制，国、鄙之中，破除等级依附关系，集政权、军权于国君及大贵族手中。军事上“作内政而寄军令”，实行兵民合一、军政合一。规定“国”中5家为轨，出5人为伍，由轨长率领；10轨为里，出50人为小戎，由里有司率领；4里为连，出200人为卒，由连长率领；10连为乡，出2000人为旅，举乡良人率领；5乡一帅，出万人为军，由5乡之帅率领。全国15士乡，共组建三军，桓公率中军，上卿国氏、高氏各率一军，开创诸侯大国有三军，每军万人的军事体制。由于士乡之民不得迁徙，世代专服兵役，故“夜战声相闻，足以不乖；昼战目相见，足以相识”，有利于提高军队士气和战斗力。又加强兵器制造，并制定用甲兵赎罪的法令，以增加武器。经济上革新赋税制度，充实国家财力，保障三军供给，使齐成为物质基础雄厚、军事实力最强之国。鉴于周王尚为名义上的天下共主，并顺应中原各国希望联合抗御戎狄侵扰的形势，乃以“尊王攘夷”为号召，佐桓公北攻山戎，南征楚国，扶助王室，救邢存卫，主持会盟，终成首创霸业之功。因有殊勋于齐，被桓公尊为仲父。

管仲治齐以成霸的业绩，对推动中原地区经济、文化的发展，促进民族融合起着重要作用。托名管仲所作的《管子》一书，包含着对管仲军事思想的继承和发展，在中国古代军事思想史上占有重要地位。

管子的军事思想：一是战争观上强调战争的重要作用，肯定战争在社会生活中的意义。认为战争直接决定着君主地位的尊卑、国家处境的安危，是实现君尊贵、国家安定的重要途径。“君之所以卑尊，国之所以安危者，莫要于兵。”反对无条件的偃兵息武，指出兵不可废置。同时，也主张“慎战”，反对轻易发动战争。认为战争是充满危险的事情，“兵事者，危事也”。二是在治军上把军队建设与修明政治、发展经济紧密结合起来，互相配合，共同促进。“国富者兵强，兵强者战胜，战胜者地广。”把严明赏罚作为治军的中心环节。“赏罚不信，五年而破。”“战而必胜者，法度审也。”主张加强军队的教育和训练。“器盖天下，而士不盖天下，不能正天下。”“定选士，胜。”重视军队的武器装备，把完备而精良的武器装备看作取得战争胜利的重要保障，明确主张“凡兵有大论，必先论其器”。强调要在武器装备方面胜过敌人，做到“器无敌”。重视对将帅的培养和使用，认为国家的安危往往取决于将相大臣，所以必须重视对人才的培养和罗致，“收天下之豪杰，有天下之骏雄”。三是作战指导方面主张把握时机，利用形势，精于筹算，争取主动。“为兵之数……存乎明于机数，而明于机数无敌。”所谓“明于机数”，就是指对战机的把握和对情况的筹算。主张知彼知己，明察敌情，了解全局。“为兵之数……存乎遍知天下，而遍知天下无敌。”“遍知天下”不单是指了解敌我双方的情况，还包括对所有相关国家的态度、力量、可能采取的行动等情况的全面了解。主张用兵行动诡秘，变化无方，灵活自如，因敌制胜。高度推崇“无方，胜之机”。“无方”即用兵打仗无固定的模式，

“机”即关键之点。主张用兵进敌强点，乘隙蹈虚做到“释实而攻虚，释坚而攻脆，释难而攻易”。

四、孙膑及其军事思想

孙膑，齐国人，兵圣孙武的后世子孙，战国中期著名的军事家和军事理论家。据载，青年时的孙膑曾与庞涓一起师从鬼谷子学习兵法。庞涓下山后，投奔魏国，得到魏惠王的宠信，被任为将。庞涓自忖才能不及孙膑，害怕他下山到魏国后影响自己的前程，更担心他到别国后成为自己的对手，于是决定设计陷害孙膑。不久，庞涓派人上山，以同朝为官为由，劝孙膑赴魏。孙膑不知是计，欣然允诺。不料一到魏国，便落入了庞涓的圈套。魏惠王听信庞涓谗言，无端处孙膑以膑刑，挖掉了他的两块膝盖骨，使之终身残废。按当时的惯例，刑徒是不能为官的。庞涓试图以此断送孙膑的政治前途，消除一个潜在的对手。孙膑身处危境，显示出卓越的智能。他佯狂自晦，并设计归齐，得到大将田忌的赏识；又通过著名的“田忌赛马”显露出惊人的才华，得到齐威王的器重，被任为齐国的军师，开始了自己的军事生涯。桂陵之战、马陵之战是其军事得意之作。马陵之战后，田忌遭宰相邹忌陷害，被迫流亡楚国。孙膑辞官归隐，潜心军事理论研究，终于写成了流传千古的军事名著——《孙子兵法》。

孙膑的军事思想：在战争观上，强调战争服从于政治，依赖于经济；认为“强兵之急”在于富国，只有国富、兵强、民安，才能“战胜而强立”；既反对企图垂衣而治的幻想，又反对穷兵黩武，强调积极备战，“事备而后动”。在军队建设上，认为“间于天地之间，莫贵于人”，把提高人的素质作为强兵的关键所在；强调治军不但要信赏明罚，令行禁止，还要对士卒进行系统的教育训练，包括政治教育、队列训练、行军训练、阵法训练、战法训练等多方面的内容，从而提高军队的全面素质。在战争指导上，创造性地提出了以“道”制胜的观点，“道”相当于现在所说的战争规律。《孙子兵法》提出了“道”的概念，含义基本相同，却没有展开论述。孙膑则对“道”的内容作了全面的概括：“知道者，上知天之道，下知地之理，内得其民之心，外知敌之情，阵则知八件之经，见胜而战，弗见而诤，此王者之将也。”也就是说，“道”的内容包括天时、地利、民心、士气、敌情、战法、战机等多方面内容，战争指导者掌握了“道”便能够赢得战争的胜利。在作战指导上，提出了“必攻不守”的观点，创造性地发展了孙子的虚实理论。孙膑的认识还不止于此。在与田忌对话时，对于田忌提出的赏、罚、权、势、谋、诈，孙膑认为这些“可以益胜，非其急者也”；而兵之急者，则在于“必攻不守”。也就是说，攻虚击弱乃是取胜的关键所在，也是作战理论的核心内容。千余年后，唐太宗李世民也不无感慨地说：“用兵识虚实之势，则无不胜焉!”这无疑丰富了孙子的虚实理论。

五、中国古代军事典籍简介

1．《尉缭子》

《尉缭子》是中国古代著名兵书，《武经七书》之一。据现有资料推断，成书似在战国中期。

《尉缭子》围绕“刑德可以百胜”之说，广泛论述用兵取胜之道。天官、兵谈、制谈、武议、治本等篇，着重论述战争与政治、经济的关系等；战威、攻权、守权、战权等篇，主要论述攻守权谋和战法；将理、十二陵、重刑令、伍制令、分塞令、兵教、兵令等篇，着重论述治军原则、要求及各种军事律令。

《尉缭子》具有朴素的唯物和辩证思想，大致反映战国时军队和战争情况，继承了《孙子兵法》《吴子》有关军事思想。其所论甚广博，颇得用兵之意，对后世有重要影响。

2．《李卫公问对》

《李卫公问对》即《唐太宗李卫公问对》，中国古代著名兵书，《武经七书》之一。以唐太宗李世民与卫国公李靖讨论兵法的形式而辑成。

《李卫公问对》从“奇正”“虚实”“主客”“攻守”等几个方面生发议论，着重探讨争取作战主动权问题，认为兵法“千章万句，不出乎致人而不至于人而已”。同时，对阵法布列、古代军制、兵学源流以及教阅实战的关系等，都能在一定程度上廓清异说，提出独到的见解。

《李卫公问对》在中国军事学术史上占有重要的地位。但是，此书主张用阴阳术数御兵的愚兵政策等，则是明显的封建糟粕。

3．《三略》

所谓《三略》，即为上、中、下三卷韬略，共3800余字，约为秦汉时无名氏作品。该书是一部从政治与军事关系上论述战胜攻取的兵书。在政治上，它强调以“道”“德”“仁”“义”“礼”治国，要求明君得人心，选贤才，“赏禄有功，通志于众”。在军事上，它认为从事战争要从保民的目的出发，“扶天下之危”“除天下之忧”“救天下之祸”“以义除不义”。它还认为：“将者，国之命也。”要求将帅“必与士卒同滋味而共安危”“以身先人”重赏勇士、严明号令、确保机密等。值得重视的是，它对将帅、士兵和民众的各自作用作了中肯的论述，指出“统军持势者，将也；制胜破敌者，众也”“庶民者，国之本”“以弱胜强者，民也”。该书对后世有重要影响。

4．《六韬》

《六韬》成书约在战国晚期至秦汉之间。该书分文韬、武韬、龙韬、虎韬、豹韬、犬韬六卷，共60篇。《六韬》继承了以往兵家的优秀思想，又兼采诸子之长，所以思想内容很丰富。在政治战略思想方面主张“同天下”“天下同利”，反复强调“天下非一人之天下，乃天下人之天下”“同天下之利者则得天下，擅天下之利者则失天下”，认为天下是属于民众的，因此取天下必须得到民众的拥护，强调“国之大务”在于“爱民”，其实质是轻徭薄赋，要求君主清静寡欲，不与民争利。

在军事方面，主张“伐乱禁暴”“上战无与战”，强调“知彼知己”“密察敌人之机”“形人而我无形”“先见弱于敌”。要求战争指导者行无穷之变，图不测之利”机动灵活地运用各种战略战术。它重视地形、天候对战术的影响。总结了步、车、骑兵种各自的战法及诸兵种的协同战术。它重视部队的编制和装备，详细记述了古代指挥机关的人员组成和各自的职责，提出了因士兵之所长分别进行编队的原则。同时该书还详细记述了古代武器装备的形制和战斗性能。重视军中秘密通信，记述了古代军中秘密通信的方式方法。

在军事哲理方面，《六韬》具有朴素的唯物主义思想。它一方面反对巫祝卜筮迷信活动，把它列为必须禁止的“七害”之一；另一方面又主张用天命鬼神去迷惑敌人。它具有朴素的辩证法思想，初步认识到了矛盾的对立和转化，提出了“板反其常”的重要辩证法思想，是对古代辩证法思想的重要贡献。它的许多军事思想都是建立在这一思想基础之上的，如“夫存者非存，在于虑亡；乐者非乐，在于虑殃”“大智不智，大谋不谋，大勇不勇，大利不利”“太强必折，太张必缺”“无取于民者，取民者也”等。

《六韬》是宋代颁定的《武经七书》之一，是先秦兵书中集大成之作，受到历代兵家的重视。它不仅文武齐备，在政治和军事理论方面往往发前人所未发，而且保存了丰富的古代军事史料，如编制、兵器和通讯方式等。

许多先秦诸子学说中也富含军事思想，如《商君书》《老子》《墨子》等。

第三节　毛泽东军事思想

一、毛泽东军事思想的科学含义

毛泽东军事思想是我军的建军之魂、立军之本、制胜之道，是我国国防和军队建设的根本指导思想。它是马克思列宁主义普遍原理与中国革命战争实践相结合的产物，是中国革命武装斗争历史经验的总结，是中国共产党集体智慧的结晶，是毛泽东思想的重要组成部分。

在 1997 年出版的《中国军事百科全书》军事思想卷中关于这一概念给出了科学定义：毛泽东军事思想是“毛泽东关于中国革命战争、人民军队和国防建设以及军事领域一般规律问题的科学理论体系。它是毛泽东思想的重要组成部分，是马克思主义普遍原理与中国革命战争和国防建设实际相结合的产物，是中国革命战争和国防建设历史经验的升华，是中国共产党领导中国人民及其军队长期军事实践经验的科学总结和集体智慧的结晶，同时也多方面汲取了古今中外军事思想的精华，是中国共产党领导中国革命战争、军队建设、国防建设和反侵略战争的指导思想”。这一定义不仅科学地揭示了毛泽东军事思想的基本内涵，而且充分反映了毛泽东军事思想的本质特征。

（一）毛泽东军事思想是马克思列宁主义的基本原理和中国革命战争具体实践相结合的产物

马克思列宁主义是关于自然、社会和思维发展规律的科学，是指导世界无产阶级革命和建设社会主义、共产主义社会的科学理论。毛泽东一贯强调，马克思列宁主义是指导我们思想的理论基础。“只有这种理论，才是引导中国革命走向胜利的指南针。”（《毛泽东选集》）“我们的眼力不够，应该借助于望远镜和显微镜。马克思主义的方法就是政治上军事上的望远镜和显微镜。”（《毛泽东选集》）但是，仅仅承认马列主义的指导作用是不够的，还必须运用这种理论解决中国革命和革命战争的实际问题。马列主义所提供的只是一般的指导原理，只有从各个国家的历史条件和具体特点出发，在革命的实践中运用这些原理，才能发挥作用，并得到丰富和发展。

中国革命和革命战争发生在一个以农民为主体的半殖民地半封建的东方大国，无产阶级的政党怎样组织军队，如何进行革命战争，如何按照中国革命战争的客观发展规律将革命战争引向胜利，这是摆在中国共产党人面前的一个特殊困难的任务。要完成这个任务，需要解决许多特殊而又复杂的问题，在马克思列宁主义的著作中不可能找到直接的现成答案，靠背诵马克思列宁主义的一般原理和照抄照搬别国的经验，不可能解决这些问题，也不可能将革命战争引向胜利。

以毛泽东为代表的中国共产党人，在领导中国革命战争的实践过程中，坚持马克思列宁主义的基本原理和中国革命战争具体实践相结合的思想原则，既反对脱离中国革命战争的实际、生搬硬套马列主义词句的教条主义，又反对把局部经验误认为普遍真理、轻视理论指导作用的经验主义倾向，从中国革命战争的实际出发，创造性地运用马克思列宁主义的科学理论，正确地回答和解决了这些问题，开辟了一条崭新的以农村包围城市、武装夺取政权的革命战争道路，成功地解决了建设新型人民军队，实行人民战争的一系列重大的理论和实践问题，创立了具有鲜明中国特色的、发展了的马克思主义军事理论——毛泽东军事思想。

（二）毛泽东军事思想是中国革命战争和国防建设、国防斗争实践经验的科学总结

毛泽东军事思想的显著特点，就是具有鲜明的实践性。中国革命战争和国防建设、国防斗争的伟大实践，是毛泽东军事思想赖以产生和发展的源泉和基础。正如毛泽东 1962 年 1 月 30 日《在扩大的中央工作会议上的讲话》中指出：“在抗日战争前夜和抗日战争时期，我写了一些论文，如《中国革命战争的战略问题》《论持久战》《新民主主义论》《〈共产党人〉发刊词》，替中央起草过一些关于政策、策略的文件，都是革命经验的总结。那些论文和文件，只有在那个时候才能产生，在以前不可能，因为没有经过大风大浪，没有两次胜利和两次失败的比较，还没有充分的经验，还不能充分认识中国革命的规律。”（《毛泽东著作选读》）中国共产党在领导中国各族人民为完成民主革命而斗争的过程中，经历了国共合作的北伐战争，在第一次大革命失败后，又独立地领导了土地革命战争、抗日战争和全国解放战争，推翻了帝国主义、封建主义和官僚资本主义在中国的反动统治，建立了伟大的中华人民共和国。这场革命战争，其时间之长，规模之大，情况之复杂，道路之曲折，内容之丰富，形式之多样，歼灭敌人之多，在中国历史上是空前的，在世界战争史上也是罕见的，这是一场代表人民利益的、得到人民群众广泛参加和支援的、波澜壮阔的人民战争。新中国成立后，又进行了将近 3 年的抗美援朝战争，以及抗击苏联、印度、越南侵犯的边境自卫反击作战，并从各方面加强了以现代化为中心的国防建设。这些实践，为中国共产党人进行创造性的军事理论概括提供了取之不尽的源泉。

毛泽东军事思想的基本理论，正是中国革命战争和国防建设与国防斗争实践经验在理论上的科学概括。毛泽东既是军事统帅又是军事理论家，这使他不仅有可能从长期亲身参加和指导战争与国防建设的实践中总结经验，使之上升为理论，而且有条件用这些理论再去指导战争和国防建设的实践，在实践中反复检验这些理论，充实和发展这些理论。通过实践产生理论，理论又指导实践，实践又丰富和发展理论，这样循环往复的过程，就使得他的军事理论得以逐步完善，成为科学的理论体系。这个特点告诉我们，毛泽东军事思想不是在学院里推究出来的，而是同军事实践有着血肉联系的。它不是空洞的教条，而是行动的指南。随着战争实践和军事工作实践的发展而发展，不但是毛泽东军事思想本身的要求，而且是它的强大的生命力所在。

（三）毛泽东军事思想是以毛泽东为代表的中国共产党人集体智慧的结晶

在人类历史上起过进步作用的正确思想，从来不是某一个人的独创，毛泽东军事思想也是如此。它不只是毛泽东一个人智慧的产物，而是亿万军民集体智慧的产物，是毛泽东和他的战友们的共同创造。毛泽东在中共第七次全国代表大会时就说过，毛泽东思想是全党集体智慧的结晶，他只不过是一个代表。1964 年 3 月，他在谈到《毛泽东选集》时也说过，《毛泽东选集》哪是我一个人的著作啊，《毛泽东选集》里的这些东西，是群众教给我们的，是付出了流血牺牲的代价的。1981 年党的十一届六中全会在《关于建国以来党的若干历史问题的决议》中指出："毛泽东思想是马克思列宁主义在中国的运用和发展，是被实践证明了的关于中国革命的正确的理论原则和经验总结，是中国共产党集体智慧的结晶。我党许多卓越领导人对它的形成和发展都作出了重要贡献。"这些论述，对作为毛泽东思想组成部分的毛泽东军事思想来说，当然也是适用的。中国共产党领导的革命战争，代表着亿万人民群众的根本利益，成为人民群众自己解放自己的共同事业。

毛泽东军事思想的形成和发展，包含着亿万人民群众和广大指战员的斗争经验和首创精神，凝聚着老一辈无产阶级革命家和军事家的集体智慧。全党、全军和全国人民在规模空前的人民战争中发挥出来的聪明才智，成为毛泽东军事思想最宝贵的源泉。中国革命战争是在若干彼此分割、互不相连的地区发生和发展起来的。从土地革命战争时期的"红色割据"区域，发展到抗日战争时期的各抗日民主根据地，再发展到解放战争时期的各解放区，虽然革命根据地在不断扩大，但在相当长的时间里，是处于被敌人分割的状态的。在这种斗争环境中，各革命根据地不仅自己创造了适应地区特点的各种斗争手段，而且造就了一大批能够独当一面的革命家和军事家，他们对毛泽东军事思想的形成和发展做出了重要的贡献。他们之中有的同毛泽东一起起草过军事文献；有的参加过重大决策的讨论，其卓越见解被概括于毛泽东起草的军事文献之中；有的发表过自己的军事论著，对毛泽东军事思想进行了深刻的和必要的补充。党的遵义会议以后，党中央逐步形成了以毛泽东为核心的集体领导，毛泽东提出的许多有关党的路线、方针、政策和其他重大决策，都经过了党中央的集体讨论，凝聚了党中央的集体智慧。例如，抗日战争初期，中共中央政治局洛川会议上规定的独立自主的山地游击战争的战略方针，会后党和军队的许多领导人又相继发表了不少论文和专著，毛泽东概括大家的智慧和集体的经验，于 1938 年 5 月写了《抗日游击战争的战略问题》，成为我党指导抗日游击战争的纲领性文献。从总体来说，长达 22 年的中国革命战争，以及建国以后时间更长的军事实践，都是毛泽东和他的战友们共同领导与集体指挥的。他们共同分析国内外形势，进行战略判断，作出战略决策；他们从军事斗争的实际情况出发，运筹全局发展，对战略进程作出正确的指导；他们共同总结实践经验，进行理性思维，作出科学的理论概括。应当认为，把毛泽东军事思想看作集体智慧的结晶，是既符合历史事实，又符合马克思主义认识论原理的。我们强调毛泽东军事思想是集体智慧的结晶，并不是否认毛泽东个人的独特贡献。

集体智慧和个人贡献是辩证统一的关系。毛泽东对马克思列宁主义有着深刻的理解，对中国国情孜孜不倦地进行研究和探索，具有丰富的经历、渊博的学识、深邃的思维能力和正确的思想方法，是集革命家、军事统帅和军事理论家于一身的人物。他总结革命战争和国防建设的经验所撰写的军事论著，对我党的军事理论作了最集中、最深刻的概括，是我党军事家的杰出代表，是中国无产阶级军事理论的奠基人和集大成者。我们党的军事理论以毛泽东的名字命名，称为毛泽东军事思想，这是完全符合历史实际的，也是当之无愧的。

（四）毛泽东军事思想是无产阶级的军事理论，具有鲜明的革命创造精神

毛泽东军事思想是无产阶级和广大革命人民进行武装斗争、克敌制胜的强大思想武器，是富有革命创造精神的无产阶级军事理论。鲜明的阶级性和革命性，是它的再一显著特点。毛泽东军事思想强调战争的政治性和政治的阶级性，认为政治不论是革命的还是反革命的，都是阶级对阶级的斗争，战争是政治发展到了一定阶段的最高斗争形式。无产阶级要反对一切阻碍进步的非正义战争，但要积极参加进步的正义战争。军事必须服从和服务于无产阶级的政治，是完成无产阶级政治任务的工具。军队是执行革命政治任务的武装集团，必须坚持党对军队的绝对领导，使我军永远保持无产阶级的性质和全心全意为人民服务的宗旨，从根本上划清我军同一切非无产阶级的旧式军队的界限。我军的战略战术是建立在人民战争基础上的，是人民战争的战略战术，任何反人民的军队都不能利用我们的战略战术。人民战争、人民国防是我们进行国防现代化建设和未来反侵略战争的根本指导路线。如果离开了无产阶级的立场、观点和方法，我们就不能完整准确地理解毛泽东军事思想的科学体系及其精神实质。正是因为毛泽东军事思想是具有中国特色的无产阶级军事理论，辩证唯物主义和历史唯物主义是它的理论基础，从革命战争中产生，又随着战争的发展而发展，随着历史的发展而发展，因而具有鲜明的革命创造精神。

二、毛泽东军事思想的形成与发展

毛泽东军事思想的形成和发展是一个历史过程，它是在中国革命战争的发展过程中逐步形成为一个科学体系的。

（一）毛泽东军事思想的产生（土地革命时期）

从中国共产党成立到遵义会议前，是毛泽东军事思想的产生时期。我党自成立那天起，就接受了马列主义的暴力革命学说，赞成中国革命必须走俄国的道路，必须采取俄国式的暴力革命方式。1921 年，在中国共产党第一次全国代表大会所通过的第一个纲领中，原则申明用革命手段推翻旧政权的历史任务。国共合作时期，我党帮助国民党创办黄埔军校，在军队中设立党代表和政治部，开始直接掌握和影响部分军队，对武装斗争和军队建设进行探索。第一次大革命失败的严酷现实使中国共产党人进一步认识到武装斗争和独立掌握军队的极端重要性。1927 年 8 月 1 日，我党在南昌发动了武装起义，打响了武装反对国民党反动派的第一枪。这标志着中国共产党独立领导武装斗争、创建革命军队的开始。同年 8 月 7 日，我党在武汉召开“八七会议”，毛泽东在会议上提出了“枪杆子里出政权”的著名论断。随后，爆发了秋收起义、广州起义等武装起义，起义失败后，毛泽东领导部队转移到敌人统治力量薄弱的农村，进入井冈山，建立了第一个农村革命根据地，开辟了一条实行工农割据、农村包围城市、武装夺取政权的革命道路。在革命实践中，毛泽东先后写了《中国的红色政权为什么能够存在》《井冈山的斗争》《星星之火，可以燎原》等光辉著作，纠正了“城市中心论”左倾教条主义和“红旗到底打得多久”右倾悲观思想；在总结反对敌人“进剿”和“围剿”的武装斗争中，毛泽东提出了“敌进我退、敌驻我扰、敌疲我打、敌退我追”十六字诀原则、“诱敌深入、慎重初战、集中兵力、各个歼敌、向外发展、运动战、速决战、歼灭战”等作战原则和动员群众、依靠群众、武装群众的人民战争思想。从“三湾改编”到“古田会议”，毛泽东制定了一套较为完整的人民军队的建军原则，著名的三大纪律就是这一时期提出并确立的。至此，毛泽东军事思想的基本内容已经产生，为其形成奠定了坚实的基础。

（二）毛泽东军事思想的形成（抗日战争时期）

1935 年召开的遵义会议确立了毛泽东在中国共产党和中国工农红军中的领导地位。1945 年，朱德同志在中国共产党第七次全国代表大会上明确提出了“毛泽东军事思想”的概念，并对此做了阐述。

遵义会议至 1945 年抗日战争胜利，是毛泽东军事思想形成完整科学体系的时期。遵义会议纠正了王明“左”倾冒险主义在军事上的错误，重新肯定了以毛泽东为代表的正确军事路线，是毛泽东军事思想发展的一个起点。1936 年 12 月毛泽东写了《中国革命战争的战略问题》一书，运用辩证唯物主义和历史唯物主义的观点，深刻地阐明了无产阶级研究战争和指导战争的立场、观点和方法，系统地论述了中国革命战争的战略指导问题。抗日战争爆发后，毛泽东相继发表了《抗日游击战争的战略问题》《论持久战》《论新阶段》《战争和战略问题》等军事著作，系统地论述了人民军队、人民战争、人民战争的战略战术的理论和原则，以及研究和指导战争的认识论和方法论。这一时期，毛泽东军事思想已发展成为系统的理论，并经受了战争实践的考验。

（三）毛泽东军事思想的丰富和发展时期（1945 年以后）

抗日战争胜利后，我国又经历了解放战争，清剿国民党潜浮特务、土匪，抗美援朝战争，边疆保卫战和自卫反击战以及社会主义建设的新时期。毛泽东军事思想得到全面的丰富和发展。

解放战争是中国共产党领导的，同国内外反对势力进行的一场大决战。毛泽东作为统帅，与他的战友们一起成功地组织领导了这场大决战，经历了战略防御、战略进攻、战略决战和战略追击等阶段，采取了以运动战为主并配以攻坚战、阵地战等多种战争形式。毛泽东相继发表了《抗日战争胜利后的时局和我们的方针》《以自卫战争粉碎蒋介石的进攻》《集中优势兵力，各个歼灭敌人》《目前形势和我们的任务》《将革命进行到底》等大量文章和电文。其中在《目前形势和我们的任务》一文中提出了著名的十大军事原则。毛泽东军事思想得到极大丰富和发展，不仅发展了战略防御和运动战的理论，而且创立了关于战略进攻、战略决战和战略追击的系统理论。这一时期，毛泽东提出了“一切反动派都是纸老虎”的著名论断，指出“决定战争胜败的是人民，而不是一两件新式武器”。

在建军方面，为适应战略进攻的需要，毛泽东提出了军队正规化建设的方向，进行了炮兵、工程兵、装甲兵等技术兵种的建设，强调了组织纪律性，规定了城市政策，加强了司令部工作和后勤工作等。早在建国前夕，毛泽东指出：“我们将不但有一个强大的陆军，而且有一个强大的空军和一个强大的海军。”并且强调我们的陆军、空军和海军都必须有充分的机械化的装备和设备，在增强国家经济实力的基础上，建立完整的国防工业体系，发展现代化的技术装备，独立自主地建设强大的国防。

抗美援朝战争实际上是我军以落后装备打败当时拥有世界第一流武器装备的美国军队

及其仆从军的现代化战争。毛泽东根据当时的情况和特点不断总结经验，发表了《给中国人民志愿军的命令》《采取轮番作战的方针》《对美英军目前应实行战术的小包围，打小歼灭战》等著作和电文，提出了在现代条件下进行反侵略战争和建军的一系列理论和原则。例如，志愿军出国要严格地遵守军事纪律和政治纪律；坚持战略上的后发制人，同时争取达成战略战役上的突然性；建立强大的后勤系统，搞好后勤保障；军事打击紧密配合政治斗争，打谈结合，以打促谈等。

毛泽东逝世以后，中国共产党历代领导集体继承了毛泽东军事思想的基本理论，毛泽东军事思想在此期间得到了进一步的创新性发展。

三、毛泽东军事思想的科学体系

毛泽东军事思想是一个完整的科学体系，其内容主要有无产阶级的战争观和方法论、人民军队、人民战争的战略战术、国防建设理论等。

（一）无产阶级的战争观和方法论

1．无产阶级的战争观

无产阶级战争观主要包括战争的起源和根源、战争的本质和目的、战争的性质、无产阶级对战争的态度和战争的最终目的等。

毛泽东对于战争起源和根源作出了精辟的概括："战争——从有私有财产和有阶级以来就开始了的，用以解决阶级和阶级、民族和民族、国家和国家、政治集团和政治集团之间，在一定发展阶段上的矛盾的一种最高的斗争形式。"

对于战争的本质，毛泽东通过对战争与政治、战争与经济关系的论述，得出战争的本质和目的，无非是为了取得或维护政治地位和经济利益。在论述战争与政治关系时，毛泽东发展了列宁的观点，提出："'战争是政治的继续'，在这点上说，战争就是政治，战争本身就是政治性质的行动，从古以来没有不带政治性的战争。""但是战争有其特殊性，在这点上说，战争不即等于一般的政治。'战争是政治的特殊手段的继续'。政治发展到一定的阶段，再也不能照旧前进，于是爆发了战争，用以扫除政治道路上的障碍。""政治是不流血的战争，战争是流血的政治。"

而对战争与经济的关系，毛泽东看得非常清楚，他把"有足够给养的经济力量"作为选择和建立根据地的基本条件之一。他认为："只有开展经济战线方面的工作，发展红色区域的经济，才能使革命战争得到相当的物质基础，才能顺利地开展我们军事上的进攻，给敌人的'围剿'以有力的打击；才能使我们有力量去扩大红军，也才能使我们的广大群众都得到生活上的相当的满足，而更加高兴地去当红军，去做各项革命工作。"

对于战争的性质，毛泽东进行了科学的划分，"历史上的战争分为两类，一类是正义的，一类是非正义的。一切进步的战争都是正义的，一切阻碍进步的战争都是非正义的"。作为无产阶级革命者，对待战争的正确态度应该是拥护正义战争，反对非正义战争。

2．战争方法论

毛泽东和老一辈无产阶级革命家，在研究和指导中国革命战争的实践中，把辩证唯物主义和历史唯物主义的普遍原理与中国革命战争的实际相结合，逐步形成了具有中国特色的一整套研究和指导战争的基本方法，这些基本方法，对研究和指导战争具有普遍的指导意义。具体来说，毛泽东的战争方法论主要包括以下几个方面。

（1）遵循战争规律，研究指导战争。

毛泽东认为，战争是一种社会历史现象，是客观物质运动的形式之一，像自然界和其他社会活动的领域一样，是有规律可循的。他说："战争不是神物，仍是世间的一种必然运动，战争的特性也使人们在许多的场合无法全知彼己，因此产生了战争情况和战争行动的不确定性，产生了错误和失败。然而不管怎样的战争情况和战争行动，知其大略，知其要点，是可能的。"既然这样，人们就可以认识战争，把握战争的规律，并通过此去指导战争。

（2）运用阶级分析的方法研究指导战争。

所谓阶级分析方法，就是运用马克思主义关于阶级和阶级斗争的观点，去观察和认识阶级社会的历史现象的一种方法。毛泽东结合中国革命战争的实际，把马克思主义阶级斗争的学说，成功地运用于中国革命战争的全过程，并在实践中丰富和发展了这一思想。例如，毛泽东和老一辈革命家提出了无产阶级在中国革命战争中的领导权问题。在此基础上，毛泽东论证了无产阶级如何实现革命领导权的问题，以及和资产阶级争夺领导权的问题。

（3）坚持辩证的观点研究指导战争。

运用辩证唯物主义观点研究指导战争，是毛泽东战争方法论的重要内容，贯穿于中国革命战争的全过程。这种方法包括：着眼特点，具体地研究战争；着眼发展，动态地研究战争；着眼全局，整体地研究战争；着眼实际，客观地研究战争；着眼矛盾，运用对立统一的规律研究战争。

综上所述，毛泽东战争方法论的最根本的一点，就是一切从战争的客观实际出发，具体情况具体分析，实事求是地研究和指导战争，这是毛泽东军事思想的精髓所在。

（二）人民战争思想

毛泽东人民战争思想是中国共产党的群众路线在革命战争中的具体运用和发展；是人民军队建设、我军战略战术的形成和国防建设的理论基础；是中国人民以劣势装备战胜优势装备之敌的法宝。

1. 人民战争思想的理论基础

人民战争，就是广大人民群众为了反抗阶级压迫或民族压迫而组织和武装起来进行的战争。人民战争必须具备两个条件：一是战争的正义性，二是广泛的群众性。

毛泽东人民战争思想之所以成为无产阶级最先进的军事理论科学，成为我党进行革命战争的基本指导路线，就在于它有着坚实的理论基础。

（1）人民群众是推动社会发展的根本动力。毛泽东指出："人民，只有人民，才是创造世界历史的动力。"这是其人民战争思想的基本出发点。

（2）战争伟力存在于民众之中。毛泽东从唯物史观的高度考察战争，科学地阐明了人民群众在革命战争中所起的伟大作用，他指出："战争的伟力之最深厚的根源，存在于民众之中。"革命战争如果离开了人民群众，那就是无源之水，无本之木，也就失去了进行战争的雄厚的物质基础。例如，辽沈战役中，东北翻身农民踊跃参军、参战，先后组成了数个二线兵团，约 30 万人，不断补充我军。陈毅曾形容淮海战役的胜利是人民群众用小推车推出来的。

（3）战争胜负的决定因素是人而不是物。毛泽东人民战争思想之所以成为我军以弱胜强、克敌制胜的法宝，就在于他最合理地把进行战争的人力、物力这两个最基本的因素巧妙地结合起来，构成一个有机的整体，在革命战争中发挥出最佳的作战效能。在人和物这一战争不可分割的统一体中，人的因素是战争胜负的决定因素，这是马克思主义一条重要的军事原理，也是我党进行人民战争的重要理论依据。毛泽东明确地指出："武器是战争的重要的因素，但不是决定的因素，决定的因素是人不是物。"

2. 人民战争思想的主要内容

（1）党的正确领导是人民战争取得胜利的根本保证。实行人民战争必须要有正确的领导，必须要有革命的政策和措施。我国的革命战争，从星星之火开始，逐步形成燎原之势，最后战胜国内外强大的敌人，取得中国革命战争的彻底胜利，从根本上说，就在于我们所进行的革命战争，有以毛泽东为代表的中国共产党的正确领导，这是实行人民战争的首要条件。

（2）以人民军队为骨干。无产阶级要用暴力夺取和巩固政权，就必须建立一支强大的人民军队。毛泽东指出："从马克思主义关于国家学说的观点看来，军队是国家政权的主要成分。谁想夺取国家政权，并想保持它，谁就应有强大的军队。"进行人民战争，如果没有一支强大的人民军队作骨干，就不能对付反革命军队的猖狂进攻，人民群众的斗争就不能得到有力的支持，人民战争就难以蓬勃开展起来和长期坚持下去。

（3）建立巩固的根据地和战略后方。创建革命根据地，走农村包围城市最后夺取中国政权的道路，是毛泽东指导中国革命战争的伟大战略思想，是中国革命战争的显著特点之一。其具体内容是：在中国共产党的领导下，在敌人统治力量薄弱的农村地区，依靠和发动农民群众，实行土地革命，建立和组织民主政权，进行武装斗争，实行工农武装割据，把落后的农村建成先进的巩固的革命根据地，造成军事上、政治上、经济上、文化上的革命阵地，并以此为依托，开展广泛的人民战争。

（4）广泛深入地动员人民群众。人民战争的威力，在于人民群众直接或间接参加战争的广度和深度，人民群众参加战争的广度和深度又取决于革命政党对人民群众发动的广度和深度，而人民群众的发动，只有进行广泛深入的政治动员才能实现，这是人民战争赢得胜利的最基本的条件。

（三）人民军队思想

1. 提出"枪杆子里面出政权"的著名论断

第一次大革命的失败和土地革命战争初期的严酷现实，使毛泽东悟出了无产阶级政党必须掌握武装斗争的领导权，他第一个提出："枪杆子里面出政权。"毛泽东毕生重视枪杆子，视军队为命根，他一生把掌握军权作为实现革命理想的最主要手段。

2. 创立人民军队的建军原则

毛泽东吸取了中外军事家的文韬武略，提出了一套适合中国国情的马克思主义的治军方略和建军原则。一是确立了党指挥枪的原则。毛泽东认为，我军是无产阶级的军队，首先要从政治上建军。要从政治上建军，靠的是党的力量，要坚持党对军队的绝对领导。"我们的原则是党指挥枪，而决不允许枪指挥党。"直至今天，这仍然是我军遵循和坚持的根本原则。

二是规定了人民军队的性质。毛泽东指出："紧紧地和中国人民站在一起，全心全意地为中国人民服务，就是这个军队的唯一宗旨。"为人民服务，是我军区别于其他任何军队的本质特征，是毛泽东建军原则的核心。我军在革命战争和保卫祖国的长期斗争中，始终遵循这一宗旨，从而赢得了人民群众的拥护和爱戴。

三是创立了政治工作三大原则。进行强有力的政治工作，是毛泽东建军思想的一个突出特点。我军的政治工作，随着革命战争的发展而逐步完善，形成了"官兵一致、军民一致和瓦解敌军"的三大原则。

例如，在平津战役中，北京能够得以完整地保存下来，就是瓦解敌军原则正确使用的典型。当时，以傅作义为首的55万国民党军队盘踞京津地区。如果硬打，只能是城毁人亡，其后果不堪设想。毛泽东高瞻远瞩，一方面在军事上兵临城下，以造成大军压境之势；一方面开辟第二条战线，进行政治瓦解。最后迫使傅作义起义，北平和平解放，使古老的名城丝毫无损地回到人民手中。

在敌人统治力量薄弱的农村地区，依靠和发动农民群众，实行土地革命，建立和组织民主政权，进行武装斗争，实行工农武装割据，把落后的农村建成先进的巩固的革命根据地，造成军事上、政治上、经济上、文化上的革命阵地，并以此为依托，开展广泛的人民战争。

四是广泛深入地动员人民群众。人民战争的威力，在于人民群众直接或间接参加战争的广度和深度，人民群众参加战争的广度和深度又取决于革命政党对人民群众发动的广度和深度，而人民群众的发动，只有进行广泛深入的政治动员才能实现，这是人民战争赢得胜利的最基本条件。

（四）人民战争的战略战术

人民战争的战略战术，简单地说，是指毛泽东指导战争和指挥作战的原则和方法。它是毛泽东高超战争指导艺术的总结，它揭示了中国革命战争的指导规律，是毛泽东军事思想中十分精彩的部分。

1. 立足全局，审时度势

立足全局，审时度势，是毛泽东指导战争和指挥作战的第一个原则。不考虑长远利益的人，就不能策划好眼前的问题；不考虑全局利益的人，就不能策划好局部的问题。只有"谋万世""谋全局"，才是全局观念，就是战略意识。例如，1947年上半年，蒋介石虽然在军事上处境日益不利，但同我军相比，其兵力、兵器仍占优势。蒋介石决心不变，继续贯彻将战争引向解放区的战略方针，加强对山东、陕北的重点进攻，力求迅速解决这两个战场的问题，再行转兵其他战场，以达到最后摧毁解放区、消灭我军主力的目的。蒋介石的这一"哑铃"战术，棋着不为不高，用心不为不绝。

从受敌人重点进攻的山东和陕北两个解放区来看，形势也相当严峻。山东解放区已大部被敌占领，只剩下胶东半岛的片隅之地；陕北方面，胡宗南的25万大军已占领延安，毛泽东率领着中央机关和警卫人员组成的小分队，经常被敌人追击，爬山越岭、风餐露宿。可就在这种险恶的情况下，毛泽东坚持不过黄河。他目光敏锐，审时度势，对全局作了透彻的分析。他认为，中国的时局将要发生一个新的变化，军事形势在朝着有利于人民的方向发展。毛泽东抓住影响整个战争全局的重要关节，作出了“大举出击，经略中原”的战略决策。

毛泽东胸有全局，高瞻远瞩，而各路大军指挥员又能创造性地贯彻统帅部的意图。刘邓大军为了全局的胜利，面对着40个师的国民党军队，以“狭路相逢勇者胜”的英雄气概，长驱直入，一举插进敌人的战略纵深。刘邓大军占据大别山，东震南京，西挟武汉，南控长江，北瞰中原，像一把利剑插入国民党政府的心脏。像这种战略全局上的出敌不意的进攻行动，在战争史上是绝无仅有的。三路大军突破黄河以后，与国民党主力逐鹿中原，我军由战略防御转入了战略进攻，拉开了大决战的序幕。

2．灵活用兵，因敌制胜

我国历代有作为的军事家无不重视灵活地使用兵力。兵圣孙子曰：“兵无常势，水无常形；能因敌变化而取胜者，谓之神。”宋代军事家岳飞说：“阵而后战，兵法之常；运用之妙，存乎一心。”这些名言，都强调了要根据敌情的变化和战场的情况，灵活地使用兵力。

毛泽东说：“古人所谓‘运用之妙，存乎一心’，这个‘妙’，我们叫作灵活。”根据毛泽东的论述和他指导战争的实践，灵活用兵可概括为5个方面。

（1）因时用兵。所谓因时，即天时，指时机。机不可失，时不再来。战场情势变换无穷，战机稍纵即逝。因时用兵，要抓住战机，分秒必争；定下决心要当机立断，切不可优柔寡断，贻误战机。

（2）因地用兵。战争指导者不仅要巧借天时，还要会妙用地利，根据战场环境摆兵布阵。解放战争时期，首先发起辽沈战役就是一个极好的证明。辽沈战役战役打响以后，我军先克锦州、再歼廖耀湘、后取沈阳和营口。辽沈战役，我军历时52天，歼灭了卫立煌集团38个师47万人，取得了第一次战略大决战的伟大胜利。

（3）因敌用兵。解放战争，对国民党军队作战，我军多以大兵团决战，一次歼敌几万乃至几十万人。但到了朝鲜战争时期，美军有强大的空中优势，且战术上采取集团滚进、齐头并进。尤其是作战初期，遭到几次惨败以后，变得谨慎小心，稳扎稳打，步步为营。对此，毛泽东变换战法，采取了“零敲牛皮糖”的战术，最终将美军控制在三八线以南，并签订了板门店协定。

（4）因己用兵。毛泽东因己用兵，有两大要则：一是择其优，避其弱；二是知人善任，择优选将。毛泽东对其统领的将帅知人善任，非常了解，非常信任，除委以重任外，还赋予其指挥决策权。而各路将帅都能根据毛泽东总的战略意图，临机处置，灵活指挥，在各自统领的战场上，打得有声有色。

（5）因势用兵。势指态势、气势。简明地说，“势”是“形”的运用，也就是军队实力的发挥。因势用兵，要因势而乘，因势而动。毛泽东向来重视谋势，三大战役结束后，我军控制了大半个中国，长江以北地区已基本解放。这时，国内外许多人提出了穷寇莫追，划江而治的主张，毛泽东作诗“宜将剩勇追穷寇，不可沽名学霸王”，向人民解放军发出了打过长江去，解放全中国，将革命进行到底的号令。毛泽东一声令下，于1949年4月20日，我人民解放军百万大军，突破汤恩伯、白崇禧两个集团70万大军防守的长江天险。以大迂回、大包围的战术对敌实施战略追击，夺南京、战上海、攻武汉、取重庆，以摧枯拉朽之势，横扫江南各省，终于赢得了解放战争的最后胜利。

3. 集中兵力，运动歼敌

集中兵力打歼灭战，是毛泽东一贯的作战指导思想，并创造性地运用和发展了这一思想。他提出："我们的战略是'以一当十'，我们的战术是'以十当一'，这是我们制胜敌人的根本法则之一。""对于人，伤其十指不如断其一指；对于敌，击溃其十个师不如歼灭其一个师。"

古今中外，聪明的军事家都力争打运动战。在毛泽东的著作里，军队的机动被他简单地称之为"走"。毛泽东善打运动战。为此，西方军事界称毛泽东为"东方运动战的大师"。还有人称毛泽东是以走起家的统帅。

战争不仅是力量的竞赛，而且是双方智慧的较量。"你打你的，我打我的；打得赢就打，打不赢就走"是毛泽东军事思想中战略战术的精髓。

在战争指导上，毛泽东从不按常规办事，他的办法是"放开两手，诱敌深入，在运动中歼灭敌人"。解放战争时期，我军的运动战规模越打越大，从几万人的仗发展到几十万乃至上百万军队参加的大战役。毛泽东说："大踏步进退，不拘一城一地之得失，完全主动作战，调动敌人各个击破。"

（五）国防建设思想

新中国成立前，在毛泽东军事思想形成和发展的过程中，就有关于国防建设和国防斗争的论述。新中国成立后，毛泽东等老一辈无产阶级革命家，适应新形势的发展，运用马克思主义原理结合并中国实际，总结国防建设和国防斗争的实践经验，形成了国防建设和国防斗争理论。其主要内容有：捍卫国家的独立、领土主权和安全是国防斗争的基本任务；国防建设和经济建设是全党、全军和全国人民的两件大事，要在经济发展的基础上使国防建设不断得到加强；国防建设必须以现代化建设为中心，这是现代战争的必然要求，也是我军向高级阶段发展的必由之路，要努力发展国防科学技术和国防工业，加强军事人才的培养，建立强大的国防；坚持共产党对军队的绝对领导，不断加强和改进思想政治工作，保持无产阶级军队的性质，把教育训练摆到战略地位，努力提高部队的战斗力，建设一支具有中国特色的现代化、正规化、革命化的军队；国防建设必须坚持独立自主、自力更生的方针；坚持军民结合，平战结合；实行积极防御的战略方针，认真做好战争准备，遏制战争的爆发和打赢抗击敌人侵略的战争，保持和平的国际环境和稳定的国内政治局面；坚持全民国防，加强战略后方和战场建设；加强国防后备力量建设；坚持现代条件下的人民战争，立足以现有装备战胜优势装备的入侵之敌；建立国际和平统一战线等。

四、毛泽东军事思想的历史地位与当代价值

毛泽东军事思想根植于伟大的中国革命实践沃土，运用马克思主义的立场、观点和方法分析中国革命战争和国防与军队建设中的具体问题，解决了在中国这一特殊社会历史条件下如何进行革命战争、如何进行国防和军队建设的基本问题，树立了马克思主义军事理论发展的里程碑，也是老一辈共产党人留给我们认识战争、指导战争、赢得战争最宝贵的战略遗产，完整准确地认识毛泽东军事思想的科学内涵与历史地位，正确理解把握毛泽东军事思想的当代价值，对揭示新形势下国防和军队建设发展规律，引领和推动国防和军队建设不断前进意义重大。

（一）毛泽东军事思想是人民军队建设的理论指南

毛泽东深刻认识中国社会的性质，科学把握中国革命的特点，阐明了没有一支人民的军队便没有人民一切的革命真谛。他从中国革命的实际出发，在中国革命战争血与火的洗礼中，探索建设人民军队的理论、方针和原则，强调必须创建一支在无产阶级政党绝对领导下的革命军队，强调在建军实践中抓住军队的性质、宗旨和任务等关键性问题，开拓性地解决了创立和建设人民军队的实践问题，创造了一整套崭新的建军理论和原则，开创了人民军队建设的新纪元。从此，人民军队的行动与党的政治任务相统一，与党的组织路线相统一，与党的思想路线相统一，与最广大人民群众的利益相统一。毛泽东军事思想是人民军队建设实践经验的科学总结，是具有中国特色的马克思主义军事理论。

（二）毛泽东军事思想是人民军队克敌制胜的法宝

在 20 多年波澜壮阔的革命战争和抗美援朝、对印自卫反击作战等现代条件下的战争实践中，以毛泽东为代表的中国共产党人，运用马克思主义基本原理，紧密结合国情军情，创造了人民战争理论和人民战争的战略战术，揭示了中国革命战争的特殊指导规律，以劣胜优、以弱胜强取得了辉煌胜利，创造了世界战争史上的奇迹。毛泽东战争指导思想是经过战争实践检验的科学理论，它揭示了人民战争的指导规律。军事服从政治，依靠人民战争整体威力和实行灵活机动的战略战术，这不仅是赢得中国革命战争和反侵略战争伟大胜利的奥秘之所在，也是指导未来战争取得胜利的根本保证。随着科学技术的迅猛发展，战争形态、作战样式、作战力量、作战空间都发生了深刻变化，但战争的本质仍然是政治的继续，人民群众仍然是力量的源泉，人民战争的战略战术仍然是制胜之道。

（三）毛泽东军事思想是建设强大国防的理论基础

军队是国家安全之本。毛泽东强调：如果没有强大的国防，中国就不能建设社会主义，建设起来也不能巩固。毛泽东站在战略的高度，从国际战略环境、国家面临的安全威胁和国家战略的长远需求出发，系统提出了现代国防和军队建设理论，确定了积极防御战略方针，走独立自主、自力更生的发展道路，作出了加强国防力量建设、发展国防科技等一系列重大决策。毛泽东的这些战略思想与举措，有力地维护了国家领土主权独立完整，战胜了国内外一切反动势力企图扼杀新中国的图谋与举动，为新中国赢得了长达半个多世纪的相对和平的内外部建设环境，并通过自力更生发展“两弹一星”等重大国防科技工程，为中国在 21 世纪乃至更远的未来确立了有影响的大国地位，奠定了强大的国防基础，并以此深刻推动了第三世界广大发展中国家争取民族独立与民族解放的磅礴运动。

（四）毛泽东军事思想是认识军事问题的思维工具

战争是充满不确定性的领域。毛泽东运用辩证唯物主义和历史唯物主义于中国革命战争之中，以敏锐的思维、独到的视角、过人的胆识，创造性地提出了军事辩证法，并运用于中国革命战争的全过程，运用于新中国国防和军队建设。毛泽东以军事辩证法之钥，开启了战争思维之门，拨开了战争的迷雾，揭示了军事领域矛盾运动的基本规律，提供了解决军事问题基本的立场、观点和方法，具有普遍的真理性意义，是毛泽东军事思想体系的理论基础和精髓。毛泽东军事辩证法，是人民军队在面对新情况、新问题、新任务时的思维工具。

第四节　邓小平新时期军队建设思想

一、邓小平新时期军队建设思想的科学体系

邓小平新时期军队建设思想，概括来说，是邓小平1975年参加党中央和中央军委领导工作，尤其是粉碎“四人帮”和党的十一届三中全会以后，依据马列主义、毛泽东思想原理，坚持解放思想、实事求是的思想路线，对世界战略形势、新时期中国国情、现代战争特点和军队建设的现状，进行深刻分析判断的基础上，对于中国人民解放军的建设所作的科学的理论概括。

邓小平新时期军队建设思想是对我国社会主义新时期军队发展规律的科学反映，是当代中国的马克思主义军事理论，它直接来源于马克思主义军事学说、毛泽东军事思想，是对毛泽东军事思想的继承和发展，也是邓小平运用马克思主义军事理论与中国具体军事实践相结合的产物。邓小平新时期军队建设思想作为我军建设与发展的指导思想，内容丰富、结构科学，有着自身的内在联系和逻辑结构，形成了一个科学的理论体系。具体来说，这一科学体系包含以下4个部分。

1．当代战争与和平理论

当代战争与和平理论主要包括3项内容，即要争取和维护一个和平的环境来实现四个现代化，实行军队和国防建设指导思想战略性转变，军队要服从整个国家建设大局。这部分内容主要强调要联系国际背景和时代特征，联系国内环境和国家大局，调整和确立新的历史条件下军队和国防建设的指导思想。这些内容是新时期军队和国防建设的基本前提。

2．新时期军事战略理论

新时期军事战略理论主要包括：军队要担当起维护国家主权和安全的历史责任，实行积极防御的军事战略方针，研究现代条件下人民战争等。这些内容主要强调要联系军队的职责和使命，联系军事斗争的全局筹划，来指导和统揽新的历史条件下的军队和国防建设及军事斗争准备。这些内容是新时期军队和国防建设的根本依据。

3．新时期军队建设理论

新时期军队建设理论包括：建设一支强大的现代化正规化的革命军队，始终不渝地坚持人民军队的性质，中心是解决现代化的问题，提高军队建设的正规化水平，要把教育训练提高到战略地位，坚定不移地走有中国特色的精兵之路等。这部分内容集中回答了新时期军队建设的目标、任务、方针和道路，是邓小平军事理论的主要内容，也是核心内容。

4．新时期国防建设理论

新时期国防建设理论主要回答了新时期国防建设的根本道路和基本任务，是邓小平军事理论的重要内容。

二、邓小平新时期军队建设思想的形成过程

1．邓小平新时期军队建设思想的初步形成阶段

1966～1976年的“文化大革命”10年，由于林彪、“四人帮”的干扰破坏，我国的国防现代化建设遭受到了严重挫折。邓小平在处境极端困难的条件下，同“四人帮”进行了不屈不挠的斗争。在江青反革命集团加紧反党活动、国民经济遭到严重破坏的情况下，1973年12月，中共中央根据毛泽东的提议，决定让邓小平出任中央政治局委员，参加中央领导工作；同时参加中央军委工作并任军委委员。毛泽东给予邓小平很高的评价，他说邓小平“政治思想强，人才难得”。1974年12月，毛泽东提议由邓小平担任党中央副主席、军委副主席、国务院第一副总理、总参谋长。1975年1月，邓小平在四届人大被任命为第一副总理。1975年，在邓小平主持中央和军委日常工作期间，曾召开军委扩大会议，采取重大措施，对军队建设进行整顿。邓小平在调查中发现，军队存在的问题突出表现为“肿、散、骄、奢、惰”。他以非凡的毅力和气魄，针对一系列复杂问题和严重困难，提出了全面整顿的思想。明确指出，军队要整顿，要安定团结，要落实政策，要增强党性，消除派性，加强纪律性，提高工作效率。提出要按照毛泽东同志制定的军事路线、建军原则，好好地清理一下，并认真“抓编制、抓装备”“抓战略”“要把训练放在战略问题的一个重要位置上，从而使军队建设出现了新的局面。1977年7月，中共十届三中全会决定恢复邓小平的党政军领导职务。他一出来工作，就以革命家和战略家的胆略、气魄拨乱反正，继续强调军队要把教育训练提高到战略地位，要尊重知识，尊重人才，要大力恢复并办好军队院校，搞好教育，搞好科研，要培养军地两用人才，要加速改革军队的装备，加强并改善政治工作，提高我军战斗力，提出一定要从严治军，首先要对领导干部要严。这一阶段，邓小平积极投身于缔造人民共和国的伟大革命斗争实践中，并亲自参与人民军队的革命化、现代化、正规化建设，成为独当一面的人民解放军高级将领，在毛泽东军事思想的理论宝库基础上逐步形成独具特色的邓小平军事思想。

2．邓小平新时期军队建设思想的成熟、发展阶段

邓小平作为中国共产党第二代领导集体的核心，他的新时期军队建设思想，就是从新时期面临的国际国内形势出发，为适应军队和国防建设的需要，而逐步发展形成的。在1981年6月召开的中国共产党第十一届六中全会上，邓小平当选为中共中央军事委员会主席。自1982年9月中国共产党第十二次全国代表大会起，邓小平先后当选为中共中央政治局常委、中共中央顾问委员会主任、中华人民共和国中央军事委员会主席。

他从新的历史条件出发，就军队建设和国防建设的大政方针进行了总体设计，相继发表了《精简军队，提高战斗力》《建设强大的现代化正规化的革命军队》《在军委座谈会上的讲话》《和平和发展是当代世界的两大问题》《在军委扩大会议上的讲话》《中国必须在世界高科技领域占有一席之地》等一系列重要讲话，指出和平与发展是当代世界的两大问题，如果工作做得好，世界大战就可以延缓；霸权主义是当代战争根源，要反对霸权主义，维护世界和平；军队建设和国防建设要在国家经济建设的大局下行动；要以国家利益为出发点，建设巩固的国防；中国今后的反侵略战争要坚持积极防御的战略方针，实行现代条件下的人民战争；中国必须在世界高科技领域占有一席之地，大力加强国防科学技术研究，实现武器装备现代化；人民解放军要建设成为强大的现代化、正规化的革命军队：要减少

数量，提高质量；要按照现代化战争的要求和精兵合成、提高效率的原则，改革军队体制编制，建立和健全各种规章制度；实行干部革命化、年轻化、知识化、专业化；要培育有理想、有道德、有文化、有纪律的军人，开展军民共建社会主义精神文明活动；要继承毛泽东军事思想，研究现代条件下的人民战争，发展中国军事科学等。上述观点和原则的确立，使邓小平新时期军队建设思想形成了一个科学理论体系。1992 年 10 月召开的中国共产党第十四次全国代表大会，正式提出“邓小平新时期军队建设思想”的概念，并要求按照这一思想指导新时期的军队和国防建设。邓小平关于新时期军队和国防建设的重要论著，已收入《邓小平文选》第 2、第 3 卷。

三、邓小平新时期军队建设思想的基本内容

邓小平新时期军队建设思想是一个逻辑结构严密、内容丰富的科学体系。其基本内容包括以下几个方面。

（一）对当代战争与和平问题作出新的判断，军队和国防建设指导思想实行战略性转变

这是邓小平根据当代中国实际和时代特征对新时期军队和国防建设提出的重要思想。邓小平认为，和平和发展是当今世界的两大主题，现在世界上真正大的问题，一是和平问题，二是发展问题。

发展需要和平，和平离不开发展，霸权主义和强权政治是和平与发展的主要障碍，社会主义中国应该用实践向世界表明，中国反对霸权主义、强权政治，永不称霸，中国是维护世界和平的坚定力量；霸权主义是当代战争的主要根源，战争的危险依然存在，但和平力量的增长超过战争力量的增长，只要工作做得好，在较长时间内不发生大规模的世界战争是有可能的，维护世界和平是有希望的，但小的战争不可避免；基于对战争与和平问题的新判断，适应党和国家工作重点的转移，军队和国防建设的指导思想实行战略性转变，从准备“早打、大打、打核战争”的临战状态，真正转到和平时期的建设轨道上来，充分利用大仗较长时间打不起来的和平环境，在服从国家经济建设大局的前提下抓紧时间，有计划、有步骤地加强以现代化为中心的根本性、长远性建设，提高军政素质，增强我军在现代战争条件下的自卫能力。另外，世界新科技革命蓬勃发展，经济、科技在世界竞争中的地位日益突出，这种形势，发达国家和发展中国家都不能不认真看待。问题在于世界和平的力量要发展起来，团结起来。

发展需要和平，和平离不开发展，发展自己同维护和平是一回事情。如果工作做得好，世界和平的力量发展起来，第三世界国家发展起来，就可以延缓世界大战。当今世界，和平与发展两大问题至今一个也没有解决；霸权主义和强权政治的存在，始终是解决世界和平与发展问题的主要障碍。为此，要按照和平共处五项原则处理国与国的关系，谁搞霸权主义就反对谁，谁搞战争就反对谁。中国搞的社会主义，是不断发展社会生产力的社会主义，是主张和平的社会主义。社会主义中国应当用实践向世界表明，中国反对霸权主义，反对强权政治，永远不称霸，是维护世界和平的中坚力量。中国的发展是和平力量的发展，是制约战争力量的发展；中国发展得越强大，世界和平越靠得住。总的看来，邓小平在考虑和制定中国外交战略时，首先提出的基本方针就是反对霸权主义，维护世界和平。

根据邓小平的这一思想，军队和国防建设的指导思想实行了战略性转变，即从准备“早

打、大打、打核战争”的临战状态，真正转到和平时期的建设轨道上来。1985 年中央军委决定人民解放军裁减员额 100 万，就是实行这一转变的根本标志，也是中国共产党和中国政府、中国人民坚决维护世界和平的实际行动。实行军队和国防建设指导思想的战略性转变以来，邓小平始终强调对战争危险要保持警惕。他指出“国际事态的发展是不以人的意志为转移的，绝不能有任何麻痹思想。现在总的来说，制约战争的力量在发展，超级大国任意主宰世界的时代已经过去了，但对战争危险绝不能放松警惕。世界上希望中国好起来的人很多，想整中国的人也有的是，中国自己放松不得，军队还是要随时准备打仗。”

（二）中国要建设巩固的国防，军队要担当起维护国家主权和安全的历史责任

这是新时期我军的神圣职责和历史使命。邓小平指出：“国家的主权、国家的安全要始终放在第一位，军队作为国家利益的捍卫者，要以维护国家利益为最高职责。”我国现代化建设是在十分复杂的国际环境中进行的，最重要最紧迫的任务是要寻求一个和平的环境来实现四个现代化，中国的问题压倒一切的是需要稳定。我军是人民民主专政的坚强柱石，是捍卫社会主义祖国的钢铁长城，是建设中国特色社会主义的重要力量，无论过去、现在和将来都是执行党的政治任务的武装集团，必须保持高度的警惕，扎扎实实地做好反侵略战争的准备，为保卫世界和平，为保卫祖国领土的安全，为争取台湾早日回归祖国，实现祖国统一的神圣大业做出新的贡献。

中国的国家利益，一是根治贫穷，巩固和发展社会主义；一是维护和平，捍卫国家的独立、统一和安全。真正说起来，国权比人权重要得多，讲人格不要忘记还有一个国格。中国曾经饱受丧权辱国之痛，作为中国人要珍惜先辈经过长期奋斗而得来的独立自主权利。确保国家的主权和安全不受侵犯，是中国不可动摇的基本原则。中国现在国力较弱，容易受到威胁，一旦丧失主权和安全，就会成为大国的附庸，就意味着要倒退到半殖民地半封建的社会中去。对此，中国的问题，压倒一切的是稳定。没有稳定的环境，什么都搞不成，已经取得的成果也会丧失掉。中国不能乱，这个道理要反复讲，放开讲。稳定离不开人民民主专政，反对国内外敌对势力的各种分裂和颠覆活动，制止动乱，需要运用专政手段。中国在历史上曾是一个遭受列强侵略和瓜分的半殖民地国家，与此相关的某些历史遗留问题，如祖国统一问题，至今尚未完全解决。用“一国两制”的方式解决台湾问题，实现祖国统一，但不能排除使用武力，这是一种战略考虑。我们要记住这一点，我们的下一代要记住这一点。人民解放军要担当起维护国家主权和安全的历史责任，时刻保持高度警惕，扎扎实实做好反侵略战争的准备，为保卫世界和平，为保卫祖国领土的安全，为争取台湾早日回归祖国，实现祖国统一大业做出新的贡献。

要确保国家的主权和安全不受侵犯，就必须实现国防现代化。如果不搞国防现代化，那岂不是只有三个现代化了？现在国际局势并不太平，必须建设巩固的国防。在新的历史条件下，国防建设仍然要沿着毛泽东开创的道路前进，仍然要坚持全民办国防的指导思想。中国的特点是国大人多，经济力弱，全民办国防的优势和威势要一直传到后代，保持下去，这是本钱。军民一致，这个原则不能变。要恢复和发扬军政、军民之间紧密团结的优良传统；要广泛持久地开展拥政爱民、拥军优属活动；要根据新的情况，开拓新的视野，创造新的形式，坚持从各个方面正确解决军民关系问题。在武装力量建设上，要将精干的常备军同强大的后备力量相结合。组建预备役部队是个好办法，可以寓兵于民，平时少养兵，战时多出兵。坚持现代条件下的人民战争，民兵仍然是一支重要的战略力量，要提高到战略地位。解决建立有效的国防动员体制问题，关键是要坚持平战结合、军民兼容的原则。

四个现代化，关键是科学技术的现代化，没有现代科学技术就不可能建设现代化国防。科学技术是第一生产力，也是最重要的战斗力，现代战争不发展现代武器装备是要吃亏的。解决武器装备问题，要从战略着眼，正确规划科研和生产的目标及任务。要根据未来反侵略战争的实际需要，根据武器装备的设计、生产和形成战斗力的周期，把科研、生产和装备部队统筹起来。否则，紧要关头就要误大事。要站在世界军事技术革命前沿，把眼光放长远一点，不能老是跟在别人后面亦步亦趋。要根据国家可以提供的经济和技术条件，区分轻重缓急，把要害的东西放在优先发展的位置上。解决和发展先进的武器装备，应当量力而行，贯彻少而精的方针，数量不一定要多，质量要一代代地提高，搞真正顶用的。提出装备战略要求的目标要考虑国家经济状况，宁可少搞一点，也要坚持质量第一。质量问题非常重要，特别是尖端的东西，不讲质量，一个小零件就有可能毁掉全局。讲质量，要讲配套，讲整体质量水平。解决装备问题，要把学习、引进先进技术同自己的创造结合起来。必须坚持独立自主、自力更生的方针，依靠自己的努力和创造，搞出中国式的更好更新的东西。但独立自主不是闭关自守，也要适当引进外国的新技术。学习和引进只是一个起点，目的还是要提高中国自己的科研和制造水平。既要有自知之明，善于学习，也要有雄心壮志，注重创造。既要重点发展先进技术装备，也要重视改进、更新常规武器。在战略武器问题上，中国的方针是你有我也有，要有威慑力。

（三）建设一支强大的现代化正规化的革命军队

这是新时期军队建设的总目标和总任务。邓小平指出，我军是人民民主专政的坚强柱石，肩负着保卫社会主义祖国、保卫四化建设的光荣使命，因此，必须把我军建设成为一支强大的现代化、正规化的革命军队。为实现这一总目标、总任务，邓小平对军队建设的各个方面提出了一系列根本要求和指导方针。

1．始终不渝地坚持人民军队的性质

新的历史时期，随着改革开放的深入开展，人民军队建设的客观环境已经出现前所未有的深刻变化。这既给军队建设增添了新的活力，又给军队建设带来新的考验。一方面，从外部环境看，军队建设直接面对西方敌对势力对我国进行“和平演变”“西化”“分化”和遏制图谋；同时，西方敌对势力还大肆宣扬西方的价值观念和腐朽的生活方式，妄图通过发动“信念攻势”，瓦解我军斗志，改变我军性质。另一方面，从内部环境看，在建立与完善社会主义市场经济的过程中，一些不健康的甚至错误的思想观念也从多种渠道传向军营。尤其是拜金主义、享乐主义与极端个人主义思想的滋长，对军队在长期革命和建设实践中培养起来的优良传统，对我军所崇尚的科学理想、信念和追求，都带来了很大的冲击和挑战。针对新的情况和问题，邓小平明确指出：“我确信，我们的军队能始终不渝地坚持自己的性质。这一性质是，党的军队，人民的军队，社会主义国家的军队。这与世界各国的军队不同。就是与别的社会主义国家的军队也不同，因为他们的军队与我们的军队经历不同。我们的军队始终要忠于党，忠于人民，忠于国家，忠于社会主义。”这一论断，全面而又准确地提示了人民军队性质的科学含义及其特点，揭示了我军区别于世界其他国家军队的本质特征。因此，能否坚持党对军队的绝对领导，坚持四项基本原则，全心全意

为人民服务，是军队革命化建设的重要标志。

2. 以现代化建设为中心，是军队发展适应现代化战争的要求

新时期军队建设面临的主要矛盾，是现代化水平和现代战争需要不相适应的问题。以邓小平为核心的中央军委明确指出：军队的现代化建设是人民解放军全部工作的核心，是现代战争提出的必然要求，也是人民解放军向高级阶段发展的必由之路。军队建设以现代化为中心，是现代战争特点和世界军事发展对我军提出的严峻要求，是维护国家安全的要求，是提高军队战斗力的关键所在。

我军的现代化，是根据我国国情走中国式的现代化道路，有步骤、分阶段地实现现代化目标。邓小平提出军队现代化的主要精神是：一是大力培养和造就符合现代战争需要的军事人才。邓小平强调，无论是从当前还是从长远来讲，第一位的重要工作，就是要培养和造就一大批合格的现代化军事人才。同时要求全军“认真学习现代战争知识，学习诸军兵种联合作战。不但高级干部要学，连排干部也要学，都要懂得现代化战争”。当今世界，随着高新技术的大量涌现并广泛运用于军事领域，战争形态、作战手段、指挥方法等，都发生了革命性变革。这给我军现代化建设提供了机遇和挑战，迎接挑战的关键是人才，没有一批高素质人才，就无法掌握现代化的武器装备，无法创造和运用新的战法，也就不可能赢得未来战争的胜利。因此，培养和造就大批现代化军事人才，是军队现代化的关键所在。二是努力提高国防科技水平，逐步实现武器装备现代化。武器装备现代化是整个军队现代化的物质基础，也是衡量军队现代化程度的一个重要标志。实现武器装备现代化，科技是关键。邓小平十分重视我国国防科技的发展和武器装备现代化建设。他指出：“我们要实现现代化，关键是科学技术要能上去。”同时他还强调，我们一定要在国民经济不断发展的基础上，改善武器装备，加速国防现代化。邓小平从我国国情、军情和军队现代化建设的需要出发，提出了发展武器装备的重要思想：服从经济建设大局，在国力允许的条件下加速武器装备的发展；根据战略需要，确保重点项目；坚持科研先行，质量第一；坚持自主开发与积极引进相结合，将立足点放在自力更生上；尽快缩短与发达国家武器装备水平的差距。这些思想对于加速我军现代化建设具有重要的指导作用。三是建立适应现代战争的科学编制体制。编制体制是实现人和武器结合的军事组织形式。科学的编制体制，是最大限度地发挥军队战斗力诸因素最大效能的组织基础，对于建设现代化的军队具有根本性和决定性的意义。根据现代战争诸军兵种联合作战的特点，邓小平提出我军体制编制要坚持精兵、合成、平战结合、提高效能的原则。减少数量、优化结构、提高质量，优先发展技术型的现代化军兵种，提高军队的合成程度。根据这些原则，我军从1985年开始组建兵种基本齐全的陆军组合集团军，并从战略上提高了海、陆、空三军和战略导弹部队之间的协同作战能力，增强了整体威力。这些重大举措，标志着我军体制编制现代化进入了一个崭新的发展阶段。四是发展现代化军事理论。现代科学军事理论是军队现代化建设和现代战争的先导。它无论对军队建设还是对战争的准备与实施都有重要的指导作用。对军队建设来讲，先进的军事理论引导着军队建设的方向，把握着军队发展的趋势。先进的军事理论是战争赢得胜利的重要因素，它能够揭示战争的特点和规律，并为从事战争的人所掌握和运用，获得战争的主动权，从而把战争引向胜利。邓小平十分重视现代军事科学的发展，并把它看作我军现代化建设的重要内容。他在为军事科学院建院20周年的题词中提出：继承毛泽东军事思想，研究现代条件下的人民战争，发展我国军事科学。这为我们加强现代军事科学理论研究，发展我国军事科学指明了方向。五是适应现代战争需要，加强后勤现代化建设。后勤现代化是现代战争对后勤的必然要求。邓小平指出，搞后勤也是为了打仗。现代战争在一定意义上说就是“打后勤”。现代战争的特点要求后勤保障工作必须做到快速保障、持续保障、综合保障。因此，要认真对待后勤工作在新的历史条件下出现的新情况和新问题，增强现代条件下的后勤保障能力和后勤自身的防卫能力。

3．搞好军队体制编制改革

在军队现代化建设问题上，要重视抓编成、抓体制。改革体制编制，首先要解决“肿”的问题，即解决由于林彪、“四人帮”的严重破坏所造成的机构臃肿、人浮于事的问题。这是从国际大局和国内大局考虑的。军队人员过多，也妨碍军队装备的现代化。减少军队人员，把省下来的钱用于更新装备，这是确定的方针。一个从节约开支看，一个从军队本身提高素质看，都必须“消肿”，不“消肿”就不能应付战争。现在主要不是肿在作战部队，主要是“肿”在各级领导机构。机关太大，指挥机构的人员特别是干部过多，这是军队的一种病态。人越多越不好办事，打仗是不行的。精简，主要是减少不必要的非战斗人员，减少统率机构、指挥机构，特别是高层机构的人员。因此，“消肿”的重点是精简机关，提高效率。坚持这个原则，军队就可以精干些。通过精简，实际上不但没有削弱军队的战斗力，反而增强了军队战斗力，并且还为提拔新生力量创造了一个条件。改革体制编制同“消肿”实际上是一个问题的两个方面。军队要搞得很精干，不改革体制不行。现代战争是诸军兵种联合作战，部队平时编成要把战时扩编考虑进来，要与战时使用结合起来，要根据战区特点和部队肩负的不同任务，把编制员额搞得严格和精确起来。精简整编要搞革命的办法，不是对人的革命，而是对体制的革命。体制改革第一步是机构改革，机构不能搞得很烦琐，要简化。要通过改革体制，解决机构臃肿、公文旅行、人浮于事的问题，提高办事效率。要根据各战区特点，根据军队装备不断改进的情况，编制合成军、合成师，合成军实际上就是集团军。这样便于平时合成训练，便于指挥员熟悉特种兵的指挥，能把平时训练和战时使用结合起来。海军和空军的体制要以有利于它们的建设为原则。各大军区、省军区的情况不同，编制上不能强求一律，要有所区别。军队的数量平时不需要那么多，把战时动员体制和动员方案搞好了，就可以减少平时军队兵员数量。体制改革除了反对官僚主义、克服工作效率低等弊病外，重要的是要有利于培养和选拔人才，使年轻的优秀干部早点上来。军队的体制改革要充分酝酿，成熟一件做一件，不成熟宁肯慢一点。搞编制要严格，要切实遵守编制，编制就是法律。要定编定额，该用几个人就用几个人。制度化以后，编制就不会臃肿。要建立和实行军官服役制度和退休制度，军队没有退休制度就不能保持生气。军队的改革要有军队自己的特点，不能照搬地方的改革经验，更不能照搬外国军队的治军原则。坚持军队自己的特点，一方面要把改革同维护军队稳定和保持军队高度集中统一结合起来，凡是涉及全军性的问题，要由中央军委作出决策和部署，不能各行其是。另一方面，要把是否有利于提高战斗力作为根本标准，贯彻到改革的每一个环节和所要解决的每一个问题之中，同军队的建设与发展相协调。

4．要把教育训练提高到战略地位

邓小平指出，进行现代化战争，需要掌握多方面的知识和能力，天上、地下、陆上、水下，包括通信联络，都要懂得。在战争年代，人民解放军主要是从战争中学习战争，那是最过硬的学习；在和平时期，就要从教育训练着手来提高干部战士的素质，提高军队战斗力。在没有战争的条件下，要把军队的教育训练提高到战略地位，作为和平时期军队的经常性中心工作，这个原则要从制度上加以贯彻。把教育训练提高到战略地位这一方针具体化，需要从两个方面去做。一方面是部队本身要提倡苦学苦练。部队要能打仗，靠提高政治觉悟，靠勤学苦练，从战士到干部都要苦练，从勤学苦练当中学本领。要根据现代战争的需要，学习现代化战争知识，学习诸军兵种联合作战。要通过学习、拉练、演习，增长各级干部的指挥能力和管理能力，战士则要学会怎样对付坦克、飞机等。军队的好传统、好作风，也要从苦练当中恢复和培养起来。同时，还要努力学习其他一些必要的政治文化知识和科学技术知识。另一方面是通过办学校来解决干部教育训练问题。为了提高干部的指挥水平、管理水平，增加他们的知识，要办好学校，包括各总部、各军兵种、各级的学校，都要办好。办学校，一是训练、选拔和推荐干部，起到集体政治部、集体干部部的作用。二是认真学习现代战争知识，不但高级干部要学，连排干部也要学，要使军队各级干部都懂得现代战争。三是恢复人民军队优良的传统作风。要在学校里培养这种作风，并把它带到部队，发扬光大。办好学校，首要的是选好办校的干部和教师。这些干部比部队现职干部还重要，要选最优秀的。其次是搞好教材。教材要统一，教材的内容要使学员懂得敌人，懂得自己；要重视体现中国自己的战争经验；要有现代战争的知识，包括坦克、飞机，天空、地面、海上，诸军兵种联合作战等。四是要选好学员，要调好的干部来学。从排长起，各级军官都必须经过军官学校的培训，军官每个阶段的晋升也必须经过学校学习，这应当成为一种制度。

5．加强和改进军队政治工作，什么时候都得讲政治

邓小平指出："对军队来说，由长期的战争环境转入和平环境，这是个最大的不同。我们政治工作的根本的任务、根本的内容没有变，我们的优良传统也还是那一些。但是，时间不同了，条件不同了，对象不同了，因此解决问题的方法也不同。""要研究和解决在新的历史条件下，怎么样恢复和发扬政治工作的优良传统，提高我军战斗力的问题。"新时期，邓小平引导我军在新时期政治工作的理论和实践上的发展，大体概括为 6 个方面。第一，适应军队建设的新形势、新情况，必须保持人民军队的性质，忠于党、忠于国家、忠于人民，保证我军政治上永远合格，这是军队政治工作的根本任务。第二，坚持用马列主义、毛泽东思想和新时期"一个中心，两个基本点"的基本路线教育和统一全军的思想，把忠实维护国家建设、维护改革开放、反对资产阶级自由化和反对"和平演变"作为政治工作的重点。第三，把培养有理想、有道德、有文化、有纪律的"四有"合格军人，列为政治工作的目标。第四，把坚持党对军队的绝对领导，发挥军队内各级党组织的核心堡垒作用和党员的先锋模范作用，保证枪杆子永远掌握在政治可靠的人手里，作为政治工作的核心内容。第五，以树立永远是战斗队的观念，加强社会主义精神文明建设，发扬"五种革命精神"作为政治工作的着眼点。第六，在实践中继承和创新，建立新时期政治工作理论体系，作为发展政治工作的动力。

（四）实行积极防御的军事战略方针，坚持人民战争的战略思想

这是新时期军队和国防建设必须遵循的军事战略思想。邓小平认为，虽然新的世界大战和针对我国的全面战争在较长时期内打不起来，但诱发局部战争、武装冲突和国内局部动乱的因素仍然存在，因此，必须做好必要的军事斗争准备。我们的方针是积极防御，战

略问题不能太死，积极防御的好处就是活，积极防御坚持自卫，后发制人，防御和进攻相结合，持久和速决相结合，军事和政治相结合，和平时期遏制战争和战争时期打赢战争相结合。研究现代条件下人民战争，我们现在还是坚持人民战争，经验证明，只要我们坚持人民战争，敌人就是现在来，我们以现有武器也可以打，最后也可以打胜，搞人民战争并不是不要军队现代化，我们也要讲究技术，不讲究技术是要吃亏的，装备的改进，使人民战争更有力量，条件不同，人民战争的表现形式也不同，我们总是要立足以弱胜强，以劣势装备战胜优势装备的敌人。

在新的历史条件下，中国的战略方针仍然是积极防御。中国搞的社会主义，是主张和平的社会主义，真正的社会主义者是坚决反对霸权主义、维护世界和平的。作为社会主义国家，中国坚持的是自卫立场，永远不称霸，决不会去侵略别人。中国的主要目标是要让自己尽快发展起来；现在国家还很穷，还很落后，尤其需要一个和平环境，集中力量解决自己的发展问题。因此，无论从哪个方面来讲，中国都不可能威胁和侵略别的国家，中国的战略始终是防御性的，即使将来现代化了，也还是防御性的。中国需要和平，真心希望避免战争，但中国也非常珍惜得来不易的独立自主权利，决不允许别人损害中国的利益，别人也不要指望中国会吞下损害自己利益的苦果。对战争问题，中国一向坚持“人不犯我，我不犯人，人若犯我，我必犯人”的原则。所以，中国的战略是积极防御。中国有自己的长处和优势，要树立不信邪、不怕鬼的形象。与中国的特殊国情相适应，也应该是积极防御的战略。今后一旦敌人打进来，中国的方针就是“积极防御”4 个字。积极防御，不是单纯防御，防御中也有进攻。积极防御就是后发制人。积极防御本身包括持久作战，一旦出现敌人大规模入侵的情况，战争就一定是持久的。中国虽然还比较穷，比较落后，打起仗来还有许多不利的方面，但好处是块头大、地方广、人口多，有不信邪的特点，有打持久战的传统。现在的中国也不是过去的中国，谁要敢于侵略中国，至少要有打 20 年仗的准备。如果谁要动武，中国人不怕，一直打到底。中国军民有以劣势装备战胜优势装备敌人的传统，过去就是用很劣势的装备战胜现代化装备敌人的。这是人民军队有信心的根据。两只脚当然跑不过摩托化装备，但现代化装备不是没有缺点的。坦克、飞机也要“粮食”，一旦卡断了，就不行了。现在世界上有人说什么都是技术决定的，不要完全迷信这个。当然，也要讲究技术，否则是要吃亏的。今后打起仗来，中国还只能立足于现有装备，立足于比现有武器装备好一点的基础上，好得太多一下子办不到。总之，要立足以弱胜强，以劣势装备战胜现代化装备之敌，以持久战消耗和战胜敌人。

中国的军事战略是毛泽东制定的，毛泽东的战略思想就是人民战争。今后反侵略作战，还是要立足于自己的力量，坚持人民战争。必须继承和发展毛泽东军事思想，研究现代条件下的人民战争，发展中国军事科学。只要坚持人民战争，敌人就是现在来，中国军民以现有武器也可以打，最后也可以打胜。中国实行的是野战军、地方军和民兵三结合的武装力量体制，敌人要打进来，就叫它处于人民战争的汪洋大海之中。搞人民战争不是不要军队现代化，现在的人民战争与过去不同，对象不同，装备不同，手段不同，条件不同，所以实现形式也不同。中国民兵现在的武器就比解放战争时期正规军的武器好得多，装备的改进，使人民战争更有力量。当然，今后打起仗来，中国军队还有许多不利因素，如好多干部没有实战指挥的经验，装备又比较落后等。但军队勇敢还是有的。有勇敢这一条，就能学会打仗。开始可能吃些亏，经过一段时间，情况就会变化。老的游击战在现代条件下还是有用的，用现代武器打游击战争。打现代战争，没有指挥系统的现代化不行，没有制空权也不行。陆军、海军都需要空军掩护支援，没有制空权，敌人飞机就会横行无阻，今后作战要努力取得制空权。海军是近海作战，面临霸权主义强大的海军，没有适当的和真正顶用的海上力量不行。战略武器，威慑力量，本身就有压力作用，有一点，哪怕是小的，就是一种制约力量，谁要毁灭中国，谁就要受到报复。但是，将来不一定会打核战争，常规战争是有可能的。对付这种战争，中国要有制胜力量。在任何情况下，中国都不会首先使用核武器。

四、邓小平新时期军队建设思想的地位和作用

（一）邓小平新时期军队建设思想是对毛泽东军事思想的丰富和发展，是当代的马克思主义军事理论

在我国社会主义革命和建设进入新的历史时期后，以邓小平为核心的我党第二代领导集体以马克思主义军事思想和毛泽东军事思想为指导，本着实事求是的精神，在对国内外形势作出科学分析、判断和实践的基础上，提出了一系列关于国防和军队建设方面的创新性的理论：和平发展的时代主题；世界大战可能避免；霸权主义是战争的主要根源；实行国防和军队建设指导思想的战略性转移；军队建设服从国家建设大局；实现国防现代化；实行精兵政策；实行积极防御军事战略和新条件下的人民战争；以及新时期人民军队建设的许多思想。这些内容，既继承了毛泽东军事思想的原理，又体现了时代精神。从而极大地丰富和发展了毛泽东军事思想，成为富有时代精神的马克思主义理论。

（二）邓小平新时期军队建设思想是新时期我国国防和军队建设实践经验的科学概括，是我国新时期国防和军队建设的指导思想

进入新时期后，邓小平为核心的我党第二代领导集体带领全党、全军、全国人民在国防和军队建设方面开展了大量的实践活动：军队的全面整顿；削减百万军队；恢复军事院校；加强国防科技工业；狠抓军队的教育训练；建立国防动员体制；开展军事外交；稳定边界局势；进行对越自卫反击作战；加强海空军的建设，组建陆军集团军等。正是在对这些实践经验进行不断的概括和升华中，形成了一套科学完整的军事理论体系。它揭示了新时期国防建设和经济建设、军队的数量建设和质量建设、现代化建设与革命化建设、综合国力与军队战斗力等要素相互作用的规律，成为我国新时期国防和军队建设的指导思想。

（三）邓小平新时期军队建设思想是邓小平理论的重要组成部分

邓小平关于建设中国特色社会主义的理论是指导我国社会主义现代化建设的理论武器，而邓小平新时期军队建设思想是其中的重要部分。邓小平理论是一个完整的科学思想体系，由政治、经济、科技、军事理论等多方面的内容构成。各个部分既有区别又互相联系。而贯穿其中的灵魂即实事求是的思想路线。邓小平新时期军队建设思想是解放思想、实事求是精神运用于军事领域的结晶。

第五节 江泽民国防和军队建设思想

一、江泽民国防和军队建设思想的科学含义

江泽民国防和军队建设思想是指江泽民关于新时期军事战略、军队建设和国防建设等基本问题的科学理论体系。它是以江泽民为核心的党的第三代领导集体继承和发展毛泽东军事思想、邓小平新时期军队建设思想的体现；是根据时代发展的新要求、新任务，创立的新时期我军建军学说；是我军新时期革命化、现代化、正规化建设的纲领。

江泽民国防和军队建设思想是江泽民同志在结合当今时代的特点，运用科学的世界观和方法论的基础上，对新形势下我国国防和军队建设的一系列重大理论和实践问题进行的深邃思考，这一思想系统地回答了“建设一支什么样的军队、怎样建设这支军队”的一系列基本问题，深刻揭示了国防和军队建设的客观规律。

二、江泽民国防和军队建设思想的形成过程

1989 年 11 月，在党的十三届五中全会上，江泽民当选为中央军委主席，从此开始了他的统军治军生涯。在这一阶段，国际大气候和国内小气候都不断发生着深刻的变化，我军建设所处的背景有许多新的特点。面对这样复杂的局势，他在 1989 年 11 月强调指出，坚持党对军队的绝对领导，这是我们建军的根本原则，是我们党的优良传统，是我们军队特有的政治优势，必须继续保持和发扬。必须把加强政治建设，保证党对军队的绝对领导，作为军队建设的首要任务。军队的稳定是保证整个国家稳定和安全的重要因素，有着举足轻重的作用。军队的改革和各项工作都要着眼于部队的高度稳定，以利于部队的集中统一。

1992 年 10 月，在党的十四大报告中，江泽民强调指出：“中国人民解放军是人民民主专政的坚强柱石，是捍卫社会主义祖国的钢铁长城，是建设有中国特色社会主义的重要力量。在当前和今后相当长的时间内，我国社会主义现代化建设仍将在复杂多变的国际环境中进行。必须始终不渝地坚持党对军队的绝对领导，必须按照邓小平同志关于新时期军队建设的思想，走有中国特色的精兵之路，把人民解放军建设成为强大的现代化正规化革命军队，不断增强我国国防实力，为改革开放和经济建设提供坚强有力的安全保证。”

在 1992 年 12 月召开的一次会议上，江泽民集中阐述和概括了邓小平关于发扬优良传统和保持老红军本色的重要思想，把我军的优良作风和传统集中概括为 10 个方面，进一步阐明了在新形势下发扬优良传统保持老红军本色的极度重要性。他指出，努力加强我军的优良传统和作风教育，切实保持老红军的本色长久不衰，是我们军队的政治建设和革命化建设的重要任务，必须摆到时代的高度和战略位置，坚持不懈地抓下去。

在 1993 年年初召开的军委扩大会议上，江泽民深刻分析了当时的国际形势和我国所处的安全环境，研究确定了具有重大意义的新时期军事战略方针和军队建设以及军事斗争准备问题。江泽民指出：一个国家，一个民族，要生存和发展，要在竞争激烈的国际环境中站稳脚跟，就不能没有正确的军事战略方针。在当前复杂多变的国际新形势下，为了掌握

战略主动，我们必须确立正确的军事战略方针，把未来军事斗争准备的基点，放在打赢可能发生的现代技术特别是高技术条件下的局部战争上。

1994 年，江泽民明确提出，思想政治建设是革命化建设的核心，是引导全军干部战士拒腐蚀、永不沾，永葆人民军队革命本色的可靠保证。必须高度重视军队的思想政治建设，把它摆在全军各项建设的首位。他还强调，要抓好爱国奉献教育、革命人生观教育、尊干爱兵教育、艰苦奋斗教育“四个教育”。之后江泽民又提出领导干部一定要讲政治，强调军队讲政治要有更高的标准和要求。

1996 年年底，江泽民指出，我国已经从过去比较封闭的状态转向全方位的对外开放，从传统的计划经济转向社会主义市场经济，这使得军队建设所处的社会环境发生了新的极其深刻的变化。我们必须积极探索在新环境、新形势下治军的特点和规律。其后，他又指出，要坚持依法治军的方针，使军队的管理走上法治化的轨道。

1997 年年底，江泽民在召开的中央军委扩大会议上提出了著名的“两个历史性课题”，这是他主持中央军委工作以来对新形势下国防和军队建设面临的主要任务作出的简明而又生动的概括。

在 1999 年 7 月召开的全军政治工作会议上，江泽民再次强调，要把思想政治建设摆到党、国家和军队工作战略全局的高度来对待，各级领导都要把抓思想政治建设作为首要职责。

1999 年 11 月，中央军委“三讲”会上，江泽民系统回顾总结了主持中央军委工作 10 年来的基本情况，精辟概括了 10 年来军队建设的巨大成就和成功经验。

十几年来，江泽民和中央军委在军队建设方面提出了一系列具有方向性、全局性的重大方针和指导原则：强调始终坚持党对军队的绝对领导；提出军队建设“五句话”的总要求；确立新时期积极防御的军事战略方针；强调把思想政治建设摆在全军各项建设的首位；集中力量发展“杀手锏”武器装备；进行以裁军 50 万为主要任务的体制编制调整改革；广泛深入地在全军开展科技练兵活动；确立依法治军的方针；逐步走出投入较少、效益较高的军队现代化建设路子；坚决果断地停止军队和武警部队的一切经商活动；制定和颁发《军队基层建设纲要》；选拔和培养优秀年轻干部；制定国防和军队现代化建设“三步走”的发展战略；努力探索新形势下治军的特点与规律等。

三、江泽民国防和军队建设思想的主要内容

江泽民同志对新时期我国国防和军队现代化建设的各个方面都有着深刻精辟的论述，形成了一个指导性强、内容丰富的科学理论体系。这一理论体系，主要由军事战略学说、军队建设学说和国防建设思想三方面组成。

（一）新时期军事战略学说

在新时期，以江泽民为首的党的第三代领导集体根据国际形势的发展变化，制定了我国新时期军事战略方针。这一战略方针的本质仍然是积极防御，同时又根据新时期军事斗争的实践，对军事领域的一系列重大问题作了新的科学阐述和明确规定，科学地回答了新时期战争与和平一系列重大的理论与现实问题，揭示了现代军事运动的新的趋势和基本规律，明确了新形势下我国国防与军队建设的任务和目标，为新时代条件下加强国防与军队

建设指明了正确的方向。

1．世界趋向缓和，但战争危险依然存在

冷战结束后，国际形势总体趋向缓和，世界大战在较长时间内可避免，但世界并不太平，各种矛盾和斗争错综复杂，地区性动荡加剧，局部战争和军事冲突明显增多。在新的历史时期，江泽民同志以敏锐的目光、辩证的思维，对国际环境进行了冷静的观察和科学的分析，就战争与和平问题作出了准确的判断。江泽民又指出，世界形势虽然总体上趋向缓和，但局部战争和武装冲突不断，天下并不太平。特别强调“我们要坚决维护祖国统一和领土主权完整，对战争的危险必须保持充分的警惕，决不能有任何麻痹思想”。由于以江泽民为核心的第三代领导集体的准确判断和对国际形势的科学分析，我国国防和军队建设进入了一个崭新的阶段。

2．立足打赢一场高技术局部战争

以江泽民为核心的党的第三代领导集体，把积极防御战略与当代军事斗争的最新发展趋势结合起来，提出的新时期军事战略方针的基点，放在打赢可能发生的现代技术特别是高技术条件下的局部战争上。这个基点反映了高技术条件下的局部战争成为主要作战形式的发展趋势，符合我国国情及面临的主要威胁和周边安全的实际情况。

江泽民指出：“世界军事发展的强劲势头，对我军的质量建设和军事斗争准备提出了严峻挑战。海湾战争后，经过几年酝酿，我们制定了新时期军事战略方针，把军事斗争准备的基点放在打赢现代技术、特别是高技术条件下的局部战争上。在这个战略方针指导下，1995 年又提出实现我军由数量规模型向质量效能型、由人力密集型向科技密集型的转变。全军的各项建设和一切工作，包括军事训练、政治工作、后勤保障、国防科研等，都要在新时期军事战略方针的指导和统揽下。立足于未来打赢现代技术，特别是高技术条件下的局部战争，周密规划，全面部署和深入展开。也就是说，全军的各项建设和一切工作，都要服从和服务于这一战略方针的需要，都要为确保这一战略方针的胜利实现做好各方面的充分准备。”

江泽民又指出，做好打赢一场现代技术，特别是高技术条件下的局部战争的准备，正是为了尽可能防止和避免战争的发生，也是确保一旦发生高技术战争我们能够夺取胜利的根本性措施。

执行新时期军事战略方针，还必须坚持灵活正确的战略指导。因此，江泽民要求全党全军要全面贯彻邓小平关于冷静观察、稳住阵脚、沉着应付、韬光养晦、善于藏拙、决不当头、有所为有所不为的战略方针，力求站在时代发展前沿，密切关注国际战略形势发展变化的各种动向，预测战争可能的发生和发展，正确处理国际间的各种关系，及时对国际上的各种关系到我国安全的事件作出必要的有力反应。执行新时期军事战略方针，必须坚持军事战略服从和服务于国家发展战略。为此，江泽民指出，当前和今后一个时期，军事战略的指导中心问题，是要维护国家的领土、海洋权益和社会秩序，保障国家经济建设和开放有一个安全稳定的内外环境。这是对军事战略服从和服务于国家发展战略的基本要求。军事战略是国家总体战略的有机组成部分，军事战略从属于国家总体战略，服从和服务于国家的总体战略，因此，维护和实现国家的最高利益是军事战略的最高原则。

3．高技术条件下的人民战争

江泽民指出："紧紧依靠最广大的人民群众，是我军最深厚的力量根源，无论武器装备如何发展，战争形态如何变化，人民战争都是我们克敌制胜的法宝。我们要结合新的历史条件和新的实践，坚持和创造性地发展人民战争的思想。"人民战争是我们的传统优势，是我们以劣胜优、克敌制胜的法宝。江泽民要求全军树立立足现有装备作战的思想，发扬人民战争的优良传统，研究和演练以劣胜优的战法，增强战胜敌人的信心。

（二）军队建设学说

在新的历史条件下，军队建设的总目标和总方针是什么，这是关系到军队建设的方向性问题。江泽民明确提出，军队要按照"政治合格、军事过硬、作风优良、纪律严明、保障有力"的总要求进行建设。"五句话"的总要求，是一个内涵十分丰富的理论系统。它抓住了政治、军事、作风、纪律和保障这 5 个直接关系到军队战斗力生成的基本要素，涵盖了新时期军队建设的基本内容，揭示了部队建设的客观规律，是对毛泽东建军思想和邓小平新时期军队建设思想的继承与发展。

1．坚持党对军队的绝对领导

坚持党对军队的绝对领导，是江泽民始终强调的一个重大政治原则问题，是我军永远不变的军魂，是我军特有的政治优势。江泽民在"七一"重要讲话中集中阐述了"三个代表"的重要思想，同时强调在新的形势下要坚持党对军队的绝对领导的根本原则，努力把我军建设成为一支强大的现代化、正规化革命军队。我军是由中国共产党缔造和领导的新型军队，是执行革命政治任务的武装集团，是体现党的政治优势的重要力量。党的旗帜就是我们军队的旗帜，党的方向就是我们军队的方向，党的先进性决定我们军队的先进性，要将军队党的建设作为整个党的建设的重要组成部分。只有以"三个代表"为根本指南，认真总结军队党的建设的成就和经验，研究解决新时期军队党的建设出现的新情况、新问题。把军队各级党组织搞得很坚强，把军队党的建设不断提高到新水平，才能从根本上保证党对军队的绝对领导，保证党在政治上、思想上、组织上牢牢掌握军队。

2．按照"五句话"总要求，加强军队全面建设

邓小平在1981年9月检阅演习部队的讲话中对于新时期军队建设的总目标就有过明确表述："必须把我军建设成为一支强大的现代化、正规化的革命军队。"三者归结到一点，就是要把军队搞强大，如何把这个总目标贯彻到军队全面建设中去，落实到各项工作中去，这是全军广大指战员非常关注的一个重大问题。对此，江泽民在党的十四大报告中高屋建瓴地指出："使全军部队做到政治合格、军事过硬、作风优良、纪律严明、保障有力。"这"五句话"已成为新时期军队建设的总要求，同时也成为检验总目标实现程度的重要尺度。政治合格，是对人民解放军政治建设的要求；军事过硬，是履行军队使命的基本保证，是对人民解放军提高军事素质的要求；作风优良，是实现政治合格、军事过硬的重要条件，是对人民解放军作风建设的要求；纪律严明，同样是实现政治合格、军事过硬的重要条件，也是对人民解放军纪律建设的要求；保障有力，是推进军事建设和夺取军事斗争胜利的物质保证，也是对我军后勤建设的要求。

3．加强军队的思想政治建设

加强人民军队的思想政治建设是我军的传统和优势，也是我军的一个极其显著的特点。江泽民同志指出，搞好军队的思想政治建设，是搞好军事训练、后勤保障以及整个军队现

代化建设的重要基础。思想政治建设是革命化建设的核心，是引导全军干部战士拒腐蚀、永不沾，永葆人民军队革命本色的可靠保证。所以，我们必须高度重视军队的思想政治建设，必须把它摆在全军各项建设的首位。

江泽民同志强调，讲政治是我军优良传统的精髓和核心，注重并始终坚持从思想上、政治上建设部队是党领导军队的一条根本原则。他提出，在新时期的军队建设中，要始终关注两个最重要的问题：一个是在复杂的国际环境中，我军能不能跟上世界军事发展的趋势，打赢未来可能发生的高技术战争；另一个是在社会主义市场经济和对外开放条件下，我军能不能保持人民军队的性质、本色和作风，始终成为党绝对领导下的革命军队。在发展社会主义市场经济和对外开放的过程中，不可避免地会出现一些消极腐朽的东西，而这些东西对官兵思想的侵蚀和影响，对部队作风、纪律的冲击，就其广泛性和严重性来说，也是前所未有的。只有通过强有力的思想政治工作，将党的方针政策、强烈的革命事业心与政治责任感和进步的思想贯注于干部战士的头脑中，才能把干部战士身上蕴藏的力量充分激发出来，成为部队凝聚力的重要因素，成为推进军队现代化建设的强大动力，成为我军克敌制胜的战斗力。

4. 实施“科技强军”战略

确立科技强军方针，是江泽民同志总结我军新时期改革和建设的经验，客观分析当今世界军事领域的发展趋势而提出的重要思想，是我军向更高阶段发展的指导方针。

江泽民同志指出，科学技术是第一生产力，也是非常重要的战斗力；科技进步是经济社会发展的重要动力，也是军队现代化建设的重要动力。有了强大的国防和先进的科学技术，我们就能顺利实现新时期军事战略方针。因此，必须把依靠科技进步作为提高军队战斗力的基础。他指出，首先必须建立现代化的军事理论，其次是实现武器装备的现代化，还要把科技练兵作为增强部队战斗力、提高打赢高技术局部战争能力的根本途径，进一步在全军兴起科技练兵的热潮，真正从难、从严、从实战出发锻炼和摔打部队。

2000 年，江泽民同志在军委扩大会上指出：“新军事革命，实质上是一场军事信息化革命。高技术战争，是以信息化为主要特征的。信息化正在成为军队战斗力的倍增器。可以预见，信息化战争将成为 21 世纪的主要战争形态。”我军正处在机械化任务尚未完成，又要努力向信息化过渡的特殊阶段，为了尽快缩短与世界先进水平的差距，我军必须走跨越式发展道路，以信息化为先导，用信息化带动机械化；以机械化为后盾，用机械化来推动信息化；最大限度地发挥后发优势，争取实现我军现代化的跨越式发展。

（三）国防建设思想

1. 依靠人民建设军队、建设国防

国防和军队建设是全党和全国人民的共同事业。江泽民同志强调，人民战争是我们的真正力量所在，要按照人民战争的战略思想，实行精干的常备军与强大的国防后备力量相结合，在加强军队建设的同时，高度重视民兵、预备役等国防后备力量的建设；人民武装警察部队是我国武装力量的重要组成部分，要继续加强人民武装警察部队建设，发挥他们在维护国家安全和社会稳定中的重要作用；坚持军民结合、平战结合、寓兵于民的方针，建立适应现代战争快速动员要求的国防动员体制，实现国防资源的合理配置和统一调度，使综合国力在战时迅速转化为战争实力；发展人民战争的战略战术，创新人民群众参战支前的内容和形式，充分发挥高技术条件下人民战争的威力；大力发扬拥军优属、拥政爱民的优良传统，深入开展创建双拥模范城（县）活动，巩固和发展军政军民团结的大好局面；要深入、持久地开展以爱国主义为核心的国防教育，增强全民国防观念，建立国家、军队、社会、学校、家庭“五位一体”的国防教育系统工程网络。

2. 正确处理国防建设与经济建设之间的关系

江泽民同志指出：“把经济建设搞上去和建立强大的国防，是我国现代化建设的两大战略任务。”他强调：“必须正确认识和处理经济建设与国防建设之间的关系，在集中力量进行社会主义经济建设的同时，努力加强国防建设，形成二者相互促进、协调发展的机制。江泽民同志在党的十六大报告中说：“坚持国防建设与经济建设协调发展的方针，在经济发展的基础上推进国防和军队现代化。”经过改革开放 30 多年的发展，我国的经济实力显著增强，为加强国防建设提供了雄厚的物质基础；适度的国防投入，又可以拉动和促进经济的发展。因此，一方面，国家在进行经济建设特别是基础设施建设时，要充分考虑国防和军队的需求，做到既促进经济发展又增强国防能力。另一方面，要适应未来高技术条件下联合作战的要求，进一步健全以军区为基础的联勤保障体制，实现三军一体、军民兼容、平战结合的联勤保障；要深化国防科技工业体制改革，改变国防科技工业长期形成的军民分割、自成体系的状况，走寓军于民的道路。江泽民同志指出：“坚持寓军于民，是一个关系国民经济和国防科技建设全局的重大问题。”“我们必须坚持以经济建设为中心，国防建设服从国家经济建设的大局，同时又必须不断增强国防力量，使国防建设在国家财力增加的基础上不断有所发展。寓军于民，是把这两项战略性任务有机统一起来的重要举措。”

四、江泽民国防与军队建设思想的指导地位

江泽民国防和军队建设思想，着眼于时代的发展变化，立足于我国的国情军情，科学阐明了国防和军队建设的地位作用、目标任务、指导方针、总体思路、根本途径、战略步骤、发展动力和重要保证等。这一思想不仅对国防和军队建设具有根本的指导意义，而且关系到巩固中国共产党的执政地位、关系到国家长治久安、关系到社会主义的兴衰成败。只有把这一重要思想贯彻落实到国防和军队建设的实践中去，切实建设好党绝对领导下的人民军队和强大的国防，才能对国家的稳定、改革的深化提供坚强有力的安全保证，确保我党在新世纪三大任务的完成，实现中华民族的伟大复兴。

（一）江泽民国防和军队建设思想是对毛泽东军事思想、邓小平新时期军队建设思想的继承、丰富和发展

江泽民作为党的第三代领导集体的核心，是毛泽东军事思想和邓小平新时期军队建设思想的忠实继承者和模范实践者。无论形势如何发展变化，江泽民都毫不动摇地坚持毛泽东军事思想和邓小平新时期军队建设思想的指导地位，始终不渝地坚持毛泽东、邓小平关于人民军队的建军原则，关于人民战争的战略思想，关于依靠人民建设现代国防的方针，关于继承和发扬我党我军的优良传统和作风等，使我军始终沿着正确的方向前进。同时，江泽民同志主持中央军委工作以来，我军建设所处的背景条件和需要回答的主要问题发生了深刻变化，面对不断发展变化的新形势，江泽民同志坚持解放思想、实事求是的思想路

线，与时俱进，改革创新，研究新情况，解决新问题，揭示新规律。在领导新形势下国防和军队建设的伟大实践中，创造性地运用马克思主义的立场、观点和方法，系统地提出了具有鲜明时代特点的关于国防和军队建设的一系列新的理论、原则和方针政策。

（二）江泽民国防和军队建设思想，是“三个代表”重要思想在军事领域的充分展开

江泽民站在世纪更迭、千年交替的历史制高点上，深刻洞察复杂多变的国内外形势，为使我们党永远立于不败之地，为了有中国特色社会主义事业的兴旺发达，创造性地提出了“三个代表”重要思想。这一思想是对党的性质、宗旨和根本任务的最新概括，是对我党 80 多年历史经验的科学总结，是对马克思主义建党学说的丰富和发展，是新时期加强党的建设的根本指导思想。国防和军队建设是党的建设的重要方面，“三个代表”是党的建设的根本要求和指导思想，也必然是国防和军队建设的根本要求和指导思想。“三个代表”重要思想从根本上回答了“建设一个什么样的党、怎样建设这个党”的问题，也要求军队回答“建设一支什么样的军队、怎样建设这支军队”的问题，而在新的形势下“建设一支什么样的军队、怎样建设这支军队”正是江泽民国防和军队建设思想的主题和回答、解决的主要问题，是“三个代表”重要思想在军事领域的延伸、拓展和在军队建设上的贯彻和反映。江泽民从根本上回答解决了世纪之交军队建设面临的历史性课题，形成了建设一支面向 21 世纪的现代化、正规化革命军队的指导理论。

（三）江泽民国防和军队建设思想是我军建设的科学指南

实践证明，十多年来，在以江泽民同志为核心的党中央、中央军委的领导下，在毛泽东思想、邓小平新时期军队建设思想和江泽民国防与军队建设思想的指导下，我国的国防和军队建设与时俱进，不断研究新情况，解决新问题，开拓新境界，实现新飞跃，经受了严峻考验，取得了长足进步。在新世纪，我军肩负着保卫国家安全和维护祖国统一的艰巨任务。国防和军队的现代化建设也处在关键时期，认真学习和实践江泽民同志“三个代表”的思想及其国防和军队建设思想，具有重大意义。

第六节　胡锦涛国防和军队建设重要论述

胡锦涛国防和军队建设重要论述站在国家安全和发展战略全局的高度，统筹经济建设和国防建设，实现了富国和强军的统一，是在新的时代条件下对毛泽东军事思想、邓小平新时期军队建设思想、江泽民国防和军队建设思想的继承与发展。

一、胡锦涛国防和军队建设重要论述的主要内容

（一）认真履行新世纪新阶段人民军队的历史使命

胡锦涛同志从维护国家的发展利益和安全利益出发，以战略家的远见卓识，确立了新世纪新阶段军队的历史使命：“军队要为党巩固执政地位提供重要的力量保证，为维护国家发展的重要战略机遇期提供坚强的安全保障，为维护国家利益提供有力的战略支撑，为维护世界和平和促进共同发展发挥重要作用。”

1．为维护国家发展的重要战略机遇期提供坚强的安全保障

把握战略机遇期，关键是要创造一个稳定可靠的安全环境，军队在维护战略机遇期方面理应发挥关键的作用。要运用军事实力所产生的威慑作用，遏制或延缓战争的爆发，必要时以果敢的军事行动控制危机，以战止战。军队要进一步增强紧迫感、责任感，尽可能把风险估计得高一些，切实担负起我军的历史使命，时刻做好应对战争、突发事件和各种危机的准备。

2．为维护国家利益提供有力的战略支撑

国家利益包括生存利益、安全利益和发展利益，是一个国家和民族的最高利益。国家与军队不可分离的关系决定了军队的神圣职责和军人行为的最高准则是维护国家利益。国家把军队作为自己的生存之盾，军队把维护国家利益作为自己的崇高使命。胡锦涛同志深刻地指出："国家安全逐渐超出传统的领土、领海、领空范围，不断向海洋、太空、电磁空间扩展和延伸。海洋安全、太空安全、电磁空间安全，已经成为国家安全的重要领域。"当今时代，国家利益的内涵和外延发生了深刻变化。高科技的发展和陆地资源的逐渐减少，使人们的目光投向了遥远的未来和更加广阔的空间。世界上没有不以安全为条件的发展，也没有不以发展为目的的安全，这就决定了国家的安全利益必须随国家利益的发展而不断延伸。

3．为维护世界和平与促进共同发展发挥重要作用

我国要实现和平发展，要维护国家安全和利益，要维护世界和平与促进共同发展，必须有强大的军事实力做后盾。我们要在国家经济不断发展的基础上，努力建设一支同我国安全和发展利益相适应的军事力量，提高应对危机、维护和平、遏制战争、打赢战争的能力，以更好地履行维护国家安全、捍卫国家主权和领土完整的职责，发挥维护世界和平的终极作用。

胡锦涛同志提出的新世纪新阶段我军"三个提供、一个发挥"的历史使命，不仅赋予了我军历史使命新的内涵，开阔了国家安全战略和军事战略的视野，也进一步拓展了我军的职能使命，明确了国防和军队建设的发展目标，提高了军事斗争准备的标准，充实了军事力量运用的指导原则，科学回答了新世纪新阶段国防和军队建设朝什么方向发展、如何科学发展，如何科学运用军事力量的时代课题，实现了人民军队历史使命的与时俱进。

（二）坚持科学发展观，加强国防和军队建设

2003 年 10 月 14 日，胡锦涛在中共十六届三中全会第二次全体会议上的讲话中提出了"树立和落实科学发展观"的重大命题，指出"树立和落实科学发展观，这是 20 多年改革开放实践的经验总结，是战胜"非典"疫情给我们的重要启示，也是推进全面建设小康社会的迫切要求。"2005 年 4 月 1 日胡锦涛在军委保持共产党员先进性教育民主生活会上强调："坚持在国防和军队建设中贯彻落实科学发展观"。10 月中旬，胡锦涛在视察南京军区时，要求军队建设和军事斗争准备必须以科学发展观为指导。他强调：科学发展观是推动经济社会发展必须长期坚持的重要指导思想，也是新世纪新阶段加强国防和军队建设的重要指导原则。

用科学发展观指导我军履行历史使命，用科学发展观指导国防和军队建设，就必须把握国防和军队现代化建设的时代要求，明确新世纪新阶段我军肩负的使命。而新世纪新阶

段我军的历史使命的确立，则是科学发展观在军事领域的具体运用。

胡锦涛指出，在国防和军队建设领域贯彻落实科学发展观，实现国防和军队建设全面协调可持续发展就是要按照革命化、现代化、正规化相统一的原则加强全面建设，协调推进军事、政治、后勤、装备等各领域的工作；充分调动一切积极因素，努力开创国防和军队建设的新局面；要根据形势任务的发展变化，不断创新人民战争的内容和形式，发展高技术条件下人民战争的战略战术；要加强国防动员建设，建立健全快速高效的国防动员体制机制，提高后备力量建设质量，积极探索和发展人民群众参战支前的新途径；军队要配合地方各级党委和政府认真贯彻落实《国防教育法》，深入开展以爱国主义为核心的国防教育，不断增强全民的国防意识，增强关心国防、热爱国防、建设国防、保卫国防的光荣感和责任感，更加自觉地履行国防义务；军队要始终坚持全心全意为人民服务的宗旨，发扬拥政爱民的光荣传统，保持同人民群众的鱼水深情和血肉联系；要坚持服从和服务于党和国家工作大局，大力开展军民共建活动，积极参加和支援建设社会主义新农村、西部大开发、东北等老工业基地振兴，做好维护社会稳定、抢险救灾等各项工作，积极投身构建社会主义和谐社会的实践，以实际行动为民造福、为国兴利。

（三）提高人民军队的信息化作战能力

随着信息时代的到来，世界各国都在加快建设信息化军队的步伐。随着形势的发展变化，特别是我军要加强全面建设、提高信息化作战能力、打赢信息化战争，胡锦涛强调首先要解决的一个重要问题，就是正确处理革命化、现代化和正规化的关系问题。

1．革命化是军队信息化建设的根本方向

胡锦涛指出，要坚持不懈地用马克思列宁主义、毛泽东思想、邓小平理论和“三个代表”重要思想武装全军，保证军队建设的正确政治方向。要坚持不懈地深入学习贯彻邓小平新时期军队建设思想、江泽民国防和军队建设思想，深入学习贯彻中央军委的一系列重大决策和部署。要坚定不移地坚持党对军队绝对领导的根本原则和制度，进一步强化“军魂”意识，确保党从思想上、政治上、组织上牢牢掌握部队。思想政治建设是革命化建设的核心，革命化是军队信息化建设的根本方向。

2．现代化是军队信息化建设的本质要求

现代化是军队建设的中心任务，是建设信息化军队的本质要求。要从我国的国情和军情出发，坚持以机械化为基础，以信息化为主导，推进机械化和信息化的复合发展，增强我军信息化条件下的威慑和实战能力。

3．正规化是军队信息化建设的重要保证

要把从严治军作为全局性、基础性、长期性工作紧抓不放，把依法治军作为正规化建设的基本要求，加强军事法制建设，完善军事法规体系，依照条令条例和规章制度规范军队各项建设和工作，使军队建设进一步走上法制化轨道。

按照革命化、现代化和正规化相统一的原则加强军队信息化建设，要紧紧围绕“打得赢、不变质”两大历史性课题，把革命化的根本方向、现代化的本质要求和正规化的保证作用有机统一起来，全面加强和协调推进军队各项工作，才能不断开创军队信息化建设的新局面。

（四）国防建设和经济建设要协调发展

胡锦涛在庆祝建军 80 周年重要讲话中指出，我们要深刻认识世界军事发展新趋势和我国发展新要求，遵循国防建设与经济建设协调发展的方针，在国家经济实力不断增强的基础上，逐步增加国防投入，不断提高国防和军队现代化水平，努力建设与国家安全和发展利益相适应的巩固国防和强大军队。这是人民解放军的历史责任，也是全国各族人民的共同事业。胡锦涛在党的十七大报告中更进一步强调："国防和军队建设，在中国特色社会主义事业总体布局中占有重要地位。必须站在国家安全和发展战略全局的高度，统筹经济建设和国防建设，在全面建设小康社会进程中实现富国和强军的统一。"要"增强全民国防观念，完善国防动员体系，加强国防动员建设，提高预备役部队和民兵建设质量。"要加强人民武装警察部队建设，更好地履行维护国家安全和社会稳定、保障人民安居乐业的职责使命。要坚持拥军优属、拥政爱民，积极开展军民共建，巩固军政军民团结。各级党组织、政府和人民群众要一如既往支持国防和军队建设，军队要继续为经济社会发展作贡献。

胡锦涛的这些重要论述，充分强调了国防和军队建设的重要地位和作用，强调了要正确认识和处理国防和军队建设与整个国家发展和安全的关系。强调必须站在国家安全和发展战略全局的高度，统筹经济建设和国防建设，努力实现富国和强军的统一。

二、胡锦涛国防和军队建设重要论述的地位和意义

（一）科学回答推进国防和军队建设科学发展、全面履行新世纪新阶段军队历史使命的重大课题

胡锦涛同志以马克思主义政治家和战略家的胆识和气魄，始终站在坚持和发展中国特色社会主义的政治高度和战略全局，敏锐抓住时代发展给国防和军队建设提出的两个重大课题，深刻揭示了新世纪新阶段军事力量建设与运用应遵循的基本指导规律，谱写了党的军事指导理论的重要篇章，是在新的起点上推进军队全面建设的科学指南。

（二）胡锦涛国防和军队建设的重要论述，是新世纪新阶段国防和军队建设实践经验的科学总结

胡锦涛同志尊重官兵、深入部队，调查研究，总结经验，提出要以时不我待的紧迫感，认真履行新世纪新阶段军队的历史使命，积极推进中国特色军事变革，加快我军由机械化向信息化转变，全面提高我军的威慑和实战能力，为国家的安全统一和全面建设健康社会提供坚强有力的安全保障。胡锦涛国防和军队建设的重要论述，深刻揭示了新世纪新阶段国防建设和建军治军的特点与规律，是新世纪新阶段国防和军队建设实践经验的科学总结。

（三）鲜明体现马克思主义的理论品格，为实现党在新形势下的强军目标提供强大的思想武器

胡锦涛国防和军队建设思想，体现了与时俱进的马克思主义理论品格，体现了严格求实的科学态度，开辟了党的军事指导理论创新发展新境界，指引国防和军队建设实现了新的历史性跨越，在新中国国防和军队建设发展史上谱写了继往开来的重要篇章。

第七节　习近平新形势下国防和军队建设的重要论述

党的十八大以来，习近平主席着眼坚持和发展中国特色社会主义、实现中华民族伟大复兴中国梦，围绕强军兴军提出一系列重大战略思想、重大理论观点、重大决策部署，深刻阐述了国防和军队建设带根本性、方向性、全局性的重大问题，丰富发展了党的军事指导理论，是新形势下加快推进国防和军队现代化的科学指南。

一、习近平新形势下国防和军队建设的重要论述的主要内容

（一）坚持富国和强军相统一，努力建设巩固国防和强大军队

习近平同志指出：“实现中华民族伟大复兴，是中华民族近代以来最伟大的梦想。可以说，这个梦想是强国梦，对军队来说，也是强军梦。”伟大梦想要变为现实，离不开科学理论的指导。

习近平同志指出：“要统筹经济建设和国防建设，努力实现富国和强军的统一。进一步做好军民融合式发展这篇大文章，坚持需求牵引、国家主导，努力形成基础设施和重要领域军民深度融合的发展格局。”要发扬艰苦奋斗精神，厉行勤俭节约，反对铺张浪费，把军费管好用好，使国防投入发挥最大效益。要弘扬拥政爱民、拥军优属的光荣传统，开展军民共建与和谐创建活动。地方各级党委和政府要关心支持国防和军队建设，加强国防教育，增强全民国防观念，使关心国防、热爱国防、建设国防、保卫国防成为全社会的思想共识和自觉行动。我们要努力建设巩固国防和强大军队。一是要牢记，坚决听党指挥是强军之魂，必须毫不动摇地坚持党对军队的绝对领导，任何时候任何情况下都坚决听党的话、跟党走。二是要牢记，能打仗、打胜仗是强军之要，必须按照打仗的标准搞建设、抓准备，确保我军始终能够召之即来、来之能战、战之必胜。三是要牢记，依法治军、从严治军是强军之基，必须保持严明的作风和铁的纪律，确保部队高度集中统一和安全稳定。他坚信，在实现中华民族伟大复兴的征程中，英雄的人民军队一定能够发扬传统、继往开来，有效履行肩负的历史使命。

（二）建设一支听党指挥、能打胜仗、作风优良的人民军队

习近平同志指出：“全军要深入贯彻落实党的十八大精神，高举中国特色社会主义伟大旗帜，以邓小平理论、‘三个代表’重要思想、科学发展观为指导，牢牢把握党在新形势下的强军目标，全面加强军队革命化、现代化、正规化建设，为建设一支听党指挥、能打胜仗、作风优良的人民军队而奋斗。”

建设一支听党指挥、能打胜仗、作风优良的人民军队，是党在新形势下的强军目标。听党指挥是灵魂，决定军队建设的政治方向；能打胜仗是核心，反映军队的根本职能和军队建设的根本指向；作风优良是保证，关系军队的性质、宗旨、本色。全军要准确把握这一强军目标，用以统领军队建设、改革和为军事斗争做准备，努力把国防和军队建设提高到一个新水平。要铸牢听党指挥这个强军之魂，坚持党对军队绝对领导的根本原则和人民

军队的根本宗旨不动摇，确保部队绝对忠诚、绝对纯洁、绝对可靠，一切行动听从党中央和中央军委指挥。要扭住能打仗、打胜仗这个强军之要，强化官兵当兵打仗、带兵打仗、练兵打仗思想，牢固树立战斗力这个唯一的根本的标准，按照打仗的要求搞建设、抓准备，确保部队召之即来、来之能战、战之必胜。作风优良是我军的鲜明特色和政治优势。

夯实强军之基，大力弘扬我军优良作风。作风优良才能塑造英雄部队，作风松散可以搞垮常胜之师。习近平同志指出："作风优良是我军的鲜明特色和政治优势，必须把作风建设作为一项基础性长期性工作抓紧抓实，永葆人民军队政治本色。"我军在长期实践中培育和形成的一整套光荣传统和优良作风，贯穿渗透于军队建设的各个方面和环节，是圆满完成使命任务的独特政治优势，是战斗力构成的重要因素，是我军从胜利走向胜利的重要保证。军队不是也不可能生活在真空中，一些"病菌"也会不断侵蚀军队的肌体。如果我们不能及时解决自身存在的问题，任其发展下去，就会自毁长城。必须以踏石留印、抓铁有痕的狠劲，滴水穿石、磨杵成针的韧劲，逢山开路、遇河架桥的闯劲，把作风建设这项基础性长期性工作抓紧抓实，夯实依法治军、从严治军这个强军之基，永葆我军的性质、宗旨和本色。要坚持领导带头、严字当头，坚决反对形式主义、官僚主义、享乐主义和奢靡之风，旗帜鲜明地反对腐败，确保信念不动摇、思想不松懈、斗志不衰退、作风不涣散。

（三）坚持把改革创新作为军队建设发展的根本动力

习近平同志关于国防和军队改革的重要论述思想深邃、内涵丰富，思想性、针对性、指导性都很强。我们要以此为根本遵循，做好军队改革创新的各项工作，加快推进国防和军队现代化。

坚持改革创新的正确政治方向。坚持正确的政治方向，是使国防和军队改革顺利推进和成功的根本保证。国防和军队改革的正确政治方向，就是要始终坚持党对军队的绝对领导这一根本原则和制度，始终坚持全心全意为人民服务这一根本宗旨。改革创新无论怎么深化，都不能削弱和动摇这一根本原则和根本宗旨。如果偏离了，改革就走上了邪路。

坚持战斗力这个唯一的根本标准。我军首先是一个战斗队。我军改革的根本目的，就是提高部队的战斗力，使部队做到能打仗、打胜仗。因此，我们要始终以打得赢的标准搞改革，坚持把提高战斗力作为改革创新的出发点和落脚点，坚持用是否有利于提高战斗力来衡量和检验改革创新的各项工作。通过改革创新，破除一切影响和制约战斗力提高的体制机制障碍和因素，建立一套使部队战斗力不断提升的长效制度机制。实践证明，只有始终坚持战斗力这个唯一的根本标准，军队改革创新才能取得实实在在的成效，才能真正成为军队建设发展的强大动力。

抓住世界新军事变革的历史机遇。当前，世界新军事变革正在以前所未有的速度发展。这既给我军提出了严峻挑战，同时也提供了难得的历史机遇。机遇稍纵即逝，抓住了就能乘势而上，抓不住就可能错过整整一个时代。要实现中华民族伟大复兴的中国梦、强军梦，这个机遇我们必须牢牢抓住而不能错过。因此，我们必须坚持解放思想、实事求是、与时俱进、求真务实，顺应当前世界科技革命、产业革命、军事革命蓬勃发展的历史潮流，积极学习借鉴外军有益经验，更新军事思维方式和思想观念，紧紧围绕能打仗、打胜仗，深入推进中国特色军事变革，努力夺取军事竞争的主动权。要把改革创新精神贯彻到各项工作之中，善于从部队建设的生动实践中总结经验、揭示规律，加快重要领域和关键环节改革步伐，着力解决影响部队建设科学发展的突出矛盾和问题，着力把部队建设成为召之即来、来之能战、战之必胜的威武之师。

把国防和军队改革作为系统工程统筹谋划。搞好国防和军队改革必须有科学方法，这个科学方法就是系统筹划的方法。掌握和运用好系统筹划的方法，是确保国防和军队改革成功的关键。因此，要深入推进军事理论研究创新，为今后一个时期军队建设改革和军事斗争准备提供具有前瞻性、针对性的指导。把握好改革创新的重点、难点和焦点，对牵一发而动全身的改革任务，要扭住不放，以重点突破带动整体推进。同时，学会弹钢琴，注意各项改革任务的关联性和耦合性，避免畸轻畸重、顾此失彼，避免各行其是、相互掣肘。正确处理改革发展稳定的关系，既要胆子大，敢于涉险滩、攻难关，也要步子稳，掌握好改革节奏，控制好改革风险，有力有序推进改革，确保部队高度稳定和集中统一，确保部队能够完成各项任务，确保改革既积极又稳步地不断向前推进。

二、习近平新形势下国防和军队建设重要论述的指导意义

在十二届全国人大一次会议解放军代表团全体会议上，习近平同志提出建设一支听党指挥、能打胜仗、作风优良的人民军队是党在新形势下的强军目标，并作了深入阐述。习近平同志关于党在新形势下国防和军队建设的重要论述，从坚持和发展中国特色社会主义、实现中华民族伟大复兴中国梦的战略高度，科学总结了我们党建军、治军的成功经验，着眼于军队建设发展全局和新的时代条件，鲜明回答了国防和军队建设面临的重大时代课题，是对党的军事指导理论的继承和发展，是加快推进国防和军队现代化的行动纲领，对于建设巩固国防和强大人民军队具有重要意义。

（一）习近平新形势下国防和军队建设重要论述是托起强军梦、中国梦的重大战略思想

习近平同志指出："实现中华民族伟大复兴，是中华民族近代以来最伟大的梦想。可以说，这个梦想是强国梦，对军队来说，也是强军梦。"习近平同志关于党在新形势下的强军目标的重要论述，顺应时代发展趋势，明确了党和人民实现强军梦的战略任务和根本要求，是托起强军梦、中国梦的重大战略思想。

富国与强军，是实现中华民族伟大复兴的两大基石。提出并实现强军目标，最直接的意义就是强固中国梦的安全基石，为强国提供可靠安全保障。我们这样一个发展中的社会主义大国，处于资本主义强国主导的国际战略格局之中，越是发展壮大，面临的阻力和压力就会越大，遇到的风险和挑战就会越多，强固安全基石、提供安全保障的重要性和紧迫性就越凸显。同时要看到，提出并实现强军目标还具有带动发展、提升国力等战略作用。国防和军队建设不仅维护国家生存权益，而且增创国家发展利益；不仅生产"安全产品"，而且创造"发展红利"。实现强军目标，必将推动军事高科技发展和高素质军事人才培养，进而带动经济社会发展，为强国提供强大的科技和人才支撑。实现强军目标，必将极大提升国防实力，并通过杠杆效应提升综合国力，产生巨大的综合性溢出效益，大大提升国家的经济、政治、文化和外交影响力，从而使我国在维护世界和平发展中发挥更大作用。

（二）习近平新形势下国防和军队建设重要论述是党在新形势下强军兴军的总方略

习近平同志关于党在新形势下的国防和军队建设重要论述，准确把握了我军建设的基础和现状，抓住了建设强大军队的关键，为解决军队建设面临的突出矛盾和问题、加快推

进国防和军队现代化提供了强大动力和科学指南，是党在新形势下强军兴军的总方略。强军目标集中体现了我军的根本原则、根本职能、根本性质和宗旨，明确了加强军队建设的聚焦点和着力点。我们要紧紧围绕实现党在新形势下的强军目标，聚焦能打仗、打胜仗，全面加强部队建设。

思考与练习

1. 军事思想的形成发展经历了哪些阶段？
2. 毛泽东军事思想具有什么样的历史地位和影响？
3. 邓小平新时期军队建设思想的主要内容有哪些？
4. 江泽民国防和军队建设思想的主要内容有哪些？
5. 胡锦涛国防和军队建设思想的主要内容有哪些？
6. 习近平同志关于国防和军队建设重要论述的主要内容是什么？

第三章　国际战略环境

第一节　战略环境概述

一、战略环境

战略环境是制定战略的客观基础，主要包括国际和国内的政治、经济、军事、外交、科技、地理等方面的客观条件及其所形成的战略态势。

（一）国际战略环境

国际战略环境，是一个时期内世界各主要国家在矛盾斗争或合作共处中的全局状况和总体趋势。它是国际政治、经济、军事形势的综合体现，关系到国家的生存与发展，影响一个国家军事斗争的对象、任务和目标，因而是各个国家在国际环境中生存必须首先考察和关注的外部环境和条件。对于一个国家战略制定者来说，最值得注意的是以下几个方面。

1．时代特征

时代特征反映了世界发展总进程中的矛盾领域和斗争状况。时代特征是世界性的、阶段性的，它所反映的是世界的总貌，是整个世界在一定历史阶段的总的标志。

2．世界战略格局

世界战略格局反映了一定时期内国际间的力量对比、利益矛盾和需求，以及基本战略关系。

3．世界主要国家的战略动向

世界各国之间由于战略利益和政策的异同，既可能是对手，也可能是朋友。各国战略动向，既互为条件、相互依存，又相互影响和制约。其中，一些实力较强的世界性和地区性大国所推行的战略，对其他国家的战略有不同程度的影响。

4．当代世界战争与和平的趋势

战争是解决利益矛盾和冲突的最激烈手段。只要战争根源还存在，战争与和平始终就是国际安全面临的两大问题。对于一个国家的主权和安全来说，来自外部的战争威胁是最严重的威胁。

5．边界周边安全环境

周边安全形势中最值得注意的是周边国家与本国的利益矛盾、对本国的政策企图、与本国密切相关的军事力量及其部署等直接影响本国安全的情况和因素。

（二）国内战略环境

国内战略环境是指对筹划、指导战争全局有重大影响的国内社会环境与自然环境。它包括政治、经济、军事、科技等方面的情况和地理条件，其中最重要的是国家的政治环境、经济状况和综合国力等。

1．地理环境

地理环境包括国家的地理位置、幅员、人口、资源、地形、气候以及行政区划、交通、要地等状况。地理环境不仅是制定战略的重要客观依据，而且是影响战争胜负的重要因素。加强对地理环境的研究与认识，是使战略指导符合客观实际的一个重要环节。

2．政治环境

国内政治环境，涉及的范围较广，但对战略影响最大的有两个方面：一方面是国家的政治法律制度与基本国策，另一方面是政治安全形势。国家的政治、法律制度和基本国策是国内政治环境的本质和核心，对军事斗争全局的筹划指导具有决定性的影响。

3．综合国力状况

综合国力是军事斗争特别是战争的物质基础和重要条件。一切军事斗争和军事活动，归根结底都要依靠综合国力，特别是经济、科技和军事实力的支撑，并受其制约。战略指导者必须立足于国家综合国力的实际状况，筹划、指导军事力量的建设与运用。

二、战略环境与战略

1．战略环境与战略是客观实际与主观指导的关系

战略环境是独立于战略指导者意识之外的客观存在，是不以人的意志为转移的，而战略则是军事斗争规律在人们头脑中的反映，是一种主观活动。各个国家的战略都是随着战略环境的变化而变化的，都是基于特定的战略环境而谋求各自的战略利益的。因此，战略环境是制定战略的客观基础，任何国家的战略，无一不受战略环境的制约和影响。

2．正确认识和分析战略环境是正确制定战略的先决条件

对于战略指导者来说，正确认识和分析战略环境，是正确制定战略的先决条件。这里所说的战略环境，实际上是战略指导者所面临的敌方、友方、我方及自然界的情况，涉及政治、经济、科技、军事、地理等方方面面。战略指导者只能了解它、熟悉它，并且认识其各种因素的相互联系、相互作用及其敌我行动的影响，才有可能找出其中的特点和规律并根据这一规律制定出正确的战略。

3．战略对战略环境的发展变化也具有重大的能动作用

这是因为环境在一定条件下是可以改变的。人们可以通过主观能动性的发挥，创造必要的条件，推动和影响战略环境的变化。战略作为对军事斗争全局的筹划和指导，不论其正确与否，均对维持或改变战略环境有着重大的影响。每个国家都力图通过制定和推行自己的战略，促使战略环境朝着有利于己方的方向发展。战略指导者制定符合客观实际和斗争发展规律的战略，实施正确的战略指导，创造克服、改变不利战略环境或维护、争取有利战略环境所必需的条件，审时度势，趋利避害，把军事斗争引向胜利。

第二节　国际战略格局

一、国际战略格局的含义和特征

（一）国际战略格局的含义

国际战略格局是指国际社会中国际战略力量之间在一定历史时期内相互联系、相互作

用而形成的具有全球相对稳定的力量对比结构及基本态势。构成要素主要是国际战略力量。国际战略力量的行为能力主要是综合国力。

（二）国际战略格局的特征

1．国际战略格局与时代的发展密切相关

国际战略格局总是反映着一定时代条件下的战略力量对比关系。在同一时代条件下，格局的外在形态可能不同，但其内在的本质则是一样的。

2．国际战略格局同世界经济格局相适应

世界经济格局是指世界范围内各种经济力量之间相互关系的结构状态。世界经济格局的出现和发展，推动了国际社会的形成和发展，它是建立在世界经济体系基础上的国际战略格局，可以说是经济因素在国际政治领域的集中反映。国际战略力量的形成，与其所拥有的经济实力以及在经济格局中的地位紧密相关，一个国家或国家集团在国际社会中的行为能力和影响力，固然要取决于多种因素，但经济实力是其中最基本的、长期起作用的决定性因素。经济实力与行为能力是成正比的。

3．国际战略格局同国际秩序相互作用

国际秩序主要是指由国际社会共同制定，并要求各国共同遵循的国际准则。国际秩序与国际战略格局同属于国际关系范畴，两者有着直接的关联并互为影响。一定的国际秩序总是由在国际战略格局中居于主导地位的国家或国家集团制定的，或是在很大程度上受到这些国家意志的制约和影响。因此，国际秩序是国际战略格局的现状在国际准则上的反映。但是国际秩序一经建立，它对国际战略格局又会起到强制性的维护作用，甚至在旧格局解体的情况下，原有的国际秩序仍会在一定范围和一定程度上继续产生影响。

4．国际战略格局各层次相互独立、相互影响

国际问题，有的是全球性的，有的则是地区性的。国际战略格局依据其范围大小，也可以区分为世界格局和地区格局。这两个层次既有其独立性，又有其关联性。所谓独立性，是指这两个层次的战略格局都可以在一定条件下独立存在。国际战略格局包含着地区战略格局，并在总体上决定着地区战略格局的发展走向；地区战略格局则是全球性矛盾斗争在地区的必然反映，同时又对国际战略格局的形成或转换产生影响。

二、国际战略格局的现状

目前，新的国际战略格局还没有完全形成，正处于国际战略格局的过渡转型时期。此次国际战略格局的转变，不同于以往。以往几次战略格局的转型都是通过大规模的战争方式实现的，因而格局转型快，过渡时间短，甚至没有过渡时期。这次战略格局的演变，基本是以和平方式进行的。在此期间，各种国际力量需要慢慢发生变化，要重新定位和整合，由量变到质变，最后才能定型，因而需要的时间较长。国际战略格局的现状主要体现在以下几个方面。

从现在起到 2020 年，和平与发展这两大战略问题还不可能得到根本解决，国际战略格局依然将保持“一超多强”的基本结构，但“一超”与“多强”以及“多强”之间的相互关系将出现新的趋势和一些微妙变化，加上新兴力量中心的逐步崛起，世界多边主义的趋势将有所加强。

（一）美国的“一超”地位无人替代

从历史的发展趋势看，美国在世界经济中所占的比重虽然呈下降趋势（从第二次世界大战结束时的40%逐步降至1996年的21%），但20世纪90年代中期以来，全球经济力量对比出现对美国有利的逆转现象。2002年美国GDP达到10.4万亿美元，相当于日、德、英、法、中五国的总和，占世界经济的比重升至31%。2005年其GDP高达14.487万亿美元，比紧随其后的日、德、中、英、法五国的总和还要高，在科学技术领域，美国持续保持领先地位。从1995年起，美国在七大技术领域的27个关键技术上一直处于领先水平；并在高能激光、纳米材料、宽带通信、人工智能、生物仿生、生物芯片等方面又取得重大突破。近几年，美国防预算连年攀升，2008财年占全球军费开支的48%，相当于第2～10位国家军费的总和，2009财年美国斥巨资完成武器装备的更新换代，并在海陆各部署20枚拦截导弹。从现在到未来20年间，美国仍将拥有世界上最强大的军事实力和最雄厚的经济科技实力，是唯一超级大国，其地位无人能替。

（二）欧盟将成为多极世界的重要一极

欧洲一体化是各方共赢的一体化，大国借此在国际舞台上重新崛起，中小国家从中得到了安全、稳定与繁荣，经济相对落后的国家则有望走上发展之路。欧洲通过一体化进程变得越来越强大，没有一体化就没有欧洲的今天，没有一体化也就不会有欧洲的明天，因此欧盟不断扩大。2007年保加利亚与罗马尼亚加入欧盟后，使欧盟的成员国达27个，人口近5亿人。欧盟是世界上最大的经济贸易集团，从1998年起GDP和外贸总额均已超过美国，1999年启动的欧元，成为美元强有力的竞争对手。欧盟实施东扩以来经济发展非常明显，到2005年其GDP已达13.4万亿美元，如此强有力的经济基础，加上欧洲人的文明自主程度，并通过未来欧盟宪法的实施，欧盟最终会发展成为一个自主、强大、统一的联盟。伊拉克战争前，欧盟中的法国与德国坚决反对美英发动伊拉克战争，伊拉克战争后，法、德等国在实行共同安全与防务政策方面迈出了新的步伐。英国现有总兵力22.6万人，其中海外驻军5万～6万人，拥有核打击、核威慑和一定的海外作战能力。法国现有总兵力约40万人，具有一定的核与常规作战能力，在海外通常保持约1万兵力。德国具有较强的常规作战能力，现有总兵力约36万人。由此可见，欧盟已经成为国际战略格局中重要的一极。长期以来，欧盟一直在谋求改变其经济上是巨人、军事上是矮子的状况。冷战后，欧盟与美国之间的矛盾虽然在增长，但它们在战略目标、战略利益和战略行动方面的主导是一致的，欧、美既互相利用又互相依赖。但由于美军用技术领先欧盟10年以上，在一个相当长的时期内，“老欧洲”还不会脱离美国主导下的北约。

（三）日本经济科技实力雄厚，正在谋求政治大国地位

日本经济在第二次世界大战后，特别是20世纪50年代中期以来，获得了奇迹般的发展，其国民生产总值已由20世纪60年代占世界国民生产总值的4.5%上升到目前的14%以上，日本已成为经济大国、金融大国和债权大国。日本军费开支连续10年处于世界军费开支前列，军人人均军费居世界首位。20世纪90年代以来，日本经济陷于停滞，但制造业仍在发展，2000年在海外的销售额达到1.3万多亿美元，海外总资产达到3.2046万亿美元。未来20年，日本在保持世界经济大国地位的同时将积极谋求成为政治、军事大国，日军总兵力约 27 万人，现拥有各型飞机近千架，其中有 300 多架第三代作战飞机，编有 4 个“八八舰队”（即由 8 艘驱逐舰和 8 架反潜直升机及其他舰艇组成）。近年来，日本在防务问题上摆出了步步进逼的姿态。先是借修改《日美防卫合作指针》，把防卫范围从“日本本土”扩大到“日本周边地区”1000 海里，包括我国台湾和整个亚太地区，在通过的“相关法案”中进一步强化了“美日军事合作”；接着声称，日本军用飞机和舰船在“发生紧急事态时”可开到日本以外地区；1998 年以来，借口朝鲜发射导弹（卫星）与进行核试验大肆渲染日本受到“重大威胁”，积极参与美国的“战区弹道导弹防御计划”；1999 年 3 月又宣称，日本自卫队可对外国基地实行“先发制人”的打击。日本已由充当美军的附庸变为美军的帮凶，侵占我国固有领土钓鱼岛的行动也愈演愈烈。目前，日军兵力部署的重心已由北向西和向南调整，主要战略意图是应付朝鲜半岛可能发生的突发事件，并有对付俄罗斯和我国的一面，其军事战略已开始具有进攻性质。这样，第二次世界大战后日本的“和平宪法”实质上已是一纸空文。虽然日本也是国际战略格局中的一极，但其还不会摆脱美日军事同盟的束缚。

（四）俄罗斯仍是左右世界形势的军事强国

虽然军事大国苏联已经不复存在，但它的主要继承者俄罗斯，仍是当今世界足以和西方特别是与美国进行军事较量的一支强劲的军事力量，对世界军事斗争仍具有举足轻重的影响力。俄罗斯 2008 年的 GDP 仅为 11400 亿美元，人均 8030 美元。按照世界银行 1992 年提出的标准，发达国家是指“工业化完成，教育、卫生和文化事业发达，基础设施良好，且人均国民生产总值在 1.2 万美元以上的国家”。以这个标准衡量，当今的俄罗斯实际上衰退为一个经济欠发达，而又拥有大量核武器的畸形大国。随着政治趋于稳定，国际能源特别是石油价格连续高涨的现状，使俄罗斯的经济在 2008 年上半年前处于黄金时期，俄罗斯凭借其横跨欧亚大陆，拥有 1707.54 万平方公里国土、14410 万人口、丰富的自然资源、雄厚的经济潜力和相当先进的科学技术力量，俄罗斯仍是一个泱泱大国。俄罗斯拥有十分强大的军事力量，是世界上仅次于美军的军事大国。现有正规机动部队约 130 万人，加上文职人员和边防军等，共约 300 万人，其中陆军 77 万人，海军 35 万人，防空军 23 万人，战略火箭部队 28 万人，总部机关及铁道部队、建筑部队共约 34 万人。另外，苏联陆军战略机动力量大都部署在俄罗斯境内，苏联军队的北海舰队、波罗的海舰队、太平洋舰队已属俄罗斯，而黑海舰队的相当一部分也属于俄罗斯，苏联的 28000 多枚核弹头（包括战略和战役战术核弹）中，有 19000 多枚在俄罗斯境内，约占 67.6%。11000 多枚战略核弹头中约 8250 枚在俄罗斯境内，占总数的 75.5%。正因为如此，苏联解体后，西方政治家由于担心核武器失去控制而频繁访问苏联各国，以便寻求控制这支庞大军事力量的法，但即使俄罗斯和苏联的其他成员愿意并立即开始销毁其核武器，技术上和经济上也是相当困难的，据估计，这需要 10～30 年的时间，170 亿美元以上的经费。俄罗斯一直坚决反对美国在东欧建立反导系统计划，包括在波兰建立 10 个导弹拦截装置以及在捷克建立反导雷达预警基地。虽然由于世界金融风暴使俄罗斯经济受到较大影响，使其参与国际事务能力受到限制，但它仍将作为一个军事强国，在今后一段时间内对世界事务起着重要的制约和影响作用。

（五）中国的发展崛起，进一步推动了多极世界的建立与稳定

中国的发展与崛起，在推动世界的多极化上起着尤为重要的作用。1979～2000 年，中国 GDP 平均增长 9.5%以上，相当于世界平均速度的 3 倍。自 1997 年起，9 项主要工农业产品产量居世界第一位。2002 年，吸引外资仅次于美国，外汇储备仅次于日本，外贸总额居世界第 5 位；GDP 达 1.2 万亿美元，居世界第六位，与美国的比率由 20 余年前的 1：20 缩小为 1：10。中国正成为世界的制造中心、研发中心、技术培训中心和出口基地。2008 年中国的 GDP 达 33700 万亿美元，位于世界第三，据预测未来 20 年中国 GDP 增速将达 7%。但中国在人均 GDP 上还将长期处于低水平，仍将远远落后于发达国家。中国是世界上最大的发展中国家，坚持不与任何国家结盟，不干涉别国内政事务，坚决维护自己的独立和主权，同时也尊重别国的独立和主权的政策。在国际事务上，中国一贯坚持正义的原则和立场，反对霸权主义，反对以大欺小、以强凌弱和以富压贫的强权政治，致力于建立公正合理的国际新秩序，能与世界各国友好相处；中国有自己独立完善、门类齐全的国防工业和国民经济体系；中国拥有一支数量可观、实力较雄厚的科学技术队伍与较齐全的科研设施，在重要的科技领域已接近或已达世界先进水平；中国的军事实力也是任何国家不敢轻视的。因此中国的综合国力不断加强，加上良好的国际声望，已成为世界多极化中极其重要的一极，并对多极世界的稳定非常关键。力量对比均衡化，是多极化战略格局形成的基础，而这一点在很大程度上与美国地位的变化有关。虽然世界多极化已经形成，但 21 世纪前 20 年，美国将继续保持唯一超级大国地位，这一基本事实使得多极化仍不会平衡，同时，“诸强”力量的逐步增大，与美国的差距趋于缩小，也使美国建立单极世界的企图难以实现。“一超多强”的局面还将维持相当长的时间，历史将在曲折中前进。

三、未来国际战略格局发展的趋势

（一）“多极化”将是未来国际战略格局发展的必然趋势

美国依仗其经济、科技实力和超强的军事力量，企图建立以美国为领导的单极世界，充当世界的领袖。但是，美国并不能凭借自己的优势地位在世界上为所欲为。其一，几乎所有国家都不赞成建立以“美国为轴心的世界”新格局。其二，美国在国内面临众多的社会问题和经济问题，不具备承担“领导世界重任”的能力。其三，在国际上欧洲、日本等国家和地区的挑战，对美国的“世界新秩序”形成一大制约。其四，当今世界仍有许多尖锐矛盾和复杂问题，无论美国如何强大和富有，都不可能包揽解决所有问题。当前世界战略力量多极化的发展趋势最突出地表现在经济上，美国虽然经济上保持着世界经济发展的“火车头”地位，但是随着近几年国际市场的建立，第三世界国家重视对经济的发展，欧盟一体化进程的加快，美国的国际市场竞争能力正受到严重挑战。在未来国际环境战略格局多极化发展的进程中，起主导作用的可能是美国、欧盟、日本、俄、中国这五大力量，其他一些重要的国际组织、区域集团和地区性大国，也将发挥重要作用。并且影响世界格局的几支主要力量正在加紧调整自己的战略，加强自己在国际社会中的影响，这一趋势的发展正越来越明显地制约着美国的霸权主义和强权政治，世界“多极化”的发展方向，将是一种必然趋势。

（二）未来国际战略格局中各方关系将趋向复杂化

随着冷战的结束，过去相互对立的两大阵营间的敌对状态不复存在，各国间的关系已打破意识形态的束缚，由敌对转变为交流、对话，各国间更加重视积极的外交，加强自己在国际中的地位和影响。当今世界，美、中、俄、日、欧五大力量的地位和关系已经发生了重要变化，随着中、俄、日、欧的地位提高，大国间相互制约关系显著增强。今后，维护世界和平和推动经济发展，主要靠这五大力量的协调与合作，其中美、中、俄的协调与合作尤为重要。世界五大力量对外政策和战略关系的调整，将使国际战略格局呈现出关系复杂化、集团松散化、外交多边化、合作区域化的新特征。

（三）维护国家利益的“软战争”将对国际战略格局产生重要影响

全球化时代，信息、金融、贸易、生态等因素在国家安全斗争中地位的迅速上升，正在推动人类战争观和国家观的不断更新。金融战、贸易战、生态战等“非军事战争行为”，以及整体战、隐形战等战争形态与国家安全新理念的不断涌现，愈来愈引起人们的高度重视，国家安全领域里的斗争日益走向集束组合。在全球化进程空前加速、经济利益日益占据国家利益核心位置的今天，经济争夺战已经成为世界“软战争”的主要形态，并且以其独特的方式推动着国家安全观和传统战争观的重大变革。当代世界经济的一个显著特征就是世界经济越来越多地受到国际因素的影响，经济的稳定程度直接决定着国家的健康程度。其中金融安全在国家经济安全乃至整个国家安全中的战略地位空前上升，并相对军事安全而言成为当代国家安全斗争的又一主战场。

第三节　我国周边安全环境

周边安全环境是指国家周边有无危险和受到威胁的情况及条件，是一个国家对其周边国家或集团在一定时期内对自己国家主权、领土完整是否构成威胁，有无军事入侵、渗透颠覆等情况的综合分析和评估。它是关系国家和民族兴衰存亡的大事，是制定国防战略的首要依据。

一、我国周边概况和在《联合国海洋法公约》中的权益

（一）周边概况

我国地处亚洲东方，陆地边界线总长 2.2 万余公里，海岸线总长 1.8 万公里。我国陆地与 15 个国家相接壤，与 8 个国家的大陆架或 200 海里专属经济区相连接，还与美国等许多国家隔海（洋）相望。我国既是一个陆地型大国，也是一个海洋型大国，陆地国土面积为 960 万平方公里，海洋国土面积 300 余万平方公里，陆海相连，总面积达 1260 万平方公里，疆域辽阔，美丽富饶。

同时，由于历史问题，我国边界仍遗留很多历史问题，陆地疆界尚有 2600 公里还没最后划定，隶属我国的海洋国土还有 100 余万平方公里存在重大争议。岛屿被侵占，海域被分割，资源遭掠夺的严酷事实依然摆在我们面前。亚太地区一些国家和地区近年来在经济上有所发展的同时，国防拨款明显增加，纷纷制定国防发展新战略，武装力量悄然崛起，有

的已向世界军事强国迈进，对我国的安全产生重大影响。

（二）我国在《联合国海洋法公约》中的权益

我国是《联合国海洋法》公约国，海洋对我国安全影响深远。靠近中国的有黄海、东海和南海。海洋是巨大的宝库，蕴藏有丰富的资源，对人类的生活、生产与发展都具有十分重要的战略意义，它一直是海洋国家争夺的对象。

1973年12月～1982年4月，联合国召开了第三次海洋法会议，154个国家出席了会议，通过了《联合国海洋法公约》（以下简称《公约》），从1994年11月16日起正式生效。第三次联合国海洋法会议对领海、海峡、大陆架、专属经济区、群岛国、岛屿制度等一系列重大问题进行了讨论。规定了群岛国制度，将一大片公海划为这些国家的内水；确定了“200海里专属经济区”制度；重新定义了“可达350海里的大陆架”概念。《公约》几乎涉及海洋法的所有方面，其中，与我国周边安全环境密切相关的要素如下。

1．基线、内水、领海和毗连区

基线：是陆地和海洋的分界线，也是测算领海、毗连区、专属经济区和大陆架的宽度的起点线。一是正常基线，即领海基线（也称低潮线），是海水退潮时退到离海岸最远的那条线。二是直线基线，即在海岸上和沿海岛屿上选定一系列的基点，在这些基点之间划出一条条相互连接的直线，构成一条折线，这条折线即为领海基线。一般适用于海岸线比较曲折，沿海有许多岛屿的国家。《公约》规定，“沿海国为适应不同情况，可交替使用以上各条规定的任何方法以确定基线”，称为“混合基线法”。

我国政府在1958年的《中华人民共和国关于领海的声明》中指出：“中国大陆及其沿海岛屿的领海以连接大陆岸上和沿海岸外缘岛屿上各基点之间的各直线为基线。”1992年颁发的《中华人民共和国领海及毗连区法》明确规定：“中华人民共和国领海基线采用直线基线法划定，由各相邻基点之间的直线连线组成。”根据此法，中华人民共和国政府于1996年5月15日发表声明，宣布了我国领海的部分基线和西沙群岛的领海基线。

内水指沿海国家内陆和领海基线向陆一侧的水域。内水构成沿海国领水的一部分，沿海国在这一海域内享有排他性的主权。其中，海湾根据湾口宽度以及海湾与沿海国的关系，可分为3种：沿岸属于一国领土的海湾；沿岸属于两个或两个以上国家领土的海湾；历史性海湾。

对于沿岸属于一国领土的海湾，该国可在一定条件下将其划入本国的内水范围，实行完全排他的主权。《公约》规定：①如果海湾天然入口两端的低潮标之间的距离不超过24海里，则可在这两个低潮标之间划出一条封口线，该线所包围的水域应视为内水；②海湾天然入口两端低潮标之间的距离超过24海里，则24海里的直线应划在海湾内，基线以内的水域才是内水。历史性海湾是指沿岸属于一国，其湾口虽然超过领海宽度的2倍，但历史上一向被承认是沿海国内海湾的海湾，如我国的渤海湾。历史性海湾完全处于沿岸国排他性主权的管辖下。

领海指濒海国陆地领土及其内水以外邻接的一定宽度的海域。其范围为领海基线至领海线之间的海域。国家主权及于领海的海床、底土及其上空。《公约》规定：“每一国家有权确定其领海宽度，直至从按照公约确定的基线量起不超过12海里的界线为止。”目前，包括中国在内，世界上有117个国家实行12海里的领海宽度。领海是沿海国家领土的组成部分，受沿海国主权的管辖和支配。沿海国在领海享受有属地最高权，领海内的一切人和物均受沿海国管辖。

沿海国有权制定和颁布有关领海的法律和规章。外国船舶可以在领海上无害通过，但外国飞机未经许可不得飞越他国领海的上空。沿海国的海洋主权不仅包括领海，也包括领海的上空、海床和底土。

毗连区指沿海国在毗连其领海以外一定范围内，为行使必要管制权而划定的区域。其外部界限从领海基线量起不得超过 24 海里。沿海国在毗连区内可对本国和外国公民及船只行使海关、缉私、卫生和移民等事项的管制权。

2．专属经济区、大陆架

专属经济区指主权国家在邻接其领海的外部海域设立的经济管辖区。其外部界线至领海基线不应超过 200 海里。专属经济区是国家自然资源区的组成部分，国家对之行使有关国际海洋法规定的经济主权权利和管辖权。

专属经济区是《公约》创设的一种新的海域，它介于领海和公海之间，具有独立的法律地位。专属经济区不同于领海，它虽属沿海国管辖区域，但并不构成沿海国领土的组成部分，沿海国对它不享有绝对的、排他的主权。专属经济区也不同于公海，其他国家虽然在专属经济区有自由航行、飞越权，但已不是公海意义上的那种自由，主权国可对其他国家在专属经济区内的活动加以限制。

大陆架指陆地向海面下自然延伸和缓倾的浅水平台。其范围从低潮线起到海底坡度突然止。沿海国有对其行使勘探和开发自然资源为目的的主权权利。在国际法上，大陆架指沿海国家的陆地在海水下面的自然延伸，并与大陆形成一个连续的完整的整体。《公约》规定：如陆地领土向海底延伸部分不足 200 海里时，可扩展到 200 海里；如延伸部分超过 200 海里的，不应超过从测算领海宽度的基线量起 350 海里，或不超过连接 2500 米深度各点的等深线 100 海里。

我国的海岸线漫长，大陆架极为广阔，属于大陆架超过 200 海里的 18 个国家之一。渤海、黄海海底全部为大陆架，东海有 2/3 的海底是大陆架，最宽处近 400 海里，南海大陆架占海底面积的一半以上，总面积约有 150 万平方公里。但是，除渤海大陆架外，我国大陆架都与邻国存在划界问题。中国政府多次郑重声明，根据大陆架是陆地领土自然延伸的基本原则，中国对东海大陆架拥有不可侵犯的权利。东海大陆架涉及其他国家的部分，应由中国和有关国家协商划分。位于南海上的东沙、西沙、中沙和南沙群岛领海，有 150 多个岛屿和礁、滩，自古以来就是中国的领土。南海诸岛大陆架与其他国家的划界问题，应由我国与有关国家依据《公约》和国际习惯，通过谈判协商公平合理划定。

1982 年 12 月 10 日，我国作为首批签约国，在《公约》上签字。1996 年 5 月 15 日，我国第八届全国人民代表大会常务委员会第十九次会议批准《公约》实施。

二、缓和是我国当前周边安全环境的主流

进入 20 世纪 90 年代，世界形势发生了重大变化。由于苏联解体，冷战结束，国际力量对比严重失衡；霸权主义进一步抬头；世界多极化趋势加速发展。尽管世界形势动荡不安，有些地区的局势还相当紧张，但在我国周边却出现了一个相对和平的局面，我国的周

边安全环境处在建国以来比较好的时期。主要表现如下。

（一）大规模外敌入侵的军事威胁已消除或减弱

第二次世界大战结束后，亚太地区一直是美苏争霸的重要地区之一。从20世纪50年代开始，我国周边形势之所以长期紧张不安，根本原因是由于当时美苏争霸所致，有的则是直接针对我国的。从新中国成立初期，直到70年代中期，美国一直对我国构成直接军事威胁。70年代末，邓小平进一步发展了毛泽东、周恩来打开的中美关系新格局，于1979年亲自出访美国，并实现了中美关系正常化，使我国完全摆脱了美国全面的现实军事威胁。两极格局结束后，美国是当今世界唯一超级大国，但其实力地位已相对下降。美国国民生产总值占世界总产值的比重，已由战后初期的46%下降到了1995年的24%。1970年，美、欧、日国民生产总值的比例为5∶3∶1，到了1995年，美、欧、日国民生产总值的比例为1.5∶1.6∶1，美国已不如欧盟。美国在世界经济多极化的发展过程中，和西欧、日本、德国的经济关系日趋紧张，经济霸主地位已经动摇。美国经济上力不从心，政治上矛盾重重和国际形势的多极化趋势，在调整其军事力量在世界各地的部署时，对亚太地区的军事力量也做了较大调整。目前驻亚太地区美军为15万多人，主要是支持其盟国在这一地区稳定，不构成对我国的严重军事威胁。近期中美关系已出现明显转折。尽管中美在人权、贸易、技术交易、台湾问题等方面存在重大分歧，但美政府已认识到合作与对话比对抗更符合美国的利益。随着中美首脑实现互访，中美将取得较大进展，这将对我国周边安全向好的方面发展起到促进作用。

苏联从20世纪60年代中期中苏关系破裂后，直到80年代后期，长期对我大兵压境，甚至进行核讹诈，使我国周边安全环境十分严峻；再加上当时印尼排华，中印边界军事对峙，台湾国民党集团叫嚣反攻大陆等，世界上的反动势力掀起一场反华大合唱，迫使我们提出建设大三线，把一些重要工业迁往内地山区。毛泽东主席甚至提出重上井冈山。当时我国的军费支出达到国家财政总支出的42.7%。苏联解体前，由于其经济失去活力、政治危机、民族矛盾加剧，被迫于1988年宣布单方面裁军50万人，其中驻亚洲部队裁减10余万人。1989年又从阿富汗无条件撤军，撤出越南金兰湾海军基地，1992年又全部撤走驻蒙苏军。至此，不仅苏联在我边界陈兵百万，大战一触即发的紧张局面不存在了，而且核战争的乌云也大大减少了。1996年，中、俄、哈、吉、塔五国在上海签署了《关于在边境地区加强军事领域信任的协定》，1997年于莫斯科签署了《关于在边境地区相互裁减军事力量的协定》，我国与上述四国7300多公里的边界地区实现非军事化，我国北部、西部边界可望得到较长时期的和平与稳定。1996年4月叶利钦访华期间，中俄确立了面向21世纪的战略协作伙伴关系。近年来，随着中俄、中哈、中吉、中塔领导人频繁互访及裁减边界驻军等协定的签定，特别是2001年6月“上海合作组织”的成立，我国与上述四国在军事和政治上的合作开始进入一个新的时期。我国北、西部边界安全环境将再上一个新台阶。

（二）曾经与我发生过武装冲突的国家，都与我实现了关系正常化

中华人民共和国1949年成立以来，除参加抗美援朝战争外，还与印度、苏联、越南发生过武装冲突。与印度的冲突从20世纪50年代末一直延续到80年代末。70年代末与越南的冲突不仅前后延续了近10年，且最为激烈。这些冲突及与这三国的长期不和，一直构成对我国周边安全的直接威胁。到80年代后期，我国与上述三国的关系开始改善，先后与苏联、越南、印度国家关系实现了正常化，友好往来增多，国家领导人互访，与俄、越、印的友好关系明显发展。尽管我国与印度等国家尚有领土、领海纠纷，但近期发生大规模武装冲突的可能性极小。

（三）我国周边的热点地区冲突得到不同程度缓解

所谓“热点”，就是指那些发生战争或敌对各方斗争激烈，随时可能爆发战争的地区或国家。从 20 世纪 50 年代初就存在的朝鲜半岛问题，以及 70 年代末开始的阿富汗、柬埔寨战争，都是发生在我国周边地区的冲突。我国也曾或多或少地卷入这 3 个热点地区的冲突，它们都危及我国边界地区的安全。随着冷战结束，这 3 个热点地区冲突各方的内外政策都发生了变化，对我国的影响也都比较小了。

（四）我国的国际地位、影响明显增强

在世界格局的大变动中，亚太地区没有出现战略力量严重失衡现象，亚太各国和地区以发展经济为中心，双边和多边经济合作促进了各国之间的联系。在我国睦邻友好政策的推动下，特别是由于我国的经济发展，国内稳定，我国的国际影响明显提高。在 1998 年 8 个多月来的亚洲金融危机中，中国被世人称为一个对世界负责任的大国。众多西方国家纷纷放弃在人权政策上与我对抗的立场。中国的国际声望日益提高，安全环境得到重大改善。连美国舆论界也承认我国和平外交取得了重大成果，同亚太周边国家和地区的关系，已经进入了新中国成立以来的比较好的时期之一。

三、我国周边安全环境面临的威胁

我国的安全环境存在着两重性：一是相对和平稳定的安全环境不断得到巩固和发展；二是我国仍面临着一些不安全因素和潜在的威胁。

1. 西方军事强国对我国安全环境影响深远

在世界军事强国中，美国对我国安全环境的影响尤甚。美国与我国虽远隔重洋，但对我国安全的影响却无处不在。在各大国与我国关系向前发展的同时，在以美国为首的西方世界仍然有一股企图遏制中国的逆流，顽固地坚持冷战思维，不愿意正视我国政治、经济的发展以及在国际社会中的积极作用，散布所谓的“中国威胁论”，以“人权”为幌子，干预中国的内政，继续坚持对台军售，阻挠中国统一大业。美国对华政策的两面性，是我国安全环境的不稳定的主要因素之一。

2. 周边“热点”地区仍有发生情况突变的可能

我国周边“热点”地区之一的朝鲜半岛，由于在核问题的立场与国际社会相差甚远，多方谈判举步维艰，军事对峙的僵局很难打破。朝鲜半岛发生战争的可能性不能排除。一旦这种情况发生，必将对我国安全造成影响。

印度与巴基斯坦的对立一天不解决，我国这一边境地区的安全隐患就无法排除。由于历史原因，印、巴两国既存在民族怨恨，又存在宗教纠纷，还存在着领土争端，在短时间内难以得到解决。多年来，印、巴军事摩擦时有发生。印度作为地区大国，1996 年拒绝在《全面禁止核武器条约》上签字，并以“中国威胁论”为借口，大力发展核武器，积极谋求世界核大国地位。印、巴核军事装备竞赛的升级和对立的加剧，对我国的安全环境产生了不利影响。印、巴双方陈兵于边境，相互对峙，克什米尔地区是印度和巴基斯坦争夺的焦点，如果战争爆发，必然会对我国边境安全构成较大威胁。另外，伊朗核问题、伊拉克战争造成的地区安全问题等也不可避免地对我国安全环境产生影响。

3．边界和海洋权益争端尚存

我国坚持在和平共处五项原则的基础上愿与一切国家发展友好关系，特别注重发展与邻国的睦邻友好关系。但另一方面也必须看到，我国与邻国的边境争议和关于海洋权益的争议情况复杂，解决起来难度很大，这些争议始终是可能影响到我国边境和领海安全的不稳定因素。在这些争议中，陆地边界问题的争议，尤以中、印边界争议较为突出。关于海洋权益的争议则更为复杂。我国与朝鲜、韩国之间关于黄海、东海大陆架划分，与日本之间关于东海大陆架划分和钓鱼岛的归属问题，都存在着争议。中国的南海处于岛屿被侵占、海域被分割、资源被掠夺的严重局面。我国南沙群岛的海面岛礁几乎被瓜分殆尽。关于南沙群岛的争议，短期难以解决。如果处理不当，还有可能引起国际争端或诱发局部战争。

思考与练习

1．什么是国际战略环境？它包含哪些内容？

2．什么是国际战略格局？

3．试述国际战略格局的现状。

4．试述国际战略格局的发展趋势。

5．试述我国周边安全环境的现状。

6．我国实行的国家安全政策主要包括哪些内容？

第四章　军事高技术

第一节　军事高技术概述

一、军事高技术的含义与分类

（一）军事高技术的含义

所谓高技术，是指在最新科学技术成就基础上综合开发的，并能在一定历史时期对提高生产力、促进社会文明、增强国防实力起先导作用的新技术群。从一定意义上，可把高技术分为民用高技术和军事高技术。当代高技术主要包括六大技术群，即信息技术群、新材料技术群、新能源技术群、生物技术群、海洋技术群和航天技术群。

军事高技术是高技术的重要组成部分。它具有高技术的一切特征，同时又具有其自身的特点。所谓军事高技术，具体地讲，就是建立在现代科学技术成就基础上，处于当代科学技术前沿，以信息技术为核心，在军事领域发展和应用的，对国防科技和武器装备发展起巨大推动作用的那部分高技术的总称。

（二）军事高技术的分类

当代高技术的发展日新月异，种类也是形形色色，数以亿计。目前采用高技术的分类法将军事高技术分为六大领域：军用信息技术、军事航天技术、军事海洋开发技术、军用生物技术、军用新材料技术、军用新能源技术。

从军事高技术与武器装备的关系出发，军事高技术可分为两大类型：一是支撑武器装备发展的军事基础技术，主要包括微电子技术、光电子技术、计算机技术、新材料技术、高性能推进与动力技术、仿真技术、先进制造技术等；二是直接用于武器装备并使之具有某种特定功能的军事应用技术，主要包括侦察监视技术、伪装与隐身技术、电子对抗技术、精确制导技术、信息战技术、指挥控制系统技术、军事航天技术、新概念武器技术、生物武器技术和化学武器技术等。

军事高技术是高技术武器装备发展的技术基础。历史和现实说明，对高技术武器装备发展起主要作用的是信息技术、新材料技术、新能源技术和航天技术等技术群，而生物技术和海洋技术将在未来的军事高技术发展中占有重要地位。

二、军事高技术的发展趋势

现代军事高技术自从20世纪中叶产生以来大致经历了3个发展阶段。

第一个阶段从20世纪50年代至70年代中期。在这一阶段，以航天技术和计算机技术为先导的高技术群，首先应用于军事领域。在这一阶段，军用高技术的开发具有探索性的特点，从事研究工作的是个体或小集体，研究周期长，成果较少，但影响深远，开启了现代军事技术研究的方向。

第二个阶段从 20 世纪 70 年代中期到 80 年代末期。在这一阶段，军用微电子技术和军用计算机技术等军事高技术群有了全面快速发展，不仅为建立研制先进的新型武器系统创造了条件，也为精确制导武器、智能武器、航天系统的研制提供了可靠的技术保障。

第三个阶段从 20 世纪 80 年代至今，并且还要持续很长时间。由于冷战结束和新技术革命特别是信息技术革命的深入发展，这一阶段是军事高技术和民用高技术相互作用、相互转化的重要时期。这一时期的特点是：军事高技术的发展速度放缓，民用高技术的发展速度加快；民用高技术向军事高技术渗透，带动军事高技术的发展。目前，美国等发达国家的军事高技术化已处在对整个军事系统进行改造的阶段，也就是以上所说的第三阶段，大多数发展中国家尚处在第一、第二阶段，第三阶段才刚刚起步。

高技术的蓬勃发展是推动世界经济和社会发展的强大动力，也是提高一个国家综合国力的重要因素。人类正生活在一个高技术方兴未艾的新时代，正在进行着一场以信息技术领先，材料技术、航天技术、能源技术、生物技术和海洋技术等为主要内容的新技术革命。

未来军事高技术的发展趋势如下。

第一，在发展目标上以保持武器系统质量优势为制订和调整军事高技术计划的核心。多数国家都十分重视通过高技术的研究、开发和应用达到在武器系统质量上保持优势的目标。

第二，在发展内容上重视科学与技术融合，以适应当代科技发展的规律和特点。现代科技发展是科学与技术相互趋近直到融为一体。各技术领域的交叉融合越来越明显，综合性越来越强，如隐身技术，从刚开始只针对雷达波进行研究，发展到现在，除电磁波外，还要研究声、光、磁、红外、水压等领域，形成了庞大的技术群。

第三，在发展水平上向极限挑战，寻求新突破，以占领当代科技的制高点。军事高技术研究的很多领域都在不断地向自然界的极限发出挑战，如超高压、超高温、超高速、超细微、超大规模等。出现了很多新型材料，主要包括新型复合材料、高温结构陶瓷材料、耐腐蚀的新型记忆材料、可隐身、抗强激光和核辐射的特种材料、新半导体化合物、新型超导材料、新型光电材料、精细功能陶瓷和高功能聚合物等。总的趋向是重点发展高性能结构材料，积极开发电子、通信材料的高功能高分子材料，大力发展新能源和节能材料。同时，超微粒子材料也是未来应用前景非常广泛的新材料。

第四，在发展策略上要突出重点、优先发展，以提高投资的实效。根据对未来战争发展的趋势，确定军事高技术的发展策略，突出重点领域优先发展，并带动其他领域共同发展。

第五，在发展模式上注重军民结合，以推进军事高技术成果的转移利用。军事高技术的技术成果转移有利于国家综合国力的增强，对经济发展有着重要的推动作用。

三、军事高技术对现代战争的影响

军事高技术的发展，对现代作战的武器装备、作站方式、作战理论、作战指挥和军队建设等都产生了重大的影响，使其形成了一些崭新的特点。

（一）军事高技术对武器装备的影响

军事高技术对武器装备的影响最明显，它的发展速度与质量将直接影响武器装备的改进和发展。军事高技术的应用，使得各类武器的发展转向重量轻、体积小、射程远、速度快、威力大、精度高、机动能力强的方向发展，从而极大地提高了武器的杀伤效能，已被广泛应用于战略、战役和战术的各个领域的 C4ISR 系统把各类武器系统联为一体，把各军兵种联为一体，促使战场指挥控制一体化，实现了信息的获取、传输、处理和显示的自动化，武器管理及控制指挥的自动化、作战指挥及决策的自动化，提高了武器系统的综合作战能力和自动化水平。通过抗毁加固、灵活机动、防探测等高技术手段，提高了武器装备的生存能力。红外及夜视、雷达成像、热成像、毫米波和红外技术的应用，提高了武器全天时、全天候的作战能力。此外，为使武器系统具备长期持续作战能力，高技术提供了有效手段。例如，采用模块化设计技术、故障诊断技术、计算机辅助设计技术、非电子设备内部技术等，可大大减少武器装备的故障率和返修率，并便于检查和维修，提高了武器的可靠性和可维修性。高技术应用于武器的发展，将直接促使新型武器系统的诞生，如核生化武器、新概念武器等。

（二）军事高技术对作战方式的影响

高技术在军事上的广泛应用，使战争形态和作战方式发生了重大变化。除已经出现的以高技术为主要手段的“马岛式”“利比亚式”“海湾式”“科索沃式”“阿富汗式”等局部战争和军事冲突外，还可能出现诸如外层空间的军事冲突和更多的小型局部战争。但也不能完全排除全面战争、特种战争、星球大战和规模较大的高技术战争等新的战争样式。至于核武器，人们正从高技术中寻找积极的防御手段。高技术的发展有可能成为核武器的克星，从而打破核垄断、核均势，避免核大战。

现代局部战争的实践表明，电子战、导弹战、空战、坦克战已成为高技术战争的主要作战样式。此外，还可能出现化学战、生物战、激光战、机器人战等形式，在空中、陆地、海洋甚至太空中展开，所以说未来的作战方式将更加多样复杂。

（三）军事高技术对作战理论的影响

军事高技术的运用推动了军事理论的发展。在迅速崛起的高技术猛烈冲击下，第二次世界大战以来形成的传统作战理论逐渐失去了指导意义，作战理论的变革势在必行，如海、空军和核武器的出现推动了“制海论”“制空论”“核威慑论”的建立。美国的“空地一体”“精确闪击”作战理论和苏联的“大纵深和立体作战理论”都是以高技术武器装备为基础的。另外，如美国的“战略防御计划”、“高边疆”战略、“新高地”战略都是以高技术为前提的。高技术为军事理论的发展提供了物质基础，军事理论又为高技术的开发起到了导向作用。

（四）高技术对作战指挥的影响

由于战争手段的高技术化，对作战指挥提出了更高的要求。传统的自上而下的高度集中的“树状”指挥体系已经过时，取而代之的将是扁平型“网状”指挥体系。C4ISR 系统将成为一种典型的指挥模式。这是一种人-机结合的自动化指挥系统，它通过部署在地面、空中和空间的各种探测器或传感器自动搜集各种信息，并通过计算机实时处理战场信息，提供有关数据，帮助进行决策，拟定作战方案，下达作战命令。指挥人员只有具备较高层次的军事知识和科学文化知识，才能驾驭现代高技术战争。

（五）军事高技术军队建设的影响

军队规模将缩小。由于作战效能的大小主要取决于武器系统的高技术含量和作战人员的军事高科技素质，军队的数量、质量和战斗力之间的关系从而将发生根本性变化，质量将上升为主导地位，数量将逐渐减少，战斗力将大幅度提高。

军队结构将不断优化，数字化部队将成为发展趋势。各军兵种部队比例关系更加合理，结构更加紧密，以适应高技术武器系统作战功能一体化的需要。部队编成趋向一体化、多能化、小型化，并向数字化部队方向发展。

军队人员构成和素质将大幅度改善。为适应操纵高技术武器装备的需要，军官、士兵的科学技术水平和操作技能必将相应提高，对军人的品格、素质、能力、学历等要求将有新的标准。在人员比例上，军官的比例将上升，士兵的比例缩小；技术军官的比例上升，其他军官的比例缩小；技术保障、尤其是信息技术保障人员增多，勤务保障人员减少，军队将成为人才密集型群体。

第二节　高技术在军事上的应用

高技术在军事上的运用是指建立在现代化科学技术基础上，处于当代科学技术前沿，对武器装备发展起巨大推动作用的高技术。

一、精确制导技术

（一）精确制导技术的含义

精确制导技术是指按照一定规律控制武器的飞行方向、姿态、高度和速度，简称制导律；用于引导其战斗部准确攻击目标的军用技术。它是利用探测器和敏感装置获取被攻击目标的信息和特征（如目标反射的自然光或夜光、目标反射和散射或辐射的红外线、无线电波或声波等物理现象），对目标进行判断识别，并精确定位和跟踪。实现导引和控制的全部装置称为制导系统，它是由导引系统和控制系统组成的。导引系统主要由测量装置和计算机组成。其功能是测量导弹与目标的相对位置和速度，计算导弹实际飞行弹道与理论弹道的偏差，产生清除偏差的制导指令。控制系统由敏感装置、综合装置、放大变换装置和执行机构组成，其功能是根据制导指令和导弹的姿态信号形成综合控制信号，经放大、变换，由执行机构驱动导弹舵面偏转或调整发动机推力方向，使导弹按制导指令的要求运动，并消除外界干扰对导弹运动的影响，使导弹以允许的误差命中目标。

（二）精确制导武器及分类

精确制导武器是采用高精度制导系统，直接命中概率很高的导弹、制导炮弹和制导炸弹等武器的统称。精确制导武器具有命中精度高、作战效能高、射程远、作战效费比高等突出特点。精确制导武器包括精确制导导弹和精确制导弹药两大类。

精确制导导弹是一种依靠自身的动力装置推进，由精确制导系统探测、处理、导引和控制其飞行轨迹，导向命中目标的武器。精确制导导弹的分类方法很多，通常有以下几种：一是按作战任务的性质分类，可分为战略导弹、战役导弹和战术导弹；二是按发射点与目标的关系位置分类，可分为地面发射导弹、空中发射导弹、水面发射导弹、水下发射导弹；三是按射程分类，可分为近程导弹、中程导弹、远程导弹和洲际导弹；四是按飞行弹道分类，可分为巡航导弹、弹道式导弹。按攻击目标分类，可分为防空导弹（地空）、反坦克导弹、反舰（潜）导弹、反辐射导弹、反导弹导弹和反卫星导弹。此外，还可按战斗部性质分类，分为普通装药战斗部、核装药战斗部、特种装药战斗部。

精确制导弹药也称灵巧弹药，根据不同的作用原理可分为末制导弹药和末敏弹药两类。末制导弹药有寻的器和控制系统，在其弹道末段能根据目标和弹药本身的位置自行修正或改变弹道，直至命中目标。主要包括制导炸弹、制导炮弹、制导地雷等。末敏弹药通常由一些子弹药组成，又称末端制导子弹头。末敏弹药不能自动跟踪目标，也不能改变飞行弹道，只能在被撒布的范围内利用其自身的探测器探测和攻击目标。

（三）精确制导武器的制导方式

制导系统是精确制导武器的关键组成部分，是精确制导技术的载体。制导系统是导引系统和控制系统的总称。在各类制导系统中，控制系统的基本原理大同小异，而导引系统的工作原理则差别较大。随着军事高技术的不断发展，制导武器所采用的制导技术也逐渐地变化和发展。制导技术的种类很多，按照导引系统工作原理的不同，精确制导技术可分为寻的制导、遥控制导、匹配制导、惯性制导、卫星定位制导。把以上这几种制导方式组合起来，便形成复合制导。

按照制导方式可将精确制导技术分为以下几类。

1．自主制导

自主制导是利用弹载测量装置测定武器内部或外界某些固定的参考基础作为依据，产生控制信号，控制武器按预定的方案（弹道）飞行，直至命中目标。常用的制导方式有地形匹配制导、惯性制导、、景象匹配制导、卫星定位制导等。

（1）地图匹配制导系统。通常用来作为修正远程惯性制导的导弹在中段和末段制导中的误差。其方法是：把选定的飞行路线中段和末段下方的若干地区的地面特征图，预先存储在弹上，当飞行到这些地区时，将导弹探测器现场实测到的地面图像同预先储存的地面图像作相关对照，检查两者的差别，根据地图对应的误差计算出导弹的飞行误差，再由弹上的计算机算出控制指令，修正导弹的航向使之沿预定的航线飞向目标。

（2）景象匹配制导系统。其工作原理与地形匹配制导相似，它利用弹载“景象匹配区域相关器”获取目标区域景物图像数字地图，将其与预存的参考图像进行相关处理，从而确定导弹相对于目标的位置。

（3）惯性制导。惯性制导是一种只依靠弹上惯性部件提供制导数据，而不依赖外部信息的自主制导方式。惯性制导技术主要用于弹道式导弹，它利用陀螺仪、加速度计等惯性元件来测量和确定导弹的运动参数，然后控制导弹飞行。惯性制导是一种自主制导技术，具有抗干扰性强、隐蔽性好、不受气象条件的影响等优点。它的主要缺点是制导精度随飞行时间（距离）的增加而降低。

（4）卫星定位制导。卫星定位制导又称 GPS 制导。它的工作原理是利用弹上安装的 GPS

接收机接收 4 颗以上导航卫星发出的信号来修正导弹的飞行路线，提高制导精度。它可代替地形匹配制导，与地形匹配制导的作用相似，但攻击前的准备工作要简便得多，所以可缩短制订攻击计划所需时间，也可用来攻击非预定目标。

2．寻的制导

寻的制导系统的大部甚至全部装置都装在精确制导武器的头部，故常被称为导引头。当寻的系统正常工作后，就能自动寻找目标然后瞄准目标，并对精确制导武器的飞行进行控制。寻的制导对目标探测的原理和方法很多利用目标的某些物理特征，如目标反射的阳光和夜光，目标反射或发出的红外线、微波、毫米波和声波等，通过相应的探测器发现和识别目标。因此，自动寻的制导系统的技术途径是多种多样的，可以是微波、毫米波、红外，也可以是电视自动寻的。寻的制导的精度很高，但作用距离比较短，所以多用于末段制导。精确制导武器的高精度主要是靠末段制导保证的，远程精确制导武器都有末段制导，而末段制导大多采用寻的制导。寻的制导根据目标信号的来源，又可分主动、半主动和被动式寻的几种制导方式。

主动寻的制导是利用弹上装置向目标发射某种能量，并接收目标反射回来的能量，形成导引信号，控制导弹飞向目标的制导，如法国的“飞鱼”反舰导弹，就是采用末段单脉冲雷达寻的制导。主动寻的制导的导弹，锁定目标之后便自动地、完全独立地去攻击目标，具有载机“发射后不用管”的优点，能从任何角度攻击目标，命中精度高。但制导作用距离受到弹上发射机功率的限制，弹上装置复杂。

半主动寻的制导的信号发射装置设在地面、军舰或飞机上的指挥站，工作波段主要在微波，放在精确制导武器上的制导设备比较简单、成本低，但是在制导系统工作期间指挥站的照射雷达要始终对准目标，指挥站及载体易暴露和遭敌方反辐射导弹的打击。

被动寻的制导是弹上导引装置接收目标辐射的能量（如雷达波、声波和红外线等），形成导引信号，控制导弹飞向目标的制导。这种导弹的弹上设备简单，本身不需向目标发射能量，故隐蔽性好。被动寻的制导也具有“发射后不用管”的能力和全向攻击能力。但需要依靠目标辐射能量才能工作。寻的制导常用的寻的器有：微波（包括毫米波）雷达寻的器、红外寻的器、电视（可见光）寻的器和激光寻的器等。

3．遥控制导

遥控制导是通过设在精确制导武器外部的制导站来测定目标和制导武器的相对位置和运动参数，形成导引指令发送给导弹，导弹接到命令后，然后引导精确制导武器飞向目标，直到命中目标。

由于制导站时刻跟踪目标，随时测量目标运动参数，故遥控制导导弹常运用于攻击活动目标。一般遥控作用距离较远，但导引精度随导弹飞行距离的增加而降低，而且易于受干扰。按指令传输方式和手段的不同，遥控制导又可分为指令制导和波束制导两大类。

4．复合制导

复合制导是在一种武器中采用两种或两种以上制导方式组合而成的制导技术。各种单一制导方式虽各有所长，其短处也存在的。若要精确制导武器系统既具有作用距离远、精度高，又具有较强的抗干扰能力，依靠单一的制导方式难以实现。因此，先进的精确制导武器系统往往采取复合式制导方式。远程精确制导武器一般都采用复合制导系统。

（四）精确制导武器的发展趋势

不同类型的精确制导武器虽然具体特点不同，但是有着许多相同的发展趋势，归纳起来主要有下列几点。

1．不断提高命中精度

为实现首发命中，并且击中目标的薄弱部位，需要继续提高和完善末制导技术。命中精度的提高很大程度上取决于末制导系统对目标的分辨率，探测器的工作波长越短，天线或透镜孔径越大，则分辨率越高。由于弹体直径所限，不能依赖增大天线或透镜孔径来提高分辨率。近年来许多制导系统已经从波长较长的微波工作频率转移到毫米波、红外和可见光波段。工作于可见光波段的电视制导光学瞄准的有线制导精度最高，成像能力最佳，红外制导、激光制导及毫米波制导也都有很高的制导精度。最近一些国家开始研制合成孔径雷达制导，合成孔径雷达制导不仅有一般微波雷达所具有的全天候能力、作用距离远的特点，而且有较高的分辨率，甚至可达到目标成像。只是这种制导系统技术复杂，用在一次使用的精确制导武器上成本太高，目前还不可能广泛运用。

2．提高抗干扰能力

实战中精确制导武器所处的电磁环境很复杂，特别是敌方总会千方百计地破坏精确制导武器的正常工作，这就要求制导系统有很强的抗干扰能力。首先要求制导武器自身的隐蔽性好，难以被侦察发现。因此，各类被动寻的制导系统如电视、红外、微波被动寻的将广泛运用。由于主动寻的制导必须向目标辐射电磁波，因而比较容易被敌方侦察到并采取相应的干扰措施，所以主动式的自寻的系统抗干扰能力格外重要。微波波段是当前电子对抗最复杂、激烈的频段，这个频段的电子技术比较成熟，干扰手段多、抗干扰手段也多，比较先进的抗干扰措施如扩展频谱、频率捷变、单脉冲等技术将大量使用。为提高抗干扰能力，往往要采用多种抗干扰措施，这使先进的微波雷达制导系统成本越来越高，应用与发展受到了限制。

3．提高全天候作战能力

在战役、战斗行动中，作战双方往往会利用夜暗、多雾等不良天候发起攻击，以达到攻击的突然性和隐蔽性。精确制导武器是否具备全天候能力就决定了在这些行动中能否使用的问题。为争取主动，各国竞相提高自己武器的全天候作战能力。

目前提高全天候作战能力有两种方法：一是使武器系列化；二是继续完善具有全天候作战能力的制导技术，微波波段的制导系统受天候影响小，所以除微波雷达制导外，合成孔径雷达制导、导航卫星全球定位系统等也都在加紧研究。毫米波的制导系统受云、雾、烟尘的影响小，只在大雨时因衰减大才难以工作，因此算是一种“有限全天候作战能力”的制导方式。

4．实现人工智能化

未来战争的战场环境越来越复杂，精确制导武器要在极短的时间内将目标摧毁，仅仅依靠人工引导已不可能。必须使制导武器具有某种人工智能，在陆上能区分出坦克、卡车、火炮等不同目标，在空中能区分不同类型的飞机，在海上能区分不同类型的舰船，并要判断出对己方威胁最大的目标。目前有一种称为“图像理解”的人工智能技术，导弹上的计算机将探测器获得的图像与存储于数据库中已知武器系统的图像加以比较，就能知道探测到的是何种目标，不仅可以分清敌我，而且可以选择攻击目标。例如，美国研制的“黄蜂”机载反坦克导弹，能在距目标很远的飞机上发射，到目标上空能自动俯视战场，搜索、发现、识别敌坦克，然后各子弹头分散攻击不同的目标，并准确攻击各目标的要害部位和薄弱环节。

5．实现模式化、通用化

为降低成本，各国在精确制导武器研制中注意了模式化和通用化，这样可以节省研制费用。所谓模式化，就是将精确制导武器分成若干个组件，每个组件都采用标准件，通过不同的组合就可成为各种不同用途的精确制导武器。所谓通用化，即一弹多用，这不仅可降低费用而且大大缩短了研制周期，例如，20 世纪 60 年代美国仅用两年时间和 5 千万美元就将海军的“响尾蛇”空空导弹搬到地面装甲车上，改成在陆军用的近程防空导弹“小槲树”，否则，至少利用 5 年时间和上亿美元才能重新研制出类似的系统。

二、隐身伪装技术

现代侦察探测技术的迅猛发展，加之精确制导武器的广泛使用，使作战的毁伤手段向“即发现即命中”的方向发展，这一趋势必然刺激反侦察技术的不断进步，向高技术化发展。现代伪装技术已成为对付侦察探测和精确制导武器最有效的技术措施之一，而隐身技术则更是现代进攻性武器装备突防的重要手段。

（一）隐身技术

1．隐身技术的基本概念

隐身技术，又称隐形技术、低可探测技术或目标特征控制技术，是通过降低武器装备等目标的信号特征，使其难以被发现、识别、跟踪和攻击的综合性技术。隐身技术是传统伪装技术走向高技术化的发展和延伸。具有高技术的典型特种综合性，作为一门交叉性学科，它综合了诸如流体动力学、材料学、电子学、光学及声学等众多领域的技术。

由于现代战场上的侦察探测系统主要有雷达、红外、电子、可见光及声波等探测系统，所以目前的隐身技术也相应地分为雷达隐身技术、红外隐身技术、电子隐身技术、可见光隐身技术及声波隐身技术等。随着隐身技术的发展和应用，在未来战场上将出现种类繁多的隐身武器。这将大大提高武器装备的生存能力、突防能力和作战效能，打破已形成的攻防平衡态势，推动防御系统中的各种探测系统发生重大变革，刺激反隐身技术的发展。

2．隐身技术的方法

由于现代战场上的侦察探测技术主要使用雷达、红外、电子、可见光和声波等作为工具，所以隐身技术也主要体现在反雷达、反红外、反电子、反可见光和反声波 5 个方面，也可简称为雷达隐身技术、红外隐身技术、电子隐身技术、可见光隐身技术和声波隐身技术。

（1）雷达隐身技术。

雷达是最重要的侦察探测装置之一，反雷达探测隐身技术自然成为一种最重要的隐身技术。要了解雷达隐身，必须首先了解雷达在侦察探测过程中是如何工作的。雷达要探测某一方位上的军事目标，必须对该目标发射雷达波束实施照射，雷达波遇到目标后，由于军事目标（如舰艇、导弹、飞机等）形状各异，波束将向四面八方散射，其中与入射波方向一致的那一小部分反射波被雷达接收机接收，经放大处理后在显示器上显示出目标的有关数据或图像。目标要增强自身的隐身能力，就必须使与入射波方向一致的那部分反射波尽可能减弱，即减小目标的雷达散射截面积。

目前正使用和研究的反雷达探测隐身技术主要有以下几种：一是隐身外形技术，合理设计目标外形，以减小其反射雷达散射的截面积，尽量避免表面采用大的平面和大的凸状弯曲面，以抑制镜面反射；二是隐身材料技术，是目前正在兴起的一种行之有效的雷达隐身技术，主要是通过涂料吸收雷达波，以达到隐身的目的；三是自适应阻抗加载技术，在金属体目标表面人为地附加集中参数或分布参数的阻容元件，改变蒙皮表面的电流分布，使其产生的辐射波抵消雷达回波，以达到隐身的目的；四是微波传播指示技术，利用计算机预测雷达波在不同大气条件下传播发生畸变所产生的空隙，使飞行器在雷达波覆盖区的空隙外飞行，可避开雷达探测，以达到隐身的目的；五是等离子体隐身技术，用等离子气体层保卫飞行器的表面，利用其对雷达波特殊的吸收性和折射性，使雷达回波能量减小，以到达隐身的目的。

（2）红外隐身技术。

电磁学和热辐射的研究证明，温度高于绝对零度（即-273℃）的任何物体都在不断向外发出红外辐射。一般而言，物体的温度越高，其红外辐射越强。而飞机、导弹等军事目标正是这类发出强红外辐射的目标，因而更有利于红外探测系统进行探测。红外探测隐身技术就是为了降低或改变目标的红外辐射特征，降低红外探测系统的探测能力。

红外探测隐身技术所隐蔽的信息是目标的相对辐射能级与红外辐射特征，隐蔽信息的中心是目标的红外辐射强度和辐射波段。主要有 3 个方面的技术：改变红外辐射波段、降低红外辐射强度、调节红外辐射的传输过程。

（3）电子隐身技术。

电子设备因不断向外辐射电磁波信号，因而也容易被敌方的电子侦察系统发现，为了不被敌方发现，反电子侦察的隐身技术便成为一项重要的隐身技术。电子隐身技术主要是通过抑制武器装备等目标自身的电磁辐射达到隐身。目前采用的措施主要有 5 种。一是减少无线电设备，如用红外设备代替多普勒雷达；用激光高度表代替雷达高度表；用全球定位系统或天文惯导系统代替无线电导航系统等。二是采用低截获概率技术改进电子设备：采用发射功率自动管理技术；在时间、空间和频谱方面控制无线电设备的电磁波发射；采用频率捷变技术；武器装备采用被动雷达等电子探测系统等。三是减小电缆的电磁辐射，如尽量缩短各种电子设备的距离；用光缆取代电缆等。四是避免电子设备天线的被动反射：将天线做成嵌入目标体内的结构，不使用时收回体内等。五是对电子设备进行屏蔽，如改进装备结构、采用特殊材料和涂料等。

（4）可见光隐身技术。

可见光探测系统的探测效果取决于目标与背景之间的亮度、色度、运动这 3 个视觉信号参数的对比特征，其中目标与背景之间的亮度比是最重要的因素。目标的结构体和表面的光反射，发动机喷口的喷焰、尾流和烟迹，灯光和照明光等均为目标的亮度源。当目标亮度与背景亮度对比非常大时，就容易被视觉探测发现；如果双方的亮度比相当，但色度比大也容易被视觉探测发现；当目标对背景呈现强烈的亮度、色度时，目标相对于背景的运动很容易被探测。可见，光隐身技术就是通过减少目标与背景间的亮度、色度和运动的对比特征，达到对目标视觉信号的控制，从而降低敌方可见光探测系统发现的概率。反可见光探测隐身技术的主要措施有：一是改进目标外形的光反射特征；二是控制目标的色度亮度；三是控制目标发动机喷口的火焰和烟迹信号；四是控制目标照明和信标灯光；五是控制目标运动构件的闪光信号。

（5）声波隐身技术。

许多目标（如飞机、坦克和舰艇等）都会向周围介质（如空气大地和水下等）辐射高能级噪声声波，极易被敌方噪声传感器、声呐等声波探测系统探测到。声波隐身技术或声频特征信号控制技术，就是控制目标的声频特征，降低声波探测系统探测概率的技术。目标的噪声源，主要是发动机等机械的工作噪声，目标及其部件（如旋桨）运动和排气对周围介质的扰动噪声，以及目标体与其构件的振动噪声等。反声波隐身技术的主要措施：一是改进发动机和辅助机的设计，降低噪声；二是应用吸声和阻尼材料，衰减机械振动；三是采用减振和隔声装置；四是减小螺旋桨运动对介质的扰动噪声；五是合理进行目标整体设计，以避免发生共振现象。

3．隐身技术的发展趋势

隐身技术以其重要的军事价值，早已引起世界各国的高度重视，把其作为优先发展的高技术加以研究，加之反隐身技术发展提出的挑战，促使隐身技术进一步向深度和广度发展。

（1）隐身技术领域将不断扩展。

在各种侦察探测系统面前均具有很好的隐身性能是隐身技术发展所追求的目标。因此，一方面，继续发展目前的隐身武器主要采用的反雷达探测和反红外探测隐身技术，如针对反隐身技术的发展，雷达等探测系统的工作波段在向毫米波、亚毫米波、红外、激光和米波波段扩展的情况，研究扩展隐身波段。另一方面，积极向反电磁、反可见光和反声波探测隐身技术领域扩展。此外，还在寻找更多更新的技术途径。例如，拟将仿生学的研究用于隐身技术。人们发现海鸥与燕八哥的体积相近，但海鸥的雷达截面积比燕八哥大 200 倍；蜜蜂的体积小于麻雀，但它的雷达截面积反而比麻雀大 16 倍。

（2）隐身材料技术将有进一步发展。

随着隐身技术的发展，隐身技术所需的材料也在不断地发展，其研究已经进入了一个新的阶段：一是隐形材料向反雷达探测与红外探测相兼容方向发展，要求未来的隐形材料必须具有宽频带特性，既能对付雷达系统，又能对付红外探测器；二是雷达吸波材料向超细粉末、纳米材料方向发展，人们发现超细粉末、纳米材料可能是良好的雷达吸波材料，目前一些国家正在对其吸波机理进行深入的研究。这类材料的优点是重量轻、透气性好，但制造技术要求高、价格昂贵。

（3）注重各种隐身技术的综合运用。

现代侦察探测系统应用了多种探测技术，这就决定了隐身技术是一项多学科的综合性技术。要想使目标达到理想的隐身效果，必须综合应用各种隐身技术。实践表明，为降低飞行器的雷达散射截面，采用隐身外形设计可降低 5～8 分贝，利用吸波材料可降低 7～10 分贝，利用其他措施，如阻抗加载、天线隐身等可降低 4～6 分贝。综合起来，可获得降低约 20 分贝的隐身效果。

（4）隐身武器装备成本将不断降低。

由于目前采用隐身技术的成本很高，如吸波结构材料和吸波涂料的价格非常昂贵，导致隐身武器装备的造价不菲。例如，F-117A 隐身战斗机单价达 1.1 亿美元，B-2 隐身轰炸机单价已超过 5 亿美元。因此，如何在技术上突破，降低隐身武器装备的成本，是今后隐身技术发展的重要方面。

（5）武器装备将广泛地采用隐身技术。

根据现代战争的要求，隐身技术的发展与应用现已由隐身飞行器开始扩展到研制地面坦克、火炮、水面舰艇、水下潜艇等各种武器装备，并都取得了一定的进展。一些国家还在研究具有隐形性能的机场、机库、士兵、侦察系统、通信系统和雷达等。预计未来将会出现更多的隐身和具有部分隐身性能的武器装备和设施。

（二）伪装技术

1. 伪装技术的基本概念

所谓伪装，就是为欺骗或迷惑敌方所采取的各种隐蔽措施，也即“隐真示假”。任何军事目标在背景中的可探测特征有形状、颜色、位置、声音、电磁波信号、红外热辐射等，伪装就是设法减小真目标与背景之间的这些特征，通过设置假目标、实施佯动、散布假情报和封锁消息等措施，以降低敌方侦察器材（包括人员）的侦察效果，提高目标的生存能力，使敌方对己方军队的行动、配置、作战企图和各种目标的位置、状况等产生错觉，造成指挥失误，从而实现己方军队行动的自由，最大限度地发挥兵力兵器的作战效能，取得战役、战斗的胜利。

2. 伪装技术的措施

伪装技术的措施包括天然伪装、迷彩伪装、植物伪装、人工遮障伪装、烟雾伪装、假目标伪装、灯火与音响伪装。

（1）天然伪装，是充分利用地形、地物、夜暗和能见度不良天候（风、雪、雨、雾）等条件，隐蔽或降低目标暴露。天然伪装主要用于对付光学（紫外、可见光和近红外）侦察，在一定条件下也能对付红外侦察、雷达侦察、声测和遥感侦察。

（2）迷彩伪装，就是利用涂料、染料和其他材料来改变目标的颜色及斑点图案，以消除目标的光泽，降低目标的显著性和改变目标的外形。外装迷彩大致可分为保护色迷彩、变形迷彩、仿照迷彩、多功能迷彩等。

（3）植物伪装，是利用种植植物、采集植物和改变植物颜色等方法对目标实施伪装的技术。其做法包括：在目标上种植植物进行覆盖；利用垂直植物遮蔽道路上的运动目标；利用树木在目标地区构成植物林；利用种植植物改变目标外形和阴影（即植物遮障技术）；利用新鲜树枝和杂草对人员、火炮、汽车和工事实施临时性伪装；用割草、施肥、熏烧或喷洒除莠剂，以制造斑驳的背景形象，降低目标的显著性等。植物伪装技术简单易行，所以在现代战争中仍是常用的伪装技术，而且十分有效。

（4）人工遮掩伪装，是指利用各种制式和就便伪装器材对目标设置遮障的一种措施。它由遮障面和支撑构件组成。制式遮障面有叶簇式薄膜伪装网、雪地伪装网、伪装伞、反雷达伪装网、反中红外侦察伪装遮障和多频谱伪装遮障等。伪装遮障按其用途和外形可分为水平遮障、垂直遮障、掩盖遮障、变形遮障和反雷达遮障 5 种。

（5）烟雾伪装，就是利用烟雾遮蔽目标，迷惑敌人。这种无源干扰技术通过散射、吸收的方式衰减光波能量，干扰敌方的光学侦察。在红外波段，经过改进的烟雾同样具有遮蔽作用。同时，烟雾还可用于对付激光制导炸弹。

（6）假目标伪装，是指仿造的兵器（如假飞机、假火炮、假坦克、假军舰等）、人员、工事、桥梁等形体假目标。使用假目标能迷惑敌人，吸引敌人的注意力和火力，从而有效地保护真目标。假目标伪装技术的关键在于，假目标的制作外形、尺寸应与真目标一致，在红外辐射及微波反射特征上，应尽量类似于真目标。此外，还有灯火与音响伪装技术等。

（7）灯火与音响伪装，是通过消除、降低和模拟目标的灯火与音响暴露征候，以隐蔽目标或迷惑敌人所采取的伪装技术。灯火伪装分为室内灯火伪装和室外灯火伪装。音响伪装可通过消除音响使目标音响在到达侦听点时比环境噪声小 15 分贝。若达不到消除音响的要求，也要尽量降低音响，声级每降低 6 分贝，侦听距离就减少 1/2。

3．军事伪装技术的发展趋势

作为信息对抗和提高目标生存能力的一种经济、有效的手段，伪装技术得到各国的普遍重视，并在应用中得到完善和发展。同时，由于现代高技术的引入，推动了新型军事伪装技术的不断发展。

（1）迷彩伪装器材向全波段化发展。

一是迷彩伪装技术的运用，使伪装涂料的研制取得突破性的进展，不但种类多、用途广，而且性能好，向全波段方向发展。二是很多国家的军队已将微波吸收材料广泛运用于飞行器、坦克、船艇等表面的反雷达伪装，收到了很好的伪装效果。三是提高喷涂机具作业效能，新研制的迷彩作业车，具有机械化程度高、作业速度快、喷涂均匀和伪装效果好等特点。

（2）遮障伪装器材向多元化发展。

一是突出多谱性，如由复合结构连续膜式的隔热毯和伪装网构成的伪装遮障，是集远红外发射特性、近红外反射率和可见颜色为一体的宽波段伪装器材，可对付可见光、近红外和中远红外侦察器材。二是强调多功能。为提高部队战场生存能力，外军在研制和开发伪装器材时，都注重伪装器材的多功能性，使遮障器材功能向多、全、好的方向发展。三是力求多样化。为减少被对方侦察发现的概率，提高遮障器材性能，遮障器材将向多样化方向发展，如研究“内装式”伪装遮障系统，改进“外加式”伪装遮障系统，发展标准组件式伪装网系统等。

（3）假目标向智能化和系列化发展。

一是高技术的发展和运用，促进假目标向智能化、信息化方向发展。二是假目标不但结构合理，性能可模拟真目标的外形和颜色，欺骗目标观察，伪装效果好，而且已形成了假坦克、假榴弹炮、假桥、假飞机等系列。

（4）干扰伪装器材向轻型化发展。

一是采用轻质、高强度材料。近年来，国外运用新材料研制的干扰器材，重量轻，强度高，柔性好，反射率高，运输方便，架设快速，大大提高了干扰器材的性能。二是选用简单、实用的器材。目前，国外研制的干扰伪装器材使用方便，设置快速，体积小，重量轻，反射信号强。

三、侦察监视技术

信息、情报是决策取胜的前提，侦察监视是信息、情报的重要来源。随着侦察监视技术的发展，侦察监视的手段、方式和设备的技术水平空前提升，在指挥员指挥时，能适时、准确、全方位、全天候地提供各种信息，做到“知彼知己”，为实时采取相应对策提供了可靠的依据，为克敌制胜创造有利的条件。

（一）侦察监视技术的概念

侦察监视技术，是指在全时空内用于发现、区分、识别、定位、监视和跟踪目标所采用的技术。侦察监视是军队为获取敌情、地形及其他有关作战情报而进行的活动。整个探测过程可分为 6 个阶段：发现、区分、识别、定位、监视和跟踪。发现，即发现目标，就是通过把目标与其背景作比较，将目标从背景中提取出来，即确定目标位置。区分，即确定目标的种类，主要是根据目标的外形和运动特征加以区分。识别，是指在探测目标过程中，对目标进行详细的辨认，即确认目标的真假、敌友及确切的种类型号。定位，即按照一定的精度，探测出目标的位置，通常包括目标的方位、高度和距离。监视，是指对目标进行严密的注视和观察。跟踪，是指对运动目标进行不间断的监视。

（二）侦察监视技术的分类

侦察监视技术的分类方法多种多样。根据运载侦察监视技术设备平台的活动区域，可分为地（水）面、水下、航空和航天侦察监视。按侦察任务、范围和作用的不同，可分为战略、战役和战术侦察监视。根据实施侦察监视技术的原理的不同，可分为光学、电子和声学侦察监视。

1. 地（水）面侦察监视技术

地（水）面侦察监视，是在陆地上进行的侦察监视行动。其手段包括光学侦察、无线电技术侦察、雷达侦察和地面传感器侦察等。

（1）无线电技术侦察，是指使用无线电技术器材搜集和截收对方无线电信号的侦察。它可以截收和破译敌方无线电通信信号，查明敌方无线电通信设备的配置、使用情况及战术技术性能，以此判明敌人的编成、部署、指挥关系和行动企图。无线电技术侦察具有隐蔽性好、获取情报及时、侦察距离大、不受气象条件限制和不间断地对敌进行侦察等优点，但也会受敌无线电通信距离、器材性能和采取的各种隐蔽措施的制约。

（2）雷达侦察，是使用雷达设备，利用物体对无线电波的反射特性测定目标距离、速度、方位和运动速度的侦察方法。它具有探测距离远、测量精度高、能全天候使用等特点，是目前应用非常广泛的一种侦察方法。雷达的种类很多，按任务或用途可分为警戒雷达、引导雷达、武器控制雷达等。例如，对空情报雷达，主要包括对空警戒雷达、引导雷达和目标指示雷达，是用于搜索、监视和识别空中目标的雷达；对海警戒雷达，安装在各种水面舰艇或海岸、岛屿上，是用于对海面目标进行探测的雷达；机载预警雷达，是预警飞机的专用雷达，它可以探测、识别各种高度上的空中目标和地面目标，引导己方飞机作战等；弹道导弹预警雷达，主要用来发现战略弹道导弹的发射，并测定其瞬时位置、速度、发射点、弹着点等弹道参数，为预警、防御和反导提供必要的信息。

（3）地面传感器侦察，是指对地面目标运动所引起的电磁、磁、声、地面振动、红外辐射等变化量进行探测，并把它转换成人能识别与分析的图像及电信号的设备。地面传感器通常由探测器、信号处理电路、发射机和电源 4 个部分组成。其设置方法主要有人工埋设、火炮发射、飞机空投等方式，具有受地形限制小、结构简单、便于使用、易于伪装、容易受干扰等特点。目前，使用比较广泛的有振动传感器、声响传感器、磁性传感器、应变电缆传感器和红外传感器。

2. 水下侦察监视技术

水下侦察监视是利用水下侦察设备来探测水下的各种目标。水下探测设备主要有声呐、水下噪声测量仪、声线轨迹仪、红外线探测仪等。

声呐作为水下侦察最为常用和有效的技术设备，是利用声波对水中目标进行探测、定位和识别的水声探测技术。

声呐按工作方式可分为主动式声呐和被动式声呐。主动式声呐又称回声声呐，在系统控制设备的控制下，发射机产生以某种形式调制的电信号，经收发转换装置送到换能器基阵，由换能器将其变成声能向水中辐射；同时，信号的部分能量被耦合到接收机作为计时起始信号。当声波信号在传播途中遇到目标时，一部分声能被反射回来转换成电信号，经过收发转换装置送入接收机放大处理，送到终端显示设备供观察和听测。主动声呐可以探测静止无声的目标，并能测出其方位和距离。但主动发射声信号容易被敌方侦听而暴露自己，且探测距离短。被动式声呐又称噪声声呐，当水中、水面目标在航行中，其推进器和其他机械运转产生的噪声通过海水介质传播到声呐换能器基阵时，基阵将声波转换成电信号传送给接收机，经过放大处理传送到显示控制台进行显示和提供听测定向。被动式声呐主要搜索来自目标的声波，其特点是隐蔽性、保密性好，识别目标能力强，侦察距离远，但不能侦察静止无声的目标，也不能测出目标距离。根据使用对象的不同，声呐可分为水面舰艇声呐、潜艇声呐、航空声呐和海岸声呐等。

3. 航空侦察技术

航空侦察，又称空中侦察，是指使用航空器对空中、地面、水面和水下情况进行侦察。航空侦察具有灵活、机动、准确、针对性强等特点，是获取情报的重要手段，也是军事侦察系统的重要组成部分。航空侦察监视包括有人驾驶监视飞机和无人驾驶监视飞机两大类，根据航空侦察监视平台不同，划分为有人驾驶侦察机、无人驾驶侦察机、侦察直升机、预警机等种类。

有人驾驶侦察机从设计上分为两类，一种是专门设计的侦察机，侦察容量大、精度高；另一种是由各型飞机改装的侦察机，用以完成战术或战略侦察。

无人驾驶侦察机可携带多种侦察设备，成本低、可靠性高、体积小、机动灵活。

侦察直升机有利于对地面进行更细致、更准确的观察，能在空中悬停，可以在己方空域直接监视敌方战术纵深内的活动目标。

预警机是航空侦察监视系统的重要组成部分，是活动雷达站和空中指挥中心。它具有监视范围大、生存能力强、指挥控制能力强等特点。

4. 航天侦察技术

航天侦察就是利用航天器上的光电遥感器和无线电接收机等侦察设备获取侦察情报的技术。航天侦察是现代战略侦察的主要手段。其原理是：遥感器和无线电接收机所获得的目标信息以不同方式传回地面，经加工处理和判断分析后，作为决策者判明敌情和制定对策的重要依据。因此，航天侦察主要担负战略侦察任务，也可执行战术侦察任务或为战术侦察情报提供旁证材料。航天侦察按使用的航天器是否载人可分为卫星侦察和载人航天侦察。其中，卫星侦察是航天侦察的主要方式。

按航天侦察设备和任务分，还可分为照相侦察卫星、导弹预警卫星、电子侦察卫星、海洋监视卫星等。照相侦察卫星是利用光电遥感器摄取地面目标图像的侦察卫星，它发展最早，发射最多，是重要的空间侦察设备和手段；电子侦察卫星是用以侦测敌方电子设备的电磁辐射信号以获取情报的侦察卫星；导弹预警卫星是用以监视、发现、跟踪敌方战略弹道导弹的发射及其主动段的飞行，并提供早期预警信息的侦察卫星；海洋监视卫星是用以探测、监视海面状况和舰船、潜艇活动，侦收舰载雷达信号和窃听舰船无线电通信的侦察卫星。

（三）侦察监视技术的发展趋势

随着微电子、光电子、通信、雷达、航天等技术的发展及广泛应用，现代侦察监视技术已经进入了一个崭新的发展阶段。不但从侦察方式、手段和设备上，而且从战术技术运用上都将提高到一个新的水平。实时、可靠的侦察监视效果，对现代战争进程和结局将产生直接影响。

（1）空间上的立体化。

由于现代武器的射程急剧增加，部队的机动能力迅速提高，现代战争必然是大纵深的立体战争，将来的战争将向陆、海、空、天、电磁五维战场发展。

（2）侦察监视系统与攻击系统一体化。

随着现代侦察手段的发展，使侦察与反侦察手段更加多样化、复杂化。为了不贻误战机，要求在发现目标的同时，要立即发动攻击，给予摧毁，如预警卫星将得到的敌目标信息适时传输给攻击系统，力求边发现边摧毁。

（3）速度实时化。

现代战争，作战节奏快，战场态势瞬息万变，要求侦察监视提供的信息也要快，否则就满足不了作战的需要。为此，必须要提高信息处理和传输能力。随着遥感技术和计算机技术的迅速发展，借助大容量和运算速度快的计算机对遥感图像进行自动分类和识别，可大大地提高信息处理速度，将使侦察、监视获得的信息实时地传递给指挥决策机构。

（4）手段综合化。

侦察技术的发展，反过来又促进了反侦察技术和伪装干扰技术的发展。为了有效地发现、区分、识别、定位、监视和跟踪目标，特别是有效剥除其伪装，不仅要加强目标特征研究，还要加速研制新的遥感器，使用多种遥感器，同时观测同一地区，既能获得较多的信息，也能使各种信息之间相互对照、比较和印证，从而提高信息的可信度。

（5）提高侦察与监视系统的生存能力。

各种反侦察武器特别是精确制导武器的出现，对侦察与监视系统构成了严重威胁。侦察与监视系统本身的生存能力，成了完成任务的重要因素。

四、电子对抗技术

（一）电子对抗的定义

电子对抗，又称“电子战”，是指利用电磁能和定向能以控制电子频谱或用电磁频谱攻击敌方的电子设备、器材，削弱、破坏敌方电子设备系统的使用效能，保护己方电子设备系统正常发挥效能。它既不是常规武器间的彼此相击，也不是火箭与导弹现代尖端武器之间的相互交锋，更不是用电子流、电磁能量直接进行的杀伤或破坏，而是现代信息技术与军事斗争相结合，在信息空间敌对双方利用专门电子设备和采用战术技术措施所进行的电磁信息斗争。

电子对抗在战争中的主要作用包括获取重要军事情报、破坏敌方作战指挥、掩护突防和攻击、保卫重要军事目标和夺取战场主动权。因此，电子对抗在现代战争中的地位越来越重要，成为军事电子技术中发展最快的领域之一。

（二）电子对抗技术的主要形式

电子对抗宏观上包括电子对抗与电子反对抗两个方面。电子对抗手段不断创新，派生出电子隐身与反隐身、电子制导与反制导等，归结起来主要包括电子侦察与反侦察、电子干扰与反干扰、电子摧毁与反摧毁、网络进攻与防御。

1．电子侦察与反侦察

电子侦察是利用电子设备搜集、分析敌方电子设备的电磁辐射信号，以获取其技术参数、位置、类型和用途等情报的侦察。电子侦察按对象可分为雷达侦察、通信侦察和光电侦察。反电子侦察是采取措施防止敌方获取己方的电子情报而采取的措施。电子侦察与反电子侦察是实施电子对抗的前提，是电子对抗的重要组成部分，是电子对抗在平时的主要形式。

2．电子干扰与反干扰

电子干扰与反干扰，是现代战争中夺取战场电磁优势极为重要的作战手段，应当灵活掌握，正确决策，实施计划管理。

3．电子摧毁与反摧毁

在现代战争中，专用电子对抗设备和作战手段在战场上的广泛应用，不仅使雷达、通信和光电设备难以发挥效能，并且对作战飞机、舰船、装甲车辆和精确制导武器等构成了严重威胁。于是，战争中的电子对抗形式也由最初的“软”杀伤，发展成为“软”“硬”兼施，以对敌方电子设备进行直接摧毁。

4．网络进攻与防御

网络战是现代信息战的主要形式之一，网络进攻包括软攻击和硬摧毁。软攻击主要利用病毒、黑客等手段瘫痪对方系统并获取信息。硬摧毁是针对计算机网络硬件电路的进攻技术，包括定向能摧毁、电磁脉冲弹摧毁等。网络防御主要指采用安全防护技术、防火墙技术、信息安全机制等保护网络系统。

（三）电子对抗技术的发展趋势

电子对抗技术具有尖端性、群体性和动态性等特点。强烈地追求新概念、新思想的意识，促进了电子对抗技术的不断更新和发展。当前，电子对抗技术发展的重点和趋势主要表现在下述几个方面。

高技术战争的综合战场是以高技术电子兵器的综合应用为特征的，它将使未来的军事对抗和电子对抗的内容、模式和概念发生深刻的变化。未来的电子对抗中，空地、空海一体和陆、海、空、天、电一体化和通用化的方向发展，将使电子战系统实现资源共享，对抗手段互通，提高电子对抗装备的综合能力。

电子对抗的主要目标是指挥、控制、通信及情报系统，防空雷达系统，武器制导（指挥）系统等。这些系统中最重要的是指挥、控制、通信、计算机、情报以及侦察、监视系统，即 C4ISR 系统。C4ISR 系统是国家及军队威慑力量的重要组成部分，是现代军队的神经中枢。C4ISR 系统一旦遭到破坏，后果不堪设想。电子对抗的重点将向 C4ISR 一体化方向发展。精确制导武器具有极高的命中率和较好的作战效能，是未来高技术战争重要武器装备之一。精确制导武器的命中率取决于它的制导系统。制导系统是由电磁波、红外或激光传感器来引导的，因此，对付它的最有效手段就是电子对抗，尤其是综合电子对抗系统。一批围绕制导与反制导的新的电子对抗装备或系统，将成为电子对抗技术发展的重要内容。

五、航天技术

（一）航天技术的概念

航天技术是世界各国非常重视并加速发展的重要技术，对未来开发和利用太空资源具有重要意义。航天技术又称空间技术，指探索、开发和利用太空以及地球以外天体的综合性工程技术，主要包括航天运载器技术、航天器技术和测控技术三大部分。航天运载器技术主要指火箭的制造与发射技术。航天器技术包括卫星、飞船、航天站、航天飞机等各类空间飞行探测器的设计制造技术。测控技术指对航天飞行探测器进行跟踪、遥测、遥控和通信的技术。

军事航天技术是通过将无人或载人航天器送入太空，以达到开发和利用太空的军事目的，用以完成侦察、通信、监测、导航、定位、测绘和气象测报等各种军事航天任务的综合性工程技术。

（二）航天技术的分类

航天技术由航天运载器技术、航天器技术和航天测控技术三大部分组成。

航天运载器技术是航天技术的基础，常用的运载器是运载火箭。运载火箭主要由动力系统、控制系统、箭体和仪器、仪表系统组成，通常分为单级运载火箭和多级运载火箭。多级运载火箭由几个能独立工作的火箭沿轴向串联、横向并联（即捆绑式）或串并联组成。

航天器技术集中体现在航天器上。航天器是在太空沿一定轨道运行并执行一定任务的飞行器。航天器分为无人航天器和载人航天器两大类。无人航天器按是否环绕地球运行又分为人造地球卫星、空间探测器等。载人航天器按飞行和工作方式分为载人飞船、空间站、航天飞机等。其中，载人飞船可分为卫星式载人飞船、登月式载人飞船、行星式载人飞船等；空间站可分为单一式空间站和组合式空间站。我国发射的“神舟”系列飞船就是卫星式载人飞船。

航天测控技术是对飞行中的运载火箭及航天器进行跟踪测量、监视和控制的技术。为了保证火箭正常飞行和航天器在轨道上正常工作，除了火箭和航天器上载有测控设备外，还必须在地面建立测控（包括通信）系统。地面测控系统由分布全球各地的测控台、站及测量船组成。航天测控系统主要包括光学跟踪测量系统、无线电跟踪测量系统、遥测系统、实时数据处理系统、遥控系统、通信系统等。

（三）航天技术的军事应用

随着航天技术的发展，人类已经将各种种类的 5000 多个航天器送上太空，为人类社会的发展起到了重要的推动作用，不仅带来传统技术无法达到的经济和社会效益，同时也成为军事高技术不可缺少的重要组成部分。目前已有的和在研的军事航天系统大致可分为以下四类。

1. 军事卫星系统

军事卫星是专门用于各种军事目的的人造地球卫星的统称，可分为军事侦察卫星、军事通信卫星、军事导航卫星、军事测地卫星、军事气象卫星等。

军事侦察卫星是装有光电遥感器、雷达或无线电接收机等侦察设备，用以获取军事信息的人造地球卫星。军事通信卫星是用作无线电通信中继站的人造地球卫星。军事导航卫星是从太空发射无线电导航信号，能为地面、海洋、空中和太空用户导航定位的人造地球卫星，由多颗导航卫星组成的卫星网来进行，能覆盖全球，定位精度高。目前仅有少数国家能够自主研制生产卫星导航系统，如美国的“全球定位系统”（GPS）、俄罗斯的“格洛纳斯”全球卫星导航系统、欧盟的“伽利略”系统，我国的北斗卫星导航系统。军事测地卫星，可测定地球形体、地球引力场分布、地面的城市、村庄和军事目标的地理位置等参数。军事气象卫星能够从太空对地球及其大气层进行气象观察。

2. 军事航天运输系统

军事航天运输系统是能把军用航天器、宇航员或物资等从地面运送到太空预定轨道或带回地面的运输系统，主要包括一次性的运载火箭和可重复使用的航天飞机。目前世界各国正在使用的运载火箭主要有俄罗斯的“勇气号”“联盟号”“能源号”，美国的“雷神”系列、“宇宙神”系列、“大力神”系列、“土星”系列，欧洲的“阿里安”系列，日本的 H 系列，中国的“长征”系列等。

3. 军事载人航天系统

在军事航天运输系统基础之上发展起来的军事载人航天系统，是人类开发太空、利用太空迈出的重要一步。目前载人航天器主要包括载人飞船、空间站、航天飞机等。载人飞船是能保障宇航员在太空执行航天任务、宇航员座舱能返回地面垂直着陆的航天器。空间站也称航天站、太空站，是在太空具备一定工作条件、可供多名宇航员工作和生活的长期运行的航天器。航天飞机是带有机翼，靠运载火箭发射进入太空轨道，返回地面时能在机场跑道上水平着陆，可重复使用的航天器。

4. 空间武器系统

空间武器，也叫太空武器，是部署在太空或陆地、海洋与空中，用以打击、破坏与干扰太空目标的武器，以及从太空攻击陆地、海洋与空中目标的武器的统称。目前正在研发的空间武器主要有反卫星武器和反弹道导弹武器。

（四）航天技术的发展趋势

航天技术对大国政治、军事、经济、科技的竞争具有战略性的影响，因此航天技术的发展必然受到世界形势发展的影响。其发展趋势如下。

（1）世界各国的通信卫星、导航卫星、气象卫星、资源卫星、海洋卫星等仍将快速发展，卫星的广泛应用将深刻地改变人类生活，推动航天技术发展直接服务于社会经济发展、国家安全和科技进步的进程。航天技术将成为人类探索新疆域、认知新领域、开辟生存空间的重要手段和途径。

（2）各国均明确制定了航天技术长远发展规划，持续加大航天领域的投入，超前发展进入空间的能力，把通信、导航、对地观测和数据服务作为民用航天发展的重要领域，以重大航天工程的实施带动航天技术和相关高技术领域的快速发展为主要的发展模式。

（3）深空探测更强调技术水平和能力，利用深空探测和载人空间探索的新理念，牵引科学技术的不断发展，实现空间技术的新突破。

（4）积极开展国际合作，通过务实的合作，充分调动各方资源，发展和整合空间系统。

六、指挥控制技术

指挥控制技术是自 20 世纪 60 年代发展起来的一项重要的军事高技术，是一个国家军队现代化建设水平高低的主要标志。随着战争形态由机械化向信息化转变，军队的作战指挥变得更加复杂、更加困难，打赢信息化战争需要持续不断地发展指挥控制技术。因此，指挥控制技术已成为各国正在发展的一项重要的军事技术。

（一）指挥控制技术概述

指挥控制技术是在军队指挥系统应用的，便于指挥员和指挥机关对所属部队的作战和其他行动的指挥，实现快速和优化处理的一系列信息技术的统称，是现代科学技术飞速发展并广泛应用于军事领域的历史产物，是国防现代化建设的重要组成部分，是提高军队整体作战效能的有效途径，是打赢现代技术特别是高技术条件下局部战争的重要因素。指挥控制技术的具体实现是军队指挥自动化。

军队指挥自动化是指在军队指挥体系中建立和运用指挥自动化系统，辅助指挥员和指挥机关实现科学、高效的指挥控制与管理的活动。其目的是提高军队的组织指挥和管理效能，最大限度地发挥军队的整体作战能力。

19 世纪末，电报、电话的发明给指挥手段发生革命性变化提供了可靠的物质基础，20 世纪初期，无线电通信、有线电通信已经成为军队指挥的重要手段，20 世纪中叶以后，电子计算机的发明，为军队指挥控制提供了条件和关键性技术。并且随着计算机技术的不断发展和完善，指挥控制技术也得到了迅猛的发展。20 世纪 80 年代，出现了 C3I 系统——指挥（Command）、控制（Control）、通信（Communication）、情报（Intelligence），随着计算机技术的不断快速发展，这个系统有了一些变化，逐渐出现了 C3ISR 系统——计算机（Computer）、指挥（Command）、控制（Control）、通信（Communication）、情报（Intelligence）、监视（Surveillance）、侦察（Reconnaissance），相对于军队指挥自动化的概念来讲，军队指挥自动化系统是一个更具体、更形象的概念。军队指挥自动化系统是军队指挥自动化的物质表现和技术实现，是军队指挥自动化赖以存在的物质基础。它是一个实实在在的、具体的军事电子信息系统，是实施指挥的具体技术手段。军队指挥自动化必须通过军队指挥自动化系统来具体体现与实现，军队指挥自动化系统的技术水平和集成程度反映了军队指挥自动化的发展程度与水平。

（二）指挥控制技术的组成及分类

在功能上，指挥信息系统大体由信息获取、信息处理、信息传输和综合控制 4 个分系统构成。因此，对应上述功能，指挥控制技术可分为信息获取技术、信息处理技术、信息传输技术和综合控制技术。

（1）信息获取技术是遍布陆、海、空、天的各种侦察与监视平台，以及其搭载的雷达、夜视、光电和声呐等各种类型传感器的应用技术。

（2）信息处理技术是借助输入输出设备、计算机系统对获取的各种情报信息进行综合整理、有效管理和及时更新的技术方法与手段。

（3）信息传输技术是保证信息通过各种信道、交换设备、通信终端实现迅速、准确、保密和不间断传输的技术措施。

（4）综合控制技术是确保对各作战单元进行精确控制，确保指挥员意图实现的技术措施，包括精确计算、作战模拟、决策支持和实时控制。这是指挥信息系统的核心技术。

（三）指挥控制技术对作战的影响

指挥控制技术在军事领域最直接和最重要的应用就是军队指挥信息系统，对战争产生了很重要的影响。

1．提高作战反应速度

现代战争对指挥的反应速度要求提高了，因而谁能在最短的时间内搜集情报信息并决定投入战斗，谁就能赢得战争的主动权，胜利的可能性就大。指挥控制技术可以大大缩短作战的准备时间，并加速决策的过程，提高作战指挥的时效性。

2．实现对高技术武器装备的全程控制

现代武器装备，种类繁多、功能齐全、自成体系又能相互配合，可实现全过程的自动控制，面对这些先进、精良的武器装备，传统的指挥手段无法全面应对，只有自动化的指挥手段才能使其真正发挥巨大作用。

3．提高指挥员指挥效率

科技越发展，分工越细化，在军事领域亦是如此。特别是信息情报量大的时候，传统的指挥手段便受到体力、智力上的局限，并且会出现大量重复式劳动，影响效率。实现指挥自动化以后可以解放指挥员大部分精力，可以集中精力从事创造性指挥活动，从而确保其实施高效率、高质量的指挥决策。

4．确保联合作战行动协调一致

指挥控制技术系统将信息搜集、传递、处理、显示、控制、检查功能集于一身，将情报、通信、指挥、控制连接成有机整体，较好地解决了作战任务与作战协调之间的矛盾，极大地提高了军队联合作战的能力。

（四）指挥控制技术的发展趋势

（1）集成化、一体化，即进一步扩展指挥自动化体系所囊括的领域，使其与未来的陆、海、空、太空、电磁五维一体战相匹配。它既包括指挥、情报、监视等纵向的方面，也包括各军兵种、各国各地区间的横向方面，还包括指挥控制系统与武器系统之间的一体化。

（2）智能化，即不断提高指挥控制技术的水平，使武器反应向智能化方向发展。

（3）提高系统生存能力和信息安全。自动化指挥系统的对抗将成为技术发展的方向之一，指挥系统的进攻和防御日益升级，系统的可靠性不断增强。

（4）技术瓶颈逐步解决。一是突破技术难关，网络的信息通量将有大的增加；二是解

决成本高的问题，更多地推动模块化、标准化，减少研制经费、缩短周期、简化操作。

（5）太空将成为自动化指挥系统发展的重要方向。空间指挥系统不断完善，军队指挥自动化系统将出现卫星化趋势。

七、新概念武器

随着科学技术突飞猛进的发展，各种新技术武器装备不断涌现。从各国军事专家对未来战争的预测看，今后取代大规模杀伤武器的将是突破人们传统观念的新概念武器。

（一）新概念武器概述

1．新概念武器的概念

新概念武器是相对于传统武器而言的，尚在研制试验中，尚未大规模应用于实战。新概念武器是指与传统武器相比，在基本原理、杀伤破坏力和作战方式上都有本质区别，尚处于研制或探索之中的一类新型武器。高技术的发展，正在引起武器装备的巨大变革，也为发展全新的武器开辟了广阔的前景。不久的将来，会陆续研制出新的、更具有威力的武器系统，并将投入到战争中使用。

2．新概念武器的类型

（1）定向能武器。

定向能武器是指利用沿一定方向发射与传播的高能射束攻击目标的一类新型兵器，又称射束武器或能束武器。定向能武器的主要优点有：它可把能量高度集中的射束以光速或接近光速直接射向目标，瞬发即中，使目标难以躲避；控制射束能快速地转换攻击方向，反应灵活；一般只对目标本身或其中某一部位造成破坏，绝不殃及其他部位，而不会像核武器、生化武器或化学爆炸性武器那样产生大范围的附加损害和破坏；有些定向能武器只用作软杀伤。因此，定向能武器既可用于干扰目标发挥功能作用的电子战，又可用于直接破坏或摧毁目标的战术和战略防御，如拦截飞机、卫星和各种导弹。定向能武器包括激光武器、电磁脉冲武器（含电磁导弹）和粒子束武器3种。

（2）动能武器。

动能武器是指发射的弹头速度达5倍声速以上，利用弹头的巨大动能直接摧毁目标的武器。弹头作为动能武器的核心，一般是利用火箭推进或电磁力驱动而获得高速度的。当弹头与目标发生碰撞时就能摧毁目标。当然也可以通过在目标附近引爆弹头携带的高能炸药后产生的无数金属块来击毁目标。动能武器同定向能武器相比，在技术上更成熟一些，研制的成本也相对要低一些。它具有独特的反导弹、反卫星的功能，所以在美国的“有限战略防御”计划中，在加速开发定向能武器的同时，研制与部署动能武器，尤其是像“光辉卵石”那样能自动搜寻、跟踪并摧毁目标的动能武器，受到了军方的特别重视。1991年美国进行的与防御计划有关的试验中，频繁地进行实际发射拦截试验，不久的将来，动能武器作为具有实战能力的太空武器，将首先在空间部署。动能武器主要包括非核动力拦截弹和电磁炮等。

（3）软杀伤武器。

软杀伤武器是指能使人和武器装备失去作战能力但不造成人员死亡和设施、环境遭严重破坏的一类武器，亦称“温和型”武器。它不会对敌方人员造成致命伤害，也不会给武器装备和环境造成摧毁性的破坏，而是主要致力于剥夺敌方的反抗能力，削弱和破坏武器装备的效能，以达到“兵不血刃”就获得战争胜利的目的。软杀伤武器主要包括反装备武器和非致命武器两大类。反装备武器是指对人员不造成杀伤，专门用于对付敌方武器装备的武器。目前正在研制的专门用于反装备的武器主要有以下几类：一是化学物质类反装备武器；二是计算机病毒武器。非致命性武器是指不对装备造成严重破坏，只是使人员失去作战能力的一种武器。主要包括：一是声学武器，最典型的是次声武器和高能超声波武器；二是生化失能武器；三是微波拒止武器。

（4）环境武器。

环境武器是指通过控制地壳固态层（岩石层）、液态层（流体层）等自然环境及大气层内的物理、化学作用，将自然力用于破坏敌方重要目标的一种新概念武器。其主要机理是通过运用现代科学技术手段人工形成和控制地震、海啸式涌浪、暴雨和磁暴等自然力，来改变某敌占区的自然环境，制造山崩、雪崩、地滑、山洪和河流阻塞等，使敌方遭受重大伤害。环境武器主要包括以下 3 种。

① 气象武器。气象武器是用人工改变局部气象条件，保障己方或袭击、阻碍敌方行动的一种新概念武器。

② 地震武器。地震武器是利用地壳中隐藏的热力分布不均所带来的不稳定性，通过人为激发以诱发“人造地震”的一种新概念武器。

③ 生态武器。生态武器是利用物理和化学方法，使敌国的大地变成干燥的沙漠，或破坏臭氧层形成“臭氧空洞”等，以改变敌占区生态环境的一种新概念武器。

（二）新概念武器的发展趋势

根据目前发展状况分析，新概念武器的未来发展趋势将更加突出技术创新与军事应用紧密结合的特点。

1．以适用和满足信息化战争的需要为重点

武器装备的信息化程度越来越高，作战双方对信息技术及其装备的依赖性越来越大，这就决定了未来战争的重点将是如何夺取信息优势。新概念武器的发展必然会在信息战中发挥突出作用。

2．以高功率微波武器为代表的电磁脉冲武器

以高功率微波武器为代表的电磁脉冲武器的出现，使传统电子战的概念大大扩展。这种武器可用于攻击卫星、预警机等信息节点，甚至能摧毁地面的指挥信息系统，主要军事大国必然会怀着极大的兴趣，积极开展研究。在科索沃战争和伊拉克战争中，微波弹的使用，表明新概念武器已经开始在信息攻防对抗中发挥作用。

3．强调战略和战术应用相结合

20世纪90年代之前，国际上重点研究的新概念武器主要着眼于战略应用。冷战结束后，各国军事战略不断调整，新概念武器在战术层次上的应用逐渐受到重视。根据目前全球政治、军事格局的特点，以及对一些潜在冲突热点地区的情况分析，预计今后一个时期军事斗争的主要形式仍将是局部战争，对新概念武器战术应用的需求比较强烈。不仅如此，随着科学技术的不断发展，一些原有的新概念武器将实现小型化和多平台化，使得战术应用成为可能。新概念武器的今后发展必然会同时着眼于战略和战术两个层次的应用。

4. 以实现作战目的为最终目标

在武器装备发展史上，相当长的一段时期，人们一直把追求提高武器的杀伤或破坏威力作为其主要发展方向。随着人类文明程度的提高和对战争本质理解的加深，人们逐渐认识到追求提高武器的杀伤破坏力与真正实现作战目的之间并不总是完全统一的。精确制导武器的问世，在一定程度上解决了上述两者之间的矛盾。而新概念武器的出现，则为真正解决这一问题带来了更多的希望。例如，随着某些非致命新概念武器的研制成功，未来交战双方将有可能更为灵活地选择作战模式，在实现作战目的的前提下，将战争的附带毁伤降至最低。从这个意义上来说，新概念武器的研制与使用，代表未来武器装备发展的一个重要方向，也会加深人们对战争的理性认识。

第三节　高技术与新军事变革

自 20 世纪 80 年代末，世界军事领域兴起了一场新的深刻变革，被称为“新军事变革”。这场新军事变革兴起的主要背景：一方面，国际战略格局发生重大变化，冷战结束，两极格局解体，新的格局尚未形成，世界大战在一个较长时期内打不起来，但局部战争仍时起时伏；另一方面，随着以信息技术为核心的高新技术的迅猛发展，对武器装备的发展、军事思想和战争形态的变化，以及军队建设及编制体制的调整均产生重大而深远的影响。这场新军事变革具有划时代的特征，实质是信息化革命在军事领域的反映。

一、新军事变革概述

“军事变革”的概念是由英文 Revolution in Military Affairs（RMA）翻译而来的。新军事变革，也叫军事信息化变革，其实质是工业时代以来建立起来的线性的机械化军事体系，向未来信息化军事体系的整体转型，新军事变革的含义可表述为：以信息技术为核心的军事高技术的发展；引起机械化战争的军事理论、军队体制编制和军事管理等各个方面发生重大变革，进而导致军事效能，特别是作战效能成数量级地提高，其发展将促使军事领域的各个方面都产生全面而深刻的变革，使人类社会从机械化战争时代进入信息化战争时代。新军事变革的核心就是要把工业时代适于打机械化战争的机械化军队，建设成信息时代适于打信息化战争的信息化军队。

新军事变革的主要内容是“四个变革”和“一个转变”,“四个变革”是指军事技术、军事理论、军事组织和军事管理的重大创新 4 个方面，它们共同构成了新军事变革的四大要素或四大基本问题，即新军事变革的理论构架或主要内容。其中，创新的军事技术是军事变革的物质技术基础和前提条件；创新的军事理论是军事变革的主导要素和灵魂；创新的军事组织是军事变革的组织保证，是将创新的军事技术与创新的军事理论结合起来并付诸行动的纽带或桥梁；军事管理的变革则贯穿在上述 3 个方面的变革之中，被认为是军事变革的重要手段。“一个转变”是基于上述“四个变革”的基础，推动战争形态从机械化战争转变为信息化战争。

二、新军事变革发展的动因

新军事变革的主要动因，是科学技术的突破性发展、军事需求的强力拉动以及军事理论的创新等。其中，科学技术的突破性发展是新军事变革产生的重要因素。

（一）科学技术的突破性发展是新军事变革的强大动因

当代科学技术，特别是以信息技术为核心的高新技术的飞速发展是新军事变革最直接的推动力。以信息技术为核心，以航天技术、生物技术、新材料技术、新能源技术和海洋开发技术等为代表的一大批高新技术和高技术产业蓬勃兴起，在被广泛应用于军事领域后，催生了新军事变革，并不断推动世界新军事变革向深度和广度发展，成为推动世界新军事变革最有力的杠杆。同时，新军事变革的出现和不断发展，又必然要求武器装备的不断更新，从而牵引和推动军事高技术的深入发展。

在当代高技术领域，信息技术是基础、是核心。信息技术在军事领域引发的变化，主要表现为它物化出新一代的信息化武器装备，并使军事理论和体制编制发生革命性的变化。其中，武器装备及其体系的变化是直接的、基础的和革命性的：一是信息技术的迅猛发展导致武器装备信息化；二是信息领域的激烈对抗导致信息系统武器化；三是信息技术的综合应用导致指挥系统自动化，成为军队战斗力的倍增器。

（二）军事需求的强力拉动是新军事变革产生的内在动因

军事变革不是自然发生的客观物质运动，而是对抗主体之间的主观能动行为，是军事需求驱动和军事主体选择的必然结果。因此，在一定物质技术基础上，战略需求和战略主体的选择便成为决定军事变革进程和结局的重要因素。两极格局解体后，世界安全形势发生了深刻变化，信息化战争成为新的战争形态，国际恐怖主义、非传统安全成为当今世界的重要威胁，这种新的军事需求使得军事斗争的形式和手段又发生了新的变化，它使冷战时期那种建立在机械化战争基础上，准备打大规模战争甚至核战争的军事斗争方式和军队建设模式，难以适应新的安全需求。因此，必须对建立在机械化战争基础上的军队进行彻底改革，以满足新的需要。

（三）军事理论的创新是新军事变革产生与发展的基础和先导

军事理论的创新，对新军事变革的产生与发展起着基础性和先导性的作用。20 世纪 50 年代以来，军事理论不断创新与发展，引导着新军事变革沿着正确的方向顺利进行，从而使新军事变革的进程缩短、速度加快。军事理论的创新促进了军事战略的调整。冷战结束后，世界各军事大国和强国的军事战略已经由机械化战争形态的军事战略向信息化战争形态的军事战略转变。军队建设理论的创新引导了军队的改革与发展，军队建设的质量特别是高科技含量在不断提高。作战理论的创新推动了作战方式的变革。“空地一体战”理论、信息作战理论、空间作战理论和联合作战理论等相继提出与运用，催生了超视距打击、精确打击等新的作战方式，极大地改变了现代战争的面貌。

三、新军事变革的影响

新军事变革推动了世界军事力量的大发展，将对世界军事力量格局、国际军事安全秩序、未来战争形态和未来军队的发展产生重大影响。

1．进一步加剧军事力量失衡状态，诱发军备竞争

新军事变革不仅没有缩小各国之间已经存在的差距，反而会扩大这种差距，特别是武器装备的代际差别更加明显，从而对世界和平、发展和安全构成新的威胁。并且在经济、科技比较发达的国家，可能会出现新一轮的军备竞赛。

2．打破传统战争理念，积极进行战略调整

新军事变革改变了现代战争的形态，由机械化战争转向信息化战争。这一转变使各国开始重新审视其安全环境与战争策略，依据客观环境和主观需求进行战略调整。

3．军事手段作用提升，新干涉主义出现

新军事变革为运用局势手段达成政治目的，提供了低风险、高效能、多样化的可能选择，从而进一步刺激了干涉主义，这将给世界和平与地区稳定带来新的威胁。

4．发展中国家战略选择难度增大

新军事变革对于发展中国家是一把双刃剑，一方面可以促进发展中国家的国防建设，可以运用世界军事科技的成果，推动本国国防科技事业的发展，可以借鉴发达国家军事变革的经验少走弯路；另一方面，如果把主要力量用在军事发展上，就会影响到本国经济、社会建设，从而在根本上削弱本国的综合竞争力，如果不推进本国军事变革，提高国防实力，与发达国家军队的实力差距将越拉越大，国家安全没有保障，这对发展中国家来说是一个两难的选择，是一个非常复杂的战略问题。

思考与练习

1．什么是军事高技术？

2．军事高技术分为哪几类？

3．军事高技术对战争有哪些影响？

4．试述军事高技术在局势上的应用。

第五章　信息化战争

第一节　信息化战争概述

一、信息化战争的概念

人类社会已经进入信息时代，而进行战争的方式也随之发生了重大变化。信息化战争作为一种全新的战争形态，开始登上现代战争的舞台。信息化战争即运用信息、信息系统和信息化武器装备进行的战争，是建立在社会信息化基础上的新型战争。它以信息技术为核心，通过信息网络系统，综合运用作战保密、军事欺骗、电子战、心理战和实体摧毁等手段对敌方的信源、信道和信宿实施有效控制，是瓦解或摧毁敌方战争意志、战争能力、战争潜力的军事活动。具体而言，信息化战争是指在信息时代，交战双方或一方以信息化军队为主要作战力量，以信息化武器为主要作战工具，以信息战为主要作战形式进行的战争。信息化战争是信息时代的基本战争形态。其基本内涵包括以下 5 个方面：一是信息化战争是信息时代的产物，是信息时代经济、科技、生产力水平和生产方式在战争领域的客观反映；二是战争工具决定战争形态，有什么样的战争工具，就有什么样的战争形态；信息时代战争工具的信息化、智能化和综合化，信息武器装备体系的形成，必然导致信息战争的出现；三是信息化战争首选的、直接打击的目标是信息获取、信息控制和信息使用的系统及其基础，剥夺敌方信息控制权、使用权和对己方信息系统的威胁，建立己方的信息优势，进而实现己方的意志；四是信息化战争将主要在 3 条战线进行，即在军事战线、政治战线和经济战线上，以有形（暴力）和无形（非暴力）两种方式进行；五是信息化战争的核心资源是信息和知识以及在信息控制下的物质和能量的综合对抗。

二、信息化战争的产生与发展

（一）信息化战争产生与发展的动因

任何一种新的战争形态的形成与发展，都有其内部动因和外部条件。信息化战争的产生与发展，是当代社会政治、经济、科技、军事、文化等多种因素综合作用的结果。

1. 信息化战争是社会形态发展的必然结果

社会形态孕育战争形态是不以人的意志为转移的客观规律，而决定社会发展形态的生产力和生产关系也必然是战争形态的决定性因素。农业时代的手工业生产方式，决定了战争能量的释放形式主要是人的体能，战争所使用的武器主要是冷兵器，因此，这一时代的战争被称为冷兵器战争。工业时代的机器大生产方式，决定了战争能量释放的主要形式是热能，战争所使用的武器是机械化武器，因此，这一时期的战争被称为机械化战争。从冷兵器战争到机械化战争，战争的物质基础发生根本性变化，战争形态也随之发生了革命性变化。20 世纪中叶以来，以计算机技术和信息技术为龙头的高新技术的迅猛发展，使人类社会的生产力发展水平和生产方式发生了巨大变化，表现在战争领域，突出的是以信息技术为核心的军事高技术得到广泛运用，大量信息化武器装备投入战场，战争形态的物质基础得到空前发展。迄今为止，一场人类军事史上波及范围最广、变化最深刻、发展最迅速的军事革命正在世界范围内蓬勃兴起。以使用信息化武器装备为主导，使战争基本方式发生根本变化的信息化战争，开始登上战争舞台。

2. *高技术的发展是信息化战争产生的直接动因*

战争形态的重大变革，通常发生在技术革命以后，而技术革命又往往是在科学技术水平迅猛发展并发生质的飞跃的情况下出现的。20 世纪五六十年代以来，一大批高新技术群陆续涌现，如信息技术、精确制导技术、航天技术、新能源技术等。这些新技术群相互联系、相互作用、相互支撑、迅猛发展，使相关技术领域发生了革命性变革，从而发展成为波及人类社会活动各个领域的新的技术革命，进而推动社会政治、经济、科技、军事和文化等各个领域的深刻变革。在军事领域，科学技术特别是以信息技术为核心的高技术的迅猛发展，成为新军事变革的“催化剂”，并为新军事变革奠定了坚实的技术基础。军事技术革命的发展，导致武器装备发生了质的变化。以军事信息技术为核心的军事高技术群的广泛应用，使人类进行战争的工具发生了“断代性的飞跃”，即由机械化武器装备阶段进入了信息化武器装备阶段。从而导致作战方式、作战理论和军队编制体制发生了根本性变革，推动战争形态向信息化战争演变。

3. *局部战争实践是信息化战争产生与发展的基础*

20 世纪 70 年代以来的几场局部战争，特别是 90 年代以后发生的海湾战争、科索沃战争、阿富汗战争以及伊拉克战争，是人类历史上具有划时代意义、承前启后的重要战争。它们既是工业时代机械化战争的延续，更是孕育信息化战争的“母体”。这几场局部战争大量使用了以信息技术为核心的高技术武器装备和与之相适应的全新的战法，不仅在实践中推动了信息作战向更高层次发展，而且使人们逐步看清了信息化战争的面貌。与以往战争相比，战争的进程、结局以及作战特点所表现出的巨大变化，更使人们看到了战争形态发生的深刻变化以及机械化战争形态向信息化战争形态转变的发展轨迹。人们越来越强烈地感受到，战争形态正在发生深刻而革命性的变化，机械化战争形态正向信息化形态转变，信息化战争时代已经来临。

4. *军事理论的创新发展是信息化战争产生与发展的重要推动力量*

随着 20 世纪 80 年代人类社会开始由工业时代向信息时代的迈进，世界各国在军事理论领域的角逐日趋激烈。由于以信息技术为核心的军事高技术在军事理论研究领域的广泛运用，许多军事理论的创新成果可以在强大的技术支持下，在实验室得到“预实践”性的验证，军事理论对战争实践的指导作用一改往日的面貌，更多地表现为对战争、军队和国防建设的强力牵引。主要军事大国为抢占信息化战争的制高点，赢得未来战争的主动权，纷纷投入大量的人力、物力进行信息化战争理论研究和实践探索，适应信息化战争要求的新思想、新观念层出不穷，作战理论创新取得了许多重大进展，提出了许多适应信息化战争要求的新作战思想。美军先后提出了空地一体战、指挥控制战、精确闪击战、网络战、全维作战等作战思想，并成功地将这些理论运用于海湾战争、科索沃战争、阿富汗战争和伊拉克战争等军事行动，取得了理想的效果。俄罗斯、日本、德国、英国、印度等，包括中国在内的一些世界主要军事大国，也纷纷从不同层面对信息化战争理论进行深入研究，提出了许多有价值的见解。世界各国对信息化战争理论的研究和运用，有力地牵引着信息化战争向更高层次发展。

（二）信息化战争的发展历程

1．信息化战争孕育阶段

信息化战争的初始孕育时期，始于 20 世纪 70 年代初，止于 1991 年年初的海湾战争。在这以前，虽说信息在作战中发挥着重要作用，电报、电话、无线电和雷达等指挥、侦察器材得到大量使用，但都没有从根本上改变机械化战争这一形态。只是到了 20 世纪 70 年代以后，西方发达国家开始军事技术革命，以计算机为核心的信息技术快速发展并开始在军事领域得到广泛运用，信息在作战中的地位才产生质的飞跃，信息化战争形态才开始逐步孕育产生。越南战争、第四次中东战争、第五次中东战争、马岛战争、美国空袭利比亚和海湾战争，为信息化战争的孕育提供了肥沃的土壤。越战后期，“灵巧炸弹”开始出现，优势打击崭露头角，局部战争逐渐走向有限化和高技术化，机械化战争开始向信息化战争形态演变，信息化战争开始孕育。在第四次中东战争中，各式导弹开始得到大量使用，侦察卫星、高空侦察机得到试验和检验，制空权地位上升，电子战、精确制导导弹威力初显，信息化战争初见端倪。贝卡谷地之战成为信息化战争孕育过程中的一大亮点。在英阿马岛战争中，精确制导武器的使用改变了海上作战的样式，电子对抗也从过去的战争保障手段上升为重要的作战手段。美军空袭利比亚，尽管规模很小，但影响巨大，可以说是一场信息化武器唱主角的作战行动。海湾战争，由于 C3I 系统和大量高技术兵器的使用，改变了机械化战争的面貌，呈现出许多信息化战争特征，标志着信息化战争作为现代战争的基本形态开始登上世界军事舞台。

2．信息化战争初步形成时期

在海湾战争中，信息化战争的雏形初露端倪，在科索沃战争、阿富汗战争中得到推进，在伊拉克战争中首展其貌。因此，可以把伊拉克战争看作机械化战争向信息化战争形态剧烈转换、信息化战争逐步形成时期。海湾战争中所表现出的作战思想、作战样式、作战方法、指挥方式、作战力量组织结构和作战进程与结局等方面的重大变化，不仅令人耳目一新，而且对第二次世界大战以来形成的传统作战观念产生了强烈震撼，从而引发了一场以机械化战争向信息化战争转变为基本特征的世界性军事变革，世界各国无不积极研究对策，调整战略，以求在未来信息化战争中占据有利地位。波黑战争、科索沃战争、阿富汗战争和伊拉克战争有力地推动了机械化战争向信息化战争的迅速转化，为信息化战争形态顺利发展创造了充足的客观环境。其中，伊拉克战争可以说是一场划时代的战争，呈现出许多以往战争所从未有过的新特点：运用 C4ISR 系统创建了陆、海、空、天、电磁等多维一体的庞大数字化战场，大量使用高技术兵器和精确制导弹药，信息战贯穿战争始终并成为决定战争胜负的关键因素；精确打击战法占据主导地位，附带损伤大幅下降，后勤保障复杂紧张等。至此，机械化战争形态向信息化作战形态演变已发生质的变化，信息化战争形态初步形成。

3．信息化战争快速发展时期

科索沃战争和阿富汗战争，标志着战场信息战粗具规模，信息化战争形态逐渐显现。伊拉克战争的爆发，使人们认识到了联合作战的巨大威力，看到了 C4ISR 系统在作战指挥中的巨大效能，见识了陆、海、空、天、电磁一体化的作战模式，信息化战争特征更加明显。1999 年 3 月，以美国为首的北约抛开联合国授权，打着“人权高于主权”的旗号对一个主权国家发动战争。在科索沃战争中，夺取信息优势、控制机动、精确打击成为战争的主导，战争形态开始向信息化转变。在整个战争中，美军信息化建设成果得到了综合运用，C4ISR 系统实现了全球网络化、一体化；各军种通过 C4ISR 实现了无缝隙链接；最高指挥官通过 C4ISR 系统对单兵实施实时、远程控制。同时，北约还首次使用了微波炸弹、计算机病毒、石墨炸弹等信息战装备，综合验证了大规模信息战和联合作战理论，创新了全纵深精确打击理论和不对称作战理论等；首次使用了“联合直接攻击弹药”等新武器，精确制导弹药占全部弹药的比例达 35%。

美国发动的阿富汗战争，这场战争规模不大，强度也不高，但信息化程度和联合作战水平超过了以往任何一场战争。其主要表现是：首次使用了无人侦察攻击机、单兵数字化装备等新型信息化武器装备；验证了网络中心战理论；创新了信息化战争中无人作战、特种作战等新战法；试验了传感器引爆武器、风力修正子母弹等一批新型信息化武器装备。伊拉克战争，是美军建设初步完成信息化转型后发动的第一场具有鲜明信息化特征的战争。战争中，美国成功地验证了“先发制人”战略和“震慑”理论，创新了夺取信息优势、实施全频谱控制、联合对地攻击、网络中心战、精确闪击作战和快速决定性作战等新的作战理论。它创新了接触与非接触相结合、空地一体与地面快速推进相结合的战法，为信息化战争发展奠定了坚实的理论和实践基础。

三、信息化战争的特征

不同的战争形态具有不同的特征，信息化战争中，战争能量从传统的体能、化学能、电能、电磁能、机械能、核能等物理能量转变为智能。核能是信息化战争中的主导力量，它通过对其他物理能量的控制而产生效能，这使得信息化战争与其他战争形态相比，呈现出鲜明的时代特征。

（一）武器装备信息化

信息技术物化为信息化武器装备，是引起战争形态发生深刻变革的直接原因。冷兵器战争的主导兵器是金属武器装备；热兵器战争的主导兵器是以化学能为基础的火枪大炮；机械化战争的主导兵器是飞机、坦克、军舰等机械化装备；而信息化战争的主导兵器则是信息化兵器，更准确地说是以信息技术为主导的武器装备。信息化的武器装备系统，又是以计算机技术为核心、以信息技术为基础的一体化的武器装备系统。其构成主要包括：信息化武器系统、单兵数字化装备和 C4ISR 系统。

信息化武器系统包括软杀伤型信息化武器和硬杀伤型信息化武器。软杀伤型的信息化武器是指以计算机病毒武器为代表的网络攻击型信息武器和以电子战武器为代表的电子攻击型信息武器。硬杀伤型信息化武器主要指精确制导武器和各种信息化作战平台。信息化作战平台装有大量的电子信息传感设备，并与 C4ISR 系统联网。它们集侦察、干扰、欺骗和打击功能于一身，既可实施战场探测，为精确打击和各种战场行动提供目标信息，还可实施信息攻防作战，是信息化战争的重要物质基础。

单兵数字化装备，是指士兵从事信息化战争，在数字化战场上使用的攻击、防护、观察、通信、定位高度集成化、“人机一体化”的多功能装备，也称信息士兵系统。它由单兵计算机和无线电分系统、综合头盔分系统、武器分系统、综合人体防护分系统和电源分系统组成。单兵数字化装备的出现和运用，意味着陆军作战效能将出现革命性变化。

C4ISR 系统，是战场指挥、控制、通信、计算机、情报、监视、侦察和杀伤系统的简称。C4ISR 系统：C4 代表指挥（Command），控制（Control）、通信（Communication）、计算机（Computer），这 4 种元素的英文开头字母均为“C,”所以称“C4”；“I”代表情报（Intelligence）；“S”代表电子监视（Surveillance）；“R”代表侦察（Reconnaissance）。C4ISR 是军事术语，意为自动化指挥系统。它把作战指挥控制的各个要素、各个作战单元黏合在一起，是军队发挥整体效能的“神经”和“大脑”。

（二）作战空间多维化

20 世纪 80 年代以来，随着航天技术特别是以计算机技术为核心的信息技术在战争中的应用，战场空间发生了新的变化。在信息化战争中作战空间打破了原有的传统的陆、海、空三维一体的作战空间概念，将作战空间扩展到了外层空间，呈现出陆、海、空、天、电磁多维一体的趋势，一种新的作战空间——信息空间正在悄然形成。

1．物理空间的急剧扩大

第一次世界大战，战场范围仅有数百至数千平方公里；第二次世界大战，战场范围也不过数万或数十万平方公里。海湾战争，战场空间急剧扩展到 1400 万平方公里。发生在本世纪初的阿富汗战争，其作战规模远远不及海湾战争和科索沃战争，虽然主战场基本限于 65 万平方公里的阿富汗境内，但战争的相关空间延伸到美国本土乃至全球。其中，有 89 个国家向美国飞机授予领空飞越权，76 个国家授予美国飞机着陆权，23 个国家同意接纳美国部队，其作战空间范围远比海湾战争和科索沃战争大得多。随着军事信息技术的高速发展，未来信息化战争的作战空间还将进一步拓展。

2．信息空间多维广阔

信息空间是一个全新的概念，它包括电磁空间、网络空间和心理空间 3 个方面，渗透于陆、海、空、天各个战场。由于信息和信息流“无疆无界”，信息作战的空间也有别于传统的战场空间界限。

3．电磁空间是信息空间的重要组成部分

电磁战场被称作陆、海、空、天之后的“第五维战场”，是信息化战争的重要作战空间。

4．网络空间是人类进入信息社会的必然产物

信息高速公路的迅速发展使空间的概念正在急剧缩小，地球正在变成一个数字化的小村落。网络空间的出现，使地理上的距离概念和国家之间的地理分界线失去了意义，凡是与网络空间相联系的目标都可能遭到攻击。

5．心理空间特别是决策者的思维空间是信息化战争的重要作战空间

在现代高技术战争中，心理空间的对抗备受各国军队的重视。美军在近期的几场局部

战争中都采取了军事打击与攻心并重的方针，成功地实施了心理战。战争的实践证明，心理空间已经成为信息作战空间的一个重要组成部分。

（三）作战要素一体化

信息化战争是体系与体系的对抗。交战双方为了赢得战争的胜利，必须调动一切积极因素，充分发挥各自系统最大整体作战能力，这就使一体化成为信息化战争的一个重要特征。一体化主要体现在以下几个方面。

1. 作战力量一体化

通过信息网络和信息技术，可以将处于不同空间位置的各种作战力量联结成为一个有机整体，形成一体化的作战力量，主要是武器装备一体化、诸兵种合成一体化、诸军种联合一体化。

2. 作战行动一体化

信息化战争中的主要作战形式，是由两个以上的军种按照总的企图和统一计划，在联合指挥机构的统一指挥下共同进行联合作战，单一军种的独立作战正在消失，空地一体、海空一体、陆海空天一体的多军兵种联合作战已成为作战的基本形式，作战呈现出十分鲜明的一体化特征。

3. 作战指挥一体化

在信息化战争中，集指挥、控制、通信、计算机、情报、监视与侦察于一身的C4ISR系统，为作战指挥提供了准确的战场情报、快速的通信联络、科学的辅助决策、实时的反馈监控，从而使传统的树状指挥体制逐渐被扁平网络化指挥体制所代替，使作战指挥实现了一体化。

4. 综合保障一体化

信息保障的行动趋向“全维”性，“打后勤”将成为全新的作战模式。信息支配的作战保障、后勤保障、装备保障和政治工作保障由分离走向一体化。

（四）迅疾短促的作战时间

时间是战争的基本要素。随着计算机、电子通信、卫星技术和信息化武器装备的发展，在信息时代的信息化战争中，数字信息技术广泛应用于侦察、通信和指挥控制，实现了军事信息的实时获取、传递、处理和运用，使得信息流动的速度空前加快。因此，信息化战争的作战节奏和作战速度将比机械化战争大大提高，持续时间明显缩短，呈现出迅疾短促的特征。其主要因素有以下几种。

1. 战场信息流动加快，作战周期缩短

信息时代，数字信息技术广泛应用于战场侦察监测和信息传输，实现了信息的实时获取、实时传输、实时处理，使得信息流动速度加快，空间因素贬值，时间因素急剧增值。在网络化的战场上，尽管基本作战程序和信息的流程没有发生根本变化，但发现目标、进行决策、下达指令、部队行动等环节，几乎是实时同步进行的。

2. 战争的突然性增大，时效明显增强

从近期几场局部战争的实践看，进攻一方采取各种欺骗伪装措施，运用优势电子技术装备、隐形技术装备和信息化武器装备，突然展开攻击，使对手丧失制信息权，来不及做出或无法做出有效反应，大大提高了对时间的利用率。同时，各种信息武器的作战反应时

间大大缩短，使得许多作战行动在几秒钟或几十秒钟内就能完成，时效性明显提高。

3．*广泛实施精确作战，毁伤效能剧增*

（五）作战样式多样化

作战样式是对作战类型的进一步分类，是战争形态的具体表现，有什么样的作战形态，就必然会出现什么样的战争样式。信息化战争除拥有机械化战争原有的一些作战样式外，还增添了诸如精确战、网络战、电子战、情报战和心理战等与传统作战不相同的新作战样式——非接触作战，非接触作战是一体化的远距离侦查信息系统和远程作战武器发展的必然结果。战争实践表明，非接触作战样式具有许多的优越性：能够充分发挥高技术武器的威力；战争的突然性增大；提高生存能力，减少伤亡；可实施全纵深同时攻击，增大作战效能；战争的政治风险小等，使作战样式呈现多样化。

（六）作战效果精确化

信息化战争强调“精确战”。在信息化战争中，在多层次、全方位、全时空的情报、侦察和监视网络的支持下，使用大量的精确制导武器，使各种作战行动的精确化程度越来越高。具体体现在：精确的战场感知、精确的数据传输、精确的指挥决策、精确的打击行动、精确的评估反馈等。战场感知精确化是指大量先进的侦察、监视、预警等探测系统，可对目标实施全天候、全方位的侦察监视，得到全面而准确的战场情报。指挥控制精确化是指在 C4ISR 系统的支持下，作战指挥与控制实现了互联、互通、互操作，指挥员可以直接对一线部队甚至作战兵器进行有效的指挥控制和协调，使指挥控制精确化。打击精确化是作战精确化的核心内容，精确战是对敌目标实施精确打击、所造成的附带毁伤很小的一种作战样式，它是靠提高命中精度来保证作战效果的，而不是通过增加弹药投射的数量去增强作战效果。它的主要特点是：第一，在这种作战中使用的武器装备的信息技术含量高；第二，实施这种作战依赖于透明度很高的战场。随着探测、高速信号处理、自动控制等技术的发展，精确制导武器的命中精度将进一步提高。同时，在 C4ISR 系统的支持下，信息化武器装备将形成一个完善、精确、灵巧的侦察—指挥—打击一体化系统。保障精确化是运用以信息技术为核心的高技术手段，精细而准确地筹划、实施保障，高效地运用保障力量，使保障的时间、空间、数量、质量要求尽可能达到精确的程度，以最大限度地节约保障资源。

第二节　信息化战争的未来发展趋势

当前从世界范围看，信息化战争已经走过了信息嵌入、综合集成、体系融合等发展阶段，战争形态已经迈进信息化战争阶段，但仍然是一个新的战争形态，要真正成熟还要经历很长的一个过程。中外一些未来学家和军事专家认为，信息化战争的成形期大约要到 21 世纪中叶才能到来。关于信息化战争的发展趋势，主要的学术观点有以下几个方面。

一、打破传统战争界限

传统战争主要指阶级、民族、政治集团和国家间为达到一定的政治和经济目的，使用武力进行的暴力斗争。信息化战争与传统战争相比发生了重大的变化。

首先，战争主体不断扩大。传统的战争主要发生在国与国之间，或是不同政治集团之间。战争打击的目标主要是对方的军事力量和战争潜力，战争的主体是军队。而在信息时代，由于信息技术和信息系统高度发展，计算机和互联网联通了整个世界，从时间、空间上缩小整个世界的距离，加强了整个世界的联系，使得整个世界在政治、经济、科技和文化上的联系越来越紧密，同时国家的安全威胁也由传统威胁发展成为受到来自多方面、多种势力的威胁，表现出易遭攻击的脆弱性。随着科学技术的发展，常规武器的制造与使用已经易如反掌，制造核武器、化学武器和生物武器的技术也被越来越多的人们了解和掌握，这就使一些社会团体和组织，不仅可以掌握和使用常规武器，而且有可能掌握和使用核生化武器以及计算机病毒等信息武器。实施信息攻击的主体既可能是军队，也可能是社会团体，还可能包括恐怖组织、贩毒集团和宗教极端分子等，这就使得发动和从事战争的主体范围不断扩大，难以驾驭。不同主体的目的各不相同，因而现代信息战争的目的也在不断发生着变化。因此，这种情况使国家安全面临着更加严峻的挑战。

其次，战争目的发生转化。战争是一种集体和组织互相使用暴力攻击对方的行为，是敌对双方为了达到一定的政治、经济、领土的完整性等目的而进行的武装战斗。由于触发战争的往往是政治家而非军人，因此战争亦被视为政治和外交的极端手段。任何战争都是为了达到既定目的而进行的，具体表现为战争的军事目的、政治目的和经济目的。西方兵圣克劳塞维茨曾提出“战争是政治的继续”这一经典的论断。然而由于战争的主体的扩大，战争不仅会在国家与国家之间展开，而且也可能会在社会团体与社会团体之间、社会团体与国家之间、少数个人与社会团体之间展开。战争的目的也在不断地演变，既有对人力、土地、矿产、石油、天然气等有形资源的控制和争夺这样传统的战争逻辑，也有对凝结在技术设备和存储设备中的信息和存在于人类头脑中的知识与智力资源等无形资源（即知识和信息）的争夺与控制，还有恐怖主义集团和极端宗教主义集团在其他方面的战争目的。由于在知识和信息占有上的差距已经成为导致国家之间、社会团体之间、社会团体与国家之间的竞争力和经济实力差距的主导因素，因而信息化战争的目的主要是对无形的非物质的知识和信息资源的争夺与控制。

再次，传统作战样式弱化。在未来信息化时代，战争则可能成为不流血或少流血的政治。未来信息化战争将不仅局限于战时和军事领域，而包括敌对双方平时在政治、经济、科技、军事等各个领域为动摇敌方战争意志而展开的各种对抗性活动。平时与战时、军事与民事界限模糊。战争一开始，打击的对象就将主要集中于关乎敌方政治、经济和军事命脉的重要战略目标。尤其是在信息化战争中起主导作用的战略信息战，它对敌方经济和政治信息系统的攻击，以及对敌方民众和决策者心理的攻击，更具有全纵深和全方位的性质。通过电磁攻击、网络攻击和心理攻击，瘫痪敌国信息系统和基础设施，动摇敌方军心、民心，不再进行为大量消灭敌军的有生力量或占领敌方的领土而实施传统意义上的大规模机械化交战，就可以把己方的战争意志强加给对方。超视距的非接触作战和大规模的信息进攻，将成为未来信息化战争的主要行动样式，在战斗地域进行的近距离交战将逐步减少并可能最终退出战争的历史舞台。这样一来，传统战争的“硬”打击暴力行动，将被非暴力的“软”打击行动所替代，“流血的政治”将在一定程度上转变为不流血或少流血的政治。在未来的信息化战争中，和平状态与战争状态的界限将趋于模糊，暴力行动与非暴力行动的最终效果将趋于一致。

二、战争能力持续提升

一部战争发展史，从某种意义上说实际上就是作战效能不断提升的历史。核武器的出现，使热兵器作战效能的发展走到了极限。人类对武器作战效能的追求，反而使得具有最大杀伤威力的核武器无法在实战中运用。然而人类并没有放弃通过其他方式对武器作战效能的追求，大量信息化武器和新概念武器的发明、制造和运用，将使武器的作战效能得到极大提升。

一是信息力量竞争激烈，战争的不对称表现明显。随着信息化社会的不断发展，作为战略资源的信息的地位不断提高，围绕信息资源的获取、控制的竞争将愈演愈烈。各国将加大信息化设施的建设力度，网络进攻和网络防御能力将同步提升。由于国力的不同，信息化的发展程度也相应有一定的差距，这就造成了在信息上的不对称。因为信息技术基本覆盖社会的领域，战争主体在政治、经济、文化、军事、社会、科技、自然等方面占有优势，这就导致战争双方在信息获取和控制上出现不对称。而且新的信息技术不断地出现，也使得技术生命不断缩短，这也加剧了这种不对称的状态。信息的不对称也使信息化战争的不对称表现越来越明显，而且这种不对称的战争会呈现多样性的发展。信息化时代的军事技术将把常规作战效能推到极致。在这四大军事技术革命中，军事工程革命的起步最早。军事工程革命已经使传统武器装备跨越空间和速度基本达到物理极限。军事探测革命将使得侦察、探测的空域、时域和频域范围大大扩展，使对作战行动的感知、定位、预警、制导和评估达到几乎实时和精确的程度。军事通信革命将在未来信息化战争中实现军事信息的无缝链接和实时传输，使各指挥机构和部队、各侦察和作战平台之间达到在探测、侦察、跟踪、火控和指挥方面的信息畅通，真正实现实时指挥和控制。军事智能革命将真正实现作战指挥活动和作战武器装备的自动化和智能化。智能化指挥系统将使指挥控制活动的准确性和时效性大幅度提高。作战平台将集发现、跟踪、识别和自主发射于一身。同时，大量高度智能化的机器人将投放战场，使指挥活动和作战行动的效率极大提高。

二是新概念武器使打击的精确性、破坏性不断增强。在未来信息化时代，随着科学技术的进一步发展，大量新概念武器会不断出现和应用于战争。智能化武器将具有自动寻的和发射后不管功能，目标的识别、选定和摧毁将更加精确，远程打击的精度将达到米级，甚至更小；而且精确打击不仅限于物质层面，还将涉及人的精神、心理层面，将可对某个人或者某些具有共同特性的群体实施定性、定量、精微准确的心理突击和精神手术。这些新概念武器具有与传统武器完全不同的杀伤和破坏机理，它不以大规模杀伤对方人员的生命为目标，而是通过使对方的作战人员和武器装备丧失作战功能，或通过改变敌国的生态和自然环境来达成战争目的。新概念武器中具有大面积破坏与毁伤效果的主要有次声波武器、电磁脉冲武器、激光武器和气象武器等。次声波武器具有洲际传送能力，并且可以穿透 10 多米厚的钢筋混凝土，因此作用范围极广。在高空施放的电磁脉冲弹可以在瞬间使大范围的电子设备丧失功能。激光武器可以切割敌对国上空的一块臭氧层，引发大面积的温室效应。气象武器可造成大面积的洪涝灾害、地震和火山爆发等。新概念武器的发展前景广阔，其大规模运用将使未来的信息化战争具有亚核战争的效果。

三是信息战争的作战时空不断延伸，“软杀伤”能力大幅提高。信息技术的运用使战争的时空得到了延伸，战场已经从传统的陆、海、空扩展到天、电磁空间等，未来这种延伸还将不断扩大，人类战场可能在任何时间、空间下出现。信息战争主要是交战双方运用信息和信息系统在网络空间进行的“软”攻防对抗行动。而且随着信息技术全面渗入到人类生活的方方面面，这种“软”攻防对抗使得信息化战争的战场在政治、经济、文化、社会、环境、能源、网络等领域全面展开，虚拟战场与真实战场相结合，军事战场与经济战场相结合，使得战争的起始时间越来越模糊，这种“不流血的战争”蕴含着巨大的破坏和毁伤能力。

四是战场效能持续提高。未来信息化战争的常规作战效能将建立在军事工程革命、军事探测革命、军事通信革命和军事智能革命已经完成或基本完成的基础之上。信息化战争发展到今天，战争效能已经倍增，信息技术将战争要素进行了最优组合，战争手段的多元化、战争空间的多维化和战争行动的一体化，增加了战争能量释放的针对性和一致性，使战争能量在极短的时间内集中有效地流向最关键、最重要的空间战场，单位时间流通量大幅提升，提高了效率，使战场效能不断提高。

三、迷你型、全能型、智能型军队建设

军队组织建设是连接军事技术和作战理论的纽带，是发挥军队整体作战效能的杠杆。技术上的优势和创新的作战理论，只有通过优化的军队组织体制，才能最终转化为军事上的战略优势。从这个意义上说，只有军队的组织体制实行了革命性的变革，一场军事变革才能获得完整的历史形态。在未来信息化战争中，伴随着新变革的步伐，迷你型、全能型、智能型将成为军队组织建设的发展趋势。

1．迷你型军队

未来信息化战争中，先进的信息化系统、精确打击能力的提升和远距离的投送能力为迷你型军队的建设奠定了基础。由于军队的作战能力的迅速提升，小规模的全能、智能型的军队，即可达成战略目的。因此，未来军队的组织体制在数量规模上将具有两个基本的发展趋向。一为军队的总体规模将大幅度缩小。随着军队的信息化程度和作战能力的不断提升，缩减军队规模将是必然的趋势，拥有庞大的常备军将成为历史。二为作战部队的建制规模将更加小型灵巧。未来军和师的编制将可能最终消亡，旅、营或更低级别的战术单位将成为主要的作战建制，并可能出现按作战职能编成的小型作战群或能够同时在陆、海、空等多维空间作战的一体化的小型联合体。为适应未来信息化战争的需要，一些技术密集、小巧精干的新型兵种作战单元也将相继出现并逐步增多。

2．全能型军队

未来军队的编成主要表现为建立“超联合”的全能型作战部队。在未来信息化战争中，传统方式的联合诸军种力量实施作战，已难以适应信息化战争作战的需要。因此，面对未来战争中的战略心理战、网络系统战、太空绞杀战、隐形战、无人战、精微战、瘫痪战等不同作战方式，未来信息化作战部队的编成将打破传统的陆、海、空、天等军种编制，全能型军队建设体现在没有明确的传统的军种界限，而黑客部队、天军、网军、媒体部队、隐身部队、精确制导部队、太空星军、斩首部队、机器人军团等新型军队将越来越多。

3．智能型军队

智能型军队建设一是指未来军队的指挥控制手段的高度自动化和智能化，其标志是C4ISRK系统的高度成熟与发展。未来的C4ISRK系统将真正实现侦察监视、情报搜集、通信联络、指挥控制及打击的无缝链接，可以高度自动化地确保指挥员感知战场、下定决心、协调、控制部队和武器平台的作战与打击行动。二是大量的智能化武器系统和平台将装备军队并投入作战。在未来信息化战争中，具有发射后不用管和自动寻的功能的智能化弹药将得到更加广泛的应用，无人驾驶的智能化坦克、飞机和舰船也将规模化投入战场。尤其是随着纳米技术的发展，大量微型或超微型机器人可能大量投放于战场，代替人在战场上执行各种作战任务。

第三节 信息化对国防建设的要求

世界新军事变革的蓬勃发展推动信息化战争登上人类战争的历史舞台，同时信息化战争的萌生、发展与成熟，也必然要求世界各国将新军事革命推向新境界。只有正确认识信息化战争对国防建设提出的新要求，加速推进中国特色的军事变革，才能准备好打赢信息化战争的各种能力，树立打赢信息化战争的信心。

一、树立国防建设新理念

机械化战争的制胜理念是消耗敌人、摧毁敌人、大量歼灭敌人的有生力量，而信息化战争的制胜理念是控制敌人、瘫痪敌人，通过破坏敌人作战体系，达到巧战而屈人之兵的目的；机械化战争中，以万炮轰鸣的火力倾泻为主要打击手段，而在信息化战争中，实施精确打击为首要选择。面对战争形态由机械化向信息化转变的形势，世界各军事强国已把关注的重点聚焦到信息战上，为了谋求战略主动权，必须把军事战略调整到打赢信息战上。国防建设是军队打赢信息化战争的重要基础。因此，我们在考虑国防建设和经济建设时，从宏观规划到人力、物力和财力的动员，从经济基础建设到国防工程、交通信息、防汛和医疗卫生等建设都必须和打赢信息化战争通盘考虑、规划和建设。

战争形态的发展变化，给我们带来的挑战首先是观念上的影响和冲击，强烈要求我们必须适应这种不可抗拒的变化，跳出原有的机械化战争的思维定势，在观念上决不能墨守成规，要不断研究新事物，要树立与打赢信息化战争相适应的思想观念，为国防现代化提供有效的建设理念和指导方法。认识只有跟上时代变化才能占据主动，理念只有适应形势才能把握先机。应对信息化战争形态带来的挑战，只有确立与打赢信息化战争相适应的思维方式，强化信息制胜意识，用源于实践高于实践的先进理论指导实践，用创新的观念谋求国防和军队的建设发展，才能使国防建设适应军队的信息化建设。

二、加强国家信息基础建设

在信息时代，国家的信息基础建设是国家战略能力的重要组成部分。国家战略能力是一个国家在需要进行战争或应对突发事件时所能调动的各种力量的总称。加强国家战略能力建设也是胡锦涛同志提出的一个重要战略思想。

完善的国防信息基础设施是国防信息化的基础。如果没有快速、准确和高效的国防信息基础设施，就不可能真正实现国防和军队的信息化。加强国防信息基础设施建设，要促使传统的军事通信网向一体化指挥控制平台过渡，逐步实现综合、智能和无缝的国防信息网络；支持各级指挥员在任何时间、任何地点获取作战指挥信息。国家的信息基础建设是军队信息化建设的基石，是打赢未来信息化战争的重要支撑，因此必须把加强国家的信息基础建设作为应对信息化战争的首要举措。当前，我国信息基础设施建设已获得了长足的发展。虽然我国交通、金融和通信等主要行业的信息化水平已经接近发达国家，在“数字地球”领域和发达国家处在同一起跑线上，但与发达国家相比，在许多方面仍存在差距。因此，必须大力加强我国的信息基础建设，努力提升我国的国家战略能力。信息基础建设的重点应主要放在3个方面：一是努力发展以微电子技术、计算机技术和通信技术为主体的信息技术，这是一个国家信息基础建设的基础；二是加快国家大型网络系统建设；三是大力开发各种软件技术，目前，我国软件技术的研制、开发能力远远落后于发达国家，与一些发展中国家相比也不占优势。此外，国家信息安全的防护在相当程度上是由先进的软件技术来保障的。因此，应加大研制和开发软件技术的资金、技术和人力投入，使我国的软件技术跻身于世界先进行列。总之，必须把加强国家的信息基础建设作为应对信息化战争的首要措施。

三、提升武器装备信息化水平

未来战争打的是武器装备战，谁拥有精良、先进的信息化武器装备，谁就拥有了打赢战争的物质基础，因此，要在未来的信息化战争中获取胜利，则必须实现武器装备的信息化，并不断提升其信息化的水平。第一，要大力发展情报预警系统，随着信息化水平的不断提升，在作战中对情报的依赖程度越来越明显，所以必须大力加强这方面武器装备的发展，要建立早期预警防控系统，并且要重点发展战场监控系统，以提高战场的透明度。第二，重点发展精确打击武器，高精度、突防能力强的中远程精确打击武器是未来信息战争的夺取战争主动权的重要物质基础。第三，要不断提高电子对抗能力，电子战是具有21世纪时代特征的信息对抗，已成为信息战的主要作战样式，是夺取信息优势的主要内容。第四，要注重发展新概念武器，新概念武器已经陆续登上战争舞台并得到广泛应用，取得了一定的效果，所以我国也应注重对新概念武器的研发，并迅速形成战斗力。从整体上讲，我们在信息化武器系统方面与主要作战对手存在较大的技术差，目前有不少方面还很落后，但经过我们的艰苦努力，在短期内在某些领域完全有能力达到世界先进水平。

四、培养国防信息化人才

建设信息化军队，打赢信息化战争，人才是根本。在信息化战争中，人是应用信息技术的主体，一切信息的获取、传递和利用，都离不开人的设计、控制和操作。毛泽东曾说：“武器是战争的重要因素，但不是决定的因素，决定的因素是人不是物。”要赢得未来信息化战争的胜利，必须高度重视国防和军队信息化人才的培养，造就大批德才兼备的高素质人才，为我军现代化建设和未来作战提供强有力的人才保障和智力支撑。要充分利用相对和平的有利时机，做好军事人才的需求与发展预测，对未来人才的需求规模、类别、结构及其变化规律、发展趋势等作出科学的预测，制定出中长期发展规划，尽快使国防信息化人才培养的层次、目标、体制、方法与国防和军队信息建设的新要求相适应，在武器装备发展更新、未来信息化条件下局部战争爆发前做好必要的人才储备，从而缩小与发达国家军队在人员素质上的差距，确保在未来的军事斗争中立于不败之地。

信息作战需要的关键人才，主要包括中、高级智慧人才，信息网络管理人才和高层次科技人才，为适应国防和军队信息化建设的需要，在当前和今后一个时期内必须着力建设好以下几支人才队伍。第一，要努力造就一大批政治过硬、作风过硬、业务过硬的高素质军事科学特别是国防信息科学的研究人才，繁荣和发展我国的军事科学、国防信息科学。第二，要培养和造就大批不同层次的国防信息专业人才，逐步提高军官的学历水平。首先，要培养和造就一批既懂海、陆、空、天合同战术，又懂信息技术和信息战，能将“软”“硬”手段有机结合起来指挥作战，具有先进的军事思想和良好战斗作风的高级指挥人才。其次，要培养和造就一大批信息专业基础知识扎实，才思敏捷，适应性强，具备信息战知识的军官，他们应是善于将技术和战术紧密结合，将信息技术与其他技术紧密结合的复合型人才。再次，要培养和造就一大批掌握最新信息技术，跟踪信息战前沿，勇于攀登国防信息技术制高点的技术专家，从而完善与信息化战争要求相适应的国防信息人才队伍结构。第三，拓展信息作战人才培养途径，人才培养应打破传统的、封闭的人才培养模式，在人才培养上进行开放创新。信息技术具有军民两用的双重特性，这一客观条件是走军民结合培养人才的道路的现实基础。一方面，要依托地方加强信息化人才的双向培养；另一方面，要在军事院校的教学中加大信息化教育的比重，在部队进行信息化训练，创造良好的信息化人才培养的信息环境和氛围。

五、完善国防信息动员体系

国防信息动员体系是以增强国防信息能力，特别是满足信息化战争需要为目的，以动员信息资源为重点，依靠信息技术手段建立起来的快速、高效的动员组织和管理体系。面对信息化战争带来的挑战，快速高效的国防信息动员是打赢信息化战争的重要保障。

首先，要拓宽动员领域，把动员重点转到信息资源上来。要转变观念，把信息资源作为国防潜力调整和动态管理的重点，把动员的目光聚集于信息资源密集的部门和行业，加强对这些部门和行业动员机构的设置，强化动员职责，严密组织协调，以信息动员带动其他动员。其次，要加快动员手段的信息化建设。要建立纵向贯通、横向连接的动员指挥管理网络，要特别注意增强动员系统各部门之间、动员系统与军队和政府网络之间的技术通用性和兼容性。再次，要形成适应信息化国防动员要求的运行机制。信息化的动员体制，不仅要求各动员系统之间加强横向沟通，而且动员部门与军队和政府部门、社会团体之间也要形成顺畅的关系。

完善国防信息动员体系，要营造信息国防环境。信息国防是一项大的系统工程，既要有一支训练有素、战斗力极强的信息国防部队，还要建立起强大的群众性的国防信息体系。为维护国家安全和适应信息国防需要，平时应依托国家的信息产业，在地方信息、资源、信息技术开发、信息技术人才培养、信息装备生产、信息基础设施建设上满足军事需求，以提高信息领域平台转换和信息攻防作战能力，还要进行信息动员。地方在信息数据库建设中考虑军事用途，在信息基础设施中预留军用接口，在信息技术开发和信息人才培养中考虑信息安全需要，在信息装备生产中提高军民兼容程序，都是信息动员建设的主要内容。

加快推进国防信息化建设是信息化时代的必然要求。我军在走机械化和信息化复合发展道路的同时，必须依托国家经济建设和社会信息化快速发展的强劲之势，努力实现国防和军队信息化建设又好又快地发展。如果按部就班地在完成机械化建设后再进行信息化建设，就会错失良机，在全球信息化的浪潮中被淹没，在下一场战争中失利，军队就不能有效履行新时期新阶段的历史使命。“历久远而不衰，临绝地而再造，逢机遇而勃发”，这不仅是中华民族的伟大精神，也是中国军队的突出特征。在信息时代的军事斗争中，更需要这种伟大精神。

思考与练习

1．什么是信息化战争？它有哪些作战样式？
2．信息化战争的主要特征有哪些？
3．试述信息化战争的发展趋势。
4．试述在信息化条件下，我国应如何打赢战争。

第六章　非战争军事行动

第一节　非战争军事行动概述

一、非战争军事行动的概念

“非战争军事行动”就是和平时期的军事行动，其原本是一个特定称谓，从 1993 年美国陆军《作战纲要》中翻译和转化而来。综合当前国内的相关认识，简而述之，非战争军事行动是指在和平环境条件下，动用军事力量有组织、有计划地采取战争以外的军事手段，进行制乱平暴、抢险救灾、打击恐怖主义、维护和平与国家权益、参与国际维和等应急任务，以促进和平，维护国家安全、社会稳定和减免灾害为目的的特殊军事活动。我军进行非战争军事行动虽然由来已久，如新中国成立后我军参加国家经济建设、抢险救灾、反恐维稳以及国际维和、国际主义援助等活动，都充分说明了这一点。

非战争军事行动的具体样式主要包括：国家援助、安全援助、人道主义援助、抢险救灾、训练外国军队、向外军派遣军事顾问、维持世界和平、反恐怖、缉毒、武装护送、情报的收集与分享、联合与联军演习、显示武力、攻击与突袭、撤离非战斗人员、强制实现和平、支持或镇压暴乱反恐怖行动、抢险救灾行动、处置边（海、空）防事件行动、维和行动等。

二、非战争军事行动出现的动因

非战争军事行动虽然自古就存在于军队的行动之中，但是直到最近十几年来才逐渐引起人们的重视，这是有着特定的时代背景和社会条件限制的。

（一）战争手段运用受到制约，拓展了非战争军事行动的空间

时代主题已经发生变化，由战争与革命转变为和平与发展，国家间的关系更多地表现为合作与发展，国家间的矛盾更多的是通过对话与谈判来解决的，特别是随着全球一体化、经济全球化的发展，各国之间联系更为紧密，国家间的利益交融程度增强，战争并非是实现战略利益的较好选择，而往往是在迫不得已的情况下才采取的手段。

此外，随着人类文明的进步，战争手段也受到人类自身自觉的制约，如联合国、国际公约、国际安全机制、国际新闻舆论等，都会对战争产生不同程度的制约作用。贸然发动战争，必然遭到包括本国在内的世界各国人民的反对。在战争手段受到限制的情况下，选择政治、外交等非军事领域的方式，以及通过非战争军事行动来解决国与国之间的矛盾和冲突，就成为国际军事领域的新趋势。

（二）非战争军事行动的特有优势使其地位进一步凸显

非战争军事行动提高了达成战略目的的效费比。战争虽然也是达成战略目的的有效手段，但战争成本使得战争手段的选择受到限制，高昂的军费开支必然妨碍经济增长。在不用战争手段就可以达成战略目的的情况下，非战争军事行动是推进和保护本国利益的最佳途径。

非战争军事行动能够防止战争爆发并为战争创造有利态势。非战争军事行动具有两大功能：遏制战争和准备战争。一方面，能否遏制战争取决于战争准备的程度，战争准备越充分，作战对手就越不敢轻易发动战争。军队通过反恐、维稳、抢险救灾等非战争军事行动，可以使国家安定、社会和谐、军民关系融洽、国家经济发展、国防实力得以增强，无形中对潜在对手构成威慑，从而起到遏制战争的作用。另一方面，非战争军事手段的有效运用本身就可以起到遏制战争的作用，如通过国际维和、人道主义救援等有效的国际交流与合作，可以消除彼此之间的误解，塑造军队良好形象，避免军事危机或战争的发生。

三、非战争军事行动的形式及其特点

非战争军事行动是一种特殊的军事实践活动，与战争条件下的军事行动相比，在达成目的、行动方式、斗争对象、指挥体制和行动环境等方面具有明显的区别。其主要特征如下。

（一）行动时效性强

非战争军事行动的时效性，是由处置重大危害事件的需求特点所决定的。一些非战争军事行动，如自然灾害、恐怖活动等，一旦事发，直接危及或破坏社会正常秩序，有可能使国家或地区处于混乱状态，而且其危害强度往往随着时间延续而增大。将危害损失降低到最低程度，是非战争军事行动的根本目标。实践证明，军事行动速度越快，其降低损失的效果就越明显，因此，非战争军事行动的时间和速度，是关系到非战争军事行动效果的两大直接要素，决定了组织实施非战争军事行动必须具有很强的时效性。此外，非战争特种军事行动的时效性，也体现着军队的战斗力，关系到政府和军队的公众形象和国际声誉。公众舆论普遍认为：在和平时期，军队处置灾难、危害性突发事件的行为与效能，是评价战斗力的重要标志。这种效能的具体表现就是行动的时间和速度。

（二）行动的对象十分复杂

非战争军事行动的对象十分复杂，往往需要依靠特种部队。战争行为始终是在敌我之间进行的。作战行动中，主体与对象之间互为对手，无论哪一方采取行动，其目标都是指向对方的；尽管手段可能多种多样，但都以赢得战争为限，重在剥夺对方的反抗能力。而非战争军事行动主体与对象之间可能是敌我关系，如突袭行动等；可能是盟友关系，如训练外国军队、向外军派遣军事顾问等；也可能是军民关系，如抢险救灾等；可能是执法者与罪犯关系，如缉毒、反恐等。其中，反恐行动的对象最为复杂。恐怖分子在外形上与一般平民没有明显区别，但在心理上不同程度地带有复仇心理、冷酷心理和狂热心理等变态或非理性的心理特征。

（三）行动指挥复杂多样

非战争军事行动方式的多样性，是由其任务对象特点所决定的。非战争军事行动任务对象是重大灾难、危害性突发事件，重大灾难、危害性突发事件具有多样性和多变性。首先，重大灾难、危害性突发事件类型多样。其次，重大灾难、危害性突发事件的发展具有多变性，其规模、性质通常随着事态的发展而发生变化。

在行动指挥上，非战争军事行动往往涉及政府和有关部门，一些大型非战争军事行动，还需要地方公安、武警部队、民兵预备役等力量联合应对，有些跨国行动，甚至涉及外事部门、国际组织等。非战争军事行动的组织指挥关系，与野战部队大兵团常规作战的组织指挥关系相比，具有易变性和多重性等特点。因此，非作战军事行动组织关系复杂。此外，由于事件的不断发展变化，担负任务种类多，行动方式转换快速，需要机动组织协同情况多，也增添了非战争军事行动指挥关系的复杂性。

（四）行动手段控制严格

非战争军事行动不同于战争行动，非战争军事行动所应对的任务事件本身往往性质复杂，一些人为的突发事件在爆发的同时往往还会扰乱社会治安、侵害一定的社会关系，是一定政治、经济、文化、民族、宗教等各种社会矛盾的综合反映，是一种特殊的社会现象。加之现代社会传媒高速发展，一些事件甚至可能引起国际舆论的高度关注，处置措施稍有不慎，将对己方造成不利影响，所以在行动中，应尽力避免使用武力，并且避免采取任何可被解释为武装冲突中交战国行为的行动。

（五）行动保障任务艰巨

无论是战争还是非战争军事行动，适时、高效的保障都是军队顺利执行任务的重要保证，非战争军事行动的样式很多，有些行动的保障与战争保证基本相同，如较大规模地显示武力行动、封控行动等，但更多的行动在保障上与战争具有明显的不同，如救灾救援行动、反恐行动等，这些行动的保障具有以下特点。

第一是行动突发性强，保障必须快速及时。有些非战争行动不存在可预知性。

第二是行动涉及领域多，保障极其复杂。非战争军事行动在保障的复杂性上并不亚于战争，在有的情况下甚至比战争更为复杂。在保障力量上，既有军队的保障力量，也有地方的保障力量；在保障范围上，既有国土纵深保障，也有沿边沿海的保障，还有大量的国外保障；在保障方法上，既有在某一地域的定点保障，也有跟随部队实施的伴随保障；在保障内容上，既有一般作战行动所需要的保障，也有政治、经济、外交、法律等方面的特殊保障。

第三是行动的规模和时间不确定，保障必须灵活高效。非战争军事行动规模多样，既有规模较小的，也有规模较大的。

第二节　维护社会稳定与维持国际和平

社会稳定是社会发展进步的重要前提，是统治阶级和执政党维护其统治的基本条件。它不仅关系到人民群众的安居乐业，而且关系到国家的长治久安。当前，我国经济发展、政治稳定、民族团结、社会进步，总体形势良好，但仍面临着错综复杂的国内外环境，影响社会稳定、引发社会动乱的因素仍然存在，并且呈现出多元化趋势。其中既有西方敌对势力的渗透遏制，也有“三股恶势力”的分裂破坏，既有社会转型期出现的人民内部矛盾和问题，也有周边国家复杂形势的影响。面对这些不确定因素，若防范不力、处置不当，都有可能威胁和冲击我国安定团结的大好局面。维护社会稳定，对于充分利用好 21 世纪前 20 年的重要战略机遇期，实现全面建成小康社会的奋斗目标，具有十分重要的意义。

一、维护社会稳定行动

（一）维护社会稳定的含义及其特点

维护社会稳定，是指维持、保护一定社会形态中的人民生产和生活的稳定和安定。维护社会稳定有多种手段，当以军事手段为主实施维护稳定行动时，就是武装力量在人民群众的支援配合下，综合运用政治和军事手段打击各种危害国家安全、破坏社会稳定的违法犯罪活动，在一定方向和区域共同组织并协调进行的特殊行动。维护社会稳定行动是非战争军事行动的重要组成部分。按社会状态来划分，维护社会稳定可分为平时维护社会稳定和战时维护社会稳定两种类型。在当前影响我国社会稳定因素多元化的趋势下，平时维护社会稳定已成为武装力量经常性的、常态化的任务。战时维护社会稳定，是指国家在战争时期，以军事手段为主，以军、警、民联防联治为基础，维持和保障社会整体安全和民众生产生活安定的活动。这里主要讲解平时维护社会稳定问题。

骚（动）暴乱等突发事件具有政治性强、事发突然、蔓延迅速、起因复杂、敌我难辨等特点，并且随着社会信息化，各类媒体快速传播而日益引起社会的广泛关注，影响面也越来越大。骚（动）乱、暴乱等突发事件的特点，决定了维护社会稳定行动具有以下特点。

1．政治的敏感性

骚（动）乱事件多数具有很强的政治目的和极大的社会影响力，直接涉及政治、经济、外交、民族、宗教等一系列敏感问题。对这些问题处理正确与否直接关系到社会的安定、民族的团结，影响到我国在国际社会中的地位和声誉。

2．行动的紧急性

骚（动）乱行动往往都是有组织、有预谋、精心策划，具有一定规模的事件，遇有机会便会突然发端，事件在什么时间、哪个地点、针对什么人、以何种方式发生，都具有极大的隐蔽性，难以预料和察觉，一旦事发，将直接危及党政军首脑机关及领导人住地、银行、新闻单位、武器库、发电厂、供水厂、车站等。这就决定了维稳行动具有很强的应急性，它不可能像作战行动那样，有较充裕的时间准备，而是在紧急情况下受领任务，需要边出动边准备。

3．环境的复杂性

维稳行动环境的复杂性表现在 3 方面：一是自然条件复杂，如我国西北边境地区地形复杂，气候变化快，生存条件差，有“生命禁区”之称，恶劣的自然条件和特殊的生存环境对部队执行维稳任务提出了挑战；二是社会环境复杂，各种骚（动）乱一般都发生在易引起国内国际媒体舆论和政治舆论关注的敏感地点，如党政机关场所等，这些活动的影响后果广泛而复杂；三是敌我辨别难度大，维稳行动所打击的对象往往是隐藏在人民阵营内部煽动和制造骚（动）乱、暴乱的敌对势力，暴徒与群众往往很难辨认。

4．打击的限制性

与作战行动相比，维稳行动受法律约束更强，受制因素更多。当军队执行（作战）行动时，国家或部分地区将转入战时状态，作战行动除受《战争法》等国际法规的约束外，将打破平时法律的约束，一切按战时体制运转。而维护社会稳定行动则是在非战争状态下应对影响国家安全与社会稳定的突发事件和危机，军队行动除了受法律法规的制约外，还要受到政治因素、社会舆论及当地群众的宗教信仰与风俗民情的影响。一旦行动失当，就会授人以柄，造成被动。

5．方式的多样性

由于突发事件尤其是骚（动）乱、暴乱的规模、性质通常随着事态的发展而变化，这就使进行任务的方式呈现出多样性。例如，当局部地区发生小规模恐怖骚乱事件时通常采用政治攻势和军事威慑，力争以和平斗争方式解决问题；当骚乱事态扩大，发展到动乱，并有明显的暴乱迹象时，应根据上级指示，果断使用军事威慑和有重点的局部武力打击并举的方式，将事件遏制在萌芽状态；当骚（动）乱事态继续恶化，问题性质发生质变形成暴乱时，要及时实施强有力的武力打击，坚决迅速、果断地予以平息。这些动态可能在极端的时间内发生极大的变化，在行动中，要准确把握时间的性质和政策界限，做到以变应变，力争主动。

（二）维护社会稳定行动的主要样式

根据社会稳定的状态及当前影响我国社会稳定的主要因素，维护社会稳定行动的主要样式包括制止暴乱、骚（动）乱，以及非法集会游行示威事件，大规模械斗事件，公共场所严重闹事事件，聚众冲击、破坏交通运输事件，劫持交通工具、人质事件，暴狱、劫狱、劫法场事件等。一般来说，中小规模的维稳行动，以人民武装警察部队和公安力量为主体，地方政府和有关力量参与并联合行动。并不是所有的维稳行动都需要军队参与，只有影响社会稳定的事件升级，波及范围较广，引发了一系列连锁反应，已经发生了社会秩序的全面混乱或破坏活动有愈演愈烈之势，单凭人民武装警察和公安的力量已无力控制事态时，才需要动用军队维护社会稳定。就此而言，军队维护社会稳定的主要样式，一般包括制止暴乱和骚（动）乱两种。

暴（骚）乱是极少数人策划的突发事件，其目的是推翻某一政治势力的领导、取消国家现行制度、修改法律或分裂国家。这种斗争具有不可协调的对抗性，其组织者和策划者，有预谋、有组织地煽动和纠集人员，使用暴力手段，严重破坏社会秩序，危害人民生命财产，破坏国家安全和统一，极力造成严重的无政府状态。平息暴乱的基本方针是防患于未然，努力将其消灭于萌芽状态。

平息暴（骚）乱是军队的职能之一，但从全局角度看，又不仅仅是军事部门的事，从军事角度看，平息暴（骚）乱可能是由一系列军事行动组成的，如戒严、军事管制、武装平息暴乱。这3种军事行动既可以成为单独的行动，又可以组成一个分阶段的全过程。

戒严是针对国内突发事件而采取的一种严格的紧急警戒措施。戒严任务一般首先由人民警察、人民武装警察执行，必要时使用军队执行戒严任务。军队执行戒严任务的主要方式是：采取强制性的手段进入执勤地点，对部分地区和设施实施警戒和封锁；禁止或者限制集会、游行、示威、街头讲演以及其他聚众活动；禁止罢工、罢市、罢课；实行新闻管制；实行通信、邮政、电信管制；实施出入境管制；禁止任何反对戒严的活动。还可以在戒严地区采取交通管制和宵禁措施等。

军事管制是战争时期和相对和平时期均可采取的一种过渡性强制措施。当国家或地区出现全面内乱而局势又完全失去控制、国家或地方政权的安全受到威胁时，可实行军事管制。

武装平息暴（骚）乱，是对反对政府暴乱、武装叛乱所采取的严厉的军事打击措施，是平息暴乱行动的最后手段，往往在迫不得已的情况下进行。武装平息暴乱时，应运用优势力量，快速彻底地平息暴乱，在打击过程中，要根据叛乱分子的特点和变化，灵活运用各种斗争手段。平息暴乱行动应严格依法行动，以心理震慑为主，控制武器的使用，完成好特殊区域的平息暴乱任务，坚决维护国家的主权与统一。

二、维持国际和平行动

（一）维持国际和平行动概述

维持国际和平行动，是指联合国经冲突当事方的同意，在冲突地区实施部署军队、警察或文职人员，通过非强制性行动，在联合国的指挥下协助控制和解决争端的行动。联合国新闻部编的《蓝色头盔》一书中，对维持国际和平行动的定义是：为帮助维护或恢复冲突地区的和平，由联合国组织的有军事人员参与的，但无强制执行权利的行动。

维持国际和平行动把非暴力原则引入军事领域，是一种减少纷争的手段，以便通过谈判找出解决办法。维持国际和平行动具有明显的“政治-军事”的双重性质，其实质是通过非暴力的军事介入维持和平，其根本作用是通过适时的以某种形式介入冲突地区，为通过其他政治外交途径最终解决争端创造条件。

维持国际和平行动主要分为两类：由秘书长直接领导的联合国维持国际和平行动（有军事观察团和维和部队两种形式）和由安理会批准、秘书长授权、由地区组织或大国参与指挥的维持国际和平行动（有多国部队和“人道主义干预部队”两种形式）。

（二）维持国际和平行动的原则

维持国际和平行动是联合国的一个创造，它针对的是国与国之间小规模武装冲突，或已对国际和平与安全构成严重威胁的国内冲突，而并非是大规模武装入侵或一般国内冲突。维持国际和平行动的派遣和使用原则有以下几方面：

1．合法原则

合法原则即维持国际和平行动必须遵守国际法和国际惯例，必须获得正当授权和明确的任务；维和部队通常要由安理会或联合国大会授权建立；联合国维和人员必须接受联合国授权指挥等。

2．同意原则

同意原则即维和部队的进驻与活动，需由安理会或大会决定，并征得有关各方同意（其中 15 个理事国中，最少有 9 个国家赞成，而且中国、美国、英国、俄罗斯、法国 5 个常任理事国没有投反对票），然后授权联合国秘书长组织；而且联合国维持国际和平行动只有在冲突各方同意之后才能进行，维和部队由哪些国家组成，采取哪些维和措施，事先应得到冲突各方的同意，以免联合国维和部队成为新的冲突一方。进驻后，一旦该国政府提出撤军要求，必须立即撤出。

3．中立原则

中立原则指参加维持国际和平行动的成员必须来自与冲突各方无直接利害关系的国家。维和部队不同于普通的军队，它没有战场，没有敌人，是一支政治外交部队。它必须严守中立，不得卷入冲突的任何一方，更不能干涉所在国内政。

4．最低限度使用武力原则

最低限度使用武力原则即维和人员不得使用武力去达到维和的目的，只有在迫不得已时，如保护战友、联合国财产，对企图使用武力者进行反击等情况下，方可使用武力进行自卫。否则，只能撤出。

（三）中国参与维持国际和平行动

1988 年 9 月，中国正式申请加入联合国维持和平行动特别委员会。1989 年，中国首次派人参加了联合国纳米比亚过渡时期协助团，帮助纳米比亚实现从南非独立。中国共有 10 支维和部队共 1546 人在 4 个联合国任务区执行维和任务。中国派出的维和部队主要以医疗、工兵等为主。中国维持国际和平行动的原则立场是：第一，维和行动必须尊重他国主权，以不干涉内政为原则，因而他要得到当事方的一致同意，不应介入内部冲突；第二，维和行动必须坚持以和平方式解决争端，不应轻率援引《联合国宪章》第七章，以强制性的武力行动，或用扩大战争的方法制止战争；第三，要保证联合国在维持国际和平行动中的统一指挥权，不能让某些大国出于自己战略利益的需要而掌握指挥权；第四，联合国维持国际和平行动要量力而行，并鼓励地区组织发挥作用，不能包揽一切。

第三节　反恐怖行动

恐怖主义是实施者对非武装人员有组织地使用暴力或以暴力相威胁，通过将一定的对象置于恐怖之中，来达到某种政治目的的行为。恐怖主义已经发展为一种有着明确的政治目的、思想体系和严密组织的国际或地区恐怖势力，恐怖主义活动范围日趋全球化，恐怖主义活动的对象日趋民众化，恐怖主义活动样式日趋多样化，恐怖主义的手段日趋高技术化，具有“残暴性、预谋性、隐蔽性和政治行动”的基本特征。这些恐怖势力已经由昔日的滋扰演变为对人类和国家的最大危险之一，成为一种仅次于大规模局部战争的最大危险。对恐怖主义的遏制和解决，完全依靠法律、宣传和道德明显不够，运用一定的军事力量打击恐怖主义势力，已经成为世界各国的普遍做法，成为许多国家和地区反恐斗争的重要组成部分和不可或缺的有效手段。当前，我国已经将反恐明确作为军队的重要职能。

一、反恐怖行动的含义

反恐怖行动是以负有反恐怖任务的相关武装力量为主体，以恐怖势力为对手，旨在防范和打击恐怖主义活动的非战争特种军事行动。其中，负有反恐怖任务的相关武装力量包括专业化的反恐怖特种部队、其他常规部队以及准军事力量，恐怖势力包括三股恶势力和各种形式的恐怖分子、恐怖组织。除了上述定义中已经阐明的内涵外，理解反恐怖活动的含义，还必须明确以下两点。

（一）反恐怖活动的主体并不是所有武装力量，而是负有反恐怖任务的相关武装力量

反恐怖行动的主体包括专业的反恐怖特种部队、指定的常规部队和有关的准军事力量。我国面临的恐怖威胁并非是全局性的，而是局部性的，因此，只有在恐怖活动高发地区的部队同时兼负有反恐怖任务，而且担负这一任务的主要力量是陆军部队。

（二）反恐怖活动的打击对象是恐怖势力

哪里有恐怖势力，哪里就会有恐怖活动，20 世纪 90 年代以来，境内外敌对势力相互勾结，在我国境内制造了一系列恐怖暴力事件，给当地人民群众生命财产造成了重大损失。为此，我国政府先后签署了《制止恐怖主义爆炸的国际公约》和《打击恐怖主义、分裂主义和极端主义上海公约》，首次对恐怖主义、分裂主义和极端主义三股势力作了明确定义。所谓三股势力是指暴力恐怖势力（如拉登就是恐怖主义组织头目）、民族分裂势力（如俄罗斯车臣非法武装组织）、宗教极端势力（如乌兹别克斯坦的伊斯兰运动组织），并明确将“三股势力”作为反恐怖斗争的主要打击对象。

二、反恐怖行动的特征

反恐怖行动由于对手特殊，与其他军事行动相比较，受政策、环境、对象和力量等因素的影响，具有以下一些突出特点。

（一）政治性

由于对手特殊，反恐怖行动具有很强的政策性，所有行动从开始到结束无不受政治目的的控制和制约，这就使反恐怖行动的政治意义大于军事意义。反恐怖行动的政治性体现在以下几个方面。

1. 国际政治影响大

恐怖组织，尤其是民族分裂势力和宗教极端势力，常常披着宗教自由、民族和人权的外衣，假借宗教活动之名，或以民族生存、发展为借口，裹胁不明真相的群众实施恐怖活动，甚至还可能得到西方或周边某些国家的支持。反恐行动常常涉及民族、宗教、外交等问题，会引起世界舆论的高度关注，如果处置不当，可能激化民族、宗教矛盾，被国内外敌对势力所利用，对我国造成不利影响。

2. 备受社会关注度高

由于恐怖分子为达到其目的，恐怖活动通常情况下是针对普通民众的暴力行为，以引起民众的恐慌，严重威胁广大人民群众的生命、财产安全，破坏社会稳定与安宁，影响正常的生产生活，给社会造成极大的恐慌，给人民群众带来严重的心理压力。由于反恐怖作战直接关系到人民群众的切身利益。因此，当恐怖分子受到严惩，人民群众的生命财产得到保证时，政府与军队在民众中形象就会大幅提升。

3. 反恐怖活动没有统一标准

反恐怖活动在世界上没有一个统一的标准，这就造成了一些西方国家在反恐问题上大搞“双重标准”，借“人权”“人道主义”名义对别国国事说三道四，甚至横加干涉。因此，未来我国反恐行动的力量与手段运用、规模和强度的把握等稍有不当，都可能引起国际反华势力舆论的攻击。

（二）环境的复杂性

反恐环境是指在行动地域及其周围对行动有影响的各种情况和条件。反恐怖军事行动的方法、手段，必须根据环境做出合适的选择与运用。环境的复杂性体现在如下 3 个方面。

1．军事环境复杂

反恐怖行动所处的军事环境复杂性体现在：一是境外势力可能为恐怖势力提供武器和人员支援，在未来反恐怖行动中，恐怖势力可能会得到某些大国或国际恐怖组织的支持——为其提供先进武器装备、培训和扶植骨干；二是互联网为恐怖分子相互交流和技术指导提供了方便，恐怖分子通过互联网学习如何实施袭击的方法等，已经成为恐怖活动的基本形式。

2．社会环境特殊

社会环境特殊主要表现在：一是民族、宗教影响巨大。民族习惯各异、宗教信徒众多是反恐怖地区的突出特点，恐怖势力利用民族心理和宗教文化进行长期反动宣传，使恐怖势力得以长期存在和泛滥有了群众基础。二是敌暗我明。恐怖组织一般比较隐蔽，行动诡异，事件的发生具有突发性、骤变性和不可控性，而且恐怖分子往往选择一些便于其伪装隐蔽的地区实施恐怖活动，使反恐行动处于暗箭难防的不利境地。三是牵涉面广。反恐怖行动不仅要坚决果断打击恐怖分子，还要教育受蒙蔽的群众与其划清界限，分化瓦解恐怖组织。反恐怖行动还可能受外部势力的影响，特别是边疆地区与邻国在自然环境、文化传统、语言、风俗习惯以及宗教信仰等方面有着千丝万缕的联系，无疑使反恐怖行动的环境更复杂。

3．地理环境复杂

我国的反恐行动一般在城镇、沙漠、戈壁和山地等环境进行。城镇作为地区政治、经济、交通和军事文化中心，人口相对集中，交通方便，建筑密集，设施齐全，便于恐怖分子隐藏和实施袭击，因而可能成为恐怖势力实施恐怖袭击的重点目标和武装抵抗的据点，围绕城镇的夺取与反夺取的对抗将十分激烈。沙漠、戈壁气候恶劣，生存条件残酷，反恐怖行动面临严峻挑战。山地地形崎岖，道路稀少，人迹罕至，便于恐怖势力隐蔽和建立营地，反恐怖行动需要动用较多的人力。这些复杂的地理环境，使反恐怖行动——指挥、通信以及后勤保障组织困难，难以充分发挥火力强大的优势等。

（三）对手的非常规性

恐怖分子可能近在眼前，也可能远在天边，与恐怖势力的斗争，没有前方与后方之分，没有平时与战时之分，这显然增加了与恐怖分子斗争的难度。反恐怖行动区别于一般作战的非常规性体现在以下几个方面。

一是恐怖活动的突发性与随意性。因为恐怖势力相对弱小，恐怖活动的筹划比较隐蔽，目标的选择随意性较大，大多数为大城市的重要建筑、公共场所等民众聚集之处，只要能够产生巨大的社会恐怖心理，什么手段都可以使用，什么目标都可以袭击。很难预测恐怖袭击活动发生的时间、地点等，增加了预防的难度。

二是恐怖活动的高技术性与毁灭性。恐怖组织躲在暗处，恐怖活动的手段无所不及，无所不用，恐怖组织内有一些高科技成员，专门从事培训和袭击目标的策划，并提供各种技术支持和帮助。恐怖组织已经具备制造和使用高技术装备的能力，因而使用的爆炸装置威力越来越大，可对袭击目标往往造成灾难性、毁灭性的打击。

三是非常规选择打击目标。文明、正义、合法是反恐怖行动的根本要求，而恐怖组织选择打击目标则无所顾忌，他们不顾道德和法则，针对无辜平民实施打击，以求巨大社会恐怖效应。

四是采用非常规行动方法。恐怖势力一般采取游击性的行动方法，力避与正规军正面交锋，采用不规则的破袭、偷袭、袭扰、伏击、狙击等游击战术，打了就跑，打了就藏。相应地，反袭击、反伏击、反狙击，以及封锁控制、搜索清剿等，就成为反恐怖军事行动的主要方式，其行动方法、手段与常规作战有较大区别。

（四）力量的非对称性

反恐怖行动是一种典型的非对称对抗，具有明显的我强敌弱的特点。

1．装备人员的非对称性

反恐怖行动一方拥有配套的现代化武器装备，人员经过长期严格正规的训练，有统一的作战指导思想、行动和战法。多数恐怖分子使用的多是步枪、机枪、手榴弹和迫击炮等轻型武器装备，有时也可能拥有某种先进武器装备，但数量有限，其成员以临近纠集招募为主，一般没有接受过严格正规训练，战斗技能较差，没有统一的作战行动和战法。

2．主体构成的非对称性

反恐怖行动力量通常以军队、武警为主体，公安、民兵及其他相关力量相配合，必要时还有地方相关专业力量的支援。此外，在边境实施反恐怖行动，还可能得到外国武装力量的配合。而恐怖势力作为一种非法武装，多以临时纠集招募的人员为主，难以与正规军相抗衡。

3．综合保障能力的非对称性

反恐怖行动一方可用资源丰富，物资保障充足，手段多，具有完善的指挥系统和强有力的综合保障能力；而恐怖势力一方，没有专业的保障力量，可用资源有限，在正面对抗时，一旦受到打击，恐怖势力难以组织有效的抗击和反击。

三、反恐怖行动的样式

基于我国面临的恐怖威胁，以及部队可能担负的反恐怖任务，反恐怖行动可能采取的样式主要包括封控、平息武装暴乱、重要目标防卫、围剿和救援 5 种。

（一）封控

封控是对恐怖分子活动的区域，以及已经或可能发生恐怖活动区域实施封锁控制的行动，是反恐怖行动的主要样式，并贯穿于反恐怖行动的全过程。其目的在于对恐怖分子活动的区域，以及已经发生或可能发生恐怖活动区域的外围建立对内、对外封锁线，从地理上断绝该地区与外界的联系。

（二）平息武装暴乱

武装暴乱是指境内外势力相互勾结，以危害国家安全为目的，有预谋、有组织地使用暴力手段，公开与政府对抗，造成重大财产损失、人员伤亡和社会混乱的严重恐怖事件。平息武装暴乱是反恐怖行动的主要样式之一。平息武装暴乱的目的是彻底歼灭恐怖分子，制止恐怖组织破坏社会秩序、危害国家利益和人民财产安全，恢复社会秩序，维护社会安全与稳定。从我国面临的恐怖主义威胁来看，武装暴乱大多发生在边疆地区的中小城市和山区村镇，由于这些地区大多较为偏僻，交通不便，信息闭塞，既利于恐怖分子秘密串联，建立组织和进行恐怖活动准备等，也便于恐怖组织得到境外恐怖势力的支持。

（三）重要目标防卫

重要目标防卫是通过对重要目标的可靠防护部署、全力警戒和反袭击等手段，确保重要目标安全和重大活动的顺利实施而进行的防守、保卫等行动。陆军部队在进行重要目标防卫时，除了通过防护部署达到遏制恐怖活动外，反袭击也是重要目标防卫经常采用的行动样式，其目的是通过防护、出击、反击等行动，粉碎恐怖分子实施袭击破坏的企图，是一种积极的、防护性反恐怖行动。

（四）围剿

围剿是指通过对恐怖分子巢穴的围剿歼灭，彻底根除恐怖活动源头的反恐怖行动。围剿行动大致可分为封控、对恐怖分子盘踞地歼击、搜剿和追歼 4 个阶段。围剿中封控阶段行动如区域封控行动、追歼阶段行动与一般作战中的追击作战相类似。对恐怖分子盘踞地歼击，是攻击恐怖分子驻地、据点的军事行动，是反恐怖行动中最积极、主动的行动样式。搜剿是对恐怖分子可能藏匿地区进行搜索打击的行动，是彻底剿灭恐怖分子的重要行动，既可在进攻恐怖分子盘踞地的同时进行，也可在夺占恐怖分子盘踞地后实施。

（五）救援

救援是为迅速消除恐怖活动造成的人员伤亡、设施破坏而进行的紧急抢救、抢修行动。实施救援行动的目的是：发生恐怖事件后，依据恐怖袭击所造成的人员伤亡、设施破坏或核生化污染、火灾等后果，组织专业部（分）队紧急救治被伤害的人员、恢复和抢修被毁坏的设施，将恐怖危害减少到最低程度，协助地方政府和人民群众做好善后工作。

思考与练习

1. 什么是非战争军事行动？
2. 如何理解和平时期军事斗争的新内涵？
3. 平息暴（叛）乱应遵循哪些原则？
4. 维持和平行动应坚持哪些原则？

第七章　军队共同条令教育与训练

第一节　军队共同条令

中国人民解放军共同条令就是用法规形式，把统一的、行之有效的管理制度和方法固定下来，作为军队的行为准则，是《内务条令》《纪律条令》《队列条令》《警备条令》的总称，是军队建设的基本法规。

一、《内务条令》简介

（一）《内务条令》的概念和作用

《内务条令》是规定军人职责、内部关系、日常制度和管理等方面的法规。

《内务条令》明确规定了军人的基本职责，有助于建立正规的内务秩序，维护良好的内外关系，培养优良的作风，保障部队执行作战、训练、执勤等项任务。

（二）《内务条令》的基本内容

《内务条令》包括 21 章、48 节和附录。

第一章：总则。这是整个条令的纲，阐述了我军的性质、宗旨和任务。总则指出：“中国人民解放军是中国共产党缔造和领导的，用马克思列宁主义、毛泽东思想和邓小平理论武装起来的人民军队，是中华人民共和国的武装力量，是人民民主专政的坚强柱石，担负着巩固国防，抵抗侵略，保卫祖国，保卫人民的和平劳动，参加国家建设事业的任务。”总则还规定了我军内务建设必须遵守的原则。

1. 坚持人民军队的性质

实践全心全意为人民服务的宗旨，实行官兵一致、军民一致、军政一致的原则，实行政治民主、经济民主、军事民主，保证军队忠于党，忠于人民，忠于国家，忠于社会主义。

2. 坚持以提高战斗力为根本标准

牢固树立中国人民解放军永远是一支战斗队的思想，把提高战斗力作为军队内务建设一切活动的出发点和落脚点，做好经常性基础工作，讲求实效，克服形式主义，切实增强军队在现代技术特别是高技术条件下的作战能力。

3. 坚持政治工作的生命线地位

坚持党对军队的绝对领导，发挥党委的核心领导作用和党支部的战斗堡垒作用。进行马克思列宁主义、毛泽东思想和邓小平理论的教育，使部队在思想上、政治上、行动上与党中央保持高度一致。加强社会主义精神文明建设，培养有理想、有道德、有文化、有纪律的革命军人，塑造军队文明之师、威武之师的良好形象。

4. 坚持依法治军、从严治军

严格遵守国家法律、法规，按照军队的条令、条例统一内务建设的各项工作和规范军人的行为，实施正规的严格管理，增强军队的组织性、计划性、准确性、纪律性，保持军队的高度稳定和集中统一。

5. 坚持继承和发扬优良传统

在管理教育工作中应当做到：服从命令，听从指挥；官兵一致，尊干爱兵；发扬民主，依靠群众；严格要求，赏罚分明；说服教育，启发自觉；公道正派，不分亲疏；艰苦朴素，廉洁奉公；干部带头，以身作则；团结紧张，严肃活泼；拥政爱民，军民团结。在继承和发扬优良传统的基础上，应当根据新时期国家和军队建设的发展以及军事斗争的需要，探索新特点，充实新内容，创造新方法。

第二章：军人宣誓。这是军人对自己肩负的神圣职责和光荣使命的承诺和保证。公民入伍后，必须进行军人宣誓。本章还规定了军人宣誓的基本要求和宣誓大会的程序等。

第三章：军人职责。规定了士兵、军官的一般职责和首长职责，还分别具体规定了从团长到通讯员各级主管人员的职责。

第四章：内部关系。规定了军人相互关系、官兵关系、机关相互关系和部队（分队）相互关系。强调了军人“不论职位高低，在政治上一律平等，相互间是同志关系”。军人依行政职务与军衔，构成首长和部属、上级和下级以及同级的关系，部属、下级必须服从首长、上级。

第五章：礼节。它体现了军队内部的团结友爱和互相尊重。规定了军人和分队敬礼、不敬礼的时机及场合，军人和分队对军外人员的礼节。

第六章：军容风纪。详细规定了军人着装、仪容和举止以及进行军容风纪检查的具体要求。

第七章：对外交往。规定了军人在对外交往中必须遵纪守法，坚决维护国家和军队的利益。

第八章：作息。规定了一日时间的分配、连队和机关一日生活制度，院校可参照执行。

第九章：日常制度。军队日常制度包括行政会议、请示报告、连队内务设置、登记统计、请假销假、查铺查哨、军官留营住宿、点验、交接、接待、证件和印章管理、保密等制度。

第十章：值班。这是保持军队常备不懈和指挥不间断，维持军队内部秩序和保障安全的组织措施。本章规定了值班制度、值班人员一般职责、交接班和换班等内容。

第十一章：警卫。警卫的职责是保证首长、机关、部队和装备、物资、重要军事设施的安全，防止遭受袭击和破坏。该章提出了部队首长在组织警卫勤务时的要求，警卫勤务分队全体人员应明确的注意事项；规定了卫兵一般守则和卫兵特别守则。

第十二章：零散人员管理。规定了各级首长、机关都应当加强对工勤人员、单独执行任务人员、探亲休假人员、伤病员的管理教育，使他们保持良好的军人形象和严格的作风纪律，维护军队的荣誉。

第十三章：日常战备和紧急集合。规定了部队（分队）日常战备和紧急集合的主要工作和紧急集合实施的时机及方案。

第十四章：装备日常管理。规定了装备的维护保养、保管、检查、使用和车场、炮场、机械场管理制度。

第十五章：财务和伙食、农副业生产管理。部队（分队）首长必须加强对财务工作的领导，建立健全经费管理、实物验收、账目公布、财务交接等管理制度，强调严格执行财务制度和上级有关规定，做到日清月结、账款相符。重视伙食管理，保证饮食达到规定的食物定量标准，并在任何情况下保证部队基本的饮食需要。农副业生产管理，主要是团以下部队要因地制宜地发展以养殖、种植为主的农副业生产，办好家属工厂和军人服务社，其生产收益主要用于改善伙食、补助生活。

第十六章：卫生。规定了个人卫生的内容、要求和保健措施，明确了室内外卫生标准和检查制度。

第十七章：营区及房地产管理。加强营区管理，是为了维护良好的工作秩序和生活秩序，保证安全和营区环境优美整洁，秩序井然。房地产包括营区土地、营房、营具、场地、道路和水电、取暖、卫生、消防等设备以及营区林木等。部队首长必须重视房地产管理，教育部属和其他人员爱护房地产，遵守有关管理规定。

第十八章：野营管理。具体规定了部队野营前、野营中和野营后的工作任务，明确了野营管理的注意事项。

第十九章：安全工作。安全工作是部队的一项经常性、综合性工作，必须坚持预防为主的方针。本章明确了安全工作的基本要求和常见事故的预防措施。

第二十章：国旗、军旗、军徽的使用和国歌、军歌的奏唱。该章对国旗、军旗、军徽的使用和国歌、军歌的奏唱作了具体规定。

第二十一章：附则。明确了本条令所指的部队（分队），包括相同等级的其他单位；部队（分队）的主管人员，包括相同等级的其他单位的主管人员；本条令的解释权属于总参谋部、总政治部、总后勤部、总装备部；本条令的实施日期等。

附录：包括中国人民解放军军旗、军徽式样，军歌，报告词示例，帽徽、肩章、军种（专业技术）符号和领花的佩带与缀钉方法，着装序号，连队宿舍内物品放置示例，连队要事日记，外出证式样，男女军人参照发型。

（三）贯彻《内务条令》的要求

《内务条令》是我军内务建设的基本法规，是部队实施行政管理的依据和全体军人的行为准则。贯彻好《内务条令》应做到以下 4 点。

（1）注重《内务条令》的学习，熟悉条令内容，增强条令意识，提高执行条令的自觉性。

（2）理论联系实际，反对形式主义，坚持为我所用，切实落实到行动上，严格按照条令办事。

（3）抓好养成教育，从点滴入手、小处着眼。坚持训管一致、教养一致，使条令教育渗透于一切活动之中。

（4）依据条令定期检查和考核，坚持奖优汰劣，依法从严治军，促进我军的全面建设。

二、《纪律条令》简介

（一）《纪律条令》的概念和作用

《纪律条令》是军队纪律的法规，是全军维护和巩固纪律、实施奖惩的基本依据。该条令深刻体现了党对军队绝对领导的根本原则，进一步强调了我军纪律的性质，充分适应了新形势下部队纪律建设的需要，着重突出了我军思想政治工作的优势，全面贯彻了从严治军、依法治军的方针。

（二）《纪律条令》的基本内容

《纪律条令》包括 7 章和附录。

第一章：总则。着重阐述了我军纪律产生的基础、目的和基本内容；维护和巩固纪律的方法、措施；并对各级首长和全体军人如何巩固和维护纪律提出了总要求。

第二章：奖励。明确了奖励的目的在于调动广大官兵的积极性，发扬爱国主义、共产主义和革命英雄主义精神，保证作战和其他各项任务的完成；规定了奖励的项目、条件、权限和奖励的要求、手段和形式。

第三章：处分。明确了处分的目的在于惩前毖后，治病救人，增强团结，加强集中统一，提高部队的战斗力；规定了处分的项目、条件、权限和实施的具体要求、方法。

第四章：特殊措施。本章规定了为制止严重违纪行为和预防事故、案件发生，必要时可由各级采取行政看管措施，但不应超越权限；明确了在各种特殊情况下发生问题处理的原则和方法，以及所负的责任。

第五章：控告和申诉。明确了控告和申诉的目的，军人实施控告和申诉的条件、程序和形式；保障军人控告、申诉权利的要求。

第六章：首长责任和纪律监察。提出：各级首长负有维护纪律的直接责任，要以身作则，严于律己；要按条令的规定和程序，正确地实施奖惩，不得以权谋私；要行使各级军人代表会议、连队军人委员会民主权利，敢于批评和揭露不良倾向以及违法乱纪行为。

第七章：附则。规定了本条令使用的范围和奖章、奖状、立功证书等制发的机关。

附录：包括“三大纪律八项注意”内容；个人、单位奖励登记表和处分登记表、行政看管审批表等式样。

（三）贯彻《纪律条令》的要求

（1）坚持以思想教育为主的方针，继承我军维护和巩固纪律的光荣传统。要认真学习马列主义、毛泽东思想、邓小平理论和“三个代表”重要思想，不断提高政治觉悟和遵纪守法的自觉性。

（2）坚持赏罚严明的原则，是维护纪律的必要措施。只有实事求是，坚持原则，不徇私情，才能使纪律真正得到执行。

（3）各级干部要为人表率，做执行《纪律条令》和遵纪守法的模范。严格要求自己，身教重于言教，给下属和战士树立榜样。

三、《队列条令》简介

（一）《队列条令》的概念和作用

《队列条令》是规范全军和单个军人队列动作的准则，是全军队列训练和队列生活的依据。该条令从培养我军优良作风、加强我军现代化和正规化建设的需要出发，以提高部队战斗力为目的，对我军的队列动作、队列队形、队列指挥和正确实施队列训练作出了统一的规定。

（二）《队列条令》的基本内容

《队列条令》包括9章和附录。

第一章：总则。阐明了队列训练的意义、目的。进行队列训练，能够培养良好的军姿、严整的军容、过硬的作风、严格的纪律性和协调一致的动作，促进军队正规化建设，巩固和提高战斗力。明确了队列纪律：坚决执行命令，做到令行禁止；姿态端正，军容严整，精神振作，严肃认真；按照规定的位置列队，集中精力听指挥，动作迅速、准确、协调一致；保持队列整齐，出、入列应当报告并经允许。

第二章：队列指挥。明确规定了队列指挥位置、队列指挥方法和队列指挥要求。

第三章：队列队形。明确了队列的基本队形为横队、纵队和并列纵队，需要时，可以调整为其他队形。队列的间距为：队列人员之间的间隔（两肘之间）通常约10厘米，距离（前一名脚跟至后一名脚尖）约75厘米。需要时，可以调整队列人员之间的间隔和距离。同时规定了班、排、连、营、团的队形以及军兵种分队、部队的队形。

第四章：队列动作。单个军人的队列动作。规定了单个军人的徒手队列动作，以及操枪、操筒（40火箭筒）、操炮（60迫击炮）时的队列动作。班、排、连、营、团的队列动作规定了班、排、连、营、团的集合、离散；明确了整齐、报数，出列、入列，行进、停止，队形变换，方向变换，步兵班的置（架）枪、取枪，60迫击炮班的架炮、取炮，指挥员列队位置的变换等动作要领。

第五章：分队乘坐汽车。规定了乘车准备的具体要求和分队准备上车、开车、停车和下车以及车辆行进中的调整等注意事项。

第六章：敬礼。规定了敬礼的种类，分为举手礼、注目礼和举枪礼，规定了单个军人和分队、部队在不同时机的敬礼动作。

第七章：国旗的掌持、升降和军旗的掌持、授予与迎送。明确了掌持、升降国旗以及掌持军旗、授予军旗的要领，规定了部队在迎、送军旗时的队形和队列动作。

第八章：阅兵。明确了阅兵的权限、形式和程序，规定了步兵团阅兵式、分列式的程序和方队的动作要领以及师以上部队阅兵、军兵种部队和院校阅兵的具体要求。

第九章：附则。明确了本条令的解释权属于总参谋部、本条令的施行日期等。

附录：包括队列口令的分类、下达的基本要领和呼号的节奏，队列指挥位置示例，标兵旗的规格，半自动步枪手的操枪以及团以下人员等的队列符号。

（三）如何贯彻落实《队列条令》

（1）深入进行《队列条令》教育，提高对队列训练重要意义的认识，增强执行《队列条令》的自觉性。通过《队列条令》的教育训练，使大家认识到：队列训练是培养部队高度组织纪律观念的重要措施，严格的队列训练，可以使部队养成“讲军容、讲礼貌、讲纪律、讲团结”的良好作风。同时，也有助于部队的体质锻炼，增强战斗力。

（2）贯彻“严格要求，严格训练”的训练方针条令是法典，每个军人都必须遵守。队列训练要严格，“严”就是严肃、认真，一丝不苟；“格”就是规格，规格就是条令。队列训练就要以《队列条令》的规定动作、队形为标准，规范其行为举止，不允许有半点马虎和走样。

（3）贯彻“教养一致”的原则。《队列条令》总则指出：全体军人必须严格执行本条令，加强队列训练，培养良好的军姿、严整的军容、过硬的作风、严格的纪律性和协调一致的动作，促进军队正规化建设，巩固和提高战斗力。进行队列训练，必须从实际出发，要扎扎实实，讲究实效。在操场上要按照条令、条例、教程、教范规定的动作要领严格训练；在日常生活中，也要严格要求、大胆管理，养成良好习惯，做到教养一致。不能在操场上严，日常生活中松。要把操场上队列训练的动作，贯彻于一日生活中去，培养军人有教养、讲礼貌的良好习惯。队列训练要有“团队精神”，要培养“整齐划一，令行禁止”的集体主义观念。通过严格的训练和平时的养成，培养干部、战士贯彻条令的自觉性。只有这样，才能把《队列条令》落到实处。

（4）干部以身作则，搞好传、帮、带是贯彻好条令的关键。古今中外的著名将领，都十分重视对军队的队列训练。干部的行动就是无声的命令，喊破嗓子也不如做出样子。贯彻条令，也要这样。干部本身要做好，要做表率，以自己的模范行动去影响部队、带动部队。万众一心，才能把《队列条令》贯彻到底。

第二节　队列动作训练

一、单个军人的队列动作

（一）立正、稍息

立正（图 7-1）是军人的基本姿势，是队列动作的基础。

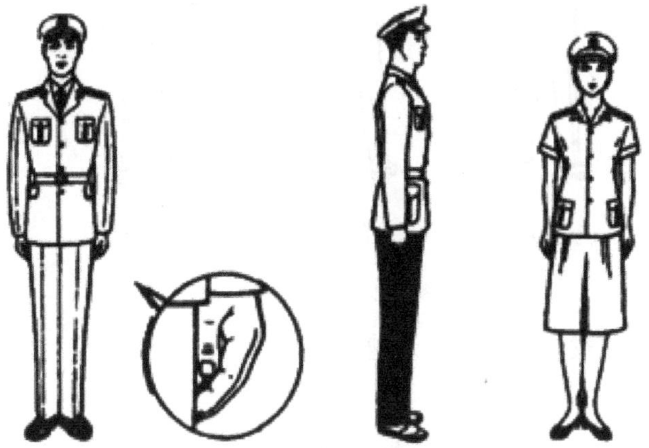

图 7-1　徒手立正姿势

口令：“立正”。

要领：听到“立正”的口令，两脚跟靠拢并齐，两脚尖向外分开约 60 度；两腿挺直；小腹微收，自然挺胸；上体正直，微向前倾；两肩要平，稍向后张；两臂下垂自然伸直，手指并拢自然微屈，拇指尖贴于食指的第二节，中指贴于裤缝；头要正、颈要直，口要闭，下颌微收，两眼向前平视。听到“稍息”的口令后，左脚顺脚尖方向伸出约全脚的 2/3，两腿自然伸直，上体保持立正姿势，身体重心大部分落于右脚。稍息过久，可自行换脚（换脚时先收回左脚，成立正姿势后，再伸出右脚）。

要求：立正时，要精神振作，姿态端正，军容严整。

（二）稍息

稍息是队列动作中一种休息和调整姿势的动作，可与立正互换。

口令："稍息"。

要领：听到"稍息"的口令后，左脚顺脚尖方向伸出约全脚的2/3，两腿自然伸直，上体保持立正姿势，身体重心大部分落于右脚。稍息过久，可自行换脚（换脚时先收回左脚，成立正姿势后，再伸出右脚）。

要求：稍息时要求做到"两快一准"，即出脚快，收脚快，伸出的距离要准确。

（三）跨立

跨立（图7-2）主要用于军体操、执勤和舰艇上分区列队等场合，可与立正互换。

口令："跨立"。

要领：听到"跨立"口令后，左脚向左跨出约一脚之长，两腿挺直，上体保持立正姿势，身体重心落在两脚之间。两手后背，左手握右手腕，拇指根部与外腰带下沿（内腰带上沿）同高；右手手指并拢自然弯曲，手心向后。持枪时不背手。

徒手跨立　　背面　　持枪跨立

图7-2　跨立姿势

要求：动作要准确、规范、定型、迅速。

（四）停止间转法

停止间转法是停止间变换方向的方法，分向右转、向左转、向后转。需要时还可半面向左（右）转。

1．向左（右）转

口令："向左（右）转"。

要领：听到"向左（右）转"的口令，以右（左）脚跟为轴，右（左）脚跟和左（右）脚掌前部同时用力，使身体协调一致向右（左）转90度。体重落在右（左）脚，左（右）脚取捷径迅速靠拢右（左）脚，成立正姿势。转动和靠脚步时，两腿挺直，上体保持立正姿势。

要求：停止间转法应做到"快、稳、准"。快，听到动令后旋转要快，前脚掌着地快，靠脚有力迅速。稳，转向新方向脚掌着地要快，上体正直，两肩要平，两臂不得外张，平稳地转向新方向。准，转向要准，靠脚要准。转动要有节奏，动作协调。

2．向后转。

口令：“向后转”。

要领：听到“向后转”的口令后，按向右转的要领向后转 180 度（转时裆部夹紧）。

要求：同向（右）左转动作要求。

（五）齐步行进与立定

齐步（图 7-3）是军人行进的常用步法，一般用于队列整齐行进。

口令：“齐步走”“立定”。

要领：左脚向正前方迈出约 75 厘米，按照先脚跟后脚掌的顺序着地，身体重心前移，右脚照此法动作；上体正直，微向前倾；手指轻轻握拢，拇指贴于食指第二节，两臂前后自然摆动，向前摆臂时，肘部弯曲，小臂自然向里合，手心向内稍向下，拇指根部正对衣扣线并与最下方衣扣同高（着夏季作训服时，与第四衣扣同高；着冬季作训服时，与第五衣扣同高；着水兵服时，与腰带同高），离身体约 25 厘米；向后摆臂时，手臂自然伸直，手腕前侧距裤缝线约 30 厘米，行进速度每分钟 116～122 步；听到“立定”的口令，左脚向前大半步，脚尖稍向外，右脚取捷径迅速靠拢左脚，成立正姿势。

要求：齐步行进时，精神振作，两眼注视前方，步幅步速要准确，臂腿结合要协同。脚迈出后，按脚跟、脚掌的顺序着地。

（六）正步行进与立定

正步（图 7-4）主要用于分列式和其他礼节性场合。

图 7-3　齐步

图 7-4　正步

口令：“正步走”“立定”。

要领：左脚向正前方踢出约 75 厘米（腿要绷直，脚尖下压，脚掌与地面平行，离地面约 25 厘米），适当用力使全脚掌着地，同时，身体重心前移，右脚照此法动作；上体正直，微向前倾；手指轻轻握拢，拇指伸直贴于食指第二节；向前摆臂时，肘部弯曲，小臂略成水平，手心向内稍向下，手腕下沿摆到高于最下方衣扣约 10 厘米处（着夏季作训服时，约与第三衣扣同高；着冬季作训服时，约与第四衣扣同高；着水兵服时，手腕上沿距领口角约 15 厘米），离身体约 10 厘米，向后摆臂时（左手心向右，右手心向左），手腕前侧距裤缝约 30 厘米。行进速度每分钟 110～116 步；听到立定的口令后，左脚向前大半步，两腿挺直，右脚取捷径迅速靠拢左脚，成立正姿势。

要求：正步行进时，上体保持正直，姿态端正，动作协调，具体动作要求如下。

（1）踢腿，前脚掌着地时，后腿自然伸直，当后脚尖运动到前脚踝骨处时，应加速运动，猛力踢出，踢时压脚尖，绷脚面，腿挺直，使脚掌与地面平行。全脚掌适当用力着地，落地要快，脚着地后要稳。

（2）摆臂，两臂自然摆动，小臂带动大臂，肩关节放松，不抬肘，不夹臂。

（3）臂腿结合，做到脚着地臂不动，踢腿同时摆臂，应做到“两快”“一停”。两快：摆臂快，踢腿快（摆臂像闪电，踢腿像射箭）；一停：臂摆到胸前稍有停顿感。做到踢腿摆臂到位，臂腿结合协调。

（七）跑步行进与立定

跑步（图 7-5）主要用于快速行进。

口令：“跑步走”“立定”。

要领：听到预令，两手迅速握拳（四指蜷握，拇指贴在食指第一关节和中指第二关节上），提到腰际，约与腰带同高，拳心向内，肘部稍向里合。听到动令，上体微向前倾，两腿微弯，同时左脚利用右脚掌的蹬力跃出约 85 厘米，前脚掌先着地，身体重心前移，右脚照此法动作；两臂前后自然摆动，向前摆臂时，大臂略垂直，肘部贴于腰际，小臂略平，稍向里合，两拳内侧各距衣扣线约 5 厘米；向后摆臂时，拳贴于腰际。行进速度每分钟 170～180 步；听到“立定”的口令，再跑两步，然后左脚向前大半步（两拳收于腰际，停止摆动）着地，右脚靠拢左脚，同时将手放下，成立正姿势。

图 7-5 跑步

要求：跑步时，应用两脚掌的弹力进行，不应脚跟先着地；两臂前后自然摆动，向前不露肘，向后不露手，肘部不得外张，两拳不得形成打鼓动作，不得围绕腹部左右摆动。立定时，不得垫步。即姿态端正，抱拳迅速，跃步明显，摆臂定位，前不露肘，后不露手，符合要求。做到“快摆短停不打鼓，适度里合不揉腹，屈腿前迎不下蹲，立定靠脚不垫步”。

（八）踏步、便步、移步

图 7-6 踏步

1. 踏步

踏步（图 7-6）用于调整步伐和整齐。

口令：“踏步走”（停止间），“踏步”（行进间）。

要领：听到“踏步——走”的口令，两脚在原地上下起落（抬起时，脚尖自然下垂，离地面约 15 厘米，落下时，前脚掌先着地），上体保持正直，两臂按齐步或跑步摆臂的要领摆动。踏步时听到“前进”的口令，继续踏两步，再换齐步或跑步行进。听到“立定”的口令，左脚踏一步，右脚靠拢左脚，原地成立正姿势。

要求：踏步时，上体不得左右晃动，摆臂要自然，动作要协调，步速要准确，两眼向前平视。不能前后运动，不得左右跨步。方队踏步时，要按指挥员口令动作，踩准军乐鼓点，标齐排面，前后对正，掌握好间隔距离。

2. 便步

便步用于行军、操练后恢复体力及其他场合。

口令："便步走"。

要领：听到"便步走"的口令，用适当的步速、步幅行进，两臂自然摆，上体保持良好姿态。

要求：便步走时，要保持好队形、良好的军姿和队列纪律。

3. 移步（五步以内）

移步用于调整队列位置。

（1）右（左）跨步。

口令："右（左）跨×步走"。

要领：上体保持正直，每跨一步并脚一次，其步幅约与肩同宽，跨到指定步数停止。

（2）向前或后退。

口令："向前×步走""后退×步走"。

要领：向前移步时，应按单数步要领进行（双数步变为单数步）。向前一步时，用正步，不摆臂；向前三、五步时，按照齐步走的要领进行。向后退时，从左脚开始，每退一步靠脚一次，不摆臂退到指定步数停止。

要求：数步移动时，步法要有节奏，步调一致。

（九）步法变换

步法变换，均从左脚开始。

1. 齐步、正步互换

口令："正步走""齐步走"。

要领：听到口令，右脚继续走 1 步，即换正步或齐步行进。

要求：要掌握好步幅步速，保持良好的军姿。

2. 齐步、跑步互换

口令："跑步走""齐步"。

要领：听到预令，两手迅速握拳提到腰际，两臂前后自然摆动；听到动令即换跑步行进。跑步换齐步，听到动令后，继续跑 2 步，然后换齐步行进。

3. 其他互换

齐步换踏步，听到口令，即换踏步。

跑步换踏步，听到口令，继续跑 2 步，然后换踏步。

踏步换齐步或跑步，听到"前进"的口令，继续踏 2 步，再换齐步或跑步。

动作要求：齐步换跑步时，第一步跃出后按 85 厘米行进，前脚掌先着地，行进中保持好军姿。

（十）行进间转法

行进间转法是行进间变换方向的方法，分为向右转走、向左转走、向后转走。

1. 齐步、跑步向右（左）转

口令："向右（左）转走"。

要领：听到动令，左（右）脚向前半步（跑步时，继续跑 2 步再向前半步），脚尖向右（左）约 45 度，身体向右（左）转 90 度时，左（右）脚不转动，同时出右（左）脚按原步法向新方向行进。

半面向右（左）转走，按向右（左）转走的要领转 45 度。

2．齐步、跑步向后转

口令：“向后转走”。

要领：听到动令，左脚向右脚前迈出约半步（跑步时，继续跑 2 步，再向前半步），脚尖向右约 45 度，以两脚的前脚掌为轴，向后转 180 度，出左脚按原步法向新方向行进。

要求：转动时，保持行进时节奏，两臂自然摆动，不得外张；两腿自然挺直，上体保持正直。

（十一）坐下、起立

口令：“坐下”“起立”。

要领：坐下时，左小腿在右小腿后交叉，迅速坐下（坐凳子时，听到口令，左脚向左分开约一脚之长），手指自然并拢放在两膝上，上体保持正直。起立时，全身协力迅速起立，成立正姿势。

要求：坐下、起立要做到姿态端正，动作迅速、准确、协调。

（十二）敬礼

敬礼是表示军人相互间的团结友爱，表示部属与首长、下级与上级相互尊重的礼节，部属或下级应当先向首长或上级敬礼，首长或上级应当还礼。敬礼分为举手礼、注目礼和举枪礼。

口令：“敬礼”“礼毕”。

1．举手礼

要领：上体正直，右手取捷径迅速抬起，五指并拢自然伸直，中指微接帽檐右角前约 2 厘米处（戴无帽檐帽或不戴军帽时，微接太阳穴与眉同高），手心向下，微向外张（约 20 度），手腕不得弯曲，右大臂略平，与两肩略成一线，同时注视受礼者。听到礼毕口令后将手放下。

要求：行举手礼时，动作要迅速，姿态要端正，两眼注视受礼者。做到“三个一条线”，即从头到脚上下一条线，右大臂与两肩略成一线，手与小臂略成一线。

2．注目礼

要领：面向受礼者成立正姿势，同时注视受礼者，并目迎目送（右、左转头角度不超过 45 度）。听到礼毕后将头转正。

（十三）脱戴帽

口令：“脱帽”“戴帽”。

要领：听到“脱帽”的口令，双手捏帽檐或帽前端两侧，将帽取下，取捷径置于左小臂，帽徽向前，掌心向上，四指扶帽檐或前端中央处，小臂略成水平。听到“戴帽”的口令，双手将帽迅速戴上。

要求：脱帽、戴帽时，动作要准确、规范、定型，有节奏感。脱帽时，做到“三快一稳”，即抬手快，取帽快，放手快，左小臂托帽要平稳。戴帽时做到“三快一正”，即抬手快，戴帽快，放手快，帽子戴好后要正（图 7-7）。

图 7-7　徒手脱帽礼

二、分队的队列动作

（一）队列队形

队列队形是分队、部队按照规范集体活动的一种队列形式。

1．基本队形和队列的间距

队列的基本队形为横队、纵队、并列纵队。需要时，可以调整为其他队形。

队列人员之间的间隔（两肘之间）通常约 10 厘米，距离（前一名脚跟至后一名脚尖）约 75 厘米。需要时，可以调整队列人员之间的间隔和距离。

2．班、排、连的队形

（1）班的队形。

班的基本队形分为横队和纵队。需要时，可以成二列横队或者二路纵队。

（2）排的队形。

排的基本队形分为横队和纵队。排横队，由各班的班横队依次向后排列组成。排纵队，由各班的班纵队依次向右排列组成。

排长的队列位置：横队时，在第一列基准兵右侧；纵队时，在队列中央前。

3．连的队形

连的基本队形分为横队、纵队和并列纵队。连横队，由各排的排横队依次向左并列组成。连纵队，由各排的排纵队依次向后排列组成。连并列纵队，由各排的排纵队依次向左并列组成。连部和炊事班或者连部、炊事班和 60 迫击炮班分别以二列（路）或者三列（路）组成相应的队形，位于本连队尾。

连指挥员的位置：横队、并列纵队时，位于一排长右侧，前列为连长、副连长，后列为政治指导员、副政治指导员；纵队时，位于一排长前，前列为连长、政治指导员，后列为副连长、副政治指导员（未编有副政治指导员时，后列中央为副连长）。

（二）集合、离散

1．集合

集合时，指挥员应当先发出预告或者信号，如“全连（或者×排）注意”，然后，站在预定队形的中央前，面向预定队形成立正姿势，下达“成××队形集合”的口令。所属人员听到预告或者信号，原地面向指挥员成立正姿势；听到口号，跑步到指定位置面向指挥员集合（在指挥员后侧的人员，应当从指挥员右侧绕过），自行对正、看齐，成立正姿势。

（1）班集合。

口令：成班横队（二列横队）集合。

要领：基准兵迅速到班长左前方适当位置，成立正姿势；其他士兵以基准兵为准，依次向左排列，自行看齐。

成班二列横队时，单数士兵在前，双数士兵在后。

口令：成班纵队（二路纵队）集合。

要领：基准兵迅速到班长前方适当位置，成立正姿势；其他士兵以基准兵为准，依次向后排列，自行对正。

成班二路纵队时，单数士兵在左，双数士兵在右。

（2）排集合。

口令：成排横队集合。

要领：基准班在指挥员前方适当位置，成班横队迅速站好，其他班成班横队。以基准班为准，依次向后排列，自行对正、看齐。

口令：成排纵队集合。

要领：基准班在指挥员右前方适当位置，成班纵队迅速站好：其他班成班纵队，以基准班为准，依次向右排列，自行对正、看齐。

（3）连集合。

口令：成连横队集合。

要领：队列内的连指挥员或者基准排，在指挥员左前方适当位置，成横队迅速站好；各排和连部成横队，以连指挥员或者基准排为准，依次向左排列，自行对正、看齐。

口令：成连纵队集合。

要领：队列内的连指挥员或者基准排，在指挥员前方适当位置，成纵队迅速站好；各排和连部成纵队，以连指挥员或者基准排为准，依次向后排列，自行对正、看齐。

口令：成连并列纵队集合。

要领：队列内的连指挥员或者基准排，在指挥员左前方适当位置，成纵队迅速站好；各排和连部成纵队，以连指挥员或者基准排为准，依次向左排列，自行对正、看齐。

2．离散

离散，是使队列的单个军人、分队、部队各自离开原队列位置的一种队列动作。

（1）离开。

口令：各营（连、排、班）带开（带回）。

要领：队列中的各营（连、排、班）指挥员带领本队迅速离开原列队位置。

（2）解散。

口令：解散。

要领：队列人员迅速离开原列队位置。

（三）整齐、报数

1．整齐

整齐，是列队人员按照规定的间隔、距离，保持行、列齐整的一种队列动作。整齐分为向右（左）看齐和向中看齐。

口令：“向右（左）看齐”“向前看”。

要领：基准兵不动，其他士兵向右（左）转头（持枪时，听到预令，迅速将枪稍提起，看齐后自行放下），眼睛看右（左）邻士兵腮部，前四名能通视基准兵，自第五名起，以能通视到本人以右（左）第三人为度。后列人员，先向前对正，后向右（左）看齐。听到“向前看”的口令，迅速将头转正，恢复立正姿势。

口令：“以×××为准，向中看齐（向前看）”。

要领：当指挥员指定“以×××为准（或者以第×名为准）”时，基准兵答“到”，同时左手握拳高举，大臂前伸与肩略平，小臂垂直举起，拳心向右。听到“向中看齐”的口令后，其他士兵按照向左（右）看齐的要领实施。听到“向前看”的口令后，基准兵迅速将手放下，其他士兵迅速将头转正，恢复立正姿势。

一路纵队看齐时，可以下达“向前对正”的口令。

2．报数

口令：“报数”。

要领：横队从右至左（纵队由前向后）依次以短促洪亮的声音转头（纵队向左转头）报数，最后一名不转头。数列横队时，后列最后一名报“满伍”或者“缺×名”。连集合时，由指挥员下达“各排报数”的口令，各排长在队列内向指挥员报告人数，如“第×排到齐”或者“第×排实到××名”。必要时，连也可以统一报数。

（四）出列、入列

单个军人和分队出、入列通常用跑步（5 步以内用齐步，1 步用正步），或者按照指挥员指定的步法执行；然后，进到指挥员右前侧适当位置或者指定位置，面向指挥员成立正姿势。

1．单个军人出列、入列

（1）出列。

口令：“×××（或者第×名），出列”。

要领：出列军人听到呼点自己姓名或者序号后应答“到”，听到“出列”的口令后，应答“是”。

位于第一列（左路）的军人，按照本条上述规定，取捷径出列。

位于中列（路）的军人，向后（左）转，待后列（左路）同序号的军人向后退 1 步（左后退 1 步）让出缺口后，按照本条的上述规定从队尾（纵队时从左侧）出列；位于“缺口”位置的军人，待出列军人出列后，即复原位。

位于最后一列（右路）的军人出列，先退 1 步（右跨 1 步），然后，按照本条有关规定从队尾出列。

（2）入列。

口令：“入列”。

要领：听到“入列”的口令后，应当答“是”，然后，按照出列的相反程序入列。

2．班、排出列、入列

（1）出列。

口令：“第×班（排），出列”。

要领：听到“第×班（排）”的口令后，由出列班（排）的指挥员答“到”，听到“出列”的口令后，由出列班（排）的指挥员答“是”，并用口令指挥本班（排），按照本条的有关规定，以纵队形式从队尾（位于第一列的班取捷径）出列。

（2）入列。

口令：“入列”。

要领：听到“入列”的口令后，由入列班（排）指挥员答“是”，并用口令指挥本班（排），以纵队形式从队尾（位于第一列的班取捷径）入列。

（五）行进、停止

横队和并列纵队行进以右翼为基准，纵队行进以左翼为基准（一路纵队行进以先头为基准）。

1．行进

指挥员应下达“×步走”的口令，听到口令，基准兵向正前方行进，其他士兵向基准翼标齐，保持规定的间隔、距离行进。纵队行进时，排、连通常成三路纵队，也可以成一、二路纵队。行进中，需要时，用“一二一”（调整步法的口令）、“一二三四”（呼号）或者唱队列歌曲，以保持步伐的整齐和振奋士气。

2．停止

指挥员应下达“立定”的口令。动作要整齐一致。听到口令，按照立定的要领实施。分队的动作要整齐一致。停止后，听到“稍息”的口令，先自行对正、看齐，再稍息。

思考与练习

1．共同条令的基本内容是什么？

2．单个军人的队列动作包括哪几项？

3．简述中国人民解放军纪律的基本内容。

4．为什么要贯彻执行共同条令，它具有什么重要意义？

第八章　军事技能训练

第一节　轻武器射击

一、轻武器基本常识

（一）轻武器的概念

轻武器是指可由单兵或班组携带和使用的武器，是陆军步兵的基本武器，亦是空军、海军和其他军兵种自卫和近战突击武器。轻武器大都由单人或班组操作使用，是当今军事武器库中数量最多、装备最早、用途最广的武器装备。

习惯上，人们把利用火药在管形发射具内燃烧产生巨大的气体能量，将弹头和炮弹发射出去杀伤敌人的武器，其口径在 20 毫米以下的叫作枪，20 毫米以上的叫作炮。

随着现代战场上的装甲目标不断增多和科学技术不断应用于战场，单兵不仅要对付敌有生目标，而且要对付敌装甲目标和武装直升机。因此，单兵火箭、单兵防空导弹等武器应运而生，轻武器的概念不断扩展。所以，凡重量较轻，能由单兵或班组操作使用的武器都称为轻武器，包括各种枪械、单兵面杀伤武器、便携式反坦克武器和单兵防空导弹等。

（二）轻武器的分类

轻武器的分类是多种多样的，按武器的口径，可将轻武器分为大口径武器和小口径武器；按武器的自动方式，可分为半自动武器和全自动武器。在很多情况下，轻武器是按用途分类的。现装备的轻武器按用途可分为手枪、步枪、冲锋枪、机枪、火箭筒、手榴弹、榴弹发射器和喷火器等。

1．手枪

手枪以单手射击为主要射击方式，是用于自卫的短枪管枪械的总称。手枪按使用对象可分为军用手枪、警用手枪和运动用手枪；按用途可分为自卫手枪、 战斗手枪（大威力手枪和冲锋手枪）和特种手枪（包括微声手枪和各种隐形手枪）；按结构可分为半自动手枪、自动手枪、冲锋手枪、转轮手枪、微声手枪等。手枪主要用以装备指挥员和特种兵，可杀伤近距离上的有生目标。

单发射击的手枪，由于其重量轻、尺寸小，便于隐蔽和突然射击，精度较好，通常配备给特种兵和营以上的指挥人员使用。与其他枪械比，手枪的主要特点有以下几个。

（1）质量小，体积小，满装枪弹后，军用手枪一般在 1 千克左右，警用手枪在 800 克左右，便于随身携带。

（2）枪管较短，口径多在 7.62～11.43 毫米之间，也有采用小口径的，但大多采用 9 毫米口径，适合杀伤近距离内的有生目标。

（3）弹匣供弹，自动手枪弹匣容量大，多为6～12发，有的可达20发；左轮手枪则容弹量小，一般为5～6发。

（4）多采用半自动（单发）射击，但也有少数手枪（如冲锋手枪）采用全自动（连发）射击方式。前者战斗射速为30～40发/分，后者战斗射速高达120发/分左右。

（5）结构简单，操作方便，易于大批量生产，成本低。手枪的不足之处是有效射程近，一般为50米左右，冲锋手枪的有效射程远些，但也不超过150米。由于冲锋手枪质量较大，连发精度差，火力不及冲锋枪，因此，尚未被广泛采用。

我国研制的92式5.8毫米手枪是供我军指挥员及有关人员（如特种部队）装备的军用战斗手枪，主要用于杀伤50米距离内的有生目标，手枪的口径为5.8毫米，使用弹种为DAP5.8毫米普通弹，全枪质量为0.76千克（含一个空弹匣），全枪长为188毫米，弹匣容弹量为20发，射击方式为半自动方式，自动式方式为枪管回装半自由枪机式，闭锁式方式为惯性闭锁，全枪寿命大于3000发。

2．步枪

最早人们称步枪为“来复枪”，它是单兵使用的长身管肩射武器。很多现代步枪还可发射枪榴弹，用以杀伤敌人的集团有生力量，使用穿甲榴弹、穿甲燃烧榴弹，还可以对敌人的轻型装甲目标射击。

步枪按自动方式分为非自动步枪、半自动步枪和全自动步枪。现代步枪多为全自动步枪，按作战用途分为普通步枪、突击步枪、狙击步枪、骑枪（卡宾枪）。按装备对象分为军用步枪、警用步枪、运动步枪。

步枪由于枪管和瞄准基线较长，精度相对较好，战场上主要用于执行精确射击的任务，对敌单个、点状目标进行射击，其有效射程通常为400米。狙击步枪由于配备了光学瞄准镜和使用专用子弹，射击精度有很大提高，其有效射程可达1000米以上，战场上主要对敌指挥人员和点状重要目标射击。现代步枪的主要特点：

（1）采用多种自动方式，包括枪机后坐式（自由枪机式和半自由枪机式）、管退式（枪管短后坐式和枪管长后坐式）、导气式（活塞长行程、活塞短行程和导气管式），但多数现代步枪的自动方式为导气式。

（2）有多种发射方式，包括单发、连发和3发点射方式等。

（3）一般配有枪口制退器、消焰器、防跳器，有的可安装榴弹发射器，发射榴弹。

（4）半自动步枪一般采用不可更换的弹仓，容弹量为5～10发；自动步枪则采用可更换的弹匣，容弹量为10～30发。

全枪长度较短，一般在1000毫米左右，质量小，空枪质量一般为3～4千克，便于携带和操作。

（6）初速大，一般为700～1000米/秒；战斗射速高，半自动步枪为35～40发/分，自动步枪则为80～100发/分，能够形成密集的火力。

（7）寿命长，半自动步枪一般至少为6000发，自动步枪不低于10000发。

（8）结构简单，加工制造容易，造价低。

较有代表性的突击步枪有俄罗斯7.62毫米AK47和AK74突击步枪、美国5.56毫米M16A2自动步枪、法国5.56毫米FMS突击步枪、奥地利5.56毫米AUG突击步枪、德国

7.62 毫米 G3 步枪、以色列加利尔突击步枪、新加坡 5.56 毫米“无敌”自动步枪等。较有代表性的狙击步枪有我国八五式狙击步枪，美国 M21 狙击步枪，苏联 SVD 狙击步枪，英国 PM 狙击步枪，德国 MSG3、SP66、M86 狙击步枪，法国 FR-F2，奥地利 SSG69 狙击步枪，以色加利尔列 M36 狙击步枪等。

3．冲锋枪

冲锋枪是一种短枪管、发射步机弹的抵肩或手持射击的武器。它的威力介于步枪和机枪之间，其特点是：比步枪短小轻便，携弹量大，火力猛，在 200 米内具有良好的杀伤效果，冲锋枪的结构简单，枪管较短，便于隐蔽和携带；装备于步兵和其他诸兵种使用，以其较强的火力杀伤近距离的有生目标。

与其他枪械相比，冲锋枪的主要特点如下。

（1）比步枪短小轻便。采用短枪管，枪托通常可以伸缩或折叠，便于在有限空间内操作和突然开火。现代冲锋枪打开枪托时全枪长 550～750 毫米，枪托折叠后全枪长 450～650 毫米；普通冲锋枪的全枪质量一般为 3 千克左右，轻型或微型冲锋枪一般在 2 千克以下。

（2）火力猛。大多数冲锋枪采用 30～40 发容弹量的直弹匣或弧形弹匣供弹，少数采用 50、100 发螺旋式弹匣或 70、100 发弹鼓供弹。战斗射速单发时约为 40 发/分，连发时为 100～120 发/分。

(3）使用帕拉贝鲁姆手枪弹。大多数冲锋枪使用 9 毫米帕拉贝鲁姆手枪弹，该弹具有较大的停止作用和良好的内外弹道综合性能，能够满足近距离作战的需要。

（4）工作原理简单。绝大多数冲锋枪采用自由枪机式工作原理，开膛待击式击发方式，以利于简化结构、枪管冷却和防止枪弹自燃。结构简单，造价低，便于大量生产。

最初的冲锋枪是根据手枪子弹设计的，现代的冲锋枪有些也使用步枪弹。微声冲锋枪具有微声、微光、微烟的性能，是侦察兵使用的主要武器。有代表性的冲锋枪有中国的七九式、八二式、八五式，美国的 M3 式，德国的 MP42 式，俄罗斯的 AKS74 式，以色列的“乌齐”，意大利的伯莱塔冲锋枪等。

4．机枪

机枪是指带有两脚架、枪架或枪座，能实施连发射击的自动枪械。机枪以杀伤有生目标为主，也可以射击地面、水面或空中的薄壁装甲目标，或压制敌火力点。机枪通常分为轻机枪、重机枪、通用机枪和大口径机枪。根据装备对象，又分为野战机枪（含高射机枪）、车载机枪（含坦克机枪）、航空机枪和舰用机枪。

轻机枪是步兵班的主要自动武器，它具有良好的机动性、隐蔽性和一定的射程及足够的战斗射速，所以成为中、近距离上作战的有力武器。它能伴随步兵班在各种条件下作战，用以杀伤中、近距离上的集团和单个重要的有生目标，其有效射程一般为 800 米。

重机枪装有稳固的枪架，射击精度较好，能长时间连续射击，可分解搬运。其战斗射速为 200～300 发/分，有效射程平射为 800～1000 米，高射为 500 米。通用机枪，又称两用机枪，以两脚架支撑，可当轻机枪用，装在枪架上可当重机枪用。大口径机枪，口径一般在 12 毫米以上，可高射 2000 米内的空中目标、地面薄壁装甲目标和火力点。目前我国装备部队的主要有：56 式和 81 式轻机枪、57 式和 67 式重机枪、筋式通用机枪等。

5．火箭筒

火箭筒是一种发射火箭弹的便携式反坦克武器。它具有良好的机动性、隐蔽性和一定的射程，它能伴随步兵在各种条件下作战，是步兵中、近距离反坦克的主要武器，其有效射程多为 300 米，破甲威力随火箭筒口径的不同而不同。

火箭筒的主要特点如下。

（1）质量小、结构简单、操作方便、造价低，可以单兵携带，易于大量生产和装备。

（2）弹道低伸、射击精度较高。

（3）射速高，火力猛，杀伤效果特别大。

（4）能在有限空间内使用，适于城镇巷战，也能在碉堡、掩体以及野战工事内使用。

（5）可减小发射痕迹，战场生存能力较强。

目前我国装备的主要有 40 毫米反坦克火箭筒、69 型 40 毫米便携式火箭筒和 70 型 62 毫米单兵反坦克火箭筒等。

6．手榴弹

手榴弹是指用手投掷的弹药，它也属于轻武器的范围，一般由弹体和引信两部分组成。手榴弹可分为杀伤、反坦克、燃烧、发烟、照明、毒气和教练等弹种。因早期榴弹的外形和破片有些像石榴和石榴子，故得此名。

杀伤手榴弹分为两种。一种是常用的破片型（也称防御手榴弹），主要用破片杀伤有生目标，兼有震慑破坏作用。一般全弹重 300～600 克，有的仅重 120 克，也有的重达 1 千克。有效破片数量为 300～1000 片，有的可达 5000 片以上，杀伤半径为 5～15 米。另一种是爆破型（也称进攻手榴弹），弹壳用铁皮、塑料或其他材料制成。一般全弹重 100～400 克，爆炸时，产生爆轰作用，震慑杀伤敌人。因所生破片很轻飞散不远，投掷后继续冲锋，也不致伤及自己，适于在进攻中使用。

手榴弹的主要特点如下。

（1）体积小、质量小。手榴弹的体积与质量直接影响着士兵的负荷大小，影响着士兵的整个战术动作和短兵相接时的战斗效果。因此，常用的防御手榴弹的弹径一般在 50 毫米左右，全弹长为 100 毫米，全弹质量为 300～600 克，有的仅 120 克。

（2）结构简单、造价低廉。由于手榴弹装备量和消耗量大，因此在保证使用安全可靠的前提下，一般结构很简单，只有弹体和引信两部分，弹体用铸铁或薄钢片、铁皮或塑料制成，成本低廉。

（3）操作简易、使用方便。手榴弹是所有武器弹药中操作使用最为简便的，它既不需要任何投掷装置，也不需要任何复杂的操作程序和附加条件，只要知道简单的操作方法后即可使用。

（4）弹种齐全、用途广泛。根据需要，手榴弹只要改变战斗部结构与装药，就可改变成为一个新的弹种。由于手榴弹弹种很多，因此使用范围很广，除战场作战使用外，防暴、灭火、杀虫等民用手榴弹应用也很普遍。

7．榴弹发射器

榴弹发射器，是一种发射小型榴弹的多用途武器，威力大，火力强，主要用来杀伤有生力量，也可用来打击轻装甲目标，能填补手榴弹最大投掷距离和迫击炮射程之间的火力空白，具有点面杀伤作用。榴弹发射器主要用于毁伤有生目标和轻型装甲目标，口径一般为20～60毫米，外形、结构和使用方式大多像步枪和机枪。榴弹发射器也有与迫击炮相似的，又称投掷筒。

按射击方式或自动化程度，榴弹发射器可分为下列几种：专用肩射式，又称榴弹枪，如美国的M79型；枪挂式，如美国的M203型，可装在M16A1、M16A2步枪上；半自动式，如南非的MGL型；全自动式，如美国的MK19型、中国的W87型，这种自动榴弹发射器又叫榴弹机枪。

榴弹发射器除因不同发射方式和发射原理所决定的不同性能特点外，还具有以下几个特点。

（1）它集枪炮的低伸弹道和迫击炮的弯曲弹道于一体，可对掩蔽物后（如山丘背后）的目标进行超越射击，也可对近距离目标进行直接射击。

（2）单兵榴弹发射器可单独机动使用；多兵榴弹发射器采用两脚架或三脚架，由几个士兵共同操作；车（机）载榴弹发射器须装在车辆、舰艇、直升机上的专用架座上使用。

（3）一般采用弹链或弹鼓供弹。

（4）使用的弹种较多，主要有杀伤弹、杀伤破甲弹、榴霰弹以及发烟弹、照明弹、信号弹、教练弹等。

8．喷火器

喷火器是喷射燃烧液柱的近距离火攻武器，亦称火焰喷射器，主要用于攻击火力点，消灭防御工事内的有生力量，杀伤和阻击冲击的集群步兵。喷火器喷出的油料可形成猛烈燃烧的火柱，能四处飞溅，黏附燃烧，顺着堑壕、坑道拐弯，杀伤荫蔽处的目标，并有精神震慑作用。由于燃烧要消耗氧和产生有毒烟气，能使工事内的人员窒息。在攻击坑道、洞穴等坚固工事时，喷火器具有其他直射武器所没有的作用。

喷火器有便携式和车载式两种类型。前者最大射程为40～80米，后者最大射程为200米左右。此外，还有手提式喷火器、重喷火器、地雷式和堡垒式喷火器等。

（三）子弹

1．子弹的构成

子弹由弹头、弹壳、底火和发射药等组成。弹头，用以杀伤敌人的有生力量；弹壳，用以容纳发射药、安装弹头和底火；底火，用以点燃发射药；发射药燃烧后产生火药气体，推送弹头前进。

2．子弹的种类、用途和标志

（1）普通弹用以杀伤敌人的有生力量。弹头头部未涂色。

（2）曳光弹主要用以试射、指示目标和发信号。曳光弹命中干草能起火，曳光距离可达800米。弹头头部为绿色。

（3）燃烧弹主要用以引燃易燃物体，如汽油、煤油、柴油、干草等。

（4）穿甲燃烧弹主要用以射击飞机等轻装甲目标（在200米距离上穿甲厚度为7毫米），并能在穿透装甲后引燃燃油。穿甲燃烧弹的弹头头部为黑色并有一道红圈。

另外，还有空包弹、教练弹等辅助弹。空包弹主要用以演习，没有弹头，弹壳口收口压花并密封，教练弹主要用以练习装弹、退弹、击发等动作，外形和重量与普通弹相似，弹壳上有3道凹槽，无发射装药，底火为橡皮制成。

子弹箱外均标有弹种、数量、批号和年号等。

（四）轻武器的保养

爱护武器、子弹是军人的重要职责，是一项经常性的战备措施，也是预防故障的有效方法。为此，必须做到勤检查、勤擦拭、不碰摔、不生锈、不损坏、不丢失，使武器弹药保持完好状态。

1．武器弹药的检查

（1）外部检查。主要检查金属部分是否有污垢、锈痕和碰伤，木质部分是否有裂缝和碰伤，各部机件号码是否一致，准星是否弯曲或松动等。

（2）枪膛检查。检查枪膛是否有污垢、生锈和损伤。

（3）机能检查。装上数发教练弹，拉送枪机数次，检查送弹、闭锁、击发、退壳及保险时各部件机能是否正常。

（4）附品和子弹的检查。检查附品是否齐全完好，子弹有无锈痕、凹陷、裂缝，弹头是否松动等。

2．擦拭时机和要求

实弹射击后，应用浸透油和碱水（肥皂水）的布，将武器内的烟渣、污垢擦洗干净，并用干布擦干后再上油，在以后三四天内应每天擦拭一次；训练、演习后，应适时地用干布和油布进行擦拭；不经常使用时，每周至少擦拭一次。在严寒的室外将枪带到室内时，应待出水珠后再擦拭上油。枪被海水浸过或遭受毒剂和放射性物质沾染后，应先用淡水冲洗后再擦拭。

擦拭上油后，应放在通风干燥处晾干，严禁火烤和暴晒。

3．擦拭上油的方法

（1）擦拭前，应分解武器，准备擦拭用具。使用通条时，应将通条穿过筒盖或枪口罩，拧紧擦拭杆。然后，将通条与筒体、铳子或穿钉连接在一起。

（2）擦拭枪膛时，把布条缠在擦拭杆活动部分，并插入枪膛，将筒盖或枪口罩套在枪口上，沿枪膛全长均匀地来回擦拭（弹膛应从后面擦拭），直到擦净。而后，用布条或鬃刷涂油。

（3）擦拭导气箍、活塞筒时，用通条或木杆缠布擦拭，擦净后涂油。

（4）擦拭其他机件时，应先擦净表面的烟渣和污垢，对孔、槽、沟等细小部分，可用竹（木）签缠上布进行擦拭，而后薄薄地涂上一层油。

（5）故障与排除方法。在射击中，如果发生枪械故障，通常拉枪机向后，重新装弹继续射击。如果故障仍然存在，应迅速查明原因并予以排除。若排除不了，应迅速向指挥员报告。半自动步枪可能出现的故障、原因及排除方法如下。

① 不送弹。发生原因：弹仓过脏或损坏，机件过脏，枪机后退不到位。排除方法：擦拭或更换弹匣，擦拭过脏机件。

② 不发火。发生原因：子弹底火失效，击锤簧弹力不足，击针损坏。排除方法：更换子弹，更换击针或击针簧。

③ 不退壳。发生原因：子弹、枪机、机匣、弹膛及火药气体通路过脏，枪机后退不到定位，抓弹钩过脏或损坏。排除方法：捅出膛内弹壳，擦拭过脏机件，更换抓弹钩。

④ 枪机后退不到定位。发生原因：弹膛、机匣、枪机和复进机过脏或枪油凝结，子弹变形或弹匣口过脏。排除方法：推枪机到定位，擦拭过脏机件，更换子弹或弹匣。

⑤ 不抛壳。发生原因：火药气体通路过脏，机件过脏，枪机后退不到定位。排除方法：卸下弹匣，取出弹壳，擦拭过脏机件。

二、简易射击原理

（一）发射和后坐

1. 发射

发射是指火药气体压力将弹头从枪膛内报送出去的现象。其具体过程是：击针撞击子弹底火，使起爆药发火，火焰通过导火孔引燃发射药，产生大量气体，在膛内形成高压，迫使弹头脱离弹壳，沿膛线旋转加速前进，直至推出枪口。

2. 后坐

后坐是指发射时枪械向后运动的现象。发射药燃烧时，产生的气体同时作用于各个方向。作用于枪膛壁的压力被膛壁所阻；向前的压力推动弹头前进；向后的压力抵压弹壳底部和枪机，经过枪机传递给整个枪械，使枪产生向后的运动，从而形成后坐。武器的后座和弹头向前的运动是同时进行的。而在弹头出膛脱离枪口的一瞬间，激发弹头的火药气体也随弹头之后从枪膛内向外喷出，形成的反作用力使得武器的后座更加明显。

后坐对于单发射击影响较小，因为弹头在膛内运动的时间极短，约为千分之一秒，而且枪械的重量要远远大于弹头的重量，所以弹头在脱离枪口以前，枪的后坐距离仅有 1 毫米多，加上射手衣服和肌肉的缓冲，基本是觉察不出来的，射手感受到的后坐主要是子弹出膛后火药气体形成的反作用力造成的，但此时弹头已经出膛，对命中率影响很小。连发枪械第一发子弹的命中率与单发设计基本相似，但对于后续连发的子弹，因第一发子弹射击后产生的后坐力使枪发生移动，改变了瞄准线，所以影响较大。因此，在连发射击时，射手必须掌握一定的连发射击规律和握枪要领，只有这样才能提高命中精度。

（二）弹道

1. 弹道的定义

弹道是指弹头脱离枪口在空气中飞行的路线。弹头在飞行中，一面受地心引力的作用，逐渐下降面受空气阻力的作用，会越飞越慢。这两种力的作用，使弹头的飞行线路形成一条不均等的弧线，升弧较长较直，降弧较短较弯曲。

2. 直射

直射是指瞄准线上的弹道高在整个表尺距离内不超过目标高的射击。这段表尺的距离叫作直射距离。

直射距离的大小是目标的高低与弹道的低伸程度决定的。目标越高，弹道越低伸，直射距离就越大；目标越低，弹道越弯曲，直射距离就越短。通常情况下，半自动步枪和冲锋枪对人头目标的直射距离为 200 米，对人胸目标的直射距离为 300 米，对半身目标的直射距离为 400 米。

在射击过程中，对在直射距离内的目标进行射击时，瞄准目标下沿射击，不变更表尺分划即可进行连续射击，以增大射速，提高射击效果。

3．危险界、遮蔽界和死角

危险界是指弹道高没有超过目标高的一段距离。分为表尺危险界和实地危险界，瞄准线上的弹道没有超过目标高的部分为表尺危险界；在实际地形上弹道高没有超过目标高的一段距离为实地危险界。

目标暴露得越高，地形越平坦，弹道越低伸，危险界就越大，目标就越容易被杀伤；目标暴露得越低，地形越复杂，弹道越弯曲，危险界就越小，目标就不易被杀伤。

遮蔽界是指从弹头不能射穿的遮蔽物顶端到弹着点的一段距离。死角是指目标在遮蔽界内不会被杀伤的一段距离。

同一弹道，同一目标，遮蔽物越高，遮蔽界和死角越大，反之越小。

同一遮蔽物，同一目标，落角越小，遮蔽界和死角就越大，反之越小。

同一遮蔽物，同一弹道，目标越高，死角越小，反之越大。

危险界、遮蔽界和死角有很大的实用意义，可以在作战中更好地隐蔽自己，以避开或减少敌人火力的杀伤，同时选择有利我方的射击位置，以增大危险界和减少射击地带内的遮蔽界和死角，有效歼灭敌人。

（三）选定表尺分划和瞄准点

1．瞄准具的作用

由于受到地心的引力和空气阻力的作用，弹头在飞行过程中高度逐渐下降，越飞越慢。为了命中目标，必须抬高枪口，使火身轴线与瞄准线之间形成一定的角度，即瞄准角。瞄准角的大小，是根据射弹在不同距离上的降落来确定的。距离越远，降落量越大，所需要的瞄准角就越大；距离越近，降落量越小，所需要的瞄准角也就越小。不同距离上枪口的抬高标准，在表尺上刻有相应的分划。只要按照目标的距离装定相应的表尺分划瞄准目标，就能命中目标。所以，选定正确的表尺分化，对准确命中目标有着决定性的意义。

瞄准的基本要素如下。

瞄准基线：缺口的上沿中央到准星尖的直线线段。

瞄准线：视线通过缺口上沿中央和准星尖的延长线。

瞄准点：瞄准线所指向的一点。

瞄准角：射线与瞄准线的夹角。

瞄准线上弹道高：弹道上任何一点到瞄准线的垂直距离。

弹着点：弹道与目标表面或地面焦点。

2．选定表尺分划和瞄准点

射击时，射手应根据目标的距离、大小和武器的弹道高度，正确选定表尺分划和瞄准点，确定表尺分划和瞄准点可采用以下方法。

第一，当目标距离是百米的整倍数时，就装定表尺几，将瞄准点放在目标的中央。

第二，当目标的距离不是百米的整倍数时，通常选定大于实距离的表尺分划，适当降低瞄准点，如目标距离是 180 米时，选定表尺 2。

第三，目标距离在 300 米内，通常装定表尺 3。小目标瞄准点是目标下沿，大目标的瞄准点在目标中央。

在战场上，目标往往游离不定，暴露大小不一，距离不断发生变化，对 300 米以内的目标进行射击时，通常选定表尺 3，小目标瞄准下沿，大目标瞄准中央射击，即可命中。这样可以争取时间，提高战斗射速，增大射击效果，在实践中有着重要的实用意义。

（四）外界条件对射击的影响及修正

各种武器的弹道基本诸元，都是在标准射击条件下计算出来的。实际射击时应根据标准射击条件和当时的现实射击条件之差进行相应的修正。

1. 风对射弹的影响及修正

风因其具有一定的速度和方向，所以它能改变射弹飞行的方向和距离，所以，必须准确地判断风向和风力，根据风对射弹的影响进行修正，以保证命中率。

（1）风向的判定。

横风：从左或右与射向成 90 度角吹的风。

斜风：与射向成锐角的风。射击时通常按与射向成 45 度角的风计算。

纵风：从后面或前面与射向平行吹的风。顺射向吹的风为顺风，逆射向吹的风为逆风。

（2）风力的判定。

风力按其大小分为强风、和风、弱风。风力的大小可用测风仪等仪器测出，也可以根据人的感觉和常见物体被风吹动的情况来判定。例如，弱风，为 2 级风，风速为 2～3 米/秒，人的面部和手稍感到有风，草微动，树叶微动并沙沙作响，旗帜微动并稍离旗杆；和风，为 3～4 级风，风速为 4～7 米每秒，人明显能够感觉到有风，吹过耳边时呜呜响，人能够面对风睁开眼睛，草被吹弯，树的细枝被吹弯，树叶剧烈摆动，旗帜展开飘动等。

（3）风对射弹的影响及修正。

横（斜）风能对弹头的侧面施加压力，使射弹偏向一侧，产生方向偏差。风力越大，距离越远，偏差就越大。风从左面吹来，射弹偏右；风从右面吹来，射弹偏左。为运用方便，根据不同距离上的修正量，可将横风条件下对 400 米内的目标射击时的瞄准情况归纳出如下口诀：“一百不用修，二百瞄耳线，三百瞄边沿，四百瞄接边。”

纵风能影响射弹的飞行距离。顺风时，空气阻力较小，射弹打远（高）；逆风时，空气阻力较大，射弹打近（低）。在近距离内，风速为 10 米/秒时，纵风对射弹影响很小。在 400 米内，风速小于 10 米/秒可不修正。对远距离目标射击时，应适当降低或提高瞄准点。

2. 阳光对瞄准的影响及克服方法

在阳光下瞄准时，由于阳光照射作用，缺口部分产生虚光，形成 3 层缺口：虚光部分、真实缺口、黑实部分。如果不注意辨清真实缺口位置，就容易产生误差，使射弹产生偏差。若用虚光瞄准，射弹就偏向阳光照来的方向；若用黑实部分瞄准，射弹就偏向阳光照来的反方向；在阳光照射下，缺口和准星同时产生虚光时，若用虚光部分瞄准，射弹偏低；若用黑实部分瞄准，射弹偏高。

为了克服阳光对瞄准的影响，可在不同方向的阳光照射下练习瞄准，采用遮光瞄准不遮光检查，或不遮光瞄准遮光检查的方法，反复练习，辨清真实缺口位置和正确瞄准的情况。此外，在阳光下瞄准的时间不宜过长，以免眼花而产生误差。平时要注意保护好瞄准具，不要让其磨光反光。

3. 气温对射弹的影响及修正

气温升高时，空气密度减小，射弹飞行中受到的空气阻力就小，射弹就打得高、打得远。气温降低时，空气密度增大，射弹在飞行中受到的空气阻力就大，射弹就打得低、打得近。标准气温条件为 15℃，在射击时，应在当地气温条件下校正武器的射效，若气温差别不大，400 米内对射弹命中影响不大，不必修正，若气温差别大或对远距离目标进行射击时，应当适当提高或降低瞄准点进行射击，以提高命中精度。

三、轻武器射击动作和方法

（一）验枪

验枪是使用武器前后确保安全的一项重要措施。验枪应该认真检查枪膛和教练弹中有无实弹。验枪时，严禁枪口对人。

口令：“验枪”“验枪完毕”。

1. 半自动步枪验枪

听到“验枪”口令后，以右脚掌为轴，身体半面向右转，左脚顺势向前迈出一步（两脚约与肩同宽），同时，右手将枪向前送出，左手接握下护木，左大臂紧靠左肋。枪托贴于胯骨，枪刺尖略与眼同高，右手打开保险和弹仓盖、移握机柄。当指挥员检查对，拉枪机向后。验过后，自行送回枪机，关上弹仓盖，扣扳机，关保险，移握枪颈。听到“验枪完毕”口令后，右手移握上护木，身体半面向左转，在右脚靠拢的同时，恢复持枪姿势。

2. 冲锋枪的验枪

听到“验枪”口令后，以右脚掌为轴，身体半面向右转，左脚顺势向前迈出一步（两脚约与肩同宽），同时，右手移握上护木，将枪向前送出（背带从肩上脱下），左手移提下护木，左大臂紧靠左肋，枪托贴于胯骨。准星略与肩同高，右手打开保险卸下弹匣，使弹匣口向后，左手握于护木右侧，右手移握机柄。当指挥员检查时，拉枪机向后。验过后自行送回枪机，装上弹匣，扣扳机，关保险，移握枪颈。听到“验枪完毕”口令移后，左手反握护木，将枪倒置于胸前，右手挑起背带。身体半面向左转，在右脚靠拢左脚的同时，两手协力将枪送上右肩，恢复肩枪姿势。

3. 自动步枪验枪

自动步枪验枪的要领同冲锋枪。

（二）射击准备

口令：“卧姿——装子弹”“退子弹——起立”。

1. 半自动步枪卧姿装退子弹和定复表尺

听到“卧姿——装子弹”口令后，右手将枪提起稍前倾，左脚向右脚尖前迈出一大步（也可右脚顺脚尖方向迈出一大步），左手在左（有）脚尖前支地，顺势卧倒，身体左侧，左肘支撑全身。右手将枪向目标方向送出，左手接握表尺下方，枪托着地，右手拉枪机到定位。解开弹袋扣，取出一夹子弹，插入弹夹槽，以食指或拇指将子弹压入弹仓（单发装填时，不应将第一发子弹压在右侧），取出弹夹，送弹上膛。以右手拇指和食指捏压游标卡笋，移动游标，使游标前切面对正所需的表尺分划。然后，右手移握枪颈，全身伏地。两脚分开约与肩同宽，身体与射向约成 30 度角，枪刺离地，目视前方，准备射击。

听到“退子弹——起立”口令后，稍向左侧身，右手打开弹仓盖，接住落下的子弹，装入弹袋，拇指慢持机枪机向后，余指接住从膛内退出的子弹，送回枪机，将子弹装入弹袋并扣好，关上弹仓盖，打开保险，扣扳机，关保险，复表尺，移握下护木，将枪收回。同时，左上劈向里合，屈左腿于右腿下，以左手和两脚支撑起身体，右脚向前迈一大步，左脚再向前迈一步，在右脚靠拢左脚的同时，恢复持枪姿势。

2．冲锋枪卧姿装退子弹

动作要领：听到“卧姿——装子弹”口令后，右手移握上护木，使枪口向前（背带从肩上脱下），左脚向右脚尖方向迈出一大步（也可右脚顺脚尖方向迈出一大步），左手在左（右）脚步尖前支地，顺势卧倒。以身体左侧、左肘支撑全身，右手将枪向目标方向送出，左手接捏下护木，枪面稍向左，枪托着地，右手打开枪刺，卸下空弹匣交给左手，换上实弹匣，将空弹匣装入弹袋并扣好，打开保险，拉枪机送子弹上膛，关上保险。右手拇指和食指捏压游标笋，移动游标，使游标前切面对正所需的表尺分。然后，右手移捏握把，全身伏地，两脚分开约与肩同宽，身体右侧与枪略成一线，目视前方，准备射击。

动作要领：听到“退子弹——起立”口令后，稍向左侧身，右手卸下实弹匣交给左手，打开保险，拇指慢拉枪机向后，余指接住从膛内退出的子弹，送回枪机，将子弹压入弹匣内，解开弹袋扣，换上空弹匣，把实弹匣装入弹袋内并扣好，扣扳机，关保险，复表尺，折回枪刺，移握上护木，将抢收回。同时，左小臂向里合，屈左腿于右腿下。以左手和两脚撑起身体，右脚向前一大步，左脚再向前迈一步。左手反握护木，将枪倒置于胸前，右手挑起背带，在右脚靠拢左脚的同时，两手协力将枪送上右肩，恢复肩枪姿势。

3．自动步枪卧姿装退子弹和定复表尺

听到“卧姿——装子弹”口令后，右手移握上护木，使枪口向前（背带从肩上脱下），左脚向右脚尖方向迈出一大步（也可右脚顺脚尖方向迈出一大步），左手在左（右）脚步尖前支地，顺势卧倒。以身体左侧、左肘支撑全身，右手将枪向目标方向送出，左手接握下护木，枪面稍向左，枪托着地，右手打开枪刺，卸下空弹匣交给左手，换上实弹匣，将空弹匣装入弹袋并扣好，打开保险，拉枪机送子弹上膛，关上保险。右手拇指和食指转动表尺转轮，使所需分划对正表尺一侧定位点。然后，右手移握握把，全身伏地，两脚分开约与肩同宽，身体右侧与枪略成一线，目视前方，准备射击。

听到“退子弹——起立”口令后，稍向左侧身，右手卸下实弹匣交给左手，打开保险，拇指慢拉枪机向后，余指接住从膛内退出的子弹，送回枪机，将子弹压入弹匣内，解开弹袋扣，换上空弹匣，把实弹匣装入弹袋内并扣好，扣扳机，关保险，复表尺，折回枪刺，移握上护木，将枪收回，同时，左小臂向里合，屈左腿于右腿下。以左手和两脚撑起身体，右脚向前迈一大步，左脚再向前迈一步。左手反握护木，将枪倒置于胸前，右手挑起背带，在右脚靠拢左脚的同时，两手协力将枪送上右肩，恢复肩枪姿势。

（三）射击动作

（1）依托物的利用。

为了获得更好的射击效果，应力求利用地物和构筑依托物实施射击。依托物的高度应以射手的身体而定，一般为25～30厘米，依托物内侧应陡些。在紧急情况下，还应善于利用不同高度的依托物进行射击。

（2）据枪。

据枪分为半自动步枪有依托卧姿据枪，冲锋枪、自动步枪有依托卧姿据枪。

半自动步枪有依托卧姿据枪：下护木放在依托物上，身体右侧与枪身约成30度。左手托握表尺下方，手背紧靠依托物，也可将手垫在依托物上，左肘向里合。右手握枪颈，食指每一节靠在扳机上，大臂略成垂直。两手协力将枪托抵于肩窝，头稍前倾，自然贴腮。

冲锋枪、自动步枪有依托卧姿据枪：下护木放在依托物上，身体右侧与枪略成一线。右手虎口向前紧握枪把，食指第一节靠在扳机上，右肘着地前撑。左手虎口向前提弹匣，左肘着地外撑。两肘保持稳固。胸部挺起，身体前跟，上体自然下塌，使枪托抵于肩窝。头稍前倾，自然贴腮。

（3）瞄准。

瞄准时，应集中主要精力于准星与缺口的平正关系上。正确的瞄准情况，应是准星与缺口的平正关系看得清楚，而目标看得较模糊。如果集中主要精力于准星与目标上，就会忽略准星与缺口的平正关系，使射弹产生偏差。

瞄准时，应首先使瞄准线自然指向目标。若末指向目标，必须调整姿势。需要修正方向时，卧势可左右移动身体或两肘。需要修正高低时，可前后移动整个身体或两肘，也可适当移动左手的托枪位置。

准星与缺口关系不正确会对命中产生影响。瞄准时，若准星与缺口的关系不正确，对命中的影响极大。准星偏高，弹着偏高。准星偏低，弹着偏低。准星偏左，弹着偏左。准星偏右，弹着偏右。例如，半自动步枪准星在缺口内左右偏差 1 毫米，在 100 米的距离上弹着点就偏离目标预期命中点左右 21 厘米；距离加几倍，偏差量就增加几倍。

（4）击发。

击发时，用右手食指第一节均匀正直向后扣扳机（食指内侧与枪应有不大的空隙），余指力量不变。当瞄准线接近瞄准点时，开始预压扳机，并减缓呼吸。当瞄准线指向瞄准点时，应停止呼吸，继续增加对扳机的压力，直至击发。击发瞬间应保持正确一致的瞄准。如果瞄准线偏离瞄准点或不能继续停止呼吸时，应既不增加也不放松对扳机的压力，待修正或换气后，再继续扣压扳机，直至击发。绝不允许猛扣扳机，猛扣扳机会使枪身扭动，射弹就会产生偏差。

据枪、瞄准、击发是相互联系和相互影响的动作。稳固持久的据枪、正确的瞄准、均匀正直的击发，三者正确地结合，是准确射击的关键。因此，必须严格要求，刻苦练习，熟练掌握。

（5）射击常犯毛病及纠正方法。

① 抵肩位置不正确。射手若不能正确地抵肩，会使射弹产生偏差。抵肩过低易打低，抵肩过高易打高。纠正时，射手要反复体会正确的抵肩位置方法，检查抵肩位置是否正确。

② 两手用力不当。射击时，射手为了命中目标，往往以强力控制枪的晃动，造成肌肉紧张、用力方向不入、姿势不稳，使枪产生角度摆动，增大射弹散布。纠正时，应强调据枪时正直向后适当用力，使用力方向和后爬方向一致，保持姿势稳固、操枪力量不变。

③ 停止呼吸过早。射击时，停止呼吸过早易造成憋气，使肌肉颤动、握枪不稳或猛扣扳机。纠正时，应使射手反复体会在瞄准线指向瞄准点或瞄准点附近轻微晃动时，自然停止呼吸的要领。

④ 耸肩、眨眼和猛扣扳机。射击时，由于射手过多地考虑枪响时机、点射弹数、射击

成绩等原因，造成心理紧张，产生耸肩、眨眼和猛扣扳机等错误动作，影响射弹命中。纠正时，应强调按要领操作，把主要精力、视力集中在准星与缺口的正确关系上，达到自然击发。

⑤ 枪面倾斜。瞄准时，如枪面偏左（右），射角减少，枪身轴线指向瞄准点左（右）边，射击时弹着就偏左（右）下。纠正时，强调射手据枪应保持枪面平正。

（四）实弹射击

实弹射击是高校学生军事训练教学的重要内容，是锻炼和检验学生掌握基本射击技能的有效途径。为使实弹射击安全有序列，准确无误，要求组织实施工作做到：计划周密细致，责任明确具体，措施切实可行，保险充分有力，科学管理，杜绝事故，确保安全。

1．射击场的组织

射击场应有射击场指挥员、地段指挥员、警戒人员、信号观察员、示靶员、发弹员、记录员、修械员、医务人员等。且各类人员规定有明确的职责。

（1）射击指挥员。负责设置场地、派遣勤务、组织射击，监督全体人员遵守射击场的各种规定和安全规则，处理有关问题。

（2）地段指挥员。在射击场指挥员的领导下，负责本地段的射击指挥。

（3）警戒人员。负责射击场的警戒和观察任务，射击前应严密搜索并保证警戒区内无人员和牲畜。射击时严禁任何人员和牲畜进入警戒区，发现险情，应立即发出信号并向射击场指挥员报告。

（4）信号观察员。根据射击场指挥员的命令发出各种信号，负责警戒区内的观察，发现险情，立即报告。

（5）示靶员。负责设靶、示靶和报靶工作。

（6）发弹员。根据指挥员的命令发给射手规定的子弹，在射击终止时，负责清查弹药和收回剩余子弹。

（7）记录员。负责记录射手的成绩和统计单位的成绩。

（8）医务人员。负责安全保障。

2．射击场的安全规则

（1）射击场必须具备可靠的靶档和确保安全的靶壕及隐蔽部，并应避开高压线和其他重要设施。

（2）实弹射击前，必须仔细搜索靶场警戒区，派出警戒，设置警戒旗。必要时，应将射击开始和结束时间、危险区域及射击场有关信号通知当地有关单位。

（3）射击前，应向全体人员明确规定开始射击、停止射击、报靶和射击终止等各种信号。

（4）射击前后必须验枪。无论枪内有无实弹，射手都不得将枪口对人。严禁将装有实弹的武器随意放置或交给他人。严禁将实弹和教练弹混在一起。没有指挥员的命令。射手不准装弹。报靶时，严禁在射击地线摆弄武器或向靶区瞄准。

（5）射击时，射向不得超出安全射界。在射击过程中，射手若看到靶壕的白旗或听到停止射击的口令，应立即停止射击。

（6）示靶员听（看）到准备射击的信号后，应迅速隐蔽，未经射击场指挥员许可不得随便走出靶场。若靶壕内发生特殊情况，需要立即停止射击时，应出示白旗或以其他规定的方法向指挥员报告。

3．实弹射击一般规定

（1）各种武器对不动目标实弹射击练习，可在良好天气条件下实施；其他练习，不受天气条件限制的，应结合任务实施，特别要探讨恶劣气候条件下的射击与射击指挥。

（2）实弹射击时，必须使用手中武器，如因武器机件损坏或射效不合格而又无法矫正，射手需要更换武器时，必须经有关领导批准。

（3）目标设置，除胸环靶纸可留白边外，其他靶纸一律不准留白边，并不得以胸环靶代替胸靶。

（4）组织实弹射击时，射手进到出发地线后，指挥员令发弹员发弹，并规定射击目标，发出准备射击的信号，待靶壕出示红旗或用其他规定的方法发出可以射击的信号后，下达向射击地线前进的口令。射手进入射击地线后，按指挥员的口令做好射击准备。指挥员按规定时间发出开始射击的口令或显示目标的信号，射手即行射击，射击完毕在原地验枪。验枪后，发出报（检）靶信号。

（5）战斗射击，是融技术、战术为一体的射击练习，目标设置要尽量符合战术要求，锻炼射手在近似实战条件下，独立地观察目标、测定距离、装定表尺、选择姿势，迅速准确地消灭各种目标的技能。指挥员在指挥射击时，不得以任何方式给射手指示目标。

（6）凡规定有点射次数的射击，每出现一次单发，算一次点射。超过一次点射，降低成绩一等。凡有时间限制的练习，规定时间一到，指挥员应立即下达停止射击的口令，射手应立即停止射击。

（7）射击中发生故障，如属射手操作原因，应自行排除后继续射击；如属武器、弹药或靶子等原因，扣除排除故障的时间，补发弹药后继续射击，如条件不允许，也可重新射击。

（8）对胸环靶射击时，命中环线算内环。跳弹命中靶子不算成绩。射手打错靶算脱靶。被打错者，如当时能判明打错的弹着，即扣除；如当时不能判明打错的弹着，应扣除超过发射弹数的弹着，如系环靶，扣除环数最少的弹着。

（9）不及格者可补射一次算个人成绩，不计算在单位成绩内。

4．射击成绩评定

半自动步枪卧姿有依托对 100 米胸环靶实施精度射击时，规定弹数为 5 发，个人成绩按民兵训练考核标准评定为：

优等：命中 40 环以上。

良好：命中 35 环以上。

及格：命中 25 环以上。

单位成绩评定为：

优等：90%以上射手的成绩在及格线以上，并有 40%以上射手的成绩为良好和优等。

良好：80%以上射手成绩在及格线以上，并有 40%以上射手的成绩为良好和优等。

及格：70%以上射手的成绩在及格线以上。

第二节　战术基础

战术，是指导和进行战斗的方法，它反映战斗的规律，是军事学术的主要组成部分，从属于战略、战役，又会对战略、战役产生一定的影响。战术基础理论是每个军人在战斗中必须掌握的基本理论知识，它随着战术的发展而发展，并随着人们实践和认识水平的提高而不断完善和升华。

一、战斗概述

战斗是敌对双方有组织地进行武装斗争，是兵团或部队、分队在较短的时间和较小的空间内进行有组织的作战行动。其根本原则是保存自己，消灭敌人。战斗从属于战役，其理论与实践属于战术范畴。

1．战斗的基本类型

战斗类型是按照战斗的性质所进行的分类。其基本类型只有两种，一是进攻战斗，二是防御战斗。但战斗的发展往往会受战斗目的、承受任务和有关条件的影响，战略家们为从夺取战争胜利这个全局出发，必须确定各阶段的战斗任务，组织各阶段的战斗，于是战斗又可细分不同的类型：按战斗展开的空间分，有地面战斗、空中战斗、水上战斗、水下战斗等；按规模分，有军团战斗、兵团战斗、分队战斗等；按地形、气象条件分，有一般地形、气象条件下的战斗和特殊地形、气象条件下的战斗，还有夜间战斗和昼间战斗之分。无论用什么作区分，都离不开进攻与防御两个基本战斗类型。

（1）进攻战斗。进攻战斗是主动进攻敌人的战斗，其目的是歼灭敌人，攻占重要地区和目标。因战斗的复杂性，进攻战斗的基本任务包括：突破敌人阵地，消灭防御之敌，占领重要地域或目标；攻歼驻扎、运动之敌；打击敌人的交通运输线或重要目标；占领敌纵深要点，割裂敌部署，断敌退路，阻敌增援，配合主力围歼敌人。

（2）防御战斗。防御战斗是被动的抗击敌人进攻的战斗，是辅助进攻或准备转入进攻的一种手段。其目的是杀伤、消耗、迟滞敌人，扼守阵地，争取时间，为直接转入进攻或保障其他方向的进攻创造条件。

2．进攻战斗和防御战斗的关系

进攻战斗和防御战斗是战斗中最基本的一对矛盾，具有相互对立、相互统一的辩证关系。进攻和防御的对立，表现为两者的相互区别和相互排斥。在战斗目的上，进攻是为了歼灭敌人，攻占重要地域或目标；防御是为了保存力量，坚守重要地域或目标。在战斗行动上，进攻是为了突破对方的防御，防御是为了阻止对方的进攻。进攻和防御的统一，表现为两者相互依存、相互渗透和相互转化。进攻和防御不是孤立的，它们在运动中互为前提，互为条件。没有进攻，就无所谓防御，没有防御也就不存在进攻；进攻和防御不是单一的状态，而是相互包含，相互贯通，攻中有防，防中有攻。但从战斗性质和根本目的上看，两种类型的界限仍然是明确的。进攻和防御的地位并不是一成不变的，在一定的条件下可以相互转化，当进攻达到顶点或失去相应条件时则会转入防御，当防御具备了条件也会转入进攻。进攻和防御的矛盾运动，推动它们不断由低级形态向高级形态发展。进攻的发展变化，必然导致防御的发展变化；同样，防御的发展变化，又反过来作用于进攻的发展变化。

战斗中有不同的行动样式，进攻战斗中有开进、展开、突破、袭击、遭遇、伏击、钳制、包围、迂回等战斗行动；防御战斗中有坚守、出击、反击、突围等战斗行动样式。

二、战术基本原则

战术基本原则，是组织与实施战斗的根本法则，是从军事活动中抽象出来的指导战斗的准则，是一切战斗行动的基本依据和指南。它客观地反映了战斗的一般规律，揭示了进行战斗所必须遵循的基本原理，具有实践性、普遍性和系统性的特征；同时，战斗基本原则又随着武器装备、作战对象、战场环境的变化而不断发展，又具有时代特征，因此，它对一切战斗都具有普遍的指导意义。

我军在长期的革命战争中，吸取古今中外战术上有益的内容，总结自己的作战经验，形成了一套内容十分丰富的战术原则，具有一定的系统性、普遍性。知己知彼，正确指挥，熟知敌我双方状况，主观指挥应符合客观实际；保存自己，消灭敌人，这是一切战斗的基本目的，也是在战斗中要贯彻始终的指导原则；集中优势，逐个歼灭，无论进攻还是防御，这都是我军克敌制胜的根本法则和基本战法之一；充分准备，快速反应，兵贵神速，是夺取战斗胜利的基本条件；疏散隐蔽，速战速决；审时度势，主动灵活；力求近战，注重夜战，是我军的传统战法，也是高技术条件下扬长避短的有效战法；密切合作，协同破敌，战斗中必须严格遵守协同动作的原则，协调一致地打击敌人；勇猛顽强，连续作战，是我军传统的优良作风，也是夺取战斗胜利的重要因素；周密组织，全面保障，是顺利组织与实施战斗，保持持续战斗能力的重要保证。

三、单兵战术动作

单兵战术基础动作，是战场上有效地躲避敌火力杀伤和消灭敌人员基本的动作。熟练掌握和灵活地应用单兵战术基础动作，对于消灭敌人，保存自己，实现战斗目的具有重要意义。单兵战术基础动作主要包括以下几个方面。

（一）基础动作

1．持枪

持枪是指士兵在战斗中携带枪支的动作和方法。持枪时要做到：便于运动、便于卧倒、便于观察、便于射击。在不同的地形和距离条件下，士兵要根据敌情和战斗任务灵活采用不同的持枪动作。持枪分为单手持枪、单手擎枪、双手持枪、双手擎枪。

2．卧倒、起立

在战场上，士兵如果突然遭遇敌火袭（射）击，应迅速卧倒，防止火力杀伤。卧倒分 3 种基本动作：双手持枪卧倒、单手持枪卧倒和徒手卧倒。起立则对应着双手持枪起立、单手持枪起立和徒手起立 3 种动作。

3．前进

前进分为直身前进、屈身前进、匍匐前进、滚进。

直身前进是在距离敌人较远，地形隐蔽，敌人观察、射击不到时采用的姿势。

屈身前进是战场上接敌最常用的一种运动动作，是在遮蔽物略低于人体时采用的姿势。可分为慢进和快进两种姿势。

战斗中，士兵在敌火力威胁较大且自身处于卧倒状态，如发现近处（10 米以内）有地形或遮蔽物可利用时，可采取匍匐前进的运动姿势向其靠近。匍匐前进可根据地形和遮蔽物情况，分为低姿匍匐、侧身匍匐和高姿匍匐 3 种姿势。

滚进通常用在为避开敌侦察、射击而左右移动或通过绫线时。

4．跃进

跃进是在敌火力下迅速通过开阔地时采用的运动方法。跃进时要做到跃起快、前进快、卧倒快。

5．冲击

冲击是在近距离内向敌人猛扑，以火力、爆破、突击相结合的手段消灭敌人的战斗行动。

（二）利用地形、地物防护

地形，也叫地貌，是指地表面的起伏状态。地物，是指分布在地表面上的人工或自然形成的固定物体，如建筑物、道路、河流、森林等。利用地形、地物可以有效地杀灭敌人，保存自己。

利用地形、地物执行射击任务时，应根据敌情、任务和遮蔽物的高低、大小取适当姿势迅速隐蔽地接近，对于不便于射击的位置，应适当加以改造。

1．利用堤坎、土坎和田埂

利用田埂可以根据其高度采取适当姿势进行射击或观察。利用堤坎、土坎可以对地面或空中的敌人射击。当堤坎高于人体时，应适当挖踏脚孔或阶梯。

2．利用土坑、沟渠

根据敌情、坑的大小和深度，以跳、滚、匍匐等方法前进，并采取适当姿势进行射击或观察。对空射击时可以利用坑沿作依托或背靠坑壁。火箭筒手可以利用坑的前沿作依托发射火箭弹，以免发射时喷火自伤。

3．利用土堆

独立土堆通常利用土堆的右侧进行射击，如果视界、射界受限或右侧有敌人火力威胁时，也可以利用左侧或顶端。双土堆可利用其鞍部。

4．利用树木

根据树干的粗细采取适当的姿势，通常利用树干的右后侧。树干较粗（直径 50 厘米以上）可采取各种姿势。树干较细的，通常采取卧姿，若取立姿时，尽量将身体的左侧紧靠树木；取卧姿时，左小臂应尽量紧靠树木或以树的根部为依托，两脚自然并拢，身体尽量隐藏在树后侧。机枪手通常采取卧姿，根据树干的粗细和地形情况，脚架可以超过树干；火箭筒手卧姿射击时，应将筒口前伸超过树干 20 厘米，以便火箭弹离开筒口时尾翼能张开。

5．利用墙壁、墙角、门窗

矮墙可以利用其顶端或残部；墙高于人体时，可将脚垫高或挖孔射击；墙角通常利用右侧，左小臂紧靠墙角，采取适当姿势。接近墙角时应观察另一侧是否有敌人，应以手榴弹、刺刀、抵近射击将敌人消灭。火箭筒手利用墙角射击时，筒口离开墙角不小于20厘米，以便火箭弹离开筒口时尾翼能张开。利用窗射击时，通常利用窗的左下角。

6. 利用高苗、丛林地

应尽量靠近敌方的边缘内侧，按其高低、稠密情况采取适当姿势，接近时，应注意观察，利用空隙，轻轻地拨开高苗或利用风吹草动的机会迅速占领。

第三节　军事地形学

军事地形学，是从军事需求出发，研究如何识别和利用地形的一门应用学科。

一、地形对作战行动的影响

（一）地形的概念及分类

地形是地貌和地物的总称。地貌是指地表面高低起伏的自然状态，如平原、丘陵地、山地等。地物是指分布在地表面上人工建造或自然形成的固定性物体，如森林、居民地、建筑物、道路、江河等。

不同的地貌与地物的错综结合，形成了各种不同类型的地形。依地貌的形态，可分为平原、丘陵地、山地；依地物的分布和土壤的性质，可分为居民地、水网稻田地、江河与湖泊、山林地、石林地、黄土地形、沙漠与戈壁、草原、沼泽等；依对军队战斗行动的影响，又可分为开阔地、隐蔽地和断绝地。

（二）地形的作用

1. 地形条件是组织指挥作战的重要依据

指挥员在下定决心前，必须对敌情、我情、地形、气象等情况进行全面分析，并得出结论，其中地形是一个重要条件。

2. 地形对部队作战行动的影响

地形对部队作战行动的影响，较为明显的主要是以下5个方面。

（1）地形对军队机动的影响。

在现代战争条件下军队的机动，对地形条件要求较高，无论是沿道路机动，还是越野机动，都受地形条件的影响，特别是摩托化程度较高的部队受到的影响更大。

（2）地形对观察、射击的影响。

战场地形的起伏、地物的密度和高度及其分布等情况，对观察、指挥所的通视和各种兵力兵器的火力发挥等，均有极大的影响。

（3）地形对隐蔽、伪装的影响。

植被、居民地、山谷冲沟、山洞、矿井和其他天然物体等，都具有隐蔽作用和伪装条件。

（4）地形对工程构筑的影响。

土质和地下水的状况，是影响工程构筑的主要因素；森林和居民地状况对工程构筑的取材和人力资源的获得有着一定的影响。

（5）地形对原子、化学武器袭击和防护的影响。

地貌的起伏和陡峻，山脊、山谷的错综分布，可减小原子、化学武器的影响；地形平坦、开阔，地面物体少，有利于原子、化学武器杀伤作用的发挥，而不利于防护。

此外，地形对判定方位、通信联络也有一定影响。

3．不同地形对作战行动的影响

（1）平原。

地面平坦宽广，海拔在200米以下，高差在50米以下的地区称为平原。平原地区展望良好，交通发达，人烟稠密、物产丰富，有利于大部队或机械化部队行动，便于组织指挥和通信联络，便于观察射击和物资补给；不利于对原子、化学武器的防护。总的来说，平原有利于进攻，不利于防守。

（2）丘陵地。

地表起伏较缓，岗丘错综连绵，高差一般在200米以下的地区称为丘陵地。丘陵地的特点是山顶形状浑圆，谷宽岭低，斜面较缓。丘陵地对军队的机动和各种兵器器材的使用一般限制较小，有利于军队机动集结、分散隐蔽。因地形的起伏而具有一定的隐蔽条件，通行条件好，便于诸兵种组织指挥、通信联络、协同作战；展望良好，射界开阔，便于选择良好的制高点、指挥所、观察所和各种火器射击阵地；土层较厚，材料丰富，便于构筑野战工事；物产丰富，便于军队后勤补给；由于地形起伏，对原子武器袭击有较好的天然防护作用，但山谷和凹地容易滞留毒剂；峡谷和冲沟，是天然的防坦克障碍。总之，丘陵地形既利于攻，也利于守，是一种攻守兼宜之地形。

（3）山地。

地面起伏显著，群山连绵交错，高差在200米以上的地区称为山地。山地地形复杂，其特点是山高坡陡谷深、江险流急、人烟稀少、物产少、交通不便。军队在山地作战，对军队的机动、展开、指挥、协同、通信联络、观察射击和运输补给都有一定困难。但便于隐蔽伪装，凭险固守，能减少核武器爆炸杀伤效能。总之，山地一般有利于防御，而不利于进攻。

（4）高原。

地势高而地面平缓宽广，海拔一般在500米以上的地区称为高原。高原地区，通视广阔，观察良好；由于交通不便，部队机动困难，特别是技术兵器使用受到限制；海拔高的高原，因空气稀薄，部队行动时，体力消耗大，运动速度慢，射击误差大，通信补给困难，同时人员会出现高原反应，易发生疾病，非战斗减员会增多。

（5）居民地。

人们集居的地方叫居民地。按其大小、作用分为城市、集镇和村庄。城市是某一地区的政治、经济、文化中心和交通枢纽，是部队行军作战的依托，是敌对双方争夺的要点。城市便于隐蔽、宿营、补给，坚固的地下室对原子武器袭击有一定防护作用，但缺水、断电后部队行动将会受到很大影响。集镇、村庄的战术性能均比城市差，但居民地外轮廓的明显拐角和散列式居民地中的独立房屋，却具有一定的防卫作用。

（6）道路。

道路按其通行能力分为铁路、公路、简易公路、大车路、乡村路、小路和无定路。道路是军队行动的命脉，某一地区道路的数量、质量和分布状况，在一定程度上反映了该地区的政治、经济状况，从而决定了它在军事上的地位和作用。根据部队作战对道路的依赖程度，势必在某种意义上影响突击方向的选择、投入的兵种和兵力，以及战斗队形的编成、运动的速度、准备的时间等。战时能否保证道路的安全畅通而不被敌方破坏，对部队行动极为重要。

（7）水系。

水系包括海洋、江河、湖泊、水库、井、泉等。水系中对作战行动影响较大的是河流。其程度取决于河流的位置、宽度、流速、河底性质和河岸状况。时令河的水流量取决于季节，行军、作战、宿营要注意调查。水库，战时敌对双方均可能破坏堤坝制造水障。缺水地区的水井、泉对保障部队供水有着重要意义。水系具有反射光线与电磁波的特性，对飞行员来讲是昼夜领航的良好地标。

（8）岛屿。

岛屿是散布在海洋、江河或湖泊、大型水库中的陆地。面积大者称岛，小者称屿。分布成群，相对集中的岛屿称群岛。岛屿地形在军事上通常易守难攻，是控制一定面积水域的立足地，但部队机动和补给受限，易四面受敌。

二、地形图基本知识

1．地图的定义

将地面的自然地理要素和社会经济要素，按一定的投影方法和比例关系，综合运用规定的符号、颜色和注记绘制的图，称为地图。

2．地图的分类

随着地图在军事、国民经济和文化科学等方面的广泛应用，对显示地图内容的要求也出现了多样性，这就出现了可供各个方面使用的内容不同的地图。

地图按其内容可分为普通地图和专用地图；按地图比例尺的大小可分为大、中、小比例尺地图；按图面形式可分为线划地图、影像地图、磁带记录、电视图面全息相片等形式。

普通地图是综合反映地表自然现象和社会经济现象的地图。内容包括：自然地理要素，如地貌、水系、土壤、植被等；社会经济要素，如居民地、行政区域、工矿、交通网等。普通地图分为地形图和地理图，是编制专用地图的基础。

地形图是普通地图的一种，其比例尺大于 1：100 万，它是国家经济建设，国防建设和军队作战、训练不可缺少的重要地形资料。在地形图上，可进行长度（距离）、高度、坡度、水平角度、坐标和面积的量读、计算。

专题地图又称专门地图或主题地图，是以普通地图为底图、着重表示一个专题内容的地图，如地质图、地貌图、水文图、人口图、交通图、历史图等。

3．地图比例尺

图上某线段的长与相应实地水平距离之比，叫地图比例尺。在图上量算距离时，可以用直尺量算、依直线比例尺量算或用里程表量读。

不同比例尺地图在军事上的用途如下。

（1）1：1 万比例尺地形图。它是陆海要塞、基地、重要城市、国防施工地带和重点设防地区的基本战术、技术用图，也是军事工程的计划、设计、施工用图。

（2）1：2.5 万比例尺地形图。它是重要地区的战术用图。主要供边海防地带团以下部队在组织战斗、研究地形、指挥作战时使用，也可作为拟制战役计划研究一些重要地区，如选择突破口、破坏敌人核心工事时使用。

（3）1：5 万比例尺地形图。它是我军最基本的战术用图，多为师以下部队协同作战的共同用图。

（4）1：10 万比例尺地形图。它是供集团军、师级指挥机关研究地形、组织实施作战时使用，也是装甲兵、摩托化、机械化部队的常用地图。

（5）1：20 万比例尺地形图。它是供集团军以上司令部拟制战役计划、研究作战部署、制定协同方案和后勤保障方案以及实施作战指挥时使用，也是情报部门和防控部队标绘空情时作底图的地形图。

（6）1：50 万比例尺地形图。它是供陆、海、空三军领导机关使用的战役用图。

（7）1：100 万比例尺地形图。它是供统帅部研究战略、战役方向，进行战略、战役指挥，规划战场建设和作战部署的用图，也是航空兵飞行的基本用图。

4. 地物符号

地面上的地物，种类繁多，千姿百态，受比例尺的限制，测图时不可能按照他们的形状全部绘在图纸上，只能把有军事意义的重要地物表示出来。所以在地图上，地物是用统一规定的符号结合注记表示的。这些符号和注记称为地物标号，是构成地图的重要因素。

（1）符号的图形特点。

地物符号的图形，依其形状，主要有以下 3 个特点：图形与地物的平面形状相似；图形与地物的侧面形状相近；图形与地物有关意义相应。

（2）符号的相关规定。

符号的相关规定分为 3 种：注记的规定；不按比例尺表示的符号定位点的规定；颜色的规定。

我国目前出版的地形图一般为四色图：黑色（居民地、独立地物、管线、道路、境界、森林符号和注记等）；绿色（森林、果园等植被的普染）；蓝色（水系及其普染，水系注记，雪山、等高线及注记）；棕色（地貌和等高线的高程注记，公路普染）。

（3）文字、数字注记。

地物符号，只能表示地物的形状、位置、大小和种类，但不能表示其质量、数量和名称。因此还需用文字、数字予以注记，作为符号的补充和说明。

5. 地貌判读

地球上的地形多种多样，有高山、有平原、有沙漠、有草原、有丘陵、有盆地，在地图上，这些高低不平、形状各异的地貌主要是用等高线来显示的。要在地图上了解和研究地貌起伏状况，地面点的高程、高差、斜面的坡度及通视情况等，就必须懂得等高线显示地貌的原理和规定，才能掌握判读地貌的要领。

（1）等高线现实地貌的原理及特点。

由高程相等的各点连接而成的曲线叫等高线。在同一条等高线上，各点的高程相等，并各自封闭；在同一幅地图上，等高线多的山就高，等高线少的山就低；在同一幅地图上，等高线间隔小的，实地坡度陡，间隔大的坡度缓；地图上等高线弯曲的形状与相应的地貌形状相似。

我国规定：把“1956 年黄海平均海面”作为全国统一的高程起算面，高于该面为正，低于该面为负，称作“1956 年黄海高程系”。

（2）地貌识别。

① 山地地貌识别。山顶，图上以等高线中最小环圈表示，有时用坡线表示上下坡方向，绘在环圈外侧；凹地，图上也可以一个或数个小圈形等高线表示，在环圈内会有示坡线；山背，图上从山顶到山脚等高线向外凸出的部分表示山背，各等高线最凸出的棱线为分水线；山脊，由若干山顶、鞍部连接的凸棱部分，山脊的最高棱线为山脊线；山谷，图上以相邻山背或山脊之间等高线凹入部分表示山谷，等高线最凹入部分的底线为分水线；鞍部，图上用一对表示山脊和一对表示山谷的等高线显示。

② 其他特殊地貌识别。特殊地貌，是指等高线无显示的地貌，如冲沟、陡石山、陡崖、崩崖、滑坡等。这类地貌的形态在地图上用特殊地貌符号表示。

6．坐标

地形图上常用的坐标有地理坐标和平面直角坐标。使用坐标，便于迅速准确地确定点位、指示目标、实施组织指挥。

7．方位角和偏角

从某点的指北方向线起，依顺时针方向到目标方向线之间的水平夹角，叫方位角。在现地判定方位、标定地图、指示目标、准备射击诸元、保持行进方向时，常需利用方位角。由于每点都有真北、磁北和坐标纵线北 3 种不同的指北方向线，因此，从某点到某一目标，就有磁方位角、坐标方位角和真方位角 3 种类型。由于通过每个地面点的真子午线、磁子午线、坐标纵线（简称三北方向线）三名方向不一致，其所构成的水平夹角，叫偏角。偏角有磁偏角、坐标纵线偏角和磁坐偏角 3 种。

三、地形图的使用

地图是各军兵种协同作战的共同语言，也是行军的无声向导。学习识别的地形图是为了使用地图，特别要会现地使用地形图。

（一）方位判定方位

现地判定方位，就是在现地辨明站立点的东、西、南、北方向，便于明确周围地形和敌我位置关系，实施正确的指挥和行动。

常用的方位判定方法有如下几种。

（1）利用指北针判定。这是一种比较准确的方法，使用前应检查磁针是否灵敏。使用时将指北针平放，等磁针静止后，磁针涂有夜光剂的一端（或黑色尖端）所指的方向就是现地的磁北方向。

（2）利用太阳判定。用一根标杆，使其与地面垂直，把一颗小石子放在标杆影子的顶点，记为 A 点，约 20 分钟后，当标杆影子的顶点移动至另一点时，放置一颗小石子，记为 B 点。将 A、B 两点连成一条直线。这条直线的方向就是东西方向，A 点为西方、B 点为东方。

（3）利用太阳和时表判定。将手表平放，以表盘中心和时针所指数折半位置的延长线对向太阳，此时由表中心通过 12 点的方向就是北方。

（4）利用北极星判定。北极星是正北天空一颗较亮的恒星，夜间找到北极星就找到了正北方向。北极星位于小熊星座的尾端，大熊星座（北斗七星）和仙后星座围绕北极星按反时针方向运转，通常依据这些星座与北极星的关系位置来寻找北极星。方法是，大熊星座（北斗七星）形状像把勺子，找到勺子头，沿甲、乙两颗星连成一条直线，在向勺口方向延长约 5 倍于甲、乙两颗星的距离处，有一颗比较亮的星就是北极星。仙后星座由 5 颗亮星组成，形状为“W”形，在“W”的缺口方向约为缺口宽度两倍的位置有一颗亮星，这就是北极星。

（5）利用地物地貌特征判定。在北半球，独立的大树通常南面枝叶茂密，树皮光滑，北面枝叶稀少，树皮粗糙；砍伐后的树桩上的年轮，通常北面间隔小，南面间隔大；突出地物，南面干燥，青草茂密，北面潮湿，易生青苔；庙宇、宝塔的正门朝南，农村房屋的门窗多开向南方。

（二）地图与现地对比

现地使用地图时，常要将地图与现地进行对照，以便了解周围的地形情况，保持正确的位置与方向。

1. 标定地形图

标定地图，就是使地图方位与现地方位一致。其方法有以下几种。

（1）指北针标定。将指北针准星朝向地图上方，并使直尺边切于磁子午线，转动地图，使磁针的北端精确对准指标，地图就标定好了。

（2）直长地物标定。在图上找到现地直长地物相应的地物符号，转动地图，使图上的直长地物符号与现地相应的直长地物方向一致，地图就标定好了。

（3）明显地形标定。已知站立点在图上的位置时，在远方选一个现地和地图上都有的地点，将直尺切于图上的站立点和地形点，转动地图，使直尺边对准现地的明显地形点，地图就标定好了。

（4）北极星标定。首先找到北极星，使地图的上方概略朝向北，转动地图，使东西内图廓线中任意一条对准北极星，地图就标定好了。

2. 确立站立点

标定地图后，为实施现地对照，应先确定自己找到站立点在图上的位置。其方法有以下几种。

（1）明显地形点确定。当站立在明显的地形点上时，从图上找出该地形点的符号，即是站立点的图上位置。如果站立点在明显地形点附近时，可先标定地图，再根据站立点与明显地形点的方向、距离和关系位置，确定图上站立点的位置。

（2）截线法确定。当站立点在直长地物上时，可用此法确定站立点位置。首先标定地图，在直长地物一侧选择图上和现地都有的明显地形点或地物点，将直尺边切于该图上地形点上，然后以该点为基准转动直尺，瞄准现地该地形点，并描画方向线。方向线和直长地物符号的交点，为图上站立点的位置。

（3）后方交会法确定。当站立点附近无明显地形点时，可采用此法。首先标定地图，在远方选择两个图上和现地都有的明显地形点，将直尺分别切于图上两个明显地形点符号的定位点上，再依次瞄准现地相应地形点，并向后方画线，两方向线的交点是图上站立点的位置。

（三）按照地形图行进

按地形图行进，是用图的最基本的本领。就是利用地图选择确定的行进路线，并通过地图与现地对照，保证按选定线路及指定的时间，到达指定的地点。

1．行进前准备

（1）选择行进路线，根据受领的任务、敌情、地形和部队装备等情况在图上选出行进的最佳路线。

（2）在图上标绘行进路线，将选定的行进路线和方位物，用彩色笔醒目地标绘于地上，并按行进方向顺序进行编号。

（3）量取里程和计算时间，注记在图上，如果行进路线上的地貌起伏较大时，应计算实际距离。

（4）熟记行进路线。按行进的顺序，将每段的里程，行进的时间，经过的居民地，两侧的方位图和地貌特征，特别是道路的转弯处、岔路口等熟记在脑中，做到脑中有图，未到先知。

2．组织行进

行进的形式通常有徒步行进、乘车行进和越野行进。行进的方式不同，但有以下共同要领：第一，出发前，先标定地图，明确行进的路线、方向和时间；第二，要随时标定地图；第三，要对照方位物，及时判断，随时根据方位物判明行进方向和道路；第四，要掌握行进的速度和时间；第五，要把握夜间行进的特点。

3．按方位角行进

按方位角行进，就是按照指北针在地图上预先测量的磁方位角行进，是按图行进的辅助方法。通常在缺少方位物的沙漠、草原、森林等地区和浓雾、风雪等不良天候和夜间视度不良的条件下采用。按方位角行进时应注意，方位物要明显，夜间应选高大、发光或反光物体；集体行进时应分工明确，指定专人记时间，掌握方向；在起伏较大的地段行进时，应注意调整步幅；走完预定距离，但未找到转折点的方位物时，可在这段距离的 1/10 半径范围内寻找；到达终点，须按原路线元方位角换算成反方位角再按上述要领返回。

第四节　综合拉练

综合拉练是部队离开驻地营区，在野外各种地形条件和各种战术背景下进行“走、打、吃、住、藏”的全面训练。对当代大学生进行综合拉练，不仅能从体能和技能上，而且能从精神意志与心理素质诸方面全方位地培养和锻炼他们的综合素质，更重要的是能够锻炼他们在各种恶劣环境下的生存能力。

一、行军

（一）行军的目的及分类

行军，是部队沿指定路线有组织地移动，是机动的基本方法，目的是转移兵力，争取主动，形成有利态势。按行动方式，分为徒步行军和摩托化行军（乘车行军）；按行动强度，分为常行军、急行军和强行军；按照行动时间，分为昼间行军和夜间行军。行军时目标暴露，隐蔽困难，对道路依赖性大。所以在行军中必须保持充分的战斗准备，严密组织对空防御等各种保障，适时组织休息和宿营。

战时行军通常在夜暗或视度不良条件下实施。行军的速度，应根据任务、道路状况、天候季节而定。常行军，通常徒步每小时 4～5 千米；强行军是以加快速度或延长行军时间的方法实施，通常徒步每小时 7 千米左右；急行军是以最快的速度实施的行军，通常是跑步或走、跑交替进行，必要时可轻装。受过良好训练的分队，急行军时速可达 8～9 千米，最大时速可达 10～12 千米。乘车行军时，夜间每小时 15～20 千米，昼间每小时 20～25 千米。行军时，休息通常由领导统一掌握，适度组织大休息、小休息。徒步每行 1 小时左右休息 10 分钟，乘车时通常每行 2～3 小时休息 20～30 分钟。第一次小休息，时间可稍长些，以便整理装具。大休息通常是在走完当日行程的 1/2 以上，进入指定地区休息 2～3 小时。走完一日行程后，按上级指示进行宿营。

（二）行军的组织准备

1．传达任务，制订行军方案

指挥员在接受任务后，如时间充足，应适时召开党委（支部委员）会或骨干会，传达上级的行军命令和有关指示，分析敌情，研究任务、行军路线和沿途地形等情况，确定行军部署，制订对各种情况的处置方案，明确干部分工，安排主要的准备工作。时间仓促时，指挥员应直接向分队传达任务，明确行军部署。

2．做好思想动员

行军前，指挥员应根据所在队伍应承担的任务，结合队伍的思想状况，进行深入的动员。要教育战士模范遵守行军纪律，服从命令听指挥，不得擅自离队、丢失装具和食物，不喝生水、不违反群众纪律等，保障分队顺利完成行军任务。

3．下达行军命令

指挥员向分队下达行军命令时，应根据分队具体情况进行明确分工，正职要亲自负责行军的组织指挥。行军命令要明确的内容是：敌情；上级任务；本分队的任务；出发时间、行军路线、通过调整地区（点）的时间、行程、到达的时间和地点；行军序列、集合时间和地点；友邻行军路线；行军时速与分队间隔；大休息地点、时间与警戒；行进中可能与敌相遇的地点及行动；通过敌火力封锁区、占领地段的方法，遭敌空袭时的行动；着装规定，伪装与侦察；行军纪律、通信联络方法及信（记）号；指挥部与保障组的位置；完成行军准备的时间等。

4．组织好行军保障

为保障部队安全、顺畅、按时到达预定地域，应根据敌情、地形，周密地组织行军的各种保障。行军保障主要包括行军警戒，运动保障，警备调整，对空防御和对核、化学、生物武器的防护，以及组织先道队、设营队、收容队等。具体内容有：事先应调查行军路线，尤其在夜间或其他能见度不良的条件下行军，要研究、熟悉地形特征，做好利用地形图按方位角行进的准备；指定1～2名战士为观察员，负责对地面、对空观察；指定值班分队，负责对空防构；明确敌核、化学武器，以及敌航空兵、炮兵火力袭击时的行军方法，规定伪装方法及伪装纪律；组织以简易通信、徒步通信、无线电通信相结合的多种通信手段，确保通信联络畅通。

5．检查行军物资

分队指挥员在出发前，应对所属分队行军准备完成情况进行督促和检查。检查事项主要包括：所属各分队对行军命令传达落实和动员情况；武器、弹药、油料、器材、装具、给养饮水和药品等的领取、携带情况（携带数量以能保障战斗、生活，又不过多增加战士的负荷量为原则，通常携带粮食3日份，其中1日份为热食）；伤病员的安置情况；行军着装情况（包括鞋袜的整理、背包的捆绑、装具的佩戴等）；摩托化行军时，应根据敌情、任务和行程确定给养物资的携带量和保障方法，并明确随车携带规定的油料基数和加油方法。

（三）行军的管理与指挥

1．按命令行军，严格行军纪律

出发时，应按上级的命令，准时加入上级行军序列，在有可能发生遭遇战斗的情况下行军时，各排长应随连长在先头行进，以便及时受领任务。在公路或乡村路行军时，应沿道路的一侧或两侧行进，乘车时，沿道路的右侧行进。

行进中听从指挥，应注意保持行进速度和规定的距离，未经上级允许，不得超越前面的分队。通过交叉路口时，要看清路标，防止走错路。经过渡口、桥梁、隘路等难以通行的地点时，应严密组织迅速通过，不准停留。徒步行军的分队应主动给车辆、执行特别任务的分队和人员让路。摩托化行军时，应保持规定的车速、车距，不得随意超车和停车，主动给指挥车和特种车让路。如果车辆发生故障，应靠道路右侧停车抢修，修好后，根据上级指示归队。夜间行军，要严格灯火管制。

2．按上级的指示组织休息

小休息应靠路边，保持原来队形，并督促战士整理鞋袜、装备等。大休息应离开道路，进入指定地区，并派出警戒，必要时，可占据附近有利地形，加强对空观察，保持战斗准备。夜间休息时，人员不准随意离队，武器、装备要随身携带。出发前，应清点人数，检查装备，补充饮用水。在严寒地带行军时的小休息时间不要太长，并禁止躺卧，以免冻伤。在炎热季节行军时，注意防暑，并尽量利用早、晚时间行军。

3．组织后勤各种保障，及时处置各种情况

行军中，各连应指定一名军官，带领卫生员和若干体力较好的战士组成收容组，在连队的后尾跟进，负责收容伤病员，组织掉队的人员跟进。

遇敌空袭时，应指挥分队迅速向道路的一侧或两侧疏散隐蔽（乘车时要下车），并指定火器射击低飞敌机。如果空袭情况不严重或行军任务紧迫时，分队则应采用散开队形，增大距离，加快速度前进。

二、宿营

宿营是指军队在行军、输送或战斗后的住宿，其目的是使部队得到休息和调整，以便继续行军或做好战斗准备。

（一）营宿方式

现代高技术战争条件下，宿营方式分为舍营、露营及舍营与露营相结合的 3 种方式。

舍营是军队在房合内宿营。

露营是军队在房舍外宿营，通常在不具备舍营条件时采用，是平时部队训练的重点。野外露营的方式分为利用制式器材露营和利用就便器材露营。利用制式器材露营，通常是指利用帐篷、装备式工事等装备的制式器材进行的露营。

野外露营通常的方式包括：利用帐篷露营、利用车辆露营、利用坦克露营、利用装配式工事露营、构筑猫耳洞（掩体）露营、筑雪洞露营、构筑雪屋露营、构筑雪壕或雪墙露营、搭设树枝棚或草棚露营、搭设简易帐篷露营、利用吊床露营。

（二）宿营地区的选择

宿营地区的选择，应根据敌情、地形、任务和行军编成而定。既要能保证战士安全休息，又要便于迅速投入战斗。

1. 宿营地选择条件

首先要避开城镇、集市、车站、渡口以及大的桥梁；其次要避开疫区、传染病流行村落；再次要有较好的进出道路，便于车辆、人员通行；最后，夏季要尽量选在高处，避开谷地、低地、洪水道和易于坍塌的地方，冬季应该选在避风向阳处，土质较黏便于搭设遮棚和挖掘的地方。

选择宿营地区时，通常还要考虑以下因素：一是要符合战术要求，从具体位置到配置方式都应以预想的战术背景为基本前提；二是要着眼于训练课目需要，以利于达到训练目的；三是要方便生活，尽量靠近水源，并有进出道路；四是要选择在群众基础较好或影响群众利益较小的地区进行。

2. 特殊地区宿营

在山地宿营，要避开有塌方、落石、洪水和雪崩的地方；在森林地宿营，应该选在道路、林中界道上或林缘附近，并应有充足的水源，要采取防火和防毒虫措施；在沙漠、戈壁、草原地宿营，分队的配置应更疏散些，要靠近水源，但要避开明显的方位物，还应采取防风沙的措施；在居民地宿营时，人员可在居民点宿营，车辆隐蔽配置在居民地边缘便于观察、射击、机动的地形上。

（三）营宿的基本要求

指挥员应了解宿营地域情况，到达宿营地后，必须做好以下工作。

（1）应立即组织所属指挥员勘察地形，划分各排的隐蔽配置位置，规定紧急集合场和防敌空袭的疏散隐蔽地域，明确敌方袭击时各分队的行动。

（2）迅速派出岗哨和观察员，如单独宿营时，应向重要方向派出班哨和步哨。必要时，派出游动哨。

（3）组织分队构筑必要的工事并进行伪装，建立通信联络。侦察水源并要科学划分饮水和洗刷的河流地段。

（4）严格要求卫生情况，炊事员应注意饮食卫生和调剂生活，检查食物是否清洁，防止中毒。组织各班、排构筑厕所，教育战士不得随地大、小便。督促战士用热水洗脚，整理装备，烤晒衣服，抓紧时间休息。

（5）了解当地民情，遵守群众的风俗习惯，认真贯彻执行“三大纪律八项注意”；密切军民关系，同驻地民兵协同做好防空及防奸保密工作。

（四）营宿的控制

（1）灯火管制。是指夜间对灯火进行严格管理和使用的限制，目的是防止被敌人发现，暴露目标。

（2）对音响进行限制和管理。主要是对发动机工作、武器射击或工程作业等发出音响的地点和时间进行限制和管理，使敌人的音源侦察难以奏效，以免暴露目标。

（3）加强无线电控制。这对部队的安全、隐蔽宿营具有特别重要的意义。部队在宿营地域的通信联络，应通过有线通信器材、运动通信工具、音响信号、目视信号和面谈方式实施。连以下禁止使用无线电通信，营必须使用无线电台与上级联络时，必须限制天线高度和缩短发话时间。

（五）营宿中各种情况的处置

（1）接到空袭警报时，应立即指挥人员疏散隐蔽；指挥值班对空火器射击低空敌机。

（2）驻地附近发现敌空降时，应与民兵配合将其歼灭。

（3）当遭地面之敌突然袭击时，应指挥分队迅速抢占有利地形，边战斗边查明敌情。并根据上级指示，将敌歼灭或撤出宿营地域。

（4）宿营结束后，要认真清理文件和武器装备，避免丢失，消除宿营时所留痕迹并做好善后工作。

三、野外生存

野外生存，是指人在食宿无着的山野丛林中求生。在孤立无援的敌后、生疏的荒野丛林、人烟罕至的孤岛上，在仪器设备失灵的情况下，都需要野外生存的本领。野外生存所包含的知识、技能非常广泛，下面就介绍一些简单的野外生存的尝试和技能。

（一）野外判定方向

在野外生存要学会野外判定方向的方法，如利用指北针判定方向、利用北极星判定方向、利用太阳判定方向等，具体方法详见本章第三节的内容。如果在阴天、没有指北针、没有地图的情况下，我们还应当学会利用自然界的一些特征和其他方法去辨别方向。

突出地面的物体，如土堆、田埂、独立岩石等，南面干燥、青草茂密、冬季积雪融化较快；北面潮湿、易生青苔、冬季积雪融化较慢。凹陷处，如土坑、沟渠和林中空地则相反。

我国幅员辽阔，各地有不同的特征，如内蒙古地区，冬季大多是西北风，树干多数向东南倾斜，蒙古包的门一般开向东南方，新月形沙丘朝东南方向伸展，坡度缓的一端朝向西北，坡度陡的一端朝向东南等。另外，还可根据河流的流向、村庄道路的走向等判断方向。

在野外迷失方向时，切勿惊慌失措，要立即停下来，冷静地回忆一下所走的道路，想办法按一切可能利用的标志重新制定方向，再寻找道路。最可靠的方法就是原路返回，退到出发地再做规划。

（二）搭设简易帐篷

搭设简易帐篷可利用雨衣、雨披、毯子、油布、帆布、塑料薄膜、降落伞、床单、树棍、植物枝叶、硬纸板、铁片、木箱、捆扎绳、藤条、绳子、背包带、石块、土块等。

（1）小型圆形帐篷的搭建方法。

小型圆形帐篷是由篷布、玻璃纤维的骨架、钉、绳等设备构成的。搭建的步骤如下：先平整土地，然后将帐篷布摊开，将各组骨架连接起来穿过帐篷上缝成的管状布，将骨架的末端插入帆布的四角或六角洞内，再用钉子将营帐固定在地面上。

（2）三角形帐篷的搭建方法。

用绳子系在两棵距离合适的树上，在帐篷四周钉上木桩并系好四角斜拉的绳子，用塑料布或帆布拦腰搭在横拉的绳子上面，帆布多余部分沿下坡方向折向里面，帐篷四周用石头压好，在帐篷里面铺一块塑料布防潮。

（三）野外取火

火在野外生存活动中具有重要作用：热煮食物、烧水需要火；烘烤衣物、取暖御寒；驱赶猛兽和有害昆虫；必要时还可以作为信号使用。在没有火柴或打火机的情况下，可采取摩擦取火、击石取火、用凸透镜利用太阳能取火等方法来取火。但在取火前要准备好引火物，引火物可选用干燥的棉絮、绒线、草梢或撕成薄片的干树皮、干木片等。

摩擦取火是一种原始的取火方法，其方法较多，这里介绍两种。一是弓钻取火，即用强韧的树枝或竹片绑上绳子或鞋带做成一个弓，将弓弦放在一根 20 厘米长的干燥木棍上缠绕 2 圈，将木棍抵在一小块硬木上，来回拉动弓使木棍迅速转动。这样会钻出一些黑粉末，最后这些黑末冒烟而生出火花，点燃引火物。二是藤条取火，即找一段干燥的树条，将一头劈开，并将裂缝撑开，塞上引火物，用一根约两尺的藤条塞在引火物后面，双脚踩紧树条，迅速地左右抽动藤条，使之摩擦发热而将引火物点燃。

击石取火方法。找两块质地坚硬的石头，互相击打，将其迸发的火花落到引火媒上，当引火媒开始冒烟时，缓缓地吹或扇，使其燃起明火。用小刀的背面或小片钢铁，在石头上敲打，也能很容易地产生火花，引燃引火媒。

凸透镜利用太阳能取火方法。用凸透镜将太阳光聚集成一点，光点上的温度可以将棉絮、纸张、干树叶、受潮的火柴等物引燃。夏季雾气较大或遇阳光较弱时，可以等到正午阳光强烈时取火，然后保存火种以备使用。

（四）野外采捕食物

野外生存获取食物的途径主要有两种：一种是猎捕野生动物，另一种是采集野生植物。

捕获野生动物。一是猎兽。猎兽前应向有经验者或当地居民了解动物的习性和捕获方法，对大型动物通常采用陷阱猎获的方法，对小型动物可采取压猎、套猎和竹筒诱猎等方法。二是捕蛇，捕蛇时可采取叉捕法、泥压法和索套法捕捉。要注意防蛇咬伤，最好穿戴较厚的高腰鞋及长筒手套等防护用品。三是捕鱼。捕鱼可使用钩钓、针钓、脚踩、手摸、拦坝库水等方法。四是捕获昆虫。可食用的昆虫种类很多，如蜗牛、蚂蚁、蚯蚓、蝉、蟋蟀、蝗虫、蚂蚱、蜘蛛、螳螂等，可采取手捕、网罩、挖洞掏等方法捕获。人们对吃昆虫可能很不习惯，但在万不得已的情况下，为维持生命，保持战斗力，可以一试，但要注意，食用昆虫时一定要煮熟或烤透，以免昆虫体内的寄生虫进入人体，导致中毒或疾病。

我国地域广大，寒、温、热三带气候俱全，适合各种植物的生长，其中能食用的就有2000 种左右，野生植物的营养价值很高，含有多种维生素，其中有毒的不多。识别有毒野生植物是食物采集的关键，其鉴别方法：一是根据可食野生植物的图谱鉴别；二是向有经验的当地居民了解；三是仔细观察动物采食的情况。一般人需要在专家指导下经过一定时间的训练才能掌握识别可食野生植物的知识。在紧急情况先，可以使用这样一个简单的鉴别野生植物是否有毒的方法：将采集到的野生植物割开一个小口，放进一小撮盐，然后仔细观察原来的颜色是否改变，通常变色的植物不能食用。通常常见的野生可食植物有：淀粉类，如山地瓜、芦苇、稗等；野果类，如茅莓、胡颓子等，还有野生梨、野栗子、松子、山核桃等；野菜类，如苦菜、蒲公英、扫帚菜、灰灰菜等。

（五）野外获取饮用水

水是人类生存的基本要素。在缺水情况下，喝水应少量多次。当随身携带的用水快用完时，应积极寻找水源，并注意鉴别水质。

1. 寻找水源的方法

采集地表水或雨水。清晨可采集植物枝叶上的露珠。下雨时，可以用瓶子、罐头盒等容器接雨水。

寻找地下水。一般山谷底部都有水，如果谷底见不着明显的溪流或积水坑，应注意绿色植物的分布状况，植物茂盛、动物经常出没的地方，容易找到浅表层水源。例如，茂盛的芦苇地，表示地表下 1 米左右有水；竹林的浅层地表下有水；蚂蚁、蜗牛、青蛙、蛇等动物喜欢在泥土潮湿的地方栖身，在这些地方向下深挖都可以找到水。

寻找植物中的储水。山野中有许多植物可用来解渴，如北方的黑桦、白桦的树汁，山葡萄的嫩条，酸浆子的根茎；南方的芭蕉茎、扁担藤等。初春时，只要在桦树干上钻一个深孔，插入一根细管（可用白桦树皮制作），流出的汁液可立即饮用。热带丛中的扁担藤，砍断藤干后，会流出可供饮用的清水。那里还有一种储水竹子，竹节内的水既卫生又带有一股竹香。

沙漠、戈壁地区不易寻到地下水，可以在清晨采集植物枝叶上的露珠。白天也可以用塑料布铺在植物的枝叶上，由于枝叶的蒸发作用，塑料布上会蒙上一层水珠；或者在地上挖一个露出湿土层的坑，蒙上塑料布，塑料布上将会凝结一些水珠，将这些水珠收集起来，积少成多，也能够解决一部分饮水。某些植物的枝干、茎叶、果实或块根中含水丰富，可直接食用，以给人体补充水分。

2. 鉴定水质的方法

由于水在自然界中的广泛分布和流动，难以保证水源不受污染，当在野外没有水质检验设备时，我们可以根据水的颜色、味道、温度、水迹等要素大概鉴别水质的好坏。

（1）通过水的颜色鉴定。通常纯净的水在水层浅时无色透明，深时呈浅蓝色。可以用玻璃杯或白瓷碗盛水观察。通常水越清水质越好，水越浑则杂质越多。

（2）通过水的味道鉴定。一般清洁的水是无味的，而被污染的水带有一些异味。为准确辨别水的味道，可以用一只干净的瓶子装半瓶水，摇晃数下后打开瓶塞，立即用鼻子闻。也可以把盛水的瓶子放在 60℃的热水中，闻到水里有怪味就不能饮用。例如，含有硫化氢的水有臭鸡蛋味，含盐的水带有咸味，含硫酸镁的水有苦味，含有机物质的水有腐败、臭、霉、腥、药味。

（3）通过水温鉴定。地面水的水温因气温变化而变化，浅层地下水受气温影响较小，深层地下水，水温低而且恒定。如果水温突然升高多为有机物污染所致，工业废水污染水源后也会使水温升高。

（4）通过水迹鉴定。用一张白纸，将水滴在上面，晾干后看水迹。清洁的水是无斑迹的，有斑迹则说明水质差。

在野外，对饮用水要经过相应的消毒净化，通常使用的消毒方法包括两种，一种是将水煮沸消毒法，另一种是利用化学药品，如氯、碘、高锰酸钾、漂白粉、明矾等净化消毒。在野外不能饮用不洁净的水，万不得已时，也要将水煮沸再喝。

（六）野外常见伤病的防治

1．野外动物伤害的防治

（1）蛇咬伤的防治。毒蛇的种类很多，但是除了眼镜王蛇以外，蛇一般不主动攻击人。在丛林地区行进，可手执棍棒驱赶蛇；在野外宿营，可在住地周围撒些防蛇药粉，并挖一条防蛇沟，以防蛇的入侵，睡前检查好铺位，压好蚊帐，早起后要检查鞋子。但一旦被蛇咬伤，首先应辨别是被无毒蛇所咬，还是被毒蛇所咬，如果被无毒蛇所咬，可按一般外伤处理；如果被毒蛇所咬，应马上用布条或布绳等缚住伤口处靠近心脏一端，以减少毒血上流。随后，用刀子在毒蛇咬伤处划一个十字口，挤出毒液，也可用口吸出毒液，但口内有溃疡、生疮、出血等不能用口吸，以免中毒。口吸毒液，要注意随吸随吐。有条件时，应进行冲洗，然后尽快就医不可延误。一般情况下，被蛇咬的部分 70%以上是在足部，因而在野外活动必须穿长裤、高腰解放鞋，同时应备有蛇药。

（2）昆虫叮咬的防治。野外昆虫较多，有毒的也不少。常见的昆虫如蚊子、蜱虫、恙虫、牛虻、蚂蟥等，被这些昆虫叮咬可能会使人感染森林脑炎、出血热、疟疾、登革热、黄热病、乙型脑炎等传染病。因此，为了防止这些昆虫的叮咬，野外活动要尽量着长衣长裤，扎紧袖口、领口。不宜在潮湿的树荫和草垛旁坐卧，皮肤暴露部位可涂擦防虫药。宿营时，可燃点艾叶、香蕾等驱赶昆虫。被昆虫叮咬后，可视情况用氨水、肥皂水、盐水、小苏打水、氧化锌软膏涂抹患处，以止痒消毒。

（3）蜇伤。在丛林中行走，被蜇是常有的事。被蝎子、蜈蚣、黄蜂等毒虫蜇伤后，伤口红肿、疼痒，并伴有恶心、呕吐、头晕等症状。遭到这种情况，应先挤出毒液，然后用肥皂水、氨水、烟油、醋等涂擦伤口，也可将蜗牛洗净后捣碎涂在伤口处。此外，蒜汁对娱蚁咬伤有较好的疗效。

2．其他伤病的防治

（1）中毒。中毒的症状是恶心、呕吐、腹泻、胃病、心脏衰弱等。遇到这种情况，首先要洗胃，快速喝大量的水。用手指触咽部引起呕吐，然后吃泻药清肠，再吃活性炭等解毒药及其他镇静药，多喝水，以加速排泄。为保证心脏正常跳动，还要喝些糖水、浓茶。有条件时，应立即送医院救治。

（2）昏厥。野外昏厥多数是摔伤、疲劳过度、饥饿过度等原因造成的。主要表现是脸色突然苍白，脉搏微弱而缓慢，失去知觉。遇到这种情况，不必惊慌，一般过一会儿便会苏醒。醒来后，应喝些热水并注意休息。

（3）中暑。在炎热暑季，因活动量过大，盐水补充不及时，或休息不足，人体的体温调节和其他生理机能发生障碍，会引起中暑。中暑的症状是突然头晕、恶心、昏迷、无汗或湿冷、瞳孔放大、发高烧等。发病前，常感口渴头晕，浑身无力，眼前阵阵发黑，此时，应立即在阴凉通风处平躺，解开衣服、鞋带，使其全身放松，再服用十滴水、仁丹等药。发烧时，可用凉水洗头，或冷敷散热，如昏迷不醒，可掐人中穴、合谷穴使其苏醒。

（4）冻伤。寒冷的冬季，长时间户外活动，耳、鼻、手、脚、脸都容易冻伤。当发现皮肤有发红、发白、发凉、发硬等现象时，应用手或干燥的线、布摩擦伤处，促进血液循环，减轻冻伤。轻度冻伤用辣椒泡酒，涂擦便可见效。如身体冻僵，不宜立即将伤者抬到温暖的室内，应先摩擦肢体，做人工呼吸，待伤者恢复知觉后，再到较温暖的地方抢救。也可将冻伤部位放在28℃左右的温水中缓缓解冻。

（5）出血。如发生出血，应立即采取果断措施进行止血。由于野外缺医少药，主要是利用指压法和包扎法来止血，但首先要求判明出血种类。动脉出血颜色鲜红，呈喷射状，有搏动，出血速度快、量多的特征。静脉出血颜色暗红，呈滴出状或徐徐外流，出血量也多，但速度不及动脉出血快。毛细血管出血颜色鲜红，从伤口向外渗出，出血点不易判明。不同种类的出血和不同人体部位的出血，有着不同的止血方法。如较大的动脉出血，临时用手指或手掌压迫伤口近心口端的动脉，将动脉压向深部的骨头上阻断血液的流通，可达临时止血的目的。肩腋部出血，可用拇指压迫同侧锁骨上窝中部的锁骨下动脉，将动脉压向深处的第一肋骨止血。前臂出血，可用拇指或其他四指压迫上臂内侧肱二头肌与肱骨之间的肱动脉止血。手部出血，可用两手拇指分别压迫出血手腕横纹稍上处内外侧桡动脉止血。大腿以下出血，自救时可用双手拇指重叠用力压迫大腿上端腹股沟中点稍下方的股动脉止血。足部出血，可用两手食指或拇指分别压迫足背中部近脚腕的胫前动脉和足跟内侧与内踝之间的股后动脉止血。指压止血后要及时进行包扎。包扎时，在紧急情况下，可选干净的衣物做成绷带状或三角巾状进行包扎，一般在伤口上垫以厚敷料，外面再用绷带或三角巾等加压包扎，松紧度以既能止血又不影响血液循环为宜。另外，还有橡皮带、布带等可用来止血。在四肢大动脉出血用其他方法止血无效时，一般采用止血带止血。使用方法：用止血带环勒并扎紧伤口的近心端。在使用布带或止血带时应注意，止血带与皮肤之间要加垫敷料，不能直接扎在皮肤上。同时要求止血带每隔一小时（冬季半小时）松开一次，每次放开 2～3 分钟，以暂时改善血液循环。松开时要逐渐放松，如有出血，应再上止血带；若不再出血，可改用三角巾压迫包扎伤口。

（七）野外求救

意外陷入险境时，切勿惊慌失措，应沉着冷静对待，积极想办法，因地制宜地利用各种方法进行求救。要获得援助，必须发出信号让他人知道自己的处境和位置。白天可以施放烟雾、向友邻喊叫。在比较开阔的地面，如草地、海滩、雪地上可以制作地面标志，如把青草割成一定标志，或在雪地上踩出一定标志；也可用树枝、海草等拼成一定标志，与空中取得联络等；夜间可发出灯光、火光、音响等。国际上通用求救信号的英文字母是“SOS”，可写在地上，也可用移动电话或电台发出，还可用旗语表示。只要是重复 3 次的行动都象征着求救，如三堆火、三声音响、三次光亮闪耀等。在用音响或发光亮信号时，每组发送 3 次后，间隔一分钟再重复发出。

思考与练习

1．轻武器分为哪几种？
2．射击中如何排除故障？
3．地形对军队作战行动有哪些影响？
4．在野外训练中，如果迷失方向，应如何求救和联络？
5．如何在野外获取饮用水并鉴定水质？
6．野外发现有人被蛇咬伤，应如何救治？

附录　中华人民共和国有关国防法内容

一、中华人民共和国国防法

第一章　总则

第一条 为了建设和巩固国防，保障社会主义现代化建设的顺利进行，根据宪法，制定本法。

第二条 国家为防备和抵抗侵略，制止武装颠覆，保卫国家的主权、统一、领土完整和安全所进行的军事活动，以及与军事有关的政治、经济、外交、科技、教育等方面的活动，适用本法。

第三条 国防是国家生存与发展的安全保障。国家加强武装力量建设和边防、海防、空防建设，发展国防科研生产，普及全民国防教育，完善动员体制，实现国防现代化。

第四条 国家独立自主、自力更生地建设和巩固国防，实行积极防御战略，坚持全民自卫原则。

国家在集中力量进行经济建设的同时，加强国防建设，促进国防建设与经济建设协调发展。

第五条 国家对国防活动实行统一的领导。

第六条 保卫祖国、抵抗侵略是中华人民共和国每一个公民的神圣职责。中华人民共和国公民应当依法履行国防义务。

第七条 国家和社会尊重、优待军人，保护军人的合法权益，开展各种形式的拥军优属活动。

中国人民解放军和中国人民武装警察部队开展拥政爱民活动，加强军政、军民团结。

第八条 中华人民共和国在对外军事关系中，维护世界和平，反对侵略扩张行为。

第九条 国家和社会对在国防活动中作出贡献的组织和个人，采取各种形式给予表彰和奖励。

违反本法和有关法律，拒绝履行国防义务或者危害国防利益的，依法追究法律责任。

第二章　国家机构的国防职权

第十条 全国人民代表大会依照宪法规定，决定战争和和平的问题，并行使宪法规定的国防方面的其他职权。

全国人民代表大会常务委员会依照宪法规定，决定战争状态的宣布，决定全国总动员或者局部动员，并行使宪法规定的国防方面的其他职权。

第十一条 中华人民共和国主席根据全国人民代表大会的决定和全国人民代表大会常务委员会的决定，宣布战争状态，发布动员令，并行使宪法规定的国防方面的其他职权。

第十二条 国务院领导和管理国防建设事业，行使下列职权：

（一）编制国防建设发展规划和计划；

（二）制定国防建设方面的方针、政策和行政法规；

（三）领导和管理国防科研生产；

（四）管理国防经费和国防资产；

（五）领导和管理国民经济动员工作和人民武装动员、人民防空、国防交通等方面的有关工作；

（六）领导和管理拥军优属工作和退出现役的军人的安置工作；

（七）领导国防教育工作；

（八）与中央军事委员会共同领导中国人民武装警察部队、民兵的建设和征兵、预备役工作以及边防、海防、空防的管理工作；

（九）法律规定的与国防建设事业有关的其他职权。

第十三条 中央军事委员会领导全国武装力量，行使下列职权：

（一）统一指挥全国武装力量；

（二）决定军事战略和武装力量的作战方针；

（三）领导和管理中国人民解放军的建设，制定规划、计划并组织实施；

（四）向全国人民代表大会或者全国人民代表大会常务委员会提出议案；

（五）根据宪法和法律，制定军事法规，发布决定和命令；

（六）决定中国人民解放军的体制和编制，规定总部以及军区、军兵种和其他军区级单位的任务和职责；

（七）依照法律、军事法规的规定，任免、培训、考核和奖惩武装力量成员；

（八）批准武装力量的武器装备体制和武器装备发展规划、计划，协同国务院领导和管理国防科研生产；

（九）会同国务院管理国防经费和国防资产；

（十）法律规定的其他职权。

第十四条 国务院和中央军事委员会可以根据情况召开协调会议，解决国防事务的有关问题。会议议定的事项，由国务院和中央军事委员会在各自的职权范围内组织实施。

第十五条 地方各级人民代表大会和县级以上地方各级人民代表大会常务委员会在本行政区域内，保证有关国防事务的法律、法规的遵守和执行。

地方各级人民政府依照法律规定的权限，管理本行政区域内的征兵、民兵、预备役、国防教育、国民经济动员、人民防空、国防交通、国防设施保护、退出现役的军人的安置和拥军优属等工作。

第十六条 地方各级人民政府和驻地军事机关根据需要召开军地联席会议，协调解决本行政区域内有关国防事务的问题。

军地联席会议由地方人民政府的负责人和驻地军事机关的负责人共同召集。军地联席会议的参加人员由会议召集人确定。

军地联席会议议定的事项，由地方人民政府和驻地军事机关依照各自的权限办理，重大事项应当分别向上级报告。

第三章　武装力量

第十七条 中华人民共和国的武装力量属于人民。它的任务是巩固国防，抵抗侵略，保卫祖国，保卫人民的和平劳动，参加国家建设事业，全心全意为人民服务。

第十八条 中华人民共和国的武装力量必须遵守宪法和法律，坚持依法治军。

第十九条 中华人民共和国的武装力量受中国共产党领导。武装力量中的中国共产党组织依照中国共产党章程进行活动。

第二十条 国家加强武装力量的革命化、现代化、正规化建设，增强国防力量。

第二十一条 中华人民共和国的武装力量应当适应现代战争的要求，加强军事训练，开展政治工作，提高保障水平，全面提高战斗力。

第二十二条 中华人民共和国的武装力量，由中国人民解放军现役部队和预备役部队、中国人民武装警察部队、民兵组成。

中国人民解放军现役部队是国家的常备军，主要担负防卫作战任务，必要时可以依照法律规定协助维护社会秩序；预备役部队平时按照规定进行训练，必要时可以依照法律规定协助维护社会秩序，战时根据国家发布的动员令转为现役部队。

中国人民武装警察部队在国务院、中央军事委员会的领导指挥下，担负国家赋予的安全保卫任务，维护社会秩序。

民兵在军事机关的指挥下，担负战备勤务、防卫作战任务，协助维护社会秩序。

第二十三条 中华人民共和国武装力量的规模应当与保卫国家安全和利益的需要相适应。

第二十四条 中华人民共和国的兵役分为现役和预备役。现役军人和预备役人员的服役制度由法律规定。

国家依照法律规定对现役军人和预备役人员实行衔级制度。

第二十五条 国家禁止任何组织或者个人非法建立武装组织，禁止非法武装活动，禁止冒充现役军人或者武装力量组织。

第四章　边防、海防和空防

第二十六条 中华人民共和国的领陆、内水、领海、领空神圣不可侵犯。国家加强边防、海防和空防建设，采取有效的防卫和管理措施，保卫领陆、内水、领海、领空的安全，维护国家海洋权益。

第二十七条 中央军事委员会统一领导边防、海防和空防的防卫工作。

地方各级人民政府、国务院有关部门和有关军事机关，按照国家规定的职权范围，分工负责边防、海防和空防的管理和防卫工作，共同维护国家的安全和利益。

第二十八条 国家根据边防、海防和空防的需要，建设作战、指挥、通信、防护、交通、保障等国防设施。各级人民政府和军事机关应当依照法律、法规的规定，保障国防设施的建设，保护国防设施的安全。

第五章　国防科研生产和军事订货

第二十九条 国家建立和完善国防科技工业体系，发展国防科研生产，为武装力量提供性能先进、质量可靠、配套完善、便于操作和维修的武器装备以及其他适用的军用物资，满足国防需要。

第三十条 国防科技工业实行军民结合、平战结合、军品优先、以民养军的方针。

国家统筹规划国防科技工业建设，保持规模适度、专业配套、布局合理的国防科研生产能力。

第三十一条　国家促进国防科学技术进步，加强高新技术研究，发挥高新技术在武器装备发展中的先导作用，增加技术储备，研制新型武器装备。

第三十二条　国家对国防科研生产实行统一领导和计划调控。

国家为承担国防科研生产任务的企业事业单位提供必要的保障条件和优惠政策。地方各级人民政府应当对承担国防科研生产任务的企业事业单位给予协助和支持。

承担国防科研生产任务的企业事业单位必须完成国防科研生产任务，保证武器装备的质量。

第三十三条　国家采取必要措施，培养和造就国防科学技术人才，创造有利的环境和条件，充分发挥他们的作用。

国防科学技术工作者应当受到全社会的尊重。国家逐步提高国防科学技术工作者的待遇，保护其合法权益。

第三十三条　国家采取必要措施，培养和造就国防科学技术人才，创造有利的环境和条件，充分发挥他们的作用。

国防科学技术工作者应当受到全社会的尊重。国家逐步提高国防科学技术工作者的待遇，保护其合法权益。

第三十四条　国家根据国防建设的需要和社会主义市场经济的要求，实行国家军事订货制度，保障武器装备和其他军用物资的采购供应。

第六章　国防经费和国防资产

第三十五条　国家保障国防事业的必要经费。国防经费的增长应当与国防需求和国民经济发展水平相适应。

第三十六条　国家对国防经费实行财政拨款制度。

第三十七条　国家为武装力量建设、国防科研生产和其他国防建设直接投入的资金、划拨使用的土地等资源，以及由此形成的用于国防目的的武器装备和设备设施、物资器材、技术成果等属于国防资产。

国防资产归国家所有。

第三十八条　国家根据国防建设和经济建设的需要，确定国防资产的规模、结构和布局，调整和处分国防资产。

国防资产的管理机构和占有、使用单位，应当依法管理国防资产，充分发挥国防资产的效能。

第三十九条　国家保护国防资产不受侵害，保障国防资产的安全、完整和有效。

禁止任何组织或者个人破坏、损害和侵占国防资产。未经国务院、中央军事委员会或者国务院、中央军事委员会授权的机构批准，国防资产的占有、使用单位不得改变国防资产用于国防的目的。国防资产经批准不再用于国防目的的，依照有关法律、法规的规定管理。

第七章　国防教育

第四十条　国家通过开展国防教育，使公民增强国防观念、掌握国防知识、发扬爱国主义精神，自觉履行国防义务。

普及和加强国防教育是全社会的共同责任。

第四十一条 国防教育贯彻全民参与、长期坚持、讲求实效的方针，实行经常教育与集中教育相结合、普及教育与重点教育相结合、理论教育与行为教育相结合的原则。

第四十二条 国务院、中央军事委员会和省、自治区、直辖市人民政府以及有关军事机关，应当采取措施，加强国防教育工作。

一切国家机关和武装力量、各政党和各社会团体、各企业事业单位都应当组织本地区、本部门、本单位开展国防教育。

学校的国防教育是全民国防教育的基础。各级各类学校应当设置适当的国防教育课程，或者在有关课程中增加国防教育的内容。军事机关应当协助学校开展国防教育。

教育、文化、新闻、出版、广播、电影、电视等部门和单位应当密切配合，采取多种形式开展国防教育。

第四十三条 各级人民政府应当将国防教育纳入国民经济和社会发展计划，保障国防教育所需的经费。

第八章　国防动员和战争状态

第四十四条 中华人民共和国的主权、统一、领土完整和安全遭受威胁时，国家依照宪法和法律规定，进行全国总动员或者局部动员。

第四十五条 国家在和平时期进行动员准备，将人民武装动员、国民经济动员、人民防空、国防交通等方面的动员准备纳入国家总体发展规划和计划，完善动员体制，增强动员潜力，提高动员能力。

第四十六条 国家建立战略物资储备制度。战略物资储备应当规模适度、储存安全、调用方便，定期更换，保障战时的需要。

第四十七条 国务院和中央军事委员会共同领导动员准备和动员实施工作。

一切国家机关和武装力量、各政党和各社会团体、各企业事业单位和公民，在和平时期必须依照法律规定完成动员准备工作；在国家发布动员令后，必须完成规定的动员任务。

第四十八条 国家根据动员需要，可以依法征用组织和个人的设备设施、交通工具和其他物资。

县级以上人民政府对被征用者因征用所造成的直接经济损失，按照国家有关规定给予适当补偿。

第四十九条 国家依照宪法规定宣布战争状态，采取各种措施集中人力、物力和财力，领导全体公民保卫祖国，抵抗侵略。

第九章　公民、组织的国防义务和权利

第五十条 依照法律服兵役和参加民兵组织是中华人民共和国公民的光荣义务。

各级兵役机关和基层人民武装机构应当依法办理兵役工作，按照国务院和中央军事委员会的命令完成征兵任务，保证兵员质量。其他有关国家机关、社会团体和企业事业单位应当依法完成民兵和预备役工作，协助兵役机关完成征兵任务。

第五十一条 企业事业单位应当按照国家的要求承担国防科研生产任务，接受国家军事订货，提供符合质量标准的武器装备或者军用物资。

企业事业单位应当按照国家规定，在交通建设中贯彻国防要求。车站、港口、机场、道路等交通设施的管理单位应当为现役军人和军用车辆、船舶的通行提供优先服务，按照规定给予优待。

第五十二条 公民应当接受国防教育。

公民和组织应当保护国防设施，不得破坏、危害国防设施。

公民和组织应当遵守保密规定，不得泄露国防方面的国家秘密，不得非法持有国防方面的秘密文件、资料和其他秘密物品。

第五十三条 公民和组织应当支持国防建设，为武装力量的军事训练、战备勤务、防卫作战等活动提供便利条件或者其他协助。

第五十四条 公民和组织有对国防建设提出建议的权利，有对危害国防的行为进行制止或者检举的权利。

第五十五条 公民和组织因国防建设和军事活动在经济上受到直接损失的，可以依照国家有关规定取得补偿。

第十章　军人的义务和权益

第五十六条 现役军人必须忠于祖国，履行职责，英勇战斗，不怕牺牲，捍卫祖国的安全、荣誉和利益。

第五十七条 现役军人必须模范地遵守宪法和法律，遵守军事法规，执行命令，严守纪律。

第五十八条 现役军人应当发扬人民军队的优良传统，热爱人民，保护人民，积极参加社会主义物质文明、精神文明建设，完成抢险救灾等任务。

第五十九条 军人应当受到全社会的尊重。

国家采取有效措施保护现役军人的荣誉、人格尊严，对现役军人的婚姻实行特别保护。

现役军人依法履行职责的行为受法律保护。

第六十条 国家和社会优待现役军人。

国家保障现役军人享有与其履行职责相适应的生活福利待遇，对在条件艰苦的边防、海防等地区或者岗位工作的现役军人在生活福利等方面给予优待。

国家实行军人保险制度。

第六十一条 国家妥善安置退出现役的军人，为转业军人提供必要的职业培训，保障离休退休军人的生活福利待遇。

县级以上人民政府负责安置转业军人，根据其在军队的职务等级、贡献和专长安排工作。

接收转业军人的单位应当按照国家有关规定，在生活福利待遇、教育、住房等方面给予优待。

第六十二条 国家和社会抚恤优待残疾军人，对残疾军人的生活和医疗依法给予特别保障。

因战、因公致残或者致病的残疾军人退出现役后，县级以上人民政府应当及时接收安置，并保障其生活不低于当地的平均生活水平。

第六十三条 国家和社会优待现役军人家属，抚恤优待烈士家属和因公牺牲、病故军人的家属，在就业、住房、义务教育等方面给予照顾。

第六十四条 民兵、预备役人员和其他人员依法参加军事训练，担负战备勤务、防卫作战任务时，应当履行自己的职责和义务；国家和社会保障其享有相应的待遇，按照有关规定对其实行抚恤优待。

第十一章　对外军事关系

第六十五条 中华人民共和国坚持互相尊重主权和领土完整、互不侵犯、互不干涉内政、平等互利、和平共处五项原则，独立自主地处理对外军事关系，开展军事交流与合作。

第六十六条 中华人民共和国支持国际社会采取的有利于维护世界和地区和平、安全、稳定的与军事有关的活动，支持国际社会为公正合理地解决国际争端、军备控制和裁军所做的努力。

第六十七条 中华人民共和国在对外军事关系中遵守同外国缔结或者加入、接受的有关条约和协定。

第十二章　附则

第六十八条 本法关于军人的规定，适用于中国人民武装警察部队。

第六十九条 中华人民共和国特别行政区的防务，由特别行政区基本法和有关法律规定。

第七十条 本法自公布之日起施行。

二、中华人民共和国兵役法

(《中华人民共和国兵役法》于 1984 年 5 月 31 日第六届全国人民代表大会第二次会议通过，1984 年 5 月 31 日中华人民共和国主席令第十四号公布，根据 1998 年 12 月 29 日第九届全国人民代表大会常务委员会第六次会议《关于修改（中华人民共和国兵役法）的决定》第一次修正，根据 2009 年 8 月 27 日第十一届全国人民代表大会常务委员会第十次会议《关于修改部分法律的决定》第二次修正，根据 2011 年 10 月 29 日第十一届全国人民代表大会常务委员会第二十三次会议《关于修改（中华人民共和国兵役法）的决定》第三次修正。

第一章　总则

第一条 根据中华人民共和国宪法第五十五条“保卫祖国、抵抗侵略是中华人民共和国每一个公民的神圣职责。依照法律服兵役和参加民兵组织是中华人民共和国公民的光荣义务”和其他有关条款的规定，制定本法。

第二条 中华人民共和国实行义务兵与志愿兵相结合、民兵与预备役相结合的兵役制度。

第三条 中华人民共和国公民，不分民族、种族、职业、家庭出身、宗教信仰和教育程度，都有义务依照本法的规定服兵役。

有严重生理缺陷或者严重残疾不适合服兵役的人，免服兵役。

依照法律被剥夺政治权利的人，不得服兵役。

第四条 中华人民共和国的武装力量，由中国人民解放军、中国人民武装警察部队和民兵组成。

第五条 兵役分为现役和预备役。在中国人民解放军服现役的称现役军人；经过登记，预编到现役部队、编入预备役部队、编入民兵组织服预备役的或者以其他形式服预备役的，称预备役人员。

第六条 现役军人和预备役人员，必须遵守宪法和法律，履行公民的义务，同时享有公民的权利；由于服兵役而产生的权利和义务，由本法和其他相关法律法规规定。

第七条 现役军人必须遵守军队的条令和条例，忠于职守，随时为保卫祖国而战斗。

预备役人员必须按照规定参加军事训练、执行军事勤务，随时准备参军参战，保卫祖国。

第八条 现役军人和预备役人员建立功勋的，得授予勋章、奖章或者荣誉称号。

第九条 中国人民解放军实行军衔制度。

第十条 全国的兵役工作，在国务院、中央军事委员会领导下，由国防部负责。

各军区按照国防部赋予的任务，负责办理本区域的兵役工作。

省军区（卫戍区、警备区）、军分区（警备区）和县、自治县、市、市辖区的人民武装部，兼各该级人民政府的兵役机关，在上级军事机关和同级人民政府领导下，负责办理本区域的兵役工作。

机关、团体、企业事业单位和乡、民族乡、镇的人民政府，依照本法的规定完成兵役工作任务。兵役工作业务，在设有人民武装部的单位，由人民武装部办理；不设人民武装部的单位，确定一个部门办理。

第二章　平时征集

第十一条 全国每年征集服现役的人数、要求和时间，由国务院和中央军事委员会的命令规定。

县级以上地方各级人民政府组织兵役机关和有关部门组成征集工作机构，负责组织实施征集工作。

第十二条 每年十二月三十一日以前年满十八周岁的男性公民，应当被征集服现役。当年未被征集的，在二十二周岁以前仍可以被征集服现役，普通高等学校毕业生的征集年龄可以放宽至二十四周岁。

根据军队需要，可以按照前款规定征集女性公民服现役。

根据军队需要和本人自愿，可以征集当年十二月三十一日以前年满十七周岁未满十八周岁的公民服现役。

第十三条 国家实行兵役登记制度。每年十二月三十一日以前年满十八周岁的男性公民，都应当在当年六月三十日以前，按照县、自治县、市、市辖区的兵役机关的安排，进行兵役登记。经兵役登记并初步审查合格的，称应征公民。

第十四条 在征集期间，应征公民应当按照县、自治县、市、市辖区的兵役机关的通知，按时到指定的体格检查站进行体格检查。

应征公民符合服现役条件，并经县、自治县、市、市辖区的兵役机关批准的，被征集服现役。

第十五条 在征集期间，应征公民被征集服现役，同时被机关、团体、企业事业单位招收录用或者聘用的，应当优先履行服兵役义务；有关机关、团体、企业事业单位应当服从国防和军队建设的需要，支持兵员征集工作。

第十六条 应征公民是维持家庭生活唯一劳动力的，可以缓征。

第十七条 应征公民正在被依法侦查、起诉、审判的或者被判处徒刑、拘役、管制正在服役的，不征集。

第三章 士兵的现役和预备役

第十八条 现役士兵包括义务兵役制士兵和志愿兵役制士兵，义务兵役制士兵称义务兵，志愿兵役制士兵称士官。

第十九条 义务兵服现役的期限为二年。

第二十条 义务兵服现役期满，根据军队需要和本人自愿，经团级以上单位批准，可以改为士官。根据军队需要，可以直接从非军事部门具有专业技能的公民中招收士官。

士官实行分级服现役制度。士官服现役的期限一般不超过三十年，年龄不超过五十五周岁。

士官分级服现役的办法和直接从非军事部门招收士官的办法，由国务院、中央军事委员会规定。

第二十一条 士兵服现役期满，应当退出现役。因军队编制员额缩减需要退出现役的，经军队医院诊断证明本人健康状况不适合继续服现役的，或者因其他特殊原因需要退出现役的，经师级以上机关批准，可以提前退出现役。

士兵退出现役的时间为部队宣布退出现役命令之日。

第二十二条 士兵退出现役时，符合预备役条件的，由部队确定服士兵预备役；经过考核，适合担任军官职务的，服军官预备役。

退出现役的士兵，由部队确定服预备役的，自退出现役之日起四十日内，到安置地的县、自治县、市、市辖区的兵役机关办理预备役登记。

第二十三条 依照本法第十三条规定经过兵役登记的应征公民，未被征集服现役的，办理士兵预备役登记。

第二十四条 士兵预备役的年龄，为十八周岁至三十五周岁，根据需要可以适当延长。具体办法由国务院、中央军事委员会规定。

第二十五条 士兵预备役分为第一类和第二类。

第一类 士兵预备役包括下列人员：

（一）预编到现役部队的预备役士兵；

（二）编入预备役部队的预备役士兵；

（三）经过预备役登记编入基干民兵组织的人员。

第二类 士兵预备役包括下列人员：

（一）经过预备役登记编入普通民兵组织的人员；

（二）其他经过预备役登记确定服士兵预备役的人员。

预备役士兵达到服预备役最高年龄的，退出预备役。

第四章 军官的现役和预备役

第二十六条 现役军官由下列人员补充：

（一）选拔优秀士兵和普通高中毕业生入军队院校学习毕业的学员；

（二）选拔普通高等学校毕业的国防生和其他应届优秀毕业生；

（三）直接提升具有普通高等学校本科以上学历表现优秀的士兵；

（四）改任现役军官的文职干部；

（五）招收军队以外的专业技术人员和其他人员。

战时根据需要，可以从士兵、征召的预备役军官和非军事部门的人员中直接任命军官。

第二十七条 预备役军官包括下列人员：

（一）退出现役转入预备役的军官；

（二）确定服军官预备役的退出现役的士兵；

（三）确定服军官预备役的普通高等学校毕业学生；

（四）确定服军官预备役的专职人民武装干部和民兵干部；

（五）确定服军官预备役的非军事部门的干部和专业技术人员。

第二十八条 军官服现役和服预备役的最高年龄由《中华人民共和国现役军官法》和《中华人民共和国预备役军官法》规定。

第二十九条 现役军官按照规定服役已满最高年龄的，退出现役；未满最高年龄因特殊情况需要退出现役的，经批准可以退出现役。

军官退出现役时，符合服预备役条件的，转入军官预备役。

第三十条 退出现役转入预备役的军官，退出现役确定服军官预备役的士兵，在到达安置地以后的三十日内，到当地县、自治县、市、市辖区的兵役机关办理预备役军官登记。

选拔担任预备役军官职务的专职人民武装干部、民兵干部、普通高等学校毕业生、非军事部门的人员，由工作单位或者户口所在地的县、自治县、市、市辖区的兵役机关报请上级军事机关批准并进行登记，服军官预备役。

预备役军官按照规定服预备役已满最高年龄的，退出预备役。

第五章　军队院校从青年学生中招收的学员

第三十一条 根据军队建设的需要，军队院校可以从青年学生中招收学员。招收学员的年龄，不受征集服现役年龄的限制。

第三十二条 学员完成学业考试合格的，由院校发给毕业证书，按照规定任命为现役军官、文职干部或者士官。

第三十三条 学员学完规定的科目，考试不合格的，由院校发给结业证书，回入学前户口所在地；就读期间其父母已办理户口迁移手续的，可以回父母现户口所在地，由县、自治县、市、市辖区的人民政府按照国家有关规定接收安置。

第三十四条 学员因患慢性病或者其他原因不宜在军队院校继续学习，经批准退学的，由院校发给肄业证书，回入学前户口所在地；就读期间其父母已办理户口迁移手续的，可以回父母现户口所在地，由县、自治县、市、市辖区的人民政府按照国家有关规定接收安置。

第三十五条 学员被开除学籍的，回入学前户口所在地；就读期间其父母已办理户口迁移手续的，可以回父母现户口所在地，由县、自治县、市、市辖区的人民政府按照国家有关规定办理。

第三十六条 军队根据国防建设的需要，可以依托普通高等学校招收、选拔培养国防生。国防生在校学习期间享受国防奖学金待遇，应当参加军事训练、政治教育，履行国防生培养协议规定的其他义务；毕业后应当履行培养协议到军队服现役，按照规定办理入伍手续，任命为现役军官或者文职干部。

国防生在校学习期间，按照有关规定不宜继续作为国防生培养，但符合所在学校普通生培养要求的，经军队有关部门批准，可以转为普通生；被开除学籍或者作退学处理的，由所在学校按照国家有关规定办理。

第三十七条 本法第三十二条、第三十三条、第三十四条、第三十五条的规定，也适用于从现役士兵中招收的学员。

第六章　民兵

第三十八条 民兵是不脱产的群众武装组织，是中国人民解放军的助手和后备力量。

民兵的任务是：

（一）参加社会主义现代化建设；

（二）执行战备勤务，参加防卫作战，抵抗侵略，保卫祖国；

（三）为现役部队补充兵员；

（四）协助维护社会秩序，参加抢险救灾。

第三十九条 乡、民族乡、镇、街道和企业事业单位建立民兵组织。凡十八周岁至三十五周岁符合服兵役条件的男性公民，经所在地人民政府兵役机关确定编入民兵组织的，应当参加民兵组织。

根据需要，可以吸收十八周岁以上的女性公民、三十五周岁以上的男性公民参加民兵组织。

国家发布动员令后，动员范围内的民兵，不得脱离民兵组织；未经所在地的县、自治县、市、市辖区人民政府兵役机关批准，不得离开民兵组织所在地。

第四十条 民兵组织分为基于民兵组织和普通民兵组织。基干民兵组织是民兵组织的骨干力量，主要由退出现役的士兵以及经过军事训练和选定参加军事训练或者具有专业技术特长的未服过现役的人员组成。基干民兵组织可以在一定区域内从若干单位抽选人员编组。普通民兵组织，由符合服兵役条件未参加基干民兵组织的公民按照地域或者单位编组。

第七章　预备役人员的军事训练

第四十一条 预备役士兵的军事训练，在现役部队、预备役部队、民兵组织中进行，或者采取其他组织形式进行。

未服过现役预编到现役部队、编入预备役部队和编入基干民兵组织的预备役士兵，在十八周岁至二十四周岁期间，应当参加三十日至四十日的军事训练；其中专业技术兵的训练时间，按照实际需要确定。服过现役和受过军事训的预备役士兵的复习训练，以及其他预备役士兵的军事训练，按照中央军事委员会的规定进行。

第四十二条 预备役军官在服预备役期间，应当参加三个月至六个月的军事训练；预编到现役部队和在预备役部队任职的，参加军事训练的时间可以适当延长。

第四十三条 国务院和中央军事委员会在必要的时候，可以决定预备役人员参加应急训练。

第四十四条 预备役人员参加军事训练、执行军事勤务的伙食、交通等补助费用按照国家有关规定执行。预备役人员是机关、团体、企业事业单位工作人员或者职工的，参加军事训练、执行军事勤务期间，其所在单位应当保持其原有的工资、奖金和福利待遇；其他预备役人员参加军事训练、执行军事勤务的误工补贴按照国家有关规定执行。

第八章　普通高等学校和普通高中学生的军事训练

第四十五条 普通高等学校的学生在就学期间，必须接受基本军事训练。

根据国防建设的需要，对适合担任军官职务的学生，再进行短期集中训练，考核合格的，经军事机关批准，服军官预备役。

第四十六条 普通高等学校设军事训练机构，配备军事教员，组织实施学生的军事训练。

第四十五条第二款规定的培养预备役军官的短期集中训练，由军事部门派出现役军官与普通高等学校军事训练机构共同组织实施。

第四十七条 普通高中和中等职业学校，配备军事教员，对学生实施军事训练。

第四十八条 普通高等学校和普通高中学生的军事训练，由教育部、国防部负责。教育部和军事部门设学生军事训练的工作机构或者配备专人，承办学生军事训练工作。

第九章　战时兵员动员

第四十九条 为了对付敌人的突然袭击，抵抗侵略，各级人民政府、各级军事机关，在平时必须做好战时兵员动员的准备工作。

第五十条 在国家发布动员令以后，各级人民政府、各级军事机关，必须迅速实施动员：

（一）现役军人停止退出现役，休假、探亲的军人必须立即归队；

（二）预备役人员、国防生随时准备应召服现役，在接到通知后，必须准时到指定的地点报到；

（三）机关、团体、企业事业单位和乡、民族乡、镇的人民政府负责人，必须组织本单位被征召的预备役人员，按照规定的时间、地点报到；

（四）交通运输部门应当优先运送应召的预备役人员、国防生和返回部队的现役军人。

第五十一条 战时根据需要，国务院和中央军事委员会可以决定征召三十六周岁至四十五周岁的男性公民服现役，可以决定延长公民服现役的期限。

第五十二条 战争结束后，需要复员的现役军人，根据国务院和中央军事委员会的复员命令，分期分批地退出现役，由各级人民政府妥善安置。

第十章　现役军人的待遇和退出现役的安置

第五十三条 国家保障现役军人享有与其履行职责相适应的待遇。现役军人的待遇应当与国民经济发展相协调，与社会进步相适应。

军官实行职务军衔等级工资制，士官实行军衔级别工资制，义务兵享受供给制生活待遇。现役军人享受规定的津贴、补贴和奖励工资。国家建立军人工资的正常增长机制。

现役军人享受规定的休假、疗养、医疗、住房等福利待遇。国家根据经济社会发展水平提高现役军人的福利待遇。

国家实行军人保险制度，与社会保险制度相衔接：军人服现役期间，享受规定的军人保险待遇。军人退出现役后，按照国家有关规定接续养老、医疗、失业等社会保险关系，享受相应的社会保险待遇。现役军人配偶随军未就业期间，按照国家有关规定享受相应的保障待遇。

第五十四条 国家建立健全以扶持就业为主，自主就业、安排工作、退休、供养以及继续完成学业等多种方式相结合的士兵退出现役安置制度。

第五十五条 现役军人入伍前已被普通高等学校录取或者是正在普通高等学校就学的

学生，服役期间保留入学资格或者学籍，退出现役后两年内允许入学或者复学，并按照国家有关规定享受奖学金、助学金和减免学费等优待；入学或者复学后参加国防生选拔、参加国家组织的农村基层服务项目人选选拔，以及毕业后参加军官人选选拔的，优先录取。

义务兵和服现役不满十二年的士官入伍前是机关、团体、企业事业单位工作人员或者职工的，服役期间保留人事关系或者劳动关系；退出现役后可以选择复职复工。

义务兵和士官服现役期间，入伍前依法取得的农村土地承包经营权，应当保留。

第五十六条 现役军人，残疾军人，退出现役军人，烈士、因公牺牲、病故军人遗属，现役军人家属，应当受到社会的尊重，受到国家和社会的优待。军官、士官的家属随军、就业、工作调动以及子女教育，享受国家和社会的优待。

第五十七条 现役军人因战、因公、因病致残的，按照国家规定评定残疾等级，发给残疾军人证，享受国家规定的待遇和残疾抚恤金。因工作需要继续服现役的残疾军人，由所在部队按照规定发给残疾抚恤金。

现役军人因战、因公、因病致残的，按照国家规定的评定残疾等级采取安排工作、供养、退休等方式妥善安置。有劳动能力的退出现役的残疾军人，优先享受国家规定的残疾人就业优惠政策。

残疾军人、患慢性病的军人退出现役后，由安置地的县级以上地方人民政府按照国务院、中央军事委员会的有关规定负责接收安置；其中，患过慢性病旧病复发需要治疗的，由当地医疗机构负责给予治疗，所需医疗和生活费用，本人经济困难的，按照国家规定给予补助。

现役军人、残疾军人参观游览公园、博物馆、展览馆、名胜古迹享受优待；优先购票乘坐境内运行的火车、轮船、长途汽车以及民航班机；其中，残疾军人按照规定享受减收正常票价的优待，免费乘坐市内公共汽车、电车和轨道交通工具。义务兵从部队发出的平信，免费邮递。

第五十八条 义务兵服现役期间，其家庭由当地人民政府给予优待，优待标准不低于当地平均生活水平，具体办法由省、自治区、直辖市人民政府规定。

第五十九条 现役军人牺牲、病故，由国家发给其遗属一次性抚恤金；其遗属无固定收入，不能维持生活，或者符合国家规定的其他条件的，由国家另行发给定期抚恤金。

第六十条 义务兵退出现役，按照国家规定发给退役金，由安置地的县级以上地方人民政府接收，根据当地的实际情况，可以发给经济补助。

义务兵退出现役，安置地的县级以上地方人民政府应当组织其免费参加职业教育、技能培训，经考试考核合格的，发给相应的学历证书、职业资格证书并推荐就业。退出现役义务兵就业享受国家扶持优惠政策。

义务兵退出现役，可以免试进入中等职业学校学习；报考普通高等学校以及接受成人教育的，享受加分以及其他优惠政策；在国家规定的年限内考入普通高等学校或者进入中等职业学校学习的，享受国家发给的助学金。

义务兵退出现役，报考公务员、应聘事业单位职位的，在军队服现役经历视为基层工作经历，同等条件下应当优先录用或者聘用。

服现役期间平时荣获二等功以上奖励或者战时荣获三等功以上奖励以及属于烈士子女

和因战致残被评定为五级至八级残疾等级的义务兵退出现役，由安置地的县级以上地方人民政府安排工作；待安排工作期间由当地人民政府按照国家有关规定发给生活补助费；本人自愿选择自主就业的，依照本条第一款至第四款规定办理。

国家根据经济社会发展水平，适时调整退役金的标准。退出现役士兵安置所需经费，由中央和地方各级人民政府共同负担。

第六十一条 士官退出现役，服现役不满十二年的，依照本法第六十条规定的办法安置。士官退出现役，服现役满十二年的，由安置地的县级以上地方人民政府安排工作；待安排工作期间由当地人民政府按照国家有关规定发给生活补助费；本人自愿选择自主就业的，依照本法第六十条第一款至第四款的规定办理。

士官服现役满三十年或者年满五十五周岁的，作退休安置。

士官在服现役期间因战、因公、因病致残丧失工作能力的，按照国家有关规定安置。

第六十二条 士兵退出现役安置的具体力法由国务院、中央军事委员会规定。

第六十三条 军官退出现役，国家采取转业、复员、退休等办法予以妥善安置。作转业安置的，按照有关规定实行计划分配和自主择业相结合的方式安置；作复员安置的，按照有关规定由安置地人民政府接收安置，享受有关就业优惠政策；符合退休条件的，退出现役后按照有关规定作退休安置。

军官在服现役期间因战、因公、因病致残丧失工作能力的，按照国家有关规定安置。

第六十四条 机关、团体、企业事业单位有接收安置退出现役军人的义务，在招收录用工作人员或者聘用职工时，同等条件下应当优先招收录用退出现役军人；对依照本法第六十条、第六十一条、第六十三条规定安排工作的退出现役军人，应当按照国家安置任务和要求做好落实工作。

军人服现役年限计算为工龄，退出现役后与所在单位工作年限累计计算。

国家鼓励和支持机关、团体、企业事业单位接收安置退出现役军人。接收安置单位按照国家规定享受税收优惠等政策。

第六十五条 民兵、预备役人员因参战、参加军事训练、执行军事勤务牺牲、致残的，学生因参加军事训练牺牲、致残的，由当地人民政府依照军人抚恤优待条例的有关规定给予抚恤优待。

第十一章　法律责任

第六十六条 有服兵役义务的公民有下列行为之一的，由县级人民政府责令限期改正；逾期不改的，由县级人民政府强制其履行兵役义务，并可以处以罚款：

（一）拒绝、逃避兵役登记和体格检查的；

（二）应征公民拒绝、逃避征集的；

（三）预备役人员拒绝、逃避参加军事训练、执行军事勤务和征召的。

有前款第二项行为，拒不改正的，不得录用为公务员或者参照公务员法管理的工作人员，两年内不得出国（境）或者升学。

国防生违反培养协议规定，不履行相应义务的，依法承担违约责任，根据情节，由所在学校作退学等处理；毕业后拒绝服现役的，依法承担违约责任，并依照本条第二款的规定处理。

战时有本条第一款第二项、第三项或者第三款行为，构成犯罪的，依法追究刑事责任。

第六十七条 现役军人以逃避服兵役为目的，拒绝履行职责或者逃离部队的，按照中央军事委员会的规定给予处分；构成犯罪的，依法追究刑事责任。

现役军人有前款行为被军队除名、开除军籍或者被依法追究刑事责任的，不得录用为公务员或者参照公务员法管理的工作人员，两年内不得出国（境）或者升学。

明知是逃离部队的军人而雇用的，由县级人民政府责令改正，并处以罚款；构成犯罪的，依法追究刑事责任。

第六十八条 机关、团体、企业事业单位拒绝完成本法规定的兵役工作任务的，阻挠公民履行兵役义务的，拒绝接收、安置退出现役军人的，或者有其他妨害兵役工作行为的，由县级以上地方人民政府责令改正，并可以处以罚款；对单位负有责任的领导人员、直接负责的主管人员和其他直接责任人员，依法予以处罚。

第六十九条 扰乱兵役工作秩序，或者阻碍兵役工作人员依法执行职务的，依照治安管理处罚法的规定给予处罚；使用暴力、威胁方法，构成犯罪的，依法追究刑事责任。

第七十条 国家工作人员和军人在兵役工作中，有下列行为之一，构成犯罪的，依法追究刑事责任；尚不构成犯罪的，给予处分：

（一）收受贿赂的；

（二）滥用职权或者玩忽职守的；

（三）徇私舞弊，接送不合格兵员的。

第七十一条 县级以上地方人民政府对违反本法的单位和个人的处罚，由县级以上地方人民政府兵役机关会同行政监督、公安、民政、卫生、教育、人力资源和社会保障等部门具体办理。

第十二章　附则

第七十二条 本法适用于中国人民武装警察部队。

第七十三条 中国人民解放军根据需要配备文职干部。本法有关军官的规定适用于文职干部。

第七十四条 本法自 2011 年 11 月 1 日起施行。

三、中华人民共和国国防教育法

第一章　总则

第一条 为了普及和加强国防教育，发扬爱国主义精神，促进国防建设和社会主义精神文明建设，根据国防法和教育法，制定本法。

第二条 国防教育是建设和巩固国防的基础，是增强民族凝聚力、提高全民素质的重要途径。

第三条 国家通过开展国防教育，使公民增强国防观念，掌握基本的国防知识，学习必要的军事技能，激发爱国热情，自觉履行国防义务。

第四条 国防教育贯彻全民参与、长期坚持、讲求实效的方针，实行经常教育与集中教育相结合、普及教育与重点教育相结合、理论教育与行为教育相结合的原则，针对不同对象确定相应的教育内容分类组织实施。

第五条 中华人民共和国公民都有接受国防教育的权利和义务。

普及和加强国防教育是全社会的共同责任。

一切国家机关和武装力量、各政党和各社会团体、各企业事业组织以及基层群众性自治组织，都应当根据各自的实际情况组织本地区、本部门、本单位开展国防教育。

第六条 国务院领导全国的国防教育工作。中央军事委员会协同国务院开展全民国防教育。

地方各级人民政府领导本行政区域内的国防教育工作。驻地军事机关协助和支持地方人民政府开展国防教育。

第七条 国家国防教育工作机构规划、组织、指导和协调全国的国防教育工作。

县级以上地方负责国防教育工作的机构组织、指导、协调和检查本行政区域内的国防教育工作。

第八条 教育、民政、文化宣传等部门，在各自职责范围内负责国防教育工作。

征兵、国防科研生产、国民经济动员、人民防空、国防交通、军事设施保护等工作的主管部门，依照本法和有关法律、法规的规定，负责国防教育工作。

工会、共产主义青年团、妇女联合会以及其他有关社会团体，协助人民政府开展国防教育。

第九条 中国人民解放军、中国人民武装警察部队按照中央军事委员会的有关规定开展国防教育。

第十条 国家支持、鼓励社会组织和个人开展有益于国防教育的活动。

第十一条 国家和社会对在国防教育工作中作出突出贡献的组织和个人，采取各种形式给予表彰和奖励。

第十二条 国家设立全民国防教育日。

第二章 学校国防教育

第十三条 学校的国防教育是全民国防教育的基础，是实施素质教育的重要内容。

教育行政部门应当将国防教育列入工作计划，加强对学校国防教育的组织、指导和监督，并对学校国防教育工作定期进行考核。

第十四条 小学和初级中学应当将国防教育的内容纳入有关课程，将课堂教学与课外活动相结合，对学生进行国防教育。

有条件的小学和初级中学可以组织学生开展以国防教育为主题的少年军校活动。教育行政部门、共产主义青年团组织和其他有关部门应当加强对少年军校活动的指导与管理。

小学和初级中学可以根据需要聘请校外辅导员，协助学校开展多种形式的国防教育活动。

第十五条 高等学校、高级中学和相当于高级中学的学校应当将课堂教学与军事训练相结合，对学生进行国防教育。

高等学校应当设置适当的国防教育课程，高级中学和相当于高级中学的学校应当在有关课程中安排专门的国防教育内容，并可以在学生中开展形式多样的国防教育活动。

高等学校、高级中学和相当于高级中学的学校学生的军事训练，由学校负责军事训练的机构或者军事教员按照国家有关规定组织实施。军事机关应当协助学校组织学生的军事训练。

第十六条 学校应当将国防教育列入学校的工作和教学计划，采取有效措施，保证国防教育的质量和效果。

学校组织军事训练活动，应当采取措施，加强安全保障。

第十七条 负责培训国家工作人员的各类教育机构，应当将国防教育纳入培训计划，设置适当的国防教育课程。

国家根据需要选送地方和部门的负责人到有关军事院校接受培训，学习和掌握履行领导职责所必需的国防知识。

第三章　社会国防教育

第十八条 国家机关应当根据各自的工作性质和特点，采取多种形式对工作人员进行国防教育。

国家机关工作人员应当具备基本的国防知识。从事国防建设事业的国家机关工作人员，必须学习和掌握履行职责所必需的国防知识。

各地区、各部门的领导人员应当依法履行组织、领导本地区、本部门开展国防教育的职责。

第十九条 企业事业组织应当将国防教育列入职工教育计划，结合政治教育、业务培训、文化体育等活动，对职工进行国防教育。

承担国防科研生产、国防设施建设、国防交通保障等任务的企业事业组织，应当根据所担负的任务，制定相应的国防教育计划，有针对性地对职工进行国防教育。

社会团体应当根据各自的活动特点开展国防教育。

第二十条 军区、省军区（卫戍区、警备区）、军分区（警备区）和县、自治县、市、市辖区的人民武装部按照国家和军队的有关规定，结合政治教育和组织整顿、军事训练、执行勤务、征兵工作以及重大节日、纪念日活动，对民兵、预备役人员进行国防教育。

民兵、预备役人员的国防教育，应当以基干民兵、第一类预备役人员和担任领导职务的民兵、预备役人员为重点，建立和完善制度，保证受教育的人员、教育时间和教育内容的落实。

第二十一条 城市居民委员会、农村村民委员会应当将国防教育纳入社区、农村社会主义精神文明建设的内容，结合征兵工作、拥军优属以及重大节日、纪念日活动，对居民、村民进行国防教育。

城市居民委员会、农村村民委员会可以聘请退役军人协助开展国防教育。

第二十二条 文化、新闻、出版、广播、电影、电视等部门和单位应当根据形势和任务的要求，采取多种形式开展国防教育。

中央和省、自治区、直辖市以及设区的市的广播电台、电视台、报刊应当开设国防教育节目或者栏目，普及国防知识。

第二十三条 烈士陵园、革命遗址和其他具有国防教育功能的博物馆、纪念馆、科技馆、文化馆、青少年宫等场所，应当为公民接受国防教育提供便利，对有组织的国防教育活动实行优惠或者免费；依照本法第二十八条的规定被命名为国防教育基地的，应当对有组织的中小学生免费开放；在全民国防教育日向社会免费开放。

第四章　国防教育的保障

第二十四条 各级人民政府应当将国防教育纳入国民经济和社会发展计划，并根据开展国防教育的需要，在财政预算中保障国防教育所需的经费。

第二十五条 国家机关、事业单位、社会团体开展国防教育所需的经费，在本单位预算经费内列支；企业开展国防教育所需经费，在本单位职工教育经费中列支。

学校组织学生军事训练所需的经费，按照国家有关规定执行。

第二十六条 国家鼓励社会组织和个人捐赠财产，资助国防教育的开展。

社会组织和个人资助国防教育的财产，由依法成立的国防教育基金组织或者其他公益性社会组织依法管理。

国家鼓励社会组织和个人提供或者捐赠所收藏的具有国防教育意义的实物用于国防教育。使用单位对提供使用的实物应当妥善保管，使用完毕，及时归还。

第二十七条 国防教育经费和社会组织、个人资助国防教育的财产，必须用于国防教育事业，任何单位或者个人不得挪用、克扣。

第二十八条 本法第二十三条规定的场所，具备下列条件的，经省、自治区、直辖市人民政府批准，可以命名为国防教育基地：

（一）有明确的国防教育主题内容；

（二）有健全的管理机构和规章制度；

（三）有相应的国防教育设施；

（四）有必要的经费保障；

（五）有显著的社会教育效果。

国防教育基地应当加强建设，不断完善，充分发挥国防教育的功能。被命名的国防教育基地不再具备前款规定条件的，由原批准机关撤销命名。

第二十九条 各级人民政府应当加强对国防教育基地的规划、建设和管理，并为其发挥作用提供必要的保障。

各级人民政府应当加强对具有国防教育意义的文物的收集、整理、保护工作。

第三十条 全民国防教育使用统一的国防教育大纲。国防教育大纲由国家国防教育工作机构组织制定。

适用于不同地区、不同类别教育对象的国防教育教材，由有关部门或者地方依据国防教育大纲并结合本地区、本部门的特点组织编写。

第三十一条 各级国防教育工作机构应当组织、协调有关部门做好国防教育教员的选拔、培训和管理工作，加强国防教育师资队伍建设。

国防教育教员应当从热爱国防教育事业、具有基本的国防知识和必要的军事技能的人员中选拔。

第三十二条 中国人民解放军和中国人民武装警察部队应当根据需要和可能，为驻地有组织的国防教育活动选派军事教员，提供必要的军事训练场地、设施以及其他便利条件。

在国庆节、中国人民解放军建军节和全民国防教育日，经批准的军营可以向社会开放。军营开放的办法由中央军事委员会规定。

第五章　法律责任

第三十三条 国家机关、社会团体、企业事业组织以及其他社会组织违反本法规定，拒不开展国防教育活动的，由人民政府有关部门或者上级机关给予批评教育，并责令限期改正；拒不改正，造成恶劣影响的，对负有直接责任的主管人员依法给予行政处分。

第三十四条 违反本法规定，挪用、克扣国防教育经费的，由有关主管部门责令限期归还；对负有直接责任的主管人员和其他直接责任人员依法给予行政处分；构成犯罪的，依法追究刑事责任。

第三十五条 侵占、破坏国防教育基地设施、损毁展品的，由有关主管部门给予批评教育，并责令限期改正；有关责任人应当依法承担相应的民事责任。

有前款所列行为，违反治安管理规定的，由公安机关依法给予治安管理处罚；构成犯罪的，依法追究刑事责任。

第三十六条 寻衅滋事，扰乱国防教育工作和活动秩序的，或者盗用国防教育名义骗取钱财的，由有关主管部门给予批评教育，并予以制止；违反治安管理规定的，由公安机关依法给予治安管理处罚；构成犯罪的，依法追究刑事责任。

第三十七条 负责国防教育的国家工作人员玩忽职守、滥用职权、徇私舞弊的，依法给予行政处分；构成犯罪的，依法追究刑事责任。

第六章　附则

第三十八条 本法自公布之日起施行。

参考文献

[1] 苗志良，朱晓宁，徐向群．大学军事理论教程[M]．北京：科学出版社，2008．

[2] 李秀勤，张鹏升．新编军事课教程[M]．开封：河南大学出版社，2008．

[3] 匡壁民，文彬．军事教程[M]．北京：高等教育出版社，2010．

[4] 李安祥．大学生军事理论教程[M]．北京：北京理工大学出版社，2011．

[5] 洪保秀．邓小平国防思想研究[M]．北京：解放军出版社，1998．

[6] 李平．大学生军事理论教程[M]．北京：科学出版社，2011．

[7] 谢守成，吴俊文．普通高等学校国防教育教程[M]．武汉：华中师范大学出版社，2011．

[8] 张国清，奚纪荣．军事理论教程[M]．4版．上海：同济大学出版社，2010．

[9] 李少军．国际战略报告[M]．北京：中国社会科学出版社，2005．

[10] 陈润华．大学军事学教程[M]．2版．北京：清华大学出版社，2011．

[11] 郭东升，朴玄在．学生国防教育军事基础理论与技能[M]．北京：解放军出版社，2008．

[12] 徐则平．大学军事理论与技能教程[M]．遵义：贵州大学出版社，2009．

[13] 张召忠．打赢信息化战争[M]．北京：世界知识出版社，2004．

[14] 赵克锋．大学军事理论教程[M]．北京：北京理工大学出版社，2011．

[15] 吕登明．信息化战争与信息化军队[M]．北京：解放军出版社，2004．

[16] 肖占中．军事理论与军事技能教程[M]．北京：军事谊文出版社，2010．